中公文庫

ホモ・ルーデンス

ホイジンガ
高橋英夫訳

中央公論新社

目次

ホモ・ルーデンス

まえがき——序説

われわれ人間は、理性を信奉していたある世紀がとかく思いこみがちだったほど理性的であるとは、とうてい言えないことが明らかになったとき、われわれの種族である人類の名称として「ホモ・サピエンス」と並べて、作る人すなわち「ホモ・ファベル」という呼び名が持ち出された。しかしこれは、前者よりさらに不適切なものであった。ものを作る動物も少なくないからである。作るについて言いうることは、また遊ぶということについても同じであって、じつに多くの遊ぶ動物がいる。それにもかかわらず私は、「ホモ・ルーデンス」すなわち遊ぶ人という言葉も、ものを作る機能とまったく同じような、ある本質的機能を示した言葉であり、「ホモ・ファベル」と並んで一つの位置を占めるに値するものである、と考える。

およそ人間の認識しうる底の底まで掘りさげて考えてみるならば、すべて人間の行なうことは遊びにすぎないようにみえると証明してゆく考えは、古くから行なわれていたものであった。だが、この形而上学的結論でもう満足してしまうような人は、本書を読むべきではない。それは古くから人間が繰り返してきた嘆息ではある。だがそれとて、この世に存在するすべてのもののなかから遊びという固有の一因子をとくに弁別することを、諦めさせる理由になるものではない、と私には思われる。ずいぶん以前からのことであるが、私の心のなかでは、人間文化は遊びのなかにおいて、遊びとして発生し、展開してきたのだ、という確信がしだいに強まる一方であった。一九〇三年以来、この考えの痕跡は私の著作のなかに見いだされる。一九三三年、私はこれをライデン大学学長就任演説『文化における遊びと真面目の境界について』（ティエーンク・ウィリンク・エン・ソーン社、ハーレム・一九三三年刊）で主題に取り上げた。この演説に私は、初めはチューリヒとウィーンでの講義のため（一九三四）、次いでロンドンでの講義のために（一九三七）、後で二度にわたって手を加えた。そのとき私はそれぞれドイツ語と英語で「文化の遊び要素」という題を与えた。私がそれを示すと、主催者はどちらのときにも「文化における……」という言い方に訂正した。しかし、私は二度とも、「文化における」の前置詞 in を消し去り、「文化の」という所有格の形に置き直した。私が問題とするところは、遊ぶということが、他のさまざまの文化現象のあいだでどういう位置を占めるのかということではなく、文化そのものはどこまで遊びの性格を持っているか、ということだったのである。私のなすべきことは——またそれは、さらにその後も補訂の筆を加えたこの著書でも同じであるが——かりに遊び概念という表現を用いることが許されるとして、この遊び概念というものを文化概念のなかに組み入れる、ということであった。

遊びは、ここでは文化現象としてとらえられる。生物学的機能としてではない。——とにかく、まず第一にそういうものとして把握するのではない。文化科学的な考え方を手段として取り扱うのである。遊びの心理学的解釈ということは、それがどんなに重要であるにしても、私はできるかぎり利用しないし、また民族学的事実に言及しなければならない場合にも、私が民族学的概念や解釈というものを、ごく限られた範囲でしか使わないことは、おわかりいただけよう。たとえば、「呪術的」という表現にはただ一度しか出合わないだろうし、マナとかそういう類の表現はまったく見いだされないはずである。もし、私がさまざまに論証したところから、見解をまとめ上げるならば、その一つは次のようになるであろう、民族学、およびそれに関連した諸科学は、あまりにも遊び概念に重きをおかなすぎる、と。

少なくとも私には遊びに関する世上一般の用語法は満足がいかなかった。私は絶えず「遊び」もしくは「遊ぶ」を簡潔に言い表わす形容詞を求めていた。オランダ語 speelsch はあまりにも特殊なニュアンスがあるので、それには役に立たない。そこで ludick という言葉を取り上げることを認めていただきたい。そのラテン語の原形は知られていないかもしれないが、この語はフランスでは ludique という形で心理学の著作に出てくる。

この本を公けの手に委ねながら、いま私の胸の裡《うち》に、ある惧《おそ》れが忍び入ってくる。このなかには、じつに多くの研究、労作が注ぎこまれてはいる。だが、もしや多くの人々は、この本を、事実の証明が不完全な即興の作と見なしたりはしないだろうか、という気持がそれなのだ。しかし、それもやむをえまい。まだ自分が十分にものにしえていない分野の上でも、ときには冒険も敢えてしなければならないのは、いかにしても文化問題を取り扱うことを志した著述者の天命である。まず手はじめに、知識の間隙をことごとく埋めておくようなことは、とうてい私のなしえないところだった。そして、どんな細かな問題にもせよ、引用によってその処理の代行をさせることは、私にとってむずかしいことではなかった。ということは何を意味するか。それは私にとって、いまこれを書くか、あるいは全然何も書かないかのどちらかを選ぶ、ということであった。書くとは、私の胸にしきりに愬《うった》えてくることを、である。こうして、私は書いたのである。

一九三八年六月十五日　ライデンにて

J・ホイジンガ

I　文化現象としての遊びの本質と意味

遊びは文化よりも古い。文化という概念は、まことに不十分な規定しか下せないものであるにしても、とにかく人間の共同社会がその前提になっている。ところが動物は、人間から遊ぶことを教えられるまで待ってなどいなかったからである。いやそれどころか、人間の文化にしても、遊びという一般的概念に対して本質的特徴を新たに付け加えるものではなかった、とたしかに言うことができる。

動物はもう、人間とまったく同じように遊びをしている。遊びの基本的な相のすべては、すでに動物の戯れのなかにはっきりと現われている。小犬が遊び戯れているところを観察してみさえすればよい。遊びのあらゆる相が、その楽しげなじゃれ合いのなかに認められるだろう。小犬は一種の儀式めいた身振り、動作で、たがいに気をひきあったりする。仲間の耳をちぎれるほど噛《か》んではいけないという規則も守っている。まるで、恐ろしく怒っているかのようなふりをしてみせもする。そして最も重要なのは、小犬はこれらすべてを、明らかに嬉々《きき》として楽しんでやっている、ということである。ただし、こうしてじゃれている小犬の遊びは、動物の遊びのなかではむしろ単純な形のものにすぎない。ほかに、はるかに発達した高級な段階のものもある。観衆の前で行なう本格的な試合とか、あざやかな見せ物の演技とかが、それである。

さて、われわれは早くも、ここで非常に重要な一つの論点に注意しなければならない。それは、遊びというものは最も素朴な形式のそれ、動物の生活のなかのそれでさえ、すでに純生理学的な現象以上のものであり、また純生理学的に規定された心的反応以上のものである、ということである。遊びというものは、純生物学的な行動の、もしくは少なくとも純粋に肉体的な活動とでもいうものの、限界を超えている。すなわち、遊びは何らかの意味を持った一つの機能なのである。

遊びのなかでは、生活維持のための直接的な必要をこえて、生活行為にある意味を添えるものが「作用《プレイ》し」ているのである。どんな遊びでも、何かの意味がある。けれども、われわれが遊びの本質をなしている主動的原理を精神と呼べば、これは言い過ぎになるし、またそれを本能と呼んだのでは、何ひとつ言ったことにならない。その点はどう見るにしても、とにかく遊びのこうした意味とともに遊びそのものの本質のなかに一つの非物質的な要素が明白にあらわれてくる。

これまでの遊びの定義は不十分である

心理学と生理学は、動物や子供や大人が遊んでいるところを観察、記述し、それを解釈、説明することに努めている。遊びの本質と意味をしかと突きとめ、人生の見取図のなかでそれが占める位置を指し示そうとしている。遊びが生活のなかで大きな意味をもっていること、それがある必然的な使命を負っていること、少なくとも何らか有用な機能を果していること、この点はどのような科学的研究や考察の立場からも、その出発点として、一般に異議なく受け容れられている事実である。ところが遊びのこの生物学的機能を規定しようとする数多くの試みは、まことに多岐にわたっている。

遊びの起源、基礎は、あり余る生命力の過剰を放出することであると定義できる、と考えた人たちもいる。また、人間が遊びをするのは、先天的な模倣本能に従っているということなのだ、という人々もいる。遊びによって、緊張から解きほぐされたいと願う欲求を満足させたり、実生活がやがて要求してくる真剣な仕事のための練習をしたりしているのだとか、遊びを克己、自制の訓練として役立てているのだ、という人々もいる。さらに他の人々は、遊びの原理を、ある事をしでかしてみたい、何か事を起こしてみたいという先天的な欲望のなかに求めたり、他人の上に立って支配してみたい、人と競争してみたいという欲望のなかに探ったりしている。まだ他にもある。ある一派は、遊びのことを、人間に有害な衝動を無害化する鎮静作用であるとか、人間の行動があまりに一方的に偏ったときに起こるやむをえない補償であるとか、現実のなかでは満たされなかったさまざまの願望をフィクションによって満足させることである、と考えている。つまりこの考えは、遊びを、個人という感情を自ら確保する行為としてとらえていることになる。[*1]

これらすべての解釈を通じて一つだけ共通していることがある。それは、これらの考え方がどれも、遊びは遊び以外の何ものかのために行なわれる、遊びとはある種の生物学的目的に役立っている、という前提から出発していることである。なぜ遊びは行なわれるのか、何のために遊びをするのかという原因、目的をそれらは問題にしている。ところで、これに対して与えられる答はさまざまではあるが、それらはけっしてたがいに排除しあうようなものではない。結局、いま数え上げたすべての解釈は受け容れられるし、そのために厄介な概念の混乱に陥ってしまうことはない。つまり、それらは問題の部分解釈でしかないことがわかるのだ。もしも、それらの説明のうちどれか一つが決定的なものであるならば、それが他の解釈すべてを誤りとして排除するか、そうでなければ、それらをより高い統一のなかにすべて包容し、総括するのでなければならない。ところが、これらの解釈の試みの大部分は、遊びそのもの、それ自体の本質はいったい何なのか、遊びはどういうあり方をしているのか、それは遊びをしている当人にはどんな意味があるのか、という肝心の問題には、第二の段階に至ってはじめて取り組むだけである。遊びは深いところで美的なものと繋《つな》がりをもっているが、まずその特性のうえに注意を向けようともせず、経験科学の測定方法でいきなり遊びに取り組んでいる。遊びという第一性質については、何ひとつはっきり述べられていない、というのが一般である。

そこで、まえに述べたどの解釈に対しても、こういう問いをあげる要がある。「よろしい、それはそうだろう。だが、いったい遊びの面白さというのは何だろう？ なぜ、赤ん坊は喜びのあまりきゃっきゃっと笑うのか。なぜ、賭博師はその情熱にのめりこんでしまうのか。運動競技が何千という大観衆を熱狂に駆り立てるというのは、どうしてなのだ？」と。この遊びの迫力は、生物学的分析によっては説明されないものだが、じつはこの迫力、人を夢中にさせる力のなかにこそ遊びの本質があり、遊びに最初から固有なあるものが秘められているのである。論理的な精神が遊びを解釈して言おうとするところは、自然は自然の子らに対して、あり剰《あま》ったエネルギーの放出、努力した後の緊張の弛《ゆる》み、生活の要求への準備、果されなかった欲望の補償のような、あらゆる役に立つ機能を与えた、しかも、純粋にメカニックな行動や反応の形式で、その機能をもたせてやることができた、ということであるらしい。だが、そうではない。自然はわれわれに遊びを、それもほかならぬ緊張、歓《よろこ》び、面白さというものをもった遊びを与えてくれたのである。

この最後の要素、遊びの「面白さ」は、どんな分析も、どんな論理的解釈も受けつけない。オランダ語の「aardigheid《アールディヒヘイト》（面白さ）」という言葉が、最もよくその特徴を示している。

この言葉のもとになっているaardは、ドイツ語のArtに対応し、あり方とか、本質、天性という意味である。「面白さ」とは本質的なものだということである。つまり、面白さとは、それ以上根源的な観念に還元させることができないものであるということの、いわば証明になっているのが、この言葉なのだ。しかしわれわれ現代人の語感からすれば、英語の「fun《ファン》（面白さ）」という言葉のように、この根源に遡《さかのぼ》ることの不可能を適切に示している言葉はない。この言葉がいま使われている面白さ、戯れという意味をもつようになったのは、かなり近年になってからなのである（中世英語のfonneは「ばかにする」ということである）。オランダ語にとっては「grap《グラップ》（おかしさ）」と「aardigheid（面白さ）」とが語系を異にするとはいえ、ある程度対応しあっている。ドイツ語は「Spaß《シュパース》（冗談、楽しみ）」と「Witz《ヴィッツ》（機知、洒落）」の二語がそれに当っている。フランス語は奇妙なことにこれらの概念と等価の言葉がない。とにかく、この面白さの要素こそが、何としても遊びの本質なのである。結局、われわれが取り上げようとする遊びは、誰にでも簡単に認められる、無条件に根源的な生の範疇《はんちゅう》の一つとしての遊びである。つまり、かりにそういう名で呼ぶのに値するものとして言ってみれば、この遊びは一つの全体性と呼ぶべきものである。広い立場でみた遊びの総体なのである。われわれは遊びをこの全体性のなかに置いて理解し、評価を下すよう努めなければならない。

遊びという現実は、誰しもが認めるように、人間界と動物界の両方に、同時にまたがっている。そこで、遊びは理性的な結びつきを基礎とし、その上に立脚したものである、とすることはできない。理性に基礎づけられているというのでは、どうしてもそれを人間界だけに限定することになってしまう。遊びというものが現に存在するということは、特定の段階の文明とか、何らかの形の世界観とかに結びつけられることではない。思考能力をそなえた人間なら、かりに彼の用いる言語が、遊びを言い表わす一般的概念語をもっていなかったとしても、遊び、遊ぶという現実を一つの独立的なものとして感じ、すぐ目の前に思い浮かべることもできよう。遊びというものは否定できないのである。抽象観念なら、そのほとんど全部を否定し去ることも不可能ではない。正義、美、真理、善意、精神、神、何でもかまわない。また真面目《まじめ》、真摯というものを否定することもできる。だが、遊びはそうはいかない。

けれども、遊びを認めることによって、われわれは欲すると否とにかかわらず、精神というものを認めることになる。というのは、その本質がどういう点にあるにもせよ、遊びとは単にある本質を成り立たせている素材というだけのものではないからである。すでに動物の世界でさえ、遊びは肉体的存在の限界を突き破っている。世界は純粋なもろもろの力の作用によって決定されているとする見方からすれば、遊びとは、言葉の全き意味で過剰なもの、余計なものにすぎないだろう。だが、そういう絶対的決定論をのりこえた精神がそこに流れ込むことによって、はじめて遊びの存在ということが可能になる。つまり、われわれがそれを考えたり、理解したりすることができるようになるのだ。遊びというものが現にあるということが、宇宙《コスモス》のなかでわれわれ人間が占めている位置の超論理的な性格を、絶えず幾度となく証明する理由になっているのであり、しかもこの場合、それが最高の意味での証明でさえある。動物は遊ぶことができる。だからこそ動物は、もはや単なるメカニズム以上の存在である。われわれは遊びもするし、それと同時に、自分が遊んでいることを知ってもいる。だからこそわれわれは、単なる理性的存在以上のものである。なぜなら、結局、遊びが非理性的なものだからである。

文化因子としての遊び

遊びの機能ということに視線を向ける者としては——と言っても、動物や子供の生活に現われるそれではなく、文化のなかに現われる機能に対してだが——生物学と心理学が問題を不問に付してすませているところから、あらためて遊び概念に取り組むことになるのは当然である。すると、文化そのもの以前にすでに存在し、文化の黎明《れいめい》のころから、われわれが現に体験しつつある段階にいたるまで、ずっと文化に伴い、文化に滲透《しんとう》しつづけてきた一つの既定量としての遊びというものが、文化のなかに見いだされるだろう。いたるところで遊びが、「日常」生活とは区別される、はっきりと規定された行為としての様態を現わしているのである。科学的分析がこの性質を幾つかの量的因子に還元することを試みたとき、どこまで成功するか。だがそんなことは、さしあたって問題にせずともよい。問題にしなければならないのは、生活形式としてもとから存在し、遊びと呼ばれているこの特質である。人間活動の一形式としての遊び、何かの意味を帯びた形式としての遊び、社会的機能としての遊び、これが対象である。一般的に、遊ぶということの因をなしている自然的衝動を求めたりするのでなく、遊びを社会的構造体として、そのさまざまな具体的形式のなかで、じかに観察するのである。遊んでいる人が自ら感じとっているそのままに、その根源的な意味合いのなかで理解しようとするのである。

ところで遊びは、何かイメージを心のなかで操《あやつ》ることから始まるのであり、つまり、現実を、いきいきと活動している生の各種の形式に置き換え、その置換作用によって一種現実の形象化を行ない、現実のイメージを生み出すということが、遊びの基礎になっていると知れば、われわれはまず何としても、それらイメージ、心象というもの、そしてその形象化するという行為（想像力）そのものの価値と意義を理解しようとするであろう。遊びそのもののなかでのそれらイメージの機能を観察し、またそれと同時に、遊びを生活のなかの文化因子として把握しようとするであろう。

人類が共同生活を始めるようになったとき、その偉大な原型的行動には、すべて最初から遊びが織り交ぜられていたのである。言語をとってみよう。言語とは他人にものごとを伝達したり、教示したり、命令したりするために作られたものであり、人類の最初にしてかつ最高の道具である。言語によって人間はものごとを弁別したり、定義したり、確認したりしている。要するにそれによって物に名を与え、その名で物を呼んでいる。物を精神の領域へ引き上げているのである。このように言語を創《つく》り出す精神は、素材的なものから形而上的なものへと限りなく移行を繰り返しつづけているが、この行為はいつも遊びながら行なわれるのである。どんな抽象の表現でも、その後に立っているのは比喩であり、いかなる比喩のなかにも言葉の遊びが隠れているからだ。こうして、人類は存在しているものに対する表現を、つまり第二の架空世界を、自然界のほかに創造している。あるいはまた、神話を取り上げるがよい。これとても、存在しているものの想像力による形象化という点は、やはり同じである。ただ、一つ一つの言葉よりは、ずっとその加工の度合がはなはだしく、磨きがかかってはいる。要するに、古《いにしえ》の人は神話によって地上的なもの、存在というものを釈《と》き明かそうとした。神話によって、さまざまの物を、神的なものという基礎に結びつけて考えようとした。だが、この場合も同じことで、神話が世界に存在するものに被《かぶ》せるどんな気まぐれな空想のなかでも、想像力豊かな魂は、冗談と真面目の境界の上を戯れているのである。最後に、祭祀を考察してみよう。原始共同社会は現世の幸福の保証を手に入れるのに役立てようとして、さまざまの神聖な行事、奉献とか、供犠とか、密儀とかを行なっているが、これらは言葉の最も真実な意味で、純粋な遊びとして行なわれている。

しかも、文化を動かすさまざまの大きな原動力の起源はこの神話と祭祀のなかにあるのだ。法律と秩序、取引と産業、技術と芸術、詩、哲学、そして科学、みなそうである。それらはすべて、遊びとして行動するということを土壌にして、そのなかに根をおろしている。

このように文化を「遊ビノ相ノモトニ sub specie ludi《スブ・スペキエー・ルーディー》」見ることができると考えた以上は、その考えが本質的にただの修辞的な比喩以上のものであると明らかにすることが、この研究の目的になってくる。この思想はけっして新しいものではない。まったくの別の、制約された意味においてではあったが、かつてこの考えが大きく世に拡まり、愛好された時代もあった。十七世紀初めのころ、偉大な世俗的演劇が出現した時代である。シェークスピア（一五六四〜一六一六）からカルデロン（一六〇〇〜一六八一）を経てラシーヌ（一六三九〜一六九九）に至る輝かしい一連の人物によって、戯曲はその時代の文芸を支配していた。世界を、人間ひとりひとりがそれぞれの役を演戯《プレイ》する舞台になぞらえることが、そのころ詩人のあいだに次々と流行した。そこでは、文化の遊びの性格があからさまに承認されていたように見える。

しかし、人生を舞台になぞらえるというこの慣習化した比較をもっと厳密に見てゆくと、この比較はプラトン主義的な基礎の上に立って着想されたもので、もっぱら道徳的な面だけに限ってその比較をする傾向があったことがわかってくる。それは、「都《すべ》て空《くう》なり」（伝道之書一ノ二）という古代的主題の一変形であり、またすべて現世《うつしょ》のものの儚《はかな》さに対する嘆息であって、それ以上のものではなかった。現実に遊びと文化がたがいに綯《な》いまぜられていた事実は、そういう比較のなかでは認識もされず、表現もされていない。しかしそれに対して、いまわれわれが考えようとしているのは、真の、純粋な遊びそのものが文化の一つの基礎であり、因子であると証明しようということなのである。

自立的な範疇としての遊び

遊びは、われわれの意識のなかでは、真面目《まじめ》の反対に当っている。この対立は、ひとまずいまのところ、遊びという概念そのものと同じように、他の範疇へ還元することが不可能である。しかしもっと詳しく見ていくと、遊び－真面目というこの対立は決定的なものでも固定したものでもないように見えてくるのだ。われわれは、遊びとは「真面目ではないもの」、真面目の反対である、と言うことはできよう。しかしこの主張は、遊びの多くの特性については何ひとつ積極的な内容を述べていない。また、そういう点は別としても、それに反駁《はんばく》するのもいたってたやすいことである。「遊びとは〈真面目ではないもの《ニヒト・エルンスト》〉である」というかわりに「遊びは本気《エルンストハフト》なものではない」と言ってしまえば、われわれはもう、初めの対立を見失ってしまう。実際には遊びが、まったく本気で行なわれることだってありうるからだ。

だが、それだけではない。われわれは生の基本的な範疇のなかで、遊び以外にも、やはり「真面目ではないもの」という概念のなかに入る幾つかのものに出合うが、それらは遊びの概念とは重なるところがないのである。たとえば笑いは、真面目のある種の反対ではあるが、遊びとはけっして無条件に結びつかない。遊んでいる子供、フットボール選手、チェスの棋士などは、きわめて深い真面目さのなかにあり、いささかも笑いの気配など現わしたりしないではないか。注目してよいことは、人間は遊びという重要な機能を動物と共有していながら、この笑うという純生理的働きの方はもっぱら人間だけの特有なものだ、ということである。アリストテレースのいう「笑う動物 animal ridens《アニマル・リデーンス》」は「理性人《ホモ・サピエンス》」という言葉よりもいっそう純粋に動物と対立する人間を示した言葉なのだ（『動物部分論』三巻十章六七三a8の「人間だけが笑う動物である」が出典）。

いま、笑いについて言ったのと同じことを滑稽なものについても言うことができる。滑稽とは「真面目ではないもの」という概念に入り、ある点では笑いとも結びつく。つまり、笑いを誘い出すのが滑稽なのだ。しかし、その遊びに対する関係は従属的な性質のものである。それ自体として見れば、遊びは滑稽ではない。遊んでいる当人にとっても、観衆にとってもそうだ。動物の仔や幼児が遊んでいるさまは、ときに滑稽なこともないではない。だが、成長した犬が追いかけあっている眺めとなれば、そういう感じは、ほとんどか、あるいはまったく見られない。また、われわれが笑劇《ファルス》や喜劇を滑稽だと思うのも、そこで演じられている行為そのもののせいではなく、そこに盛られた思想内容のせいである。笑いをよぶ道化師の滑稽な身振りは、ただ広い意味でのみ遊びと呼ぶことができるにすぎない。

滑稽なものは、痴愚と密接な繋がりがある。しかし遊びは愚かしくはない。それは賢愚という対比の外にある。この痴愚という概念もまた、さまざまの生活気分の大きな差異を表現するのに利用されずにはいなかったものである。中世後期、フランス語の語法では、folie（現在の意味は「狂気、ばかげたこと」）と sens（感覚、分別）とが対句をなしていて、われわれの遊び－真面目の区分けとかなりよく合致していたことがあった。ちなみに、その後エラスムスが、そういう対比は不適切である、と『痴愚神礼讃』のなかで説いている（とくに同書二八～二九節。中央公論社版『世界の名著』第7巻では九二～九五ページ。また、クリュニー版によった白水社版・一九四〇年では七三ページ以下）。

遊び、笑い、戯れ、諧謔、滑稽、痴愚などの言葉の属している、これらただ漠然とした関連で繋がりあう一群の観念の表現は、われわれが遊びに対して認めざるをえなかった特質、つまり、より根源的な概念に還元することの不可能性というものを、どれもみな共通してもっている。それらのものの根本原理《ラチオ》は、われわれの心の本質のなかでも、とくに奥深い層におかれているのである。

とにかく、われわれが遊びという形式を、外見上それによく似ている他のさまざまの生の形式からはっきりと区別しようと努めれば努めるほど、遊びというものの絶対的な自立性がいよいよ明らかになってくる。しかもそのうえ、こうして遊びを大きな範疇的対立の領域から切り離してしまうことによって、われわれは考えをまた前へ進めることができる、遊びは賢愚という対比の外にあるものだが、同様に真偽、善悪の対比についても、その外にあるものと考えられるからだ。遊ぶことはたしかに精神的活動の一つではあるが、それ自体のなかにはまだ道徳的機能はなく、美徳とか罪悪とかの評価は含まれていない。

こうして遊びは、簡単に真にも善にも関連させることができないとすれば、それはあるいは、美の分野にでも包含されることになるのだろうか。ここで、われわれの判断は動揺する。たしかに、美しいという属性が、遊びそのものにそなわっているわけではないが、遊びには、とかく美のあらゆる種類の要素と結びつこうとする傾きはある。たとえば、比較的素朴な形式の遊びには、初めから楽しい気分と快適さが結びついている。運動する人体の美は、遊びのなかにその最高の表現を見いだしている。一方、比較的複雑な形式の遊びには、およそ人間に与えられた美的認識能力のうち最も高貴な天性であるリズムとハーモニーが織りこまれている。このように遊びは、幾本もの堅いきずなによって美と結ばれているのである。

遊びの形式的特徴

そういうわけでわれわれが遊びを、生物学的にも論理的にも完全に定義することはできない生命体の一つの機能として取り扱うことは、初めに述べたとおりで、変わりはない。遊びという概念は、注目すべきことに、それ以外のあらゆる思考形式とは、つねに無関係である。われわれは、幾つかの思考形式によって、精神生活や社会生活の構造を表現することができるが、遊びはそれらのすべてにとって別のものなのである。そこで、われわれはさしあたり問題を制限して、遊びの主要特徴を述べなければならない。

ここで、われわれに都合のよいことがある。われわれの主題、つまり遊びと文化の関連という問題は、およそ世にあるすべての形式の遊びを取り扱わなければならないというものでなく、そのなかの幾つかのものを考えるだけでよいような問題だということである。われわれは主として、社会的な遊びだけに限って考えることができる。いや、比較的高級な形式の遊びだけに限って、とそう言ってもよい。じつはそれらは、乳児や動物の仔のごく単純で原始的な遊びより、叙述はいっそうたやすい。なぜかと言えば、それらは形態から見れば発達の度は進み、はっきりと組織されてもいて、目で見てそれとわかる特徴を幾つも帯びているのに、原始的な遊びを定義する際には、とうていわれわれの分析を受けつけない「純粋な遊びそのもの」という一つの質に、ただちに突き当たることになるからである。こうしていまから競技や競走、さまざまの見せ物や演技、舞踊や音楽、仮面舞踏会、中世騎士の馬上槍試合《トーナメント》などを語ることになるであろう。その際、ここでわれわれが数え上げる特徴のなかには、ひろく遊び一般に関連をもつものもあるが、そのほかに、特に社会的な遊びについてだけ該当するものもある。

すべての遊びは、まず第一に、何にもまして一つの自由な行動である。命令されてする遊び、そんなものはもう遊びではない。せいぜい、押しつけられた遊びの写しでしかありえない。はやくも、この自由の性格によって、遊びは自然の過程がたどる筋道から区別される。遊びは自然の過程に付け加えられるもの、美しい衣裳のようにその上に着せられるものなのだ。もちろん、ここでいう自由とは、決定論の問題には手を触れずにおいた、より広い意味でのそれと理解されなければならない。だが、こう言うこともできると言う人もいるかもしれない。この自由は、動物の仔や幼い子供については成り立たない、彼らはその本能が命ずるからこそ、また遊びが彼らの肉体的能力と選択能力を発達させるのに役立つからこそ、遊ばずにはいられないのだ、と。しかし、本能という概念を導入することは、一つの未知数Xを持ち込んでその蔭に隠れることだし、また最初から遊びの有用性を前提におくのは、論理学でいう「不当前提 petitio principii《ペティティオー・プリーンキピー》」を犯すことになりそうだ。子供や動物が遊ぶのは、そこに楽しさがあるからで、まさにその点にこそ彼らの自由があるのだ。

それはそうだとしても、成人して生活に責任を負っている大人にとっては、遊びは、しなくてもかまわない一つの機能である。遊びは余計なものである。ただ、遊びによって満足、楽しみが得られるというかぎりにおいて、遊びへの欲求が切実になる、というだけの話である。また、それはいつでも延期できるし、まったく中止してしまおうと何ら差支えない。肉体的な必要から課されるわけではないし、まして道徳的義務によって行なわれるものでもない。それは仕事ではない。暇な時、つまり「自由時間」に遊びをする、ということなのだ。ただ遊びが文化機能となることによって、はじめて必然、課題、義務などの諸概念が、結果として副次的に遊びと関係をもつようになってくる。

こうしてここに遊びの主要特徴の第一を得たことになる。それは「自由な」ものである。事実、それは「自由」である。直接にこのことと関連しているのが、第二の特徴である。遊びは「日常の」あるいは「本来の」生ではない。むしろ遊びはそれに固有の傾向によって、日常生活から、ある一時的な活動の領域へと踏み出してゆくものである。幼い子供でももう、遊びというものは「ホントのことをするふりをしてするもの」だと感じているのだし、すべては「ただ楽しみのためにすること」なのだと知ってもいる。この意識が、どんなに子供の意識の奥深くまつわりついているかは、私見では、かつてある男の児の父親が話してくれた次の場合によって、はっきり説明されると思う。父親は、四歳になる息子が一列に並べた椅子の一番前に坐って「汽車ゴッコ」をして遊んでいるところに行き合わせた。抱いて愛撫してやると、その子は言った、「パパ、キカンシャにキスしないでよ。そうでないとキシャ（客車たち＝並べた椅子）がホントだと思わないんだもの」。この「ただ本当のようなふりをしてする」「ただ楽しみのためにしている」という遊びの性格のなかには、遊びの劣等意識がある。それは、より本質的なもののように見える「真面目なこと」に対して、これは「楽しみごとなんだ」という感情である。しかし、まえに注意を促しておいたことだが、この「ただ遊びをしているだけなんだ」という意識も、それが最高度の真面目さ、真摯、厳粛というものと手をたずさえることを妨げはしない。いや、そればかりではない。遊びに夢中で耽《ふけ》っているうち、どうかするとそれが恍惚《こうこつ》状態に移ってゆくことがあって、「ただ本当のようなふりをしてする」というような言い方が、まったく当てはまらなくなったりすることもある。どんな遊びであろうと、遊んでいる人を、いつ何時《なんどき》でも、完全に虜《とりこ》にすることができるのだ。このように遊び－真面目という対照関係は、いつも流動的である。遊びの劣等性は、それに対応する真面目の優越性と絶えず境を接していて、遊びは真面目に転換し、真面目は遊びに変化する。遊びが真面目を俗界に置き去りにして、美と聖の遥《はる》かな高みに翔《か》けのぼってゆくことさえありえないわけではない。われわれが遊びと神聖な宗教行事の関係をもっとくわしく目にとめて見なければならなくなれば、たちまちこういう難問が次々と踵《きびす》を接して迫ってくるのである。

　だが、さしあたっての問題は、われわれが遊びと呼んでいる活動に固有なものとして具わっている形式的特徴をはっきり規定することである。すべての研究者が力点を置いているのは、遊びの利害関係を離れたものという性格である。「日常生活」とは別のあるものとして、遊びは必要や欲望の直接的満足という過程の外にある。いや、それはこの欲望の過程を一時的に停止させる。それはそういう過程の合間に、一時的行為として割って入る。遊びはそれだけで完結している行為であり、その行為そのもののなかで満足を得ようとして行なわれる。少なくともこういうのが、遊びそのもの、第一義的な立場から見た遊びが、われわれの前に姿を見せるときの現われ方である。要するに、日々の生活のなかの間奏曲としてであり、休憩時間の、レクリエーションのための活動としてである。ところが、遊びの固有性として、規則的にそういう気分転換を繰り返しているうちに、遊びが生活全体の伴奏、補足になったり、ときには生活の一部分にさえなったりすることがある。生活を飾り、生活を補うのである。そしてそのかぎりにおいて、それは不可欠のものになってしまう。個人には、一つの生活機能としてなくてはならないものになり、また社会にとっては、そのなかに含まれるものの感じ方、それが表わす意味、その表現の価値、それが創《つく》り出す精神的・社会的結合関係などのために、かいつまんで言えば文化機能として不可欠になるのである。

遊びは、ものを表現するという理想、共同生活をするという理想を満足させるものである。それは、食物摂取、交合、自己保存という純生物学的過程よりも高い領域のなかにある。こう言うと、動物の生活では遊びが繁殖期に非常に大きな役割を演じている事実と矛盾するように見えるかも知れない。しかし、われわれが人間の遊びに対して認めたのと同じように、鳥が囀《さえず》ったり、雌を求めて啼《な》いたり、胸毛をふくらませたりすることに対して、それらは純生物学的な世界の外で演じられる行動であると認めたら、はたしてこれは非条理だろうか。そうではあるまい。いずれにしても人間の遊びは、すべてそこに何かの意味があったり、何かのお祭になっていたりするやや高級な形式に属している。それは祝祭、祭祀の領域——聖なる領域——に属している。

このように遊びは、人生にとって不可欠なもの、文化に奉仕するものになることがある。いや、もっと正しく言えば、現に遊びそのものが文化になることがある。しかしそうだとすると、そのために遊びは、利害問題とは関係がないという、あの特徴を失いはしないだろうか。しかし、そんな虞《おそ》れはない。遊びが仕えている目的そのものが、直接の物質的利害の、あるいは生活の必要の、個人的充足の外におかれているからである。神への奉献行為としての遊びであれば、それはたしかに集団の幸福安泰に貢献することができよう。だがそれは、生活の必需物資を手に入れることを直接めざした手段とは別のやり方で執り行なわれるのだ。

遊びは日常生活から、その場と持続時間とによって区別される。完結性と限定性が遊びの第三の特徴を形づくる。それは定められた時間、空間の限界内で「行なわ《プレイ》」れて、そのなかで終る。遊びそのもののなかに固有の経過があり、特有の意味が含まれている。

つまりこの点が、新たに遊びのもう一つの、積極的な特徴になるのである。遊びが始められるが、しかしある瞬間、それは「終っ」ている。遊びは「おのずと進行して終りに達し、完結する」。その進行のあいだ、全体を支配しているのは運動、動きである。つまり、高揚してはまた鎮《しず》まるという変化、周期的な転換、一定の進行順序、凝集と分散である。

ところが、それが時間的に制約されていることと直接関係して注目に値する特徴が、もう一つある。遊びは文化形式として、ただちにはっきり定まった形態をとるようになる。一度でもその遊びが行なわれれば、それは精神的創造あるいは精神的蓄積として記憶のなかに定着し、伝えられて、伝統となるのだ。それは子供の遊び、西洋すごろく《トリック・トラック》、競走のように、いったん終ったあとですぐまた繰り返すこともできれば、長いあいだをおいたあとで反復することもできる。この反復の可能性は遊びの最も本質的な特性の一つである。この点は、ただ全体としての遊びについてだけでなく、遊びの内部構造についても言うことができる。かなり発達した形式の遊びのほとんどすべてがそうだが、反復、繰返し、順番による交代などの諸要素が、遊びの経糸《たて》と緯糸《よこ》に当たるようなものとなっている。

遊びの時間的制限よりもっと強く目につくのは、遊びの空間的制限である。いかなる遊びも、まえもっておのずと区画された遊びの空間、遊びの場の内部で行なわれる。場を区画することは、意識的に行なわれるときと、当然のこととしてひとりでに場が成立するときとがある。また、区画が現実に行なわれる場合と、ただ観念的に設定される場合とがある。外形からすれば、遊びと聖事のあいだには異なったところはない。つまり、神聖な行事は遊びと同じ形式で執行されるのだから、奉献の場を形式上遊びの場から区別することはできない。闘技場《アレーナ》、トランプ卓、魔術の円陣、神殿、舞台、スクリーン、法廷、これらはどれも形式、機能からすれば、遊びの場である。それはその領域だけに特殊な、そこにだけ固有な、種々の規則の力に司《つかさど》られた、祓《きよ》められた場であり、周囲からは隔離され、垣で囲われて聖化された世界である。現実から切り離され、それだけで完結しているある行為のために捧げられた世界、日常世界の内部にとくに設けられた一時的な世界なのである。

遊びの場の内部は、一つの固有な、絶対的秩序が統《す》べている。ここにもまた、遊びのより積極的な、もう一つの特徴が見られる。遊びは秩序を創《つく》っている。いや、遊びは秩序そのものである。不完全な世界、乱雑な生活のなかに、それは一時的にではあるが、判然と画された完璧性というものを持ち込んでいる。遊びが要求するのは絶対の秩序なのである。どんなに僅かなものでも、秩序の違犯は遊びをぶちこわし、遊びからその性格を奪い去って無価値なものにしてしまう。

そこで、まえに暫定的に述べておいたことだが、なぜ遊びのそんなに多くの部分が美学的領域に含まれているように見えるのか、という点に触れよう。その理由は、おそらくこの遊びと秩序の観念の内面的な繋がりにあるのだと思う。遊びには美しくあろうとする傾向がある、とわれわれは言っておいた。おそらくこの美的因子が、あらゆる種類の遊びを活気づけている、秩序整然とした形式を創造しようとする衝動と、同一のものなのである。われわれが遊びのさまざまの要素を表現することができる言葉は、ほとんど大部分が美学的な領域に属している。それらは美のさまざまの作用、働きを示そうとするときに用いられる言葉で、緊張、平衡、安定、交代、対照、変化、結合、分離、解決というようなものである。遊びはものを結びつけ、また解き放つのである。それはわれわれを虜にし、また呪縛する。それはわれわれを魅惑する。すなわち遊びは、人間がさまざまの事象の中に認めて言い表わすことのできる性質のうち、最も高貴な二つの性質によって充たされている。リズムとハーモニーがそれである。

遊びに対して適用できる幾つかの呼び方の一つとして、われわれは緊張という言葉も挙げておいた。この緊張の要素こそ、遊びのなかではとくに重要な役割を演じている。緊張、それは不確実ということ、やってみないことにはわからない、ということである。だから、遊びは緊張を解こうとする努力である。何か緊張の状態に入ることによって、あることが「成就」しなければならないのだ。この要素は、玩具を小さな手でつかもうとしている赤ん坊、糸巻機にじゃれている子猫、手毬《てまり》を投げたり受けとめたりしている少女にも、すでにある。この要素はまた、パズルとか、嵌《は》め絵遊び、モザイク作り、トランプのペイシェンス、標的打ちのような、ひとりでする技能の遊び、解決の遊びをも支配している。そして、遊びが多かれ少なかれ競争的な性格を帯びてゆく程度に応じて、その意味をましてゆく。賭け事とスポーツ競技に至って、緊張は絶頂に達する。遊びの活動そのものは善悪の彼岸にあるとは言ったが、この緊張の要素は、どうやら遊びとある種の倫理的内容を共にし、それを分かちあっているようである。つまり、この緊張のなかで、遊ぶ人の各種さまざまの能力が試練にかけられるのだ。それは彼の体力、不撓《ふとう》不屈の気力、才気、勇猛心、持久力などの試練となる。しかし、それらと同時に、どうしても勝ちたいという炎のように激しい願望を敢えて抑えて、遊びの規定で決められた許容の限界のなかで耐えてゆくというような、精神力がためされることもある。

遊びの規則

遊びに固有な秩序と緊張という質は、次にわれわれを遊びの規則の考察へと導いてゆく。どんな遊びにも、それに固有の規則がある。それは、日常生活から離れたこの一時的な世界のなかで適用され、そのなかで効力を発揮する種々の取決めである。遊びの規則は絶対の拘束力をもち、これを疑ったりすることは許されない。ポール・ヴァレリーはかつて、ことのついでにこの点に触れて、遊びの規則に対しては懐疑ということはありえない、なにしろこの規則の根底をなす土台は揺るがすことができないものという取決めによっているのだから、と言ったが、これは非常に大きな範囲に適用されうる思想である。規則が犯されるや否や、遊びの世界はたちまち崩れおちてしまう。遊びは終る。審判の笛が続行をさえぎり、「日常世界」が一瞬、ふたたび動き始める。

規則を犯したり無視したりする遊戯者が、いわゆる「遊び破り《スポイル・スポート》」というやつである（ちなみにこれは、（独）Spielverderber（蘭）spelbreker（仏）trouble-fête（伊）guastafeste となる）。遊びの維持は公正《フェアー》という概念ときわめて緊密に結びついている。遊びは「堂々」としなければならないのだ。この遊びの破壊者は、いかさま賭博師などとは全然違う。後者は賭け事に加わって本気でやっているかのようなふりをしているものだし、外見上は依然として遊びの魔圏というものを認めている。遊びの共同体は、遊び破り《スポイル・スポート》に対するよりも、いかさま師の罪悪にはずっと寛大である。つまり、遊び破り《スポイル・スポート》のほうは、遊びの世界そのものを打ち砕いてしまうからだ。彼が遊びから身を引くことによって、それまで一時的に彼が人々と一緒に閉じこもっていた遊びの世界の相対性と脆《もろ》さが暴露されてしまう。彼は遊びから幻想 inlusio を奪い去るのである。このラテン語を置き換えれば、ドイツ語では Einspielung、英語では in-play、オランダ語では inspeling となる。そしてこれらの言葉は、協調、平衡という意味である。協調が失われ、平衡が奪われるのだ。——なんと含蓄の深い言葉だろう！　こういうわけで、彼は抹殺されねばならない。彼は遊びの共同体の存続を脅かしているのだから。

　この遊び破り《スポイル・スポート》の姿は、男の子たちの遊びのなかに最もはっきりと現われている。ただ、彼らの小さな共同体のなかでは、奴らには俺たちと一緒になって遊ぶ気がないんだ、とか、奴らと一緒に遊んでなんかやるものか、と言って、遊び破り《スポイル・スポート》を違犯視して相手にしないようなことはない。むしろ彼らにとっては、奴らは許せないということなど最初からなかったので、そういう態度をただ、積極的にやる気がないんだ、と言うだけのことである。服従と良心の問題も、彼らには罰に対する怖れ以上のものでないのが普通である。遊び破り《スポイル・スポート》は魔法の世界をぶち壊してしまう。だから彼は卑怯者であり、除け者にされる。ところで、まえにもすこし触れておいたように、高度に真面目な世界のなかでも、ぺてん師、偽善者、かつぎ屋の類は、遊び破り《スポイル・スポート》より、いつも気楽な立場におかれている。遊び破り《スポイル・スポート》、すなわち背教者、異端者、革新者、良心的参戦拒否者などの立場はもっと厳しい。

しかし、この遊びをぶち壊した連中が、自分たちだけで、すぐに新しい規則をもった新しい共同体を形づくるということもありえよう。まさにこういうアウトロウ、革命家、秘密クラブ員、異端の徒たちは、集団を組織する力が非常に強く、しかもそういう場合、ほとんどつねに高度な遊びの性格を示すものである。

遊びの共同体は一般に、遊びが終った後もまだ持続する傾きがある。もちろん、どんなおはじき遊びも、ブリッジ・ゲームも、クラブを設立することへと通じているわけではない。だが、ある例外的状況のなかに一緒にいたという感情、共同で世間の人々のなかから抜け出し、日常の規範をいったんは放棄したのだという感情は、その遊びが持続する時間を超えて、のちのちまでその魔力を残すものである。クラブと遊びとの関係は、ちょうど帽子と頭との関係に相当する。

民族学のなかで胞族《フラトリア》（部族の小部分）、年齢階級、男子結社などと呼ばれているものがある。これらをすべて単純に遊びの共同体として説明しようとするならば、これは軽率にすぎるように思う。しかしそうかといって、反対に、永続的な社会的結合体を遊びから区別してしまうことはどうであろうか。そのなかでも、きわめて重い、厳粛な目標をおいていた社会、いや神聖でさえある目標をもっていた原始文化の社会的結合体を、きれいさっぱりと遊びの領域から切り離したりすることが、どんなにむつかしいか、このことは、以下において幾度でも確認しなおさなければならないだろう。

遊びという特殊世界

遊びの例外的な立場と特殊な位置は、それが何か秘密の雰囲気に取り巻かれていることを好むという、特色あるあり方のなかに明らかに示されている。幼児でさえ、すでに、彼らの遊びを小さな秘密にして、遊びの魅力を高めている。それは自分たちだけのためにあるので、他人のためにあるのではない。他の連中が向こうのほうで何かやっていても、それは、いまのところ、自分たちとは何の関係もない。遊びの領域のなかでは日常生活の掟や慣習はもはや何の効力ももっていない。われわれは「別の存在になっている」のだし、「別のやり方でやっている」のだ。この「日常世界」が一時的に消えてしまうのは、子供の生活のなかでも、すでにはっきりそれと分かるほどであるが、一方、祭祀と繋がりのある未開民族の大規模な遊びでも同じように明瞭に認めることができる。

青年が成人男子社会に加えられる成年式の大祭儀のあいだ、日常の法律、掟から解き放たれるのは彼ら新参者たちだけではない。その間は、全部族のいっさいの争いごとが休戦となる。すべての報復行為も一時的に停止される。神聖な、大いなる遊びの季節が来たということを理由に、日常の社会生活を暫《しば》し停止してしまうことは、進化した文明社会にもまだ数知れぬほど多くの痕跡を残している。収穫祭、謝肉祭の類はすべてそれである。われわれの社会でも、私生活の習慣がいまよりもっと荒々しく、上流階級の特権が際立って大きく、そして警察がいまよりもっと寛大だったある過去の時代には、良家の若者たちの収穫祭ふうな底抜け騒ぎの自由が「学生の悪戯《いたずら》」として容認されていたものだった。英国の大学の「ストーム騒ぎ《ラッギング》」のなかにそれは形式化されていまでも生きつづけている。『オクスフォード英語辞典』では、それは「当局や戒律を無視して行なわれる、騒々しい、羽目を外した振舞いの大規模な誇示」である、と定義されている。

遊びが日常性とは別の存在であること、秘密をもっていることは、仮装や扮装に何よりもはっきりとその現われを見ることができる。この仮装ということのなかでは、遊びの「日常の外に」出ている性格、つまりその異常な点が、まったく完璧なまでに表わされている。変装した人や仮面をつけた人は、他人の役を、別の存在を「演ずる《プレイ》」のである。いや、そうではない。彼は別の存在そのものなので「ある」。子供を怖がらせるお化け、祭のばか騒ぎの余興、神聖な儀式、神秘的な夢幻劇などは、みなこの仮面、変装というもののなかで混りあって、一つに融けあう（J・ベドゥアン『仮面の民俗学』（白水社・一九六三）などを参照）。

その外形から観察したとき、われわれは遊びを総括して、それは「本気でそうしている」のではないもの、日常生活の外にあると感じられているものだが、それにもかかわらず遊んでいる人を心の底まですっかり捉えてしまうことも可能な一つの自由な活動である、と呼ぶことができる。この行為はどんな物質的利害関係とも結びつかず、それからは何の利得も齎されることはない。それは規定された時間と空間のなかで決められた規則に従い、秩序正しく進行する。またそれは、秘密に取り囲まれていることを好み、ややもすると日常世界とは異なるものである点を、変装の手段でことさら強調したりする社会集団を生み出すのである。

闘争としての遊びと表現としての遊び

これから扱う比較的高級な形式の遊びの機能は、九分九厘まで、そこに現われている本質的な二つの相から直接発したものである。すなわち、遊びは何ものかを求めての闘争であるか、あるいは何かを表わす表現であるかのどちらかである。この二つの機能は、遊びが何ものかを求める闘争を「表現する」というふうにして、また遊びが最も表現のすぐれている者を選び出すために競争の形をとるという具合にして、一つにまとめられることもありえないではない。

何かを表現するということは、ただ自然から与えられ、天賦として身にそなわっているものを、観衆の前で繰りひろげてみせるというだけでも成り立つ。孔雀《くじゃく》や七面鳥の雄は、その華やかな翼を雌に誇示して見せる。すでにそこには、讃美を獲ち得ようとして、非日常的なもの、きわめて特殊なあるものをひけらかして見せる、ということがある。鳥がこうして羽を展《ひら》きながら踊りの足取りをして見せるとき、それはもう日常の現実から一歩外に踏み出し、現実をより高い、別の秩序のなかへ転移しているのである。われわれにはそのとき、これら動物の内部でどんなことが起こっているのかはわからない。しかし子供の場合には、そういうふうに他人の前でして見せる演技はすでに象徴化されて、形象、イメージに充たされたものになっていることは確かである。子供はそこいらのありきたりの存在とは違う別のものを真似ている。それら以上に美しい、高貴な存在のイメージ、またそれら以上に怖ろしい存在のイメージを思い浮かべている。ときには王子になり、パパになるかと思えば、また悪い魔女や虎にもなる。そういうとき子供は、まったく文字どおり我を忘れ、自分がもうほんとうにそれに「なっている」と思いこむくらい夢中なのだが、しかしそれでいて、日常現実の意識をすっかり失ってしまったわけでもない。要するに、子供が何かを表現するということは、本物でないものを本物と考えて、見せかけの現実化をすることである。ものごとを形象化して、イメージのなかで思い浮かべたり、表現したりすることである。

さて、子供の遊びから、原始文化のなかで祭祀に際して行なわれた神に奉献する見せ物行事の問題に移る。それを正確に記述するのは非常にむつかしいことなのだが、われわれはそこに、子供の遊びに較べて、ある精神的要素がはるかに多く「作用《プレイ》」しているのを発見するのである。この神聖な見せ物行事は、子供の見せかけだけの現実化以上のものであり、また、象徴的現実化以上のものでもある。それは神秘的現実化なのである。肉眼には見えない、表現として表わされないあるものが、そのなかで美しい、神聖な、本質的な形式を帯びるのである。祭祀を共にしている人々は、この行為が福祉を生み、日常生活の世界より一段と高い事物の秩序を創《つく》るのだと確信しているであろう。だが、それでいてなおも、この奉献の儀礼、つまり表現による現実化というものは、いかなる観点から見ても遊びの形式的特徴を帯びたものにもなっている。実際、それは、柵で囲繞《いじょう》された遊び《プレイ》の場のなかで祝祭として催される。つまり、歓楽と自由の雰囲気のなかで行なわれている。一定時間ある意義を保ちつづける独自な一つの世界が、柵の囲いのなかに成立する。しかし、この遊びが終ると同時にその働きまで消えてしまうのではない。むしろそれは、向こうにある日常世界の上にそのまばゆい光を投げかけ、祝祭を祝っている集団に対して神聖な遊びの季節がふたたび巡ってくるまでの安全、秩序、繁栄を授けてくれるのだ。

そういう実例は、地球上のほとんどあらゆる地域から採ってくることができる。古代中国の教義によると、舞踊と音楽の目的は、世界をその正しい軌道の上に保たせること、また人間に対する慈悲を天に請い求めることにある、という。その年の幸《さち》豊かな繁栄は、季節の祭にあたって行なわれる競技にかかっている。もしそれらの集《つど》いが催されないなら、五穀は稔ることがないであろう。[*2]

神聖な行事、聖事のことは、ギリシア語では「ドローメノン *δρώμενον*」という。これは、行為されるもの、所作《しょさ》ということである。表現として演じられるもの、これが「ドラーマ *δρᾶμα*」だが、これも、演技の形で表わされようと競技の形であろうと、とにかく一つの行為である。それは宇宙的な出来事を表わすのだが、その出来事を単に表出する、表わしてみせる、というのではない。現実との同一化という形で表わすのである。過去に起こったことを繰り返して、もう一度そのとおりのことを行なうのである。祭祀は、そういう意味での行為のなかで象徴化され、イメージとしての効果を表わすようになる。つまり、祭祀の機能は単にあることを模倣するというのではなく、幸《さち》という分け前を与えること、それを頒《わか》ち合うことなのだ。[*3] そのことを祭祀として演じるということは、「その行為（儀礼行為）に手助けして現実のものにする」ということである。[*4]

文化科学にとっては、心理学がこれらの現象のなかに現われた過程をどう捉えようと、たいしたことではない。心理学はこういうさまざまの表現行為へ向かう欲求を、おそらく「代償的同一化」として片づけようとしたり、あるいは「ある目標に向けられた現実的行動が、実行できないという事態に直面した場合の表現行為」と説明しようとするであろう。[*5] だが、文化科学にとって大切なのはそういうことではない。原始の諸民族の心のなかでは、体験したことを、現実に生きて動いている人生のさまざまの形式に置き換えるという行為にこそ価値があったのだが、それらの民族の心のなかで行なわれていたこの形象化するという行為にはどんな意味があったのか、それを理解することが大事なのである（この問題では、エリアーデ『永遠回帰の神話』（未来社・一九六三）第一章「祖型と反覆」などをも参照）。

われわれはここで、宗教学の基礎となっているもの、祭祀、儀礼、密儀などの本質は何かという問題に触れることになった。たとえば古代インドのヴェーダ文学に見られる奉献の祭儀の基にある思想は何であろうか。もちろん祭祀行為には、供犠式、競技や、また演じられた見せ物行事もあるが、要するにこれらの儀式は、待望されていたある宇宙的な出来事が演じられたり、再現されたり、または形象化されたりすることによって、神々の心を動かし、神々がその出来事を現実に授け給うようにするもので、これが祭祀である、という思想が底に流れているのである。古代世界にとって、こういう考え方の意味関連がもっていた意義は、ジェイン・エレン・ハリソン（一八五〇〜一九二八。イギリスの古典古代学者。『ギリシア宗教研究序説』などがある）がその著書『テミス――ギリシア宗教の社会的起源の研究』のなかで、クレータ島のクーレーテスという精霊の槍の踊りから説き起こして以来、はじめて納得のゆく叙述を得たのだった。ただ、われわれは、この主題が提起している宗教的問題にはいっさい立ち入ることはせず、ここでは、古代の祭祀行為の遊びの性格というものだけを、もっとくわしく目にとめてみよう。

遊びと祭祀

祭祀とは結局、何かを表出して示すこと、劇的に表現して表わすことである。つまり、物事を形象化してイメージを創《つく》り出すことによって、現実にとって代るものを生み出す行為である。時が巡《めぐ》って季節の聖祭がふたたびやって来ると、共同体は、自然の営みのなかに起こるさまざまの偉大な事件を、神に捧げまつる行事に演じて祝う。それは季節の交代、変化を示しており、星位の上昇や降下、五穀の生長と稔り、人間や動物の誕生、生活、死などが、まことに豊かな想像力で創り変えられ、劇的演技の形をとって、神々の展覧に供されるのである。レーオ・フロベーニウス（一八七三～一九三八。ドイツの民族学者で文化圏の概念を提唱した）が言っているように、人類は自然の秩序を彼らの意識の上で捉えたそのままの形で演じ遊んでいるのである。[*6]

遠い先史時代の昔、人類はまず植物界、動物界の諸現象をその心に受けとめたが、それに次いで時間、空間の秩序に対する感覚、月や季節の変化の観念、太陽の運行の観念を抱くようになった、とフロベーニウスは考えている。そしてそれから、人類がこの存在するものの全秩序を、神聖な遊びのなかで演じるという順番になる。こうして遊びを通じて、遊びのなかで、人間は表現された出来事をあらためて現実化し、世界秩序が保たれるのを助けるのだ。しかし、遊びから発したものはそれだけにとどまらない。そうしているうちに、そこに原始的な国家制度の形が浮び上ってくれば、この祭祀の遊びという形式のなかに保たれていた秩序が、その共同社会そのものになってゆくからである。これは、遊びがすべての社会的秩序、慣例の出発点である、とする考え方である。この祭式的な遊びによって未開社会は統治制度の最も初期の形式を獲得する、というのである。王は太陽であり、王権は太陽の運行のイメージのなかに表わされる。生涯にわたって王は「太陽」を演じつづけるが、その最期すらやはり太陽の運命を受けねばならない。王は彼自身の国民の手で、儀礼の掟に従って生命を奪われるのである（王の聖なる呪力が民に幸を与えるのだが、災疫、敗戦などでその力が弱化したと見られると、王は民のため抹殺されねばならない）。

この祭式的な国王弑逆《しいぎゃく》に対する説明は、どこまで真実を衝《つ》いているのだろうか。また、その背後にある思想の全体についての解釈は、いったいどの程度まですでに証明済みと考えてよいのだろうか。しかし、この疑問は他の人々に委ねておいてもよい。われわれの関心をそそる疑問は、原始的な自然意識をこうして具象化して、形象、イメージにしてしまうという事実をどう考えたらよいのか、ということである。初めは宇宙的な事象の経験を表わすこともできなかった人類が、やがてその事象を、遊びの形に創り上げて表わせるようになったその心的過程は、いったいどんな経過をたどってそこまで達することができたのか。

フロベーニウスが、遊びを先天的本能であるとする考え方、つまり「遊びの本能」という概念をそこに挿入して、それがあったからこの結果が生じたのだという、あまりにも安易な説明を斥《しりぞ》けているのは、正しい。[*7] 彼は言う、「本能などというものは、人間が現実のもつ意味に直面したとき、己《おのれ》の寄方《よるべ》なさ、儚《はかな》さを悟って考え出した作り事である」と。そして、これと同じ強い調子で、しかもさらに確かな理由から、彼はあらゆる文化の進歩ということについて、それは「何の目的のためなのか」とか、「なぜそうなるのか」「どんな理由からそうなのか」といった説明をしようとする過去の古くさい傾向に反対する。「最も悪質な因果律の暴政」であると、彼はそういう立場、時代遅れの功利主義の観念をきめつけている。[*8]

フロベーニウス自身、そういう心的過程についてどんな成行きを経て発展していったのかの彼自身の観念をもっていたはずであるが、それは次のようなものであった。最初の原始人の場合には、生活と自然の経験はまだ表現されるまでに達していず、ただ一つの「衝撃状態」、何か感動にぐいと捉えられ、揺るがされた状態として現われる。「人々のなかでものが形成されてゆく力は、子供やすべての創造的人間の場合のように、この衝撃状態に萌《きざ》している」。[*9] 人間は「運命の啓示にとらえられ、そして衝撃をこうむる……ものが生まれては滅び消えてゆくという自然のリズムの現実が、彼らの心をしかととらえたのだ。そして、これが否応なしに強い力で、反射的な行為へ導いてゆくことになる」[*10]

結局、彼によれば、これは精神の必然的な移調作用の過程である、ということになる。生と自然の感動によって受けた衝撃状態から、自然感情が反射的に凝縮されて、詩的な着想や芸術形式になる。おそらくそう言えば、われわれが創造的な構想力の過程に向かって言葉による接近を試みた場合、最善の理解の言葉であろう。もちろん、これはとうてい解釈などと言えるものではない。宇宙的秩序の美的な認識、または神秘的な認識から出発する過程、いずれにしても超論理的な認識から始まって聖なる祭祀の遊びへと進んでゆく道は、これだけではまえと同じように解明されぬままであることには、変わりがない。

これらの宗教的素材に対して遊びという言い方をしていながら、この大研究家の定義のなかには、彼がその遊びを何と理解していたのか、その点のより詳しい説明がないのである。フロベーニウスは繰り返し遊びという言葉を祭祀演劇に対して用いているが、では遊びとは何を意味するのかという点は少しも詳しく規定していない。いや、そればかりか、彼がひどく嫌っていた目的の観念、遊びという性格と少しも一致しない目的の観念が、どうやら彼の心の底に、またしても忍び入ったのではあるまいかと疑いたくなるほどである。いかにもフロベーニウスの再現してみせるとおりで、遊びは宇宙的な出来事を具体化して表わしたり、またそれに伴ってそれを現実化したりするのに役立っているだろう。そのとおりである。だが、そこに疑似合理主義的な契機が絡《から》んでくるのは否定しようもない。フロベーニウスにとっては、遊ぶということ、そして物事を形象化するということは、結局、何か別のものを表現する目的をもった行為である、ということになる。ある種の宇宙的な衝撃を受けて、感動にぐいと捉えられた状態を表現するという、不変の目的がそこにあるのだ。ところが、こういうふうにして演劇化されるものは「演じられるもの」である、という事実のほうは、どうやら彼には従属的な意味しかもたないらしい。理論的には、それは別の方法によっても伝えることができる、と言うことかもしれない。

これに反してわれわれの考えでは、まさにこの遊ぶという事実そのものが重要なのだ。この遊びは、本質からすれば子供の遊戯に較べても、いや動物の嬉戯《きぎ》と比較してみても、それらのやや高級な形式にすぎず、結局のところ、それらとまったく等価なのである。ただ子供と動物の遊びについては、その起源を宇宙的感情に捉えられた状態のなかに求めたり、認識した世界秩序を表現に表わそうとまさぐっている心のなかに探し求めたりすることは、とうていできない。少なくとも、そういう解釈では、十分に納得のゆく意味を示すことはほとんどできまい。子供の遊戯は、ただ本来的に遊びの形式をとっているのだ、というだけのことである。ただし、それこそが最も純粋な形に表わされた遊びである。「生活および自然」によってとらえられた感動の衝撃状態がまず最初にあり、そこからその感情を神聖な遊びのなかで表出するという方向へ向かう、とフロベーニウスは考えたが、この過程を、彼とは別の言い方で記述することも、われわれにはできそうである。だがそうは言っても、われわれは、事実上探求できない事柄について何か解釈めいたものを提供しようというのではない。ただひたすら、一つの事実の経過、成行きを、納得がゆくものにしてみようというのである。

原始社会の遊びは、ちょうど子供が遊び、動物が戯れるのと同じなのである。その遊びは、初めから遊びに固有なもろもろの要素、すなわち秩序、緊張、運動、厳粛、熱狂に充たされている。ただ、原始社会も後期の段階に入ったときに初めて、遊びのなかで何かが表現され、表わされているという考えが、つまり生という観念が、遊びそのものと結びつくのである。かつては表現の言葉すらもたなかった遊びが、こうして詩的形式を帯びるようになる。われわれ人間は宇宙秩序のなかに嵌《は》めこまれた存在なのだという感情が、一つの独立的な質である遊びという形式、遊びという機能のなかでその最初の言葉を発し、またおそらく最高至聖の表現をさえ見いだすようになる。このようにして、神聖な行為という意味合いがしだいに遊びに滲《し》みこんでゆく。祭祀が遊びの上に接木《つぎき》されたのだ。しかし、あくまでも根源にあるのは遊ぶというそのことである。

遊びにおける神聖な真面目さというもの

われわれはいま、心理学の認識方法を用いても、われわれの認識能力の理論にたよっても、とうてい解明しきれそうにない領域のなかをさまよっている。ここで浮かび上ってくるさまざまの問題は、われわれの意識の最も深い奥処《おくが》に触れる問題である。祭祀は最高の真面目さ、そして至聖な厳粛さと呼ぶべきものだった。それでいながら、それが同時に遊びでもありうるとはどうしてなのか。

一つ、初めから確定していたことがある。遊びはすべて、子供のそれも、大人のそれも、一分の隙さえない全き真面目さのなかで行なわれることもないわけではない、という事実がそれである。しかしそれだけのことから、遊びという質にはいつも必ず祭儀的行為の神聖な感動状態が結びついている、というところまで話を飛躍させてよいだろうか。これに結論を下そうとすると、われわれの用いている概念が長年使われているうちに多少なりとも固定した形をとり、硬化してしまったために、結論が妨げを受けてしまう。つまりわれわれには、遊びと真面目の対比を一つの絶対的なものと見なす習慣がこびりついているのだ。しかしどう見ても、それでは事の底の底まで降り立って考えたことにはならない。

もう一度しばらく、次の話の続き具合を考えてみていただきたい。子供は完全な真面目さ――これを神聖な真面目さ、と言っても少しも間違いではないが――のなかで遊んでいる。けれども、子供は遊んでいるあいだも、これが遊びなのだということは知っている。スポーツマンも、献身的な真面目さと感激の熱情に溢《あふ》れてプレイをする。しかし、彼もやはり自分がしているのが競技《プレイ》であることは知っている。舞台の上の役者は、もうすっかり自分の演技に没入しきっている。それにもかかわらず、彼がしていることは演技《プレイ》であり、役者自身もそれが演技だということをはっきり意識している。ヴァイオリニストも、その演奏のあいだ、神聖で崇高な感動の思いをひしひしと身に味わっている。彼は日常世界の外に遠く飛び去り、遥かの高みのあたりを翔《かけ》りながら、ある世界を体験している。それにもかかわらず、彼が現実にしていることが演奏《プレイ》であることには変わりはないのだ。こういうふうに、遊びの性格はどんなに高貴な行為にも、その固有の性格としてそなわることができる。

ところで、この考え方の筋道をさらに祭祀行為まで延長して、供犠の儀式を執り行なっている奉献司祭もやはり一種の遊びをしている人間という点では同じである、と主張できないだろうか。そして、もしこのことをある一つの宗教に対して認めるならば、結局すべての宗教について、それを同様に認めざるをえなくなるであろう。そういうことになれば、祭式、呪術、典礼、秘蹟、密儀などの観念はことごとく遊びという概念の適用領域に納まってしまうのではないだろうか。ただし、ここでわれわれがつねに自戒しなければならないのは、遊びの概念のこういう内面的関連を拡大しすぎることである。遊びの概念を不当に拡大して使うのは、単なる語呂合せ——言葉の遊び——にすぎない。しかし私は、聖事を遊びと呼んだとしても、それで言葉の遊びにおちいったものとは思わない。形式からすれば、それはどう見てもやはり遊びなのであり、またその本質からいっても、聖事はそれを共にした人々を、別の世界へ連れ去ってゆくというかぎりでは、やはり遊びなのだ。プラトーンには、この遊びと聖事の同一性ということは、無条件に認められる既定の事実だった。彼は臆することなく、神に奉献されたものを遊びの範疇のなかに加えている。対話編『法律』のなかではこう言われている。[*11]

アテーナイの人　私をして言わしめるなら、真面目にすべきことは真面目にやり、真面目でなくてもよいことはそうしないでもよいのです。ところで、最高の真面目さをもって事を行なうだけの価値があるのは、ただ神に関する事柄だけなのです。これに対して、まえにも言いましたが、人間は、ただ神の遊びの具（玩具）になるように、というので創《つく》られたのです。これこそが、人間の最良の部分ですね。だから人はみな、男も女もそういうあり方に従って、最も美しい遊びを遊びながら、いままで考えていたのとは正反対の考えで生きてゆかなければいけません。

クレイニアス　それは、どのようにするんですか。

アテーナイの人　いままでは人々は、真面目なことも遊びのためでなければならないと思っていますね。たとえば、戦争は真剣なことで、平和のためにうまく済まさなければならないと思っています。しかし、戦争のなかには、われわれが最も真摯、厳粛であると呼ぶに足るような遊び *παιδιά*《パイディアー》も、教育 *παιδεία*《パイディア》も、ありはしません。[*12] 昔もなかったし、これからもありますまい。そこのところが一番大切なのだ、とわれわれは言うのですよ。で、人は平和の生を最も重要な、よいものと考えなくてはなりませんね。すると何が正しい道なのでしょう。奉献の式をするときも、歌い踊るときも、遊びをしながら生きてゆくのです。そうすれば人間は神々のみ心を和《やわ》らげ宥《なだ》めて恩寵《おんちょう》をうけ、敵を防ぎ、闘っては勝つことができるのですよ。*13

このプラトーンの遊びと神聖なるものとの同一化は、神聖なものを遊びと呼ぶことで冒《ぼう》瀆《とく》しているのではない。その反対である。彼は、遊びという観念を、精神の最高の境地に引き上げることによって、それを高めている。われわれはこの本の初めの個所で、遊びはすべての文化に先行して存在していた、と述べた。またある意味で、それはいっさいの文化の上に浮かんでいるもの、少なくとも文化から解き放たれたものでもあった。このことには何の変わりもなく、初めの考えそのままでよい。人間は子供のうちは楽しみのために遊び、真面目な人生のなかに立てば、休養、レクリエーションのために遊ぶ。しかし、それよりもっと高いところで遊ぶこともできるのだ。それが、美と神聖の遊びである。

この観点から、こんどは祭祀と遊びの内面的関連を、さらにいくらか詳しく規定してみることができる。こうして、祭式的形式をもつ行事と遊びのさまざまな形式とのあいだに大きな同質性があることが、明るい光で照らし出されるであろう。そうすれば次は、祭儀行為はいったいどの程度まで遊びの領域と重なり合っているのかという疑問が、問題として取り上げられる順番になる。

遊びの形式的特徴のなかでは、日常生活から空間的に分離されているという点が最も重要だった。一つの閉じられた空間が、現実あるいは観念のなかで、日常的な環境から遮断され、境界を設けられる。遊びはこの空間の内部で行なわれる。そこで適用されるのは遊びの規則である。一方、いかなる神聖な儀事の場合にも、神に奉献された場を標示することが、儀式の最初の、第一の特徴である。祭祀において区画ということが求められるのは、呪術とか法律行為に際してそれが要求されることをも含めて、単なる空間的・時間的な隔離への要請をはるかに超えた問題なのである。奉献式、成年式の慣習を見ると、ほとんど全部の場合、式の執行人たちや新たに成人に加えられる青年に対し、人為的に選別、隔離という状態のなかに入ることが求められている。宣誓とか、騎士団、教団への加入とか、誓式、秘密結社とかの問題が語られるところ、そこにはつねに何らかのやり方で、そういう行事に必要な、遊びにおける隔離が行なわれている。魔法使、予言者、奉献者は、まず浄《きよ》らかに祓《はら》われた空間を定め、これを周囲とはっきり画することから事を始めるものだ。秘蹟や密儀も清められた場が前提にある。

その形式からすれば、奉献の目的のために場を画することと、純粋な遊びのためにそれをすることとは、まったく同じものだと言える。競馬場、テニス・コート、舗道上に描かれた子供の石蹴りの目、チェス盤は、形式的には神殿や魔法の圏と変わらない。地球上どこへ行ってみても著しく目につくのは、多くの奉献式の風習のあいだに判然とした同質性があることだが、これは、そういう慣習が人間の心のきわめて根源的な、基本的特性に根ざしている事実を示している。

種々の文化形式が、このように一般にひろく同一性を示していることに対して、たいていその合理的な原因を探してまわるのが普通である。つまり、区画や隔離がなぜ要求されるのかと言うと、神に捧げられた人間は、そうして清められ奉献された状態にあるときは、ことのほか外界からの危害に冒されやすいし、また彼ら自身も周囲に対して非常な危険を及ぼすものである。だから、外部とのあいだで有害な影響を与えたり蒙《こうむ》ったりするのを避けるためにそういう方法がとられるのだ、というふうに説明されている。この説によると、いまわれわれが問題にしている文化過程のそもそもの発端に、早くも理性的な考え方と功利的な意図とがあったことになる。功利主義的説明、これこそまさにフロベーニウスが戒めたものだった。もちろん、この説も、狡猾《こうかつ》な僧侶たちが宗教などというものを考え出したのだ、といった考えに逆戻りするのとはわけが違う。それにしても、その思想のなかには、どこか合理主義的な動機を押しつけようとするところが残っている。しかし、そういう考え方をせずに、遊びと祭式の本質的、根源的な同一性ということをまず受け容れさえすれば、清められた奉献の場が根本的には遊びの場であることが承認できる。そして「何のために」「なぜ」遊ぶのか、というような誤った問いなど、生ずる余地がなくなってしまう。

奉献儀式が形式的には遊びからほとんど区別できないことがひとたび明らかになれば、こんどは、祭祀と遊びの一致は純粋に形式的な面だけでなく、それ以上のところまで押し拡げられるのではないか、という疑問が生じてくる。いままで宗教学と民族学は、遊びの形で営まれる各種の宗教的儀礼が、形式的に遊びであるといってよいにもかかわらず、それらがまた、どの程度まで遊びの心性と雰囲気のなかで行なわれているかという問題に強く力点をおいて考えることをしなかったが、これは訝《あや》しむべきことであった。私の知るかぎりでは、フロベーニウスもこの問題を提起していないようだ。しかしこの点については、私はただいくつかの、偶然私の眼にとどいた研究報告から意見を概括してみただけであるということを、ここで断わっておきたい。

共同社会が彼らの神聖な宗教儀礼を体験し享受するときの心的態度は、まず第一に、厳粛、神聖な真面目さというものであるのは、おのずと理解できる。だが、もう一度強調しておきたいのは、本当の、自発的な遊びの心でさえも、深い真面目さのなかに沈潜したものでありうるという、そのことである。遊んでいる人は、その全身全霊をそこに捧げる。「ただ遊んでいるだけなんだ」という意識は、このときずっと奥のほうに後退している。遊びと分かちがたく結びついている喜びは緊張に変わるだけではない、こうして昂揚感、感激にも転化する。遊びの気分の両極をなす感情、それは一方では快活、他方では恍惚である。

遊びの気分、これはその本来のあり方として不安定なものである。どんな瞬間にでも、遊びを妨げる外からの煽《あお》りを受けたり、あるいは内部から規則を侵犯されたりなどして、

「日常生活」がふたたび自分の権利を取り戻そうと要求してくるものだ。それだけではない。さらに、遊びの精神が内部から崩れてしまったときとか、陶酔がさめ、遊びに失望が起きたりしたときにも、遊びは妨げられてしまう。

祝祭の本質

では、神聖な祭を祝うときの人々の態度、気分はどうなのか。「祝う」という言葉が、すでに何かを物語っていよう。聖事は祝われるものである。それは祝祭という枠のなかに入るのである。人々が聖堂に参集するのは、皆と一緒になって共通の歓《よろこ》びを分かつためである。奉献式、供犠式、聖儀の舞踊、祭式の競技、演劇上演、密儀、これらはみな、祝祭という概念の範囲に納まってしまう。祭式はときに血ぬられたものであるかもしれないし、成年式の試練は厳しく、祭の仮面は恐怖を呼びさますかも知れない。だがそれでも、事の全体は、祝祭として執り行なわれるのである。「日常生活」は停止する。饗宴、酒盛り、ありとあらゆる底抜け騒ぎが、その間ずっと祭儀に伴って催される。例として古代ギリシアの祭典をとっても、アフリカの祭儀をとっても、祝祭の全体的気分と祭儀の中心をなす密儀への聖なる昂揚感とのあいだに、くっきり一線を引くことは、ほとんど不可能に近い。

本書のオランダ語版の刊行とほぼ同時に、ハンガリーの学者カール・ケレーニイ（一八九七～一九七三。当代屈指のギリシア神話学者、宗教学者。邦訳に『神話と古代宗教』（新潮社）などがある）は、われわれの主題と最も密接な関連のある、祝祭の本質を扱った論文を公けにした。[*14] ケレーニイによると、祝祭もまた、われわれが遊びの概念に対して認めた根源的自立の性格をもっているという。「心的リアリティのもとでは」と彼は言っている、「祝祭は、それ自体一つのものになっている。世の中のどんなものとも混同しえない一つのものなのである」[*15] と。彼の意見に従うならば、われわれが遊びについて考えたのとまったく同じで、祝祭ということも文化科学が放擲《ほうてき》して顧みなかった現象の一つであったということになる。「祝祭的なものという現象は、民族学者はまったく見逃していたように思われるのである」[*16]。また、祝祭のリアリティについては、彼はこう言っている、「まるでそんなものはありはしない、とでもいうように、科学は素通りしていってしまうのである」[*17] と。

遊びについてもまったくそのとおりであった、とわれわれは付け加えたいところだ。ところで、事の本質からいって、祝祭と遊びのあいだにはきわめて親しい関係が成り立つ。日常生活を閉めだすこととか、必ずとは言えないにしてもだいたいにおいて陽気な催し事の情調――もちろん、祝祭は真面目、厳粛なものでもありうる――それから時間的・空間的に制限が加えられることとか、厳しい規定性と真の自由の融合、これらの要素はみな遊びと祝祭に共通する最も主要な特徴である。そして舞踊において、この二つの概念は最も堅い結びつきで結合するように見える。メキシコの太平洋岸に住んでいるコラ・インディアン族は、玉蜀黍《とうもろこし》の新しい穂軸が萌え出たときと、玉蜀黍が実ってそれを焙《あぶ》るときに催す聖祭のことを、彼らの最高神の「遊び」と呼んでいる。*18

祝祭を独立した文化概念として把えるケレーニイの思想は、これから後、さらに綿密な結論を抽き出すことが期待されるが、その現在できあがっている粗描でさえも、すでに私のこの本が拠って立つ基礎となるものを強化し、それをひろく押し拡げている（このケレーニイ『祝祭の本質について』は後に彼の主著『古代宗教』の第二章を形づくることとなった。邦訳『神話と古代宗教』（新潮社・一九七二））。といっても、聖祭の気分と遊びの雰囲気のあいだに接触があることを確かめたというだけでは、まだとうていすべてを言い尽くしたとすることはできない。真の遊びには、その形式的特徴、その歓びに沸き立った気分のほかに、少なくとももう一つ、非常に大きな特徴が分かちがたく結びついている。つまりそれは、心奥に退いて隠れたようになっていても、こうして遊んでいるのは「ただ本当らしく見せかけて、そのふりをしてやっているだけなのだ」という、例の意識があるということだ。そうだとすれば、聖儀は献身的な態度でなしとげられるものではあるが、そういう意識は聖事とどの程度まで結びつきうるのだろうか、という疑問がここに残されたことになる（ケレーニイはその後『エレウシースの密儀』（チューリヒ・一九六二）をホイジンガの記念に捧げている）。

信仰と遊び

原始文化の聖なる儀礼だけに限って考えるならば、儀礼が執行されるときの真面目さの度合について、その特徴の概略を幾つか記すことは不可能ではない。民族学者はこの点をどう考えているのだろうか。私の知るところでは、未開人が宗教的大祭を祝ったり、それを見物したりするときの精神状態は、けっして完全な恍惚感とか幻覚状態とかいうものではない、というのが彼らの意見である。胸の底には、これは「本当のことではないのだ」という意識がちゃんとある、というのだ。この精神態度の生き生きとした叙述は、A・E・イェンゼン（一八九九～一九六五。フロベーニウスのあとをつぐ民族学者、フランクフルト大学で文化形態学派を宰領した）の『未開民族における割礼と成年式』という本のなかに見られる。[19]

祝祭のあいだ、精霊は周囲一帯いたるところに漂っていて、祭儀が最高潮に達すると、すべての人々の前に姿を現わすのだが、この精霊に対して男たちは怖れを感じていないようである。だが、これは少しも不思議ではない。全儀式の運営をつかさどっているのが男たちだからである。つまり、彼らは自分たちで仮面を拵《こしら》えて、それをかぶって精霊になったのであり、また使った後では、それらを女たちから隠してしまったのだ。彼らは精霊の出現を告知する物音をたて、砂地の上に精霊の足跡をつけ、先祖の声を表わす笛を吹き鳴らし、唸《うな》り木をふりまわす。要するにイェンゼンの言うには、「彼らの立場は、クリスマスのときサンタクロースに変装することを子供に隠しておく両親のそれに、たいそうよく似ているのである」[20]。男たちは柵で囲われた聖なる繁みのなかで起こったさまざまの出来事について、女たちに作り話をして聞かせたりする。[21] 成人に加えられる当の新参者たちの状態は、陶酔した感動、見せかけだけの物狂い、不安な怖れ、子供っぽい態度と勿体《もったい》ぶった演技などのあいだを絶えず動揺している。[*22] また、女たちにしても、けっして心の底まで欺かれているわけではない。彼女らはこの仮面、あの仮面の背後に隠れているのはどこの誰なのかよく知っているのだが、それでいて仮面が、ひとつ女どもを脅かしてやれとばかり、身振りよろしく近づいてくると、怖れに怯《おび》えて興奮状態になり、悲鳴をあげながら逃げ散ってゆく。こういう恐怖の表わし方も、その一部分はまったく本心からの自発的なものだが、またある一部分は伝統的義務としてのそれなのである、とイェンゼンは言う。「そのときには、そういうふうにすることになっている」のである。女たちは、いわば演劇のなかの端役《はやく》であって、自分たちが「遊び破り《スポイル・スポート》」になってはいけないということをよく知っているのだ。[*23]

このように問題をあれこれと考えてはきたものの、神聖な真面目さというものが弱まっていって、単なる「面白さ《ファン》」になってしまうその下辺の境界を、完全に決定することはできない。われわれの社会でも、少し子供っぽいところのある父親が、クリスマスのサンタ・クロースの扮装をしている現場を、子供たちに覗《のぞ》かれて見つかってしまったら、むきになって怒るかも知れない。カナダのブリティッシュ・コロンビア州にすむクワキウトル・インディアン族のある父親は、部族の儀式のための彫りものをしていたところを不意に驚かした自分の娘を殺している。[*24] また、コンゴのロアンゴ族における宗教的意識が浮動的なものであることは、イェンゼンが用いたのとまことによく似た言葉で、ペシェル・レッシェが述べている。そこでは、神聖なもろもろの観念、慣例に対する彼らの信仰は、いわば一種の半信仰とも言うべきもので、嘲笑を投げつけることとか無関心を装うことと信仰とが溶け合っている。中心となるものは気分である、と彼は結論している。[*25] ロバート・ラナルフ・マレット（一八六六～一九四三。イギリスの人類学者、プレアニミズムの提唱者）はその著『宗教の識域』のなかの「原始人の信じ易さ」の章で、「佯《いつわ》ってそのふりをする《メイク・ビリーヴ》」という要素は、どんな原始宗教のなかにも働いている、と説明している（邦訳『宗教と呪術』竹中信常訳（誠信書房・一九六四）四九ページ）。魔法使も、魔法にかけられた者も、自らはそのことをちゃんと知っていながら、そのまま詐術にかけたり、かけられたりしているのだ。とにかく、人間とは瞞《だま》されることを欲するものなのである。[*26]「未開人は、ちょうど遊んでいる子供のように、完全に自分の演ずる役割のなかに没入しきることができる秀れた演技者であるが、それとともに良い見物人でもある。この点でも、子供が、それは本物のライオンではないとちゃんと知っていながら、そいつが吼《ほ》える真似をしてみせると、本当に死にそうなくらいびっくりしたりすることがあるのに、よく似ているのである」。[*27] ――ブロニスロウ・マリノウスキー（一八八四～一九四二。イギリスの人類学者。機能主義を提唱。堀喜望氏『マリノウスキー』（有斐閣・一九五九）を参照）は、土着民は自分の信仰をはっきり自分の言葉で言い表わしきれないもので、実際に表現した以上に強くそれを感じて恐れているのである、と言う。[*28] とにかく、未開人の共同社会のなかで、超自然的な性質を身に具えていると見なされている人々、たとえば祭儀の執行者などの行動を説明するのに、それは「自分の役割をよく守っている」人の態度であるといえば、最も適切であろう。[*29]

このように、すでに未開人のあいだでも、呪術的・超自然的な出来事はけっして「本当のものではないのだ」という意識が、部分的には働いている。それにもかかわらず、まえにあげた研究家たちは、そういう意識があるからといっても、これら信仰と詐術の体制のすべては、信じやすい人々の集団を支配するために、無信仰者のグループが考案した一つの詐欺にすぎないなどという結論は抽《ひ》き出せない、と強調している。いったいその種の解釈は、多くの旅行家、調査団によってとられているのみならず、原住民自身の伝承のなかにも、そこかしこに見いだされるのだが、しかし、そんなものが正しいわけはない。「祭儀行為の起源は、ただすべての人々の心性にある信じやすさというもののなかに根ざしているにすぎない。ある一派の権力を高めるために、その行為を欺瞞《ぎまん》的な仕方で維持してゆくなどということは、そういう歴史的発展の最終期の相にすぎない」[*30]のである。

私の考えでは、これまで見てきたことから、何ら問題なくきわめて明白であると思われるのは、未開民族の聖事について語るときには、一瞬も遊びの概念から目を離すことができないということである。とにかく、この現象の叙述にあたっては、われわれは「遊び」という言葉を幾度でも繰り返して取り上げないわけにはゆかない。しかもこのことは、ただそれだけの事実にとどまらない。この遊びの概念のなかでこそ、信仰と信仰以外のものとの統一がなしとげられて切り離せないものとなったり、神聖な真面目さと単なる見せかけや「楽しみごと」とが結びついたりするわけが、最もよく理解できるようになるのだ。ところで、イェンゼンは、子供の世界と未開人の世界の類似性を認めながら、しかし原理的には子供の心性と未開人のそれのあいだに差別をつけようとしている。彼の意見によれば、「子供はサンタ・クロースに出っくわしたとき、それを「それらしく見せかけて演技しているもの」とすぐ見てとり、子供に特有な能力で、ただちにそれに対してどういうふうな態度をとったらよいかを「心得て」しまう。ところが、「ここで取り扱われるさまざまの儀礼の成り立ちに関連して、あの人々（未開民族）がものを創り出すときのやり方が問題になるわけだが、彼らの場合は子供のそれとはまったく違う。彼らはそこに、それらしく見せかけて演じられた現象などを見ているのではない。彼らはその周囲をひしひしと取り巻いている大自然と関係を迫られ、それと対決したのである。彼らは自然の無気味な魔霊を捉えて、それを表現しようとしたのである」[*31]。

ここには、まえに触れたイェンゼンの師フロベーニウスの見解がふたたび認められる（五〇ページ以下を参照）。だが、二つの懸念がおこる。第一に、イェンゼンの「まったく違う」という考えは、ただ、子供の心のなかの過程と、人類の始まりにあたって最初に儀礼を行なった創造者の心のなかの過程とのあいだに、差別をつけているにすぎない。だがじつのところ、後者については、われわれは何ひとつ知るところがないのである。われわれが原始社会を問題にすると言っても、それは今日の子供のように、祭祀についての観念がもう伝統的素材になってしまい、それを「あらかじめ用意しておいて、それらしく見せかけて演じたもの」として受け取るようになっている祭祀共同社会のことなのだ。そしてそういう社会は、それに対する反応のあり方でも、もう子供の場合とまったく同じなのである。

しかしこの問題は、一応そのままにしておいてもよい。むしろ第二に疑問なのは、そういうイェンゼンのような見方をしたのでは、原始人が自然体験とまず「対決」し、そこからそれを祭祀という形に「把握」し、「表現」する方向に進んでいったその対決の過程が、まったくわれわれの観察の目から逸《そ》れてしまうということだ。フロベーニウスとイェンゼンは、空想的な比喩によってどうにかこうにかその過程に近づいてゆくにすぎない。物事が形象化され、イメージとなってゆく過程のあいだではたらく機能について、彼らはせいぜいのところ、それは一つの詩的機能であるとしか言えない。しかしそれこそ遊びの機能であると言うならば、これが何としても一番よい表現なのである（イェンゼンの率いるフランクフルト学派の現況はフローベニウス研究所員共著『民族学入門』〈社会思想社・一九六三〉に見られる）。

こういう類の考察は、さまざまの根源的な宗教観念の本質は何かという問題の深部に、われわれを導いてゆく。誰でも知っているように、宗教学を研究する人が確実に自分のものにしていなければならない最も重要な根本思想のうちの一つに、次のようなことがある。ある宗教形式が、それぞれ別の秩序のなかでの二つのもの、たとえば、人間と動物といったもののあいだに、神聖な本質の同一性が成立すると認めたとして、しかしそういう関係は、われわれの抱いている象徴的結合という観念では、純粋かつ適切に言い表わすことはできない、という問題がそれである。彼らの場合には、二つのものの統一ということは、実体とその象徴的イメージのあいだの対応関係よりも、はるかに深遠であり本質的なものである。それは神秘的統一なのである。その一方のものが他のものに「なる」のだ（これが「融即 participation」である。レヴィ・ブリュル『未開社会の思惟』（岩波文庫）上、八五ページ以下を参照）。呪術の舞踊を踊っているとき、未開人はカンガルーなので「ある」。しかし、人間の表現能力にはさまざまの欠陥があり、またそこには多くの差異があるという点に、注意を怠ってはならない。未開人の精神状態を思い浮かべてみるためには、われわれとしてはその状態を、どうしてもわれわれの術語で再現することになるのは、やむをえないのである。欲しようと否とにかかわりなく、われわれは未開人の信仰の観念を、つねにわれわれ自身の思考概念の厳密な論理的規定のなかに移し替えているのである。

　そこで、われわれが未開人と動物の関係を言い表わすときはどういうことになるのか。われわれは、その動物は彼にとって一つの存在を意味しているのだ、と言う。ところが一方、われわれ自身の立場で考えれば、その関係は、未開人がその動物を「演ずる《プレイ》」という関係である。これはまえに述べたとおりである。未開人はカンガルーのもつ本性をその身に帯びた。そのことをわれわれは、彼はカンガルーを演じている、と言うのである。しかし未開人は、存在と遊びを区別できない。つまり、その存在であることと、その存在を演ずることとのあいだに何ら概念上の差別を知らない。同一化とか、イメージ、象徴ということは、何ひとつ知りはしない。したがって、われわれがここで「遊ぶ」という根源的な言葉に強いてこだわることで、祭儀を営んでいるときの未開人の精神状態を最もよく会得《えとく》することができるかどうか、これは解ききれない疑問として残らざるをえない。われわれの遊びという概念のなかでは、本当に信じていることと、信じているらしく見せかけることとのあいだの区別が、消えてしまうのだ。この概念は、何の無理もなく自然に奉献、神聖などの観念と結びつくものであり、たとえばバッハのどんな前奏曲《プレリュード》でも、またどんな悲劇の科白《せりふ》でも、そのことを証明している。それはともかく、こういうふうにして、いわゆる原始文化の領域の全体をつねに一つの遊びの領域として考察していくと、どれほど鋭くとぎ澄まされた心理学的・社会学的分析がもたらすものよりもずっと直接的で、ひろく全体に通ずるその固有性を、端的に理解する可能性がひらかれるのである。

原始社会の祭祀は、共同体の福祉のためになくてはならぬものである。それは宇宙的洞察に満ち、社会的発展を孕《はら》んだ神聖な遊びである。しかしそれは、つねに変わることなく遊びである。それは、プラトーンの見たように、必要と真面目さにつつまれた無味乾燥な日常生活の領域の外で、またその領域を超えたところで行なわれる行為である。

この聖なる遊びの世界には、子供と詩人が未開人と共に棲《す》んでいる。現代人もその美的感受性によっていくらかはこの世界に近づくことがあった。われわれはここで、今日、仮面が骨董《こっとう》としてもてはやされている流行のことを考える。現代の異国風なものに対する耽《たん》溺《でき》ぶりは、ときにやや病的なところがあるかも知れないが、それでも、トルコ人、インディアン族、中国人が羽振りをきかせていた十八世紀の流行よりも、さらに深みのある精神的内容と、はるかに高い文化的価値はもっているのだ。現代人は、疑いもなく遠く隔たっているもの、奇異なものを理解するのに、非常に秀れた能力をそなえている。いまの例で言えば、仮面や変装などをひっくるめて、それらすべてのものに対して現代人がもつ感受性ほど、彼の未開社会への理解の手掛りとなるものはない。民族学は仮面のもつ大きな社会的意義をはっきり指摘してくれたが、その一方で、一般の教養人たちは、仮面を通じて美、恐怖、神秘の混りあった直接的な美的感動に捉えられるのを体験している。今日、一個の成人として十全な教養を身につけた人々にとっても、やはり仮面にはどことなく神秘の翳《かげ》りがつきまとっていることには変わりがない。仮面をかぶった姿を眺めること、それははっきり規定された信仰観念とは結びつかない、純粋に美的な経験であるにしても、そのときわれわれはたちまち「日常生活」のなかから連れ出されて、白日の支配する現実界とはどこか違った別の境界へひきこまれる。それは、われわれを未開人の、子供の、詩人の世界へ、遊びの領域へと導いてゆく。

遊びと密儀

原始的な祭祀行為の意味、特色について、あれこれと考えてきたが、それも結局のところ、それ以上根源的なところへは還元できない遊びという概念に収斂《しゅうれん》させることが許されるだろう。しかしそれでもまだ、ここに非常に厄介な疑問が一つ残っている。低い宗教形式から、さらに高度な宗教形式に登っていったら、どういうことになるか。アフリカ、アメリカ、オーストラリア原住民の祭儀に現われる荒々しい魔霊から、ここでわれわれの視線は、ウパニシャッドの英知を早くも孕《はら》んでいる『リグ・ヴェーダ讃歌』の供犠祭や、エジプト宗教における神、人間、獣の神秘的同一化に向かい、さらに、ギリシアのオルペウス教的秘儀（伝説的詩人オルペウスに名をかりた古代ギリシアの宗教で、霊魂不滅を信じ、秘儀と戒律厳守を特徴とした）、エレウシースの密儀（デーメーテールとペルセポネーをまつる秘儀宗教で、アッティカの都市エレウシースで行なわれた）へと転じてゆく。実際には、これらの形式はすべて、その怪奇な、血腥《ちなまぐさ》い細部にいたるまで、いわゆる原始宗教と変わらず、まことによく似てはいる。しかし、われわれがそのなかに認めるもの——いや、少なくともそこにあったであろうと推定するもの——は、すでに英知と真理を含んだある内容なのだ。それは、これらの形式のものをわれわれが優越感を抱いたまま観察したりすることを禁ずるだけの内容をもっている。もちろん、いわゆる原始文化に対したときでも、そういう優越心をふりまわすのは正しいことではない。

それはさておき、ここで問題なのは、それらのものが形式的には原始宗教と同じであるという理由から、これらの宗教を充たしている神聖な意識、高い信仰を遊びという特質と結びつけることは許されるだろうか、ということである。しかしまえにも説明したことから理解されるように、プラトーンの抱いていたような遊びの観念を、ひとたび自分のものとして身につけてしまえば、この点については何の疑問も起こるわけがない。神に捧げられた遊び、人がその人生のなかで尽くす努力のうち最高のもの、そうプラトーンは考えたのだった。しかしまた逆に、そう考えたからといって、これら神聖な秘儀を、論理的な知恵ではとうてい近づきえないものの最高の表現として評価することが、断念されたわけでもない。奉献行為はその重要な一つの面では依然として遊びの範疇に含まれることに変わりはなく、聖事の拠って立つ立場をそういうふうに決定してしまっても、それの神聖さの承認まで失われてしまうわけではないのである。

原注　＊〔　〕内は訳者注。（以下同）

（1）これらの理論については、H・ゾンデルヴァン『動物、小児、成人における遊び』（アムステルダム・一九二八）、およびF・J・J・ボイテンデイク『生の情熱の表われとしての人間と動物の遊び』（アムステルダム・一九三二）に載っている一覧表を参照されたい。

（2）マルセル・グラネ『古代中国の祭礼と歌謡』（パリ・一九一四）一五〇、二九二ページ

（内田智雄訳『支那古代の祭礼と歌謡』（弘文堂・一九三八）では、それぞれ一八〇ページ以下と三〇一ページ）。グラネ『古代中国の舞踊と伝説』（パリ・一九二六）三五一ページ以下。同著『中国文明。公共生活と私生活』（人類の発展叢書二五巻、パリ・一九二九）二三一ページ。

（3）「ギリシア人の言うように、模倣的《ミメティック》というより、むしろ融即的《メセクティック》である」。ジェイン・エレン・ハリソン『テミス。ギリシア宗教の社会的起源の研究』（ケンブリッジ・一九一二）一二五ページ。

（4）R・R・マレット『宗教の識域』（ロンドン・一九一二）四八ページ（竹中信常訳『宗教と呪術』五五ページ）。

（5）ボイテンデイク前掲書七〇～七一ページ。

（6）レーオ・フロベーニウス『アフリカ文化史。歴史的形態論への序説』（一九三三）。同著『文明化の意味での運命論』（ライプツィヒ・一九三二）。

（7）『アフリカ文化史』二三、一二二ページ。

（8）同書二二ページ。

（9）同書一二二ページ。子供の遊びの契機としての「衝撃状態」については一四七ページを見よ。エルヴィン・ストラウスによって継承された、ボイテンデイクの子供の遊びの基礎としての「悲愴な態度」「衝撃をうけること」という表現については、前掲書二〇ページを参照。

(10)『運命論』一四二ページ。

(11)プラトーン『法律』第七巻八〇三CD〔岡田正三訳プラトン全集〈全国書房・一九五二〉第十二巻三六〜三七ページ〕。

(12)原文は *οὔτ' οὖν παιδιά … ουτ' αὖ παιδεία … ἀξιόλογος*。

(13)『法律』第七巻七九六Bを参照（邦訳一九ページ）。そこではプラトーンは、クレータ島のクーレーテスの聖儀舞踊を「精霊《クーレーテス》の武装遊び *τῶν κουρήτων ἐνόπλια παίγνια*」と言っている。聖なる密儀と遊びの内的関係については、ロマノ・ガルディーニ『典礼の精神について』（オランダ教会刊、イルデフォンス・ヘルヴェーゲン編第一巻、フライブルク・イン・ブレスガウ・一九二二）の「遊びとしての典礼」の章（五六〜七〇ページ）がまことに適切な言葉で触れている。プラトーンの名はあげていないが、彼は、いま引用したその言葉に、あたうかぎり接近している。彼は典礼に対して、われわれが遊びに特徴的と呼んだ一つの徴し以上のものを認めた。典礼も最終的にみれば「無目的な、しかも意味深長な」ものである。

(14)『祝祭の本質について』（「パイデウマ」文化学報第一巻第二輯、一九三八年十二月）五九〜七四ページ〔これは一九四〇年の『古代宗教』の第二章だが、新訂版は『ギリシア人およびローマ人の宗教』〈ミュンヘンおよびチューリヒ・一九六三〉*Die Religion der Griechen und der Römer*, Kap. II S. 53-74。その英語版 Thames & Hudson, chap. II The Feast p. 49-70。邦訳『神話と古代宗教』〈新潮社・一九七二〉では九三〜一二五ページ〕。

(15) 同書六三ページ(右記新訂版では五七ページ。邦訳九九ページ)。
(16) 同書六五ページ(同六〇ページ。邦訳一〇四ページ)。
(17) 同書六三ページ(同五七ページ。邦訳九九ページ)。
(18) 同書六九ページ。K・T・プロイス『ナジャリット探検』第一巻(一九一二)一〇六ページ以下による。
(19) シュトゥットガルト・一九三三。
(20) 同書一五一ページ。
(21) 同書一五六ページ。
(22) 同書一五八ページ。
(23) 同書一五〇ページ。
(24) フランツ・ボアズ『クワキウトル・インディアン族の社会組織と秘密結社』(ワシントン・一八九七)四三五ページ。
(25)『ロアンゴ族の民俗学』(シュトゥットガルト・一九〇七)三四五ページ。
(26) 同書四一~四五ページ。
(27) 同書四五ページ(邦訳五二ページ)。
(28) マリノフスキー『西太平洋の遠洋航海者』(ロンドン・一九二二)三三九ページ(中央公論社版『世界の名著』第五九巻所収、寺田和夫・増田義郎訳)。
(29) 同書二四〇ページ。

(30) イェンゼン前掲書一五二ページ。私見によれば、精神分析的な成年式、割礼式の解釈方法は、やはりこういう故意の欺瞞といった説明に陥っているようだ。イェンゼンはそれを一五三ページ、および一七三〜一七七ページで拒否している。

(31) イェンゼン前掲書一四九ページ以下。

II　遊び概念の発想とその言語表現

言語史および種々の言語のなかで「遊び」概念がうけている異なった評価

われわれはもう遊びというものを一応理解したものとして、これからは遊びという言葉のなかに表わされている概念を分析し、少なくともそれにおおよその定義を与えてみようと思う。といっても概念というものは、われわれ相互のあいだで使われている言葉によって規定されているのみならず、その言葉から限定さえも受けているということは、絶えず十分に自覚していなければならない。言葉と概念、この二つを生んだものは、物事を研究する科学ではなく、ものを創造する言語である。一口に言語というが、つまり世界の無数の言語のことである。いかなる言語でも、手とか足とかに対しては、それを言い表わす明確な単語をもっている。しかし、すべての言語がそんなふうに、遊びというまったく同一の概念に対してもそれを表わすただ一つの言葉をもっているとは、誰も期待する人はないであろう。ここでは、事情はそれほど単純ではない。

われわれとしては、おたがいに共通している遊びという概念から出発するほかはない。つまり、そこに多少の偏差があるにもせよ、現代ヨーロッパのほとんどの言語のなかでその概念に相当するものを示しているそれぞれの言葉によって、この概念がどのように表現され規定されているかという点から考えてみたい。ところでわれわれは、この概念はほぼ次のように定義できると考えたのだった。

遊びとは、あるはっきり定められた時間、空間の範囲内で行なわれる自発的な行為もしくは活動である。それは自発的に受け入れた規則に従っている。その規則はいったん受け入れられた以上は絶対的拘束力をもっている。遊びの目的は行為そのもののなかにある。それは緊張と歓びの感情を伴い、またこれは「日常生活」とは、「別のもの」という意識に裏づけられている。

こう定義してみると、この概念は、われわれが動物や子供や大人の遊びと呼んでいるすべてのもの、技芸や力業《わざ》の遊び、知恵比べ、賭け事、さまざまの演技表現、見せ物などを総括するのに適しているようにみえる。まえに述べたように、この遊びという範疇は生の最も基本的要素の一つと見なすことができる。

さて、ここでただちに理解されることがある。世界じゅうのどの言語でも、初めから変わることなく、そういう遊びという一般的範疇をはっきり区別して、一つの言葉で把握していた事実は少しもない、ということだ。いったい遊びをしない民族はない。しかも、その遊びはどれもみな著しく似かよっている。ところがそれでいて、すべての言語が、現代ヨーロッパの諸言語のように、それを揺るぎなく、同時にほぼ一つの言葉によって把握するということにはなっていない。われわれはここでもう一度、普遍的概念というものは当然存在するという考え方に対して、唯名論的な立場から懐疑を投げつけて、こう言うことができるだろう。どんな人間集団にとっても、遊びの概念はそれを言い表わしている言葉——いや、それを言い表わしているそれぞれの民族の言葉、と言ったほうがよいかも知れない——が表現している以上のものを含みはしないのだ、と。実際、ある言語のほうが他の言語よりも、ある概念の多様に変化し歪《ひず》んだ発現形態をただ一つの言葉によって総括するのにより見事な成功をおさめている、ということもありうる。すぐにわかるように、この遊びの場合がまさにそれである。

ある文化は他の文化に先んじて、いちはやく遊びという一般的観念をより完全な形で抽象してしまった。その結果として、高度に発達した言語は、さまざまな遊びの形式を表わすのに、まったく違った幾つかの言葉をもつようになっている。そして、この用語の多元性ということが、あらゆる形式の遊びをただ一つの概念語によって集約するのを妨げる結果を生んでいる。ところで、いわゆる原始言語のなかのあるものが、一般的な類のなかに含まれる種《しゅ》に対しては、それを表現する幾つかの単語をもっているのに、その類全体をさしていう言葉はまったくもっていないという周知の事実がある。たとえば、カマスとかウナギを表わす語はあっても、魚という意味の言葉はないというように。いま述べた遊びという言葉の場合も、大きな立場から見るならば、こういう事実と比較することができよう。

さまざまの徴候が証明していることであるが、遊びの機能そのものは根源的なものと言わざるをえなかったのに対して、遊びの現象の抽象化は、多くの文化のなかでただ従属的な結果として行なわれたにすぎなかった。この点に関して、私に非常に意味深く思われることがある。すなわち、私の知っている神話には、どれ一つとして、遊びという観念を神格とか精霊とかの姿で表現しているものがない。[*1] ところが反対に、神が遊んでいる姿として表現されることはしばしば見いだされるという事実がある。印欧語には、遊びを表わす共通語が欠けているが、これは一般的な遊びの概念が後に成立したことを示すものである。ゲルマン諸言語でさえ、遊びの呼び方はまったく分裂していて、統一がない。そこでは、三つの異なった言葉が遊びを表わすのに用いられている。

あらゆる形式の遊びをいつも熱心にやっている二、三の民族が、この活動に対して幾つか複数の言葉をもっているという事実、これはおそらく偶然ではないのである。私は、このことは多少の違いはあるにしても、ギリシア語、サンスクリット語、中国語、英語について主張することができると思う。

ギリシア語における「遊び」の表現

ギリシア語には、子供のあそびを表わすのに、「……インダ -ινδα」という語尾に終る注目すべき表現がある。この語尾そのものが、すなわち「遊ぶ」ということを示している。それは語尾変化がなく、言語学的には語原を明らかに突きとめることができない接尾語である。[*2] ギリシアの子供たちは「ボール遊び σφαιρίνδα《スパイリンダ》」や「綱引き ἑλκυστίνδα《ヘルキュスティンダ》」や「お山の大将 βασιλίνδα《バシリンダ》」や「めんこ遊び στρεπτίνδα《ストレプティンダ》」をしてあそんだ。この接尾語の完全な文法的独立性は、いわば、遊びという概念はそれ以上根源的なものに還元することができないものだということの、一つの象徴でもあろうか。

ところで、この子供のあそびを表わすまったく特殊な呼び方に対して、ギリシア語ではひろく遊びの世界全体をさす名称として、少なくとも三つ以上の異なった言葉が使用される。その第一は、三つのなかでも一番よく知られた「パイディアー παιδιά」である。この語原は明らかで、子供に関することとか、子供に属するものという意味だが、そのアクセントの位置によって「子供っぽさ παιδία《パイディア》」とはただちに区別される。しかしこの言葉が使われるのは、子供のあそびという分野だけに限られてはいない。その派生語である「ふざける、踊る παίζω《パイゾー》」や「スポーツ παῖγμα《パイグマ》」「おもちゃ παίγνιον《パイグニオン》」などとともに、あらゆる種類、形式の遊びを呼ぶのにこの言葉が用いられている。われわれがまえに見てきたような、最も神聖、高級な遊びを呼ぶのにさえ用いられるのである。快活さ、楽しさ、不安から解放された歓《よろこ》びといった意味合いが、この一群の言葉のすべてに響いているようにみえる。この言葉に比べると、遊びを言い表わす第二の言葉「遊ぶ ἀθύρω《アテューロー》」「玩具 ἄθυρμα《アテュルマ》」はずっと目立たない。それは元来、ふざけたこととか、つまらないものという意味のニュアンスをおびた言葉である。

しかしここにもう一つ、非常に大きく拡がった分野が残っている。それは、われわれ現代ヨーロッパの用語としては遊びのうちに算《かぞ》えられているのに、ギリシア語では遊びという二つの言葉、パイディアー、アテューローのいずれによっても蔽《おお》われない分野、あるいは捉えられない領域、すなわち試合と競技の領域である。これはギリシア人の生活にとってきわめて重要なものだったが、この領域の全体は「闘技 ἀγών《アゴーン》」という言葉によって支配されるのである。そしてこの語の適用範囲のなかでは、遊び概念の本質的な部分はいわば隠されてしまう。真剣ではないもの、遊び的なものという概念は、この闘技《アゴーン》のなかにははっきりと表われていないのが普通なのだ。

一つにはこういう理由から、またもう一つは、闘技《アゴーン》がギリシア文化、ギリシア人の日常生活のなかで占めていた異常なまでに大きな意味ということから、ボルケンスティン教授は、私が『文化における遊びと真面目の境界について』という講演のなかで、ギリシア人の競技を、大は、彼らの祭祀に根ざしたものから、小は、まことに些細《ささい》な取るに足らぬものにいたるまで、ことごとく遊びという概念のなかに引きずり込んでいるのは、正しくないと非難された。*3

「オリュンピアの競技を語るとき、われわれはふかく考えもせずローマ人がラテン語で呼んでいた言い方を踏襲して、競技（遊び）という言葉を使っている。しかしこの言葉のなかには、ローマ人がその言葉を用いることで、競技に対して彼らがくだした価値判断がはっきりと語られているのであり、それはギリシア人の考え方とはまったく別のものである」と。彼は競争心というものが、いかに大きくギリシア人の全生活を充たしていたかを示す闘技のさまざまの形式を数え上げた後で、こう結論している、「遊びなどとはこれらすべてのものは何の関係もない。もし、生活のすべてがギリシア人にとっては遊びであった、などと主張するのでないならば」と。

いや、むしろある意味では、そういう主張こそ、本書がこれから述べようと意図しているところなのだ。このユトレヒトの歴史家が、われわれのギリシア文化についての見方を絶えず教導してきたことに対する私の尊敬は、変わるものではないし、またギリシア語だけが闘技と遊びのあいだに言語上の差別を行なっていたわけではないという事実があるにもかかわらず、私は断じて彼の判断に反対せざるをえない。ボルケンスティン説への反駁は、本書がこれから述べることすべてのなかに含まれるはずだから、さしあたっていまは、議論をただ一つだけに限っておきたい。競技というものは、ギリシア人の生活のなかの闘技《アゴーン》でも、あるいは世界の他のどんな場所で行なわれているものでも、すべて遊びの形式的特徴を示しているのである。一方それを機能の点から考えてみると、これは主として祝祭の範囲に含まれ、その一部分を形づくっている行為である。要するに、これはまさに遊びの領域のなかにある、と言えるのだ。文化機能としての競技を、遊び・祝祭・聖事という複合体から切り離すことはまったく不可能である。

それでは、なぜギリシア語は遊び《パイディアー》という概念と闘技《アゴーン》という概念を言語的に別々のものにしてしまったのかということだが、これは私見では、むしろ次のように説明を試みればよいと思う。ギリシアでは、その類のもの全部を含めた一般的な遊びの概念、または論理的にすべて同質な遊びの概念が発想されるようになったのは、われわれがすでに見たように、むしろ時代が遅くなってからであった。ところが、非常に早い時期から闘技活動はギリシア社会生活のなかで大きな位置を占め、非常に重要な評価を得るようになっていたので、人々はもはやそれらが遊びの性格をもっていることを、あえて意識にのぼせることもなかったのである。ギリシアでは、あらゆる機会にどんな出来事をも契機として催された競技が、非常に強力な文化機能になっていたために、ギリシア人はそれをすっかり「日常茶飯のこと」、それをするのが当り前なことと感じていた。だから、それをあらためて遊びとして考えるということはしなかったのである。

サンスクリット語における「遊び」の表現

これからただちにわかることだが、ギリシア語の場合だけが遊びの言い表わし方について孤立しているのではない。同じことは古代インド人の表現においても、いくらか変化した形で表われている。そこにも遊びの概念を言い表わすのに多くの言葉がある。サンスクリット語は少なくとも四つ以上の語根を遊びに対して用いていた。

まず、遊びを表現する最も一般的な言葉は動詞「クリーダティ krīḍati」である（名詞は krīḍā）。これは動物、子供、大人の遊びすべてをひっくるめて称する言葉である。それからまた、この語はゲルマン諸言語と同じように、風や波の動きについても用いられる。さらに、遊ぶこととくに強い関係なく、一般に跳ぶこと、踊ることをも意味することができる。こういう意味合いによってこの言葉は、舞踊や演劇の演技から遊びという意味にまで及ぶ大きな分野にわたっている nṛt《ヌリット》 という語根に近づく。次に、遊びを表わす第二の動詞「ディーヴィヤティ dīvyati」は、まず賽子《さいころ》遊び、賭け事をすることをいうのだが、ほかにひろく一般的に遊ぶ、冗談を言う、からかう、愚弄するなどの意味をもっている。この言葉のもとの意味は、物を投げることだったらしいのだが、そこから、光を投げる、輝くということとも関連が生じる。[*4]

第三の言葉は名詞「ヴィラーサ vilāsa」である。遊び、ゲームという意味である。この言葉の中心にある語根 las《ラス》 のなかには、輝くこと、突然現われること、不意に物音や響きがすること、彼方こなたへと動くこと、あそぶこと、そしてひろく一般に何かに「携わっている」こと、何か仕事を追いかけていることなどの意味が含まれている。最後に、名詞「リーラー līlā」は、その派生動詞「リーラヤティ līlayati」とともに、根本の意味はおそらく揺り動かすこと、振ることのようだが、遊びのもつ明るく軽やかな、楽しげな、そして努力を要しない、重苦しくないといった一面を表現している。またそのうえ、リーラーは「かのように」とか、外見、模倣という意味も併せもっている。そこでたとえば「象の遊び（演技）をもって gajalīlayā《ガジャリーラヤー》」といえば、これは「象として」という意味になるし、「象の遊びをする人 gājendralīlā《ガージェンドラリーラ》」といえば、象を演ずる人という意味になる、というふうである。

これらすべての遊びの呼び方を通じて見ると、遊びの概念の意味論的な出発点は、どうやら速い運動、動きという観念のように思われる。こういう意味の関連は、他にも多くの言語のなかに見いだされるものである。といってももちろん、これらの言葉がはじめのうち、そういう忙しい動きだけを言い表わしていたのが、後になって遊びに対しても適用されるようになった、ということではない。私の知っているかぎりでは、純粋な競技そのものは、サンスクリット語ではこれらのどの遊びという言葉でも、表現されることがない。まことに奇妙なこととは思うが、古代インドでは非常に多くの種類の競技がひろく行なわれていたのに、とくにそれを言い表わす特定の言葉が初めから欠如しているのである。

中国語における「遊び」の表現

ドイフェンダク教授は、中国語での遊び機能の言い表わし方について好意ある教示を与えられたが、それによると、ここでもまた、われわれが遊びという概念のもとに属させうるはずだと考える多種多様の活動をただ一つにまとめて言い表わす名称が欠如している。ここで最も目だつのは、子供のあそびという観念が主体になっている「玩」という言葉である。これの特殊な意味には、主として、ある物事に携わっている、あることを享楽する、弄《もてあそ》ぶ、戯れる、遊び騒ぐ、ふざけたことを言う、といったものがある。それからまた、指先で弄ぶ（玩弄）、探り調べる（玩味）、匂いを嗅ぐ（玩賞）、小さな装飾品を指のあいだでいじくりまわす（玩愛）、そして最後に月光を浴びて賞する（玩月）、などの意味にも用いられる。したがってこの言葉の意味論上の出発点は、あることに「遊び的な注意力でかかわる」とか「気軽な状態のなかであることに耽っている」ということらしい。技能の遊び、競技、賭け事、あるいは劇場での演技に対しては、この言葉は用いられていない。

ほかならぬこれらのことや、整然とした劇的な遊びを表現するためには、中国では「位置」「立場」「排列」という観念の領域に属する言葉を用いるのである。競技《アゴーン》に関することはすべて「争」という特殊な言葉で表わされる。これは、ギリシア語の闘技の完全な等価語である。またそれ以外にも、とくに、賞をめぐって争われる、組織化された競技に対して、「賽《さい》」という言葉が用いられることもある（原書に「遊」「戯」などの言葉に言及されていないのは、明らかに見落しであろう。また中国語の孤立語という性格も無視されている。しかし、この見落しにより、はからずも、原著者の、中国語では遊戯活動を「一つにまとめて言い表わす名称が欠如している」という説が裏付けられた、とも言える）。

アメリカ・インディアン語における「遊び」の表現

いわゆる原始文明、あるいは未開民族の言語では、遊び概念はどのように表現されているか、そのあり方の例として、ここにアルゴンキン語族（北米インディアン言語の一つ。「複総合的」言語といわれるもの）の一種であるブラックフット・インディアン族の言語に見かける事情を述べることができるのは、ひとえにウーレンベック教授の厚誼《こうぎ》によるものである。そこでは、すべての子供のあそびに対して、動詞語幹「コアニ koǎni-」というのが使われている。それは特定の遊びの名前とは関係なく、ただひろく子供のあそびを総括的に言い、子供がふざけ騒ぐようなことも、組織化された遊びをすることをも意味している。ところが、半ば成人した青年や、一人前の大人の遊びということになると、それがたとえ子供のあそびとまったく同じ種類のものでもこの言葉では呼ばない。大人の場合には、奇妙なことだが、この言葉は性的な意味で、しかもとくに不義の関係を表わすのに用いられるのである。組織化され、一定の規則に従った遊びには、「カハツィ kaxtsi-」という動詞が一般に用いられている。これはまた賭け事も、技能や力業《わざ》の遊びもさす言葉である。この語の場合には、語義を決定している契機は、勝つということ、競うということにある。そこで、koăni- と kaxtsi- の関係は、これを動詞から名詞へ転移してみれば、ギリシア語の遊び《パイディアー》と闘技《アゴーン》のあいだのそれにやや似ている。ただ、ギリシア語では賭け事は「遊ぶ」(*παίζω*《パイゾー》)ものだったのに反して、ブラックフット語ではそれが逆に闘技的なものに属していて、kaxtsi- といわれる点は違っている。呪術的・宗教的領域に入るもの、たとえば舞踊や儀式を表わすのには、このどちらの語も用いられない。

このほか、ブラックフット・インディアンは勝つということを言うのに、二つの言葉をもっている。そのなかで、競走、試合に勝つこと、それから闘争に勝つことは「アモッツ amots-」である。この最後の場合、その意味はとくに「略奪虐殺をする」ということである。一方、「スキッツ skits-」あるいは「スケッツ skets-」という言葉があって、もっぱら遊びやスポーツで勝つことだけに用いられている。どうやら、ブラックフット語では純粋な遊びの領域と闘技の領域がすっかり混ぜこぜになっているようである。またそのうえ、「賭け事をする」という意味の特殊な「アプスカ apska-」という言葉もある。ところでブラックフット語には、文字どおりの意味が「ただ単に」「ただそのまま」ということである接頭語「キプ kip-」を加えることで、すべての動詞に「真面目にそう考えているのではなく」とか「冗談のつもりで」という二次的、派生的な意味を与えることができるという可能性がある。まことにこれは目につく特徴だが、そこでたとえば、「アニウ ániu-」は

「彼は言う」という意味だが、これが「キパニウ kipaniu-」となると、「彼は本気でそう思っているのでなく、ただ冗談をいっている」ということになる。

全体としてみれば、ブラックフット語における遊びの概念は、その観念の抽象化のやり方と表現の可能性の点については、ギリシア語とまったく異質的とは言えない。しかしまた完全に同じであるとも言えないようである。

われわれはすでに、ギリシア語、サンスクリット語、シナ語において、全体的に競技という概念が、遊びを表わす言葉とは違っていることを見てきたが、この点、やや別の境界線を引いているのがブラックフット語である。こうしてみると結局ボルケンステイン説が正しかったので、そういう言語上の区別は、そもそも遊びと競技のあいだに根深く存在している社会的な相違、心理学的・生物学的差異に応じているのだという見解に、われわれを傾かせることになりそうである。しかしこの結論に対して、反証となるものもある。それは、これからわれわれが取り上げる文化史的素材のすべてがそうなのだが、ただそういうものだけではない。いままであげてきた言語よりも、さらに包括的な一つの遊びの概念を発想していることを示す、相互に遠くかけ離れているいくつかの言語を、まえにあげた二、三の言語に対立させることができるという事実も、その反証に役立つであろう。この事実は多くのヨーロッパ言語の外にあるラテン語、日本語について当てはまるし、また少なくともセム語のなかの一種類についても同じことが言える。

日本語における「遊び」の表現

日本語について二、三の考察をここにあげることができるのは、ラーデル教授（一八九八年生。オランダの東洋語・梵語学者）の好意ある援助のおかげであることを述べておきたい。日本語は中国語とは対照的だが、その反面、現代西洋語とはよく似ていて、遊び機能の全体に対して、ただ一つの、まことに明確な言葉をもっている。またそれと関連して、遊びとは反対の真摯なものを言い表わすのにも一つの反対語をもっている。名詞「あそび」、動詞「あそぶ」はひろく遊び一般にわたる意味のほか、緊張の弛《ゆる》み、娯楽、時間つぶし、気晴らし、遠足、物見遊山、浪費、賭け事、無為安逸、怠惰、無職などの意味をもっている。またそれは、何かを演ずる、あるものを表わす、模倣するというときにも使われる。それから、オランダ語、ドイツ語、英語とまったく同様に、車輪とかその他の道具、機械類の限られた形の動きという意味のあることも言っておかなければならない[*5]（日本語の〈あそぶ〉は、工学上、応力を受くべきものが、応力を受けない状態をいうことがある）。注目すべきは、ある「師のもとに」遊ぶ、ある「土地に」遊ぶというような言い方があることで、これは、遊びという意味のラテン語「ルードゥス ludus」が学校という意味をもっていることを思い出させる。「あそぶ」はまた、闘いに際して本気にやらない、いい加減に誤魔化しながらするときにも用いられるが、ただ競技、闘いそのものを指しているのではない。ここでもまた、遊びと競技のあいだに引かれる境界線は、ギリシアのそれなどとは違っている。最後に中国語の「玩」に比べられる意味として、日本の美的な茶の湯も「遊ば」れるものである。茶の湯の席では、陶器の茶碗が賞玩され、それを讃える言葉とともに次々と隣席の人の手へと回されてゆく。急速な動作、輝き、冗談を言うなど、まえに見られた意味の関連は、日本語の「あそぶ」にはないようである。

日本人の遊びについての考え方をもっと詳しく規定していくと、おそらくいまここでなしうるよりもさらに深く、日本文化の真髄まで考察を進めることができるであろう。ただ、いまは次のことを述べるだけで満足せざるをえない。すなわち、日本人の生活理想のなかでは、異常なまでの厳粛さ、真面目さというものが、森羅万象はただ遊びにすぎざるなり、という虚構の思想の奥に隠されている、ということである。キリスト教中世の「騎士道」のように、日本の「武士道」も、あくまで遊びの領域のなかで展開されたのだった。日本語はいまでもまだ、遊びの発想を「遊ばせ言葉」、つまり上品な話し言葉として保ちつづけている。これは身分の高い人々相互の会話に使われるものだが、これについては、高貴な人々はその行なうすべてのことを、つねにあそびとして、あそびながらやっているのだ、というように理解できよう。「あなたは東京につく」の鄭重《ていちょう》な形は、文字どおり「あなたは東京におつき遊ばします」である。また、「私はあなたの父上が亡くなられたと聞きました」に対しては、「私はあなたの父上がお亡くなり遊ばしたとうかがいました」である。この表現方法は、私の見るところが正しければ、ドイツ語の「陛下は畏くも……遊ばし給えり Seine Majestät haben geruht.」[*6] や、オランダ語の「どうぞ……遊ばして下さい U gelieve.」に近い。畏れおおく仰ぎ見られる高貴の存在は、ただみずから進んであることを遊び給うというそのことが、ある行為をなし給うことになるのだ、というわけである。

遊び領域のなかにあるこの貴族生活の婉曲《えんきょく》ぶりに対して、真摯とか、遊びではないものとかを言い表わすのに、日本語はまた非常にはっきりした概念をもっている。日本語の「まじめ」という言葉は、真摯、冷静、正直、厳粛、威厳を意味しているほかに、さらに落着き、礼儀正しさ、上品など、まことに複雑な含蓄がある。それはよく知られた中国語の「面子《めんつ》を失う」という言い方のなかの「面」という言葉と関係がある。形容詞的用法では、それにはまた、「無味乾燥な、面白みのない、実際的な」という意味がある。さらに言いまわし、成句として「これは真面目な話だ」とか「彼は冗談にやったことを真面目にとった」というような言い方も用いられている。

セム語族における「遊び」の表現

私の友人であるとともに同僚でもあった故アレント・ヤン・ウェンシンク教授（一八八二〜一九三九。ライデン大学のアラビア学教授。ホイジンガ『わが歴史への道』（バーゼル・一九四七）に長い追悼文がある）の教示によると、セム語族の諸言語では、遊びという意味の領域は「ラーブ la‘b（または la‘ib《ライブ》）」という名詞によって支配されている。ところがここでは、その同じ言葉が「遊び《ラーブ》」というもとの意味のほかに、笑うこと、嘲けりという意味をも含んでいる。その動詞形は「ライバ laʿiba」だが、これもひろく遊びをする、遊ぶという意味から、嘲ける、いじめるという意味に及んだ言葉である。ユダヤ・アラム語の「ラアブ laʿab」は、笑うこと、嘲けることという意味である。明らかに、これらの言葉は laʿata《ラアタ》 と同根である。この動詞は焼印を押す、傷つけるという意味なのである（なお、これの名詞は laʿṭ である）。そのうえ、アラビア語とシリア語では「遊ぶ《ライバ》」が、赤ん坊が涎《よだれ》を垂らしたり、たわごとを言ったりするのにも用いられるが、これはたぶん、子供が唾の泡を飛ばすということから出て来た意味と解されよう。要するに、これは安んじてあそびであると見ることができる。この笑うとあそぶという二つの意味は、ヘブライ語の動詞「サーハク sāhaq」のなかでも並んで存在している。さらに注目に値するのはアラビア語の「遊ぶ《ライバ》」が現代ヨーロッパのいくつかの言語と共通して、楽器を「かなでる」というときにも用いられていることである。

しかし、セム語族の場合は、遊び概念を言い表わすための意味論的な出発点は、われわれがこれまで検討してきた多くの言語と、完全に同じ平面の上に立ったものではないようにみえる。われわれは後でもっと詳しく、ヘブライ語において闘技的なものと遊び的なものの同一性を示している、非常に興味ある、こまかな問題を研究するつもりである。

ロマン諸言語における「遊び」の表現

ギリシア語が遊びの機能に対し、さまざまに変化する、異質ないくつかの表現方法をもっていたのに、ラテン語はそれとはまことに対照的で、遊びの全分野を蔽うものとして、わずか一つの言葉をもつだけである。名詞の「遊び ludus《ルードゥス》」と動詞の「遊ぶ ludo《ルードー》」がそれである。「遊び lusus《ルースス》」というのもあるが、これはただ前者の派生語にすぎない。このほか、名詞「ヨクス iocus」、動詞「ヨコル iocor」という言葉もないではないが、これは冗談を言う、からかうという特殊な意味に偏った言葉であり、古典的ラテン語では、本来の遊びを称していう言葉ではなかった。

「遊ぶ《ルードー》」という言葉は魚がせわしく泳ぎまわること、鳥があちこち枝移りをすること、水がぴちゃぴちゃ跳ねかえることにも用いられはするものの、その語原的基礎は、例の迅速な動きという点にあるのではない。むしろそれは真面目でないこと、見せかけること、そして嘲笑すること、という面にあるように思われる。ルードゥスの意味の外延はどうかと言うと、それは子供のあそび、レクリエーション、競技、競争から、典礼行為、またこれを一般的に言って舞台上の演技行為、そして賭け事にまで及んでいる。また「遊ぶ家神 lares ludentes《ラレース・ルーデーンテース》」という言葉があるが、この場合には「踊る」という意味なのである。「装う」「あるものの外見を帯びる」という観念の複合したものが、明らかに前面に押し出されている。

さらに、ルードゥスの複合語である「諷刺《ふうし》する alludo《アルードー》」「遊ぶ colludo《コルードー》」「だます illudo《イルードー》」も、みな真実でないもの、詐欺的なものという方向を指している。しかし、すでにこういう意味論的な基礎は、ローマ人の生活のなかでまことに大きな位置を占めていた公共の「大競技会」という意味でのルードゥス、そして「学校」という意味でのルードゥスとは遠く隔たってしまっている。というのは、前者ではそれが競争し、闘うものであるからであり、後者は、おそらくそれが訓練によって行なわれるもの、という意味に基づくからである。

このラテン語のルードゥス、ルードーが「遊び」という名詞、「遊ぶ」という動詞を表わす一般概念としてロマン語群には伝わらなかったのみならず、それら各国語のなかにほとんど痕跡さえも残していないというのは注目すべきことである。明らかに、すべてのロマン語は、そのごく初期のころ、すでにラテン語の「ふざけ《ヨクス》」「ふざける《ヨコル》」という特殊な言葉の意味範囲を「遊び」「遊ぶ」というところまで拡大して、ルードゥス、ルードーを駆逐してしまったのだ。こうしてラテン語の、iocus、iocor は、フランス語ではそれぞれ「遊び jeu《ジュ》」「遊ぶ jouer《ジュエ》」となり、以下それぞれ名詞と動詞を示すと、イタリア語では giuoco《ジュオーコ》、giocare《ジョカーレ》、スペイン語では、juego《フエゴ》、jugar《フガール》、ポルトガル語では jogo《ジョーゴ》、jogar《ジョガール》、ルーマニア語では joc《ジョク》、juca《ジュカ》という形になった。[*7] ラテン語のルードゥスが消滅した原因を音声学的な面に求めたらよいのか、それとも意味論的な面に探るべきなのかという疑問があるのだが、それは、ひとまず、いまはそのままにしておきたい。

現代ヨーロッパの諸言語では遊びという言葉は、概してきわめて広大な分野を蔽うものになっている。ロマン語群でもゲルマン語派でも、かなり厳密な、形式的な意味からすれば、少しも遊びと関係がない動きや行為を示す各種の概念群のうえにまでこの遊びという言葉が拡大されて使われているのが見かけられる。たとえば、機械装置の各部分の限られた運動に対しても遊びという言葉、とくにその動詞形が適用されることは、フランス語、イタリア語、英語、スペイン語、ドイツ語、オランダ語に共通している。どうやら現代では、遊ぶという概念は、だんだんと巨大な分野に拡げられてゆきつつあるかのようだ。事実それは、ギリシア語の「遊ぶ《パイゾー》」やラテン語の「遊ぶ《ルードー》」の及ぶ範囲よりも、はるかに大きい。そしてこの意味の拡がりとともに、それのもつ特殊な意味合いは、いわば軽快な動き、動作という方向に溶けこんでいる。このことは、とくにゲルマン諸言語においてよく観察することができる。

ゲルマン諸言語における「遊び」の表現

ゲルマン語派は、まえに述べておいたように、遊びを言い表わす共通語というものをもっていない。つまり、原始ゲルマン時代を仮に想定すると、そこでは明らかにまだ、遊びが一般的概念として把えられていなかった。しかし、いったん幾つかに分岐したゲルマン諸言語がそれぞれ「遊び」「遊ぶ」を表わす言葉を使用しはじめると、それらの語はみな、意味論的にみてまったく等しい径路をたどりながら発展していった。いや、もっと正確に言えば、広大な範囲にわたる、ときには異質的なものにもみえるさまざまの観念群が、一様にこの遊びという言い方のなかにひっくるめられて理解されるようになっていったのである。

今日まで伝わっているごく限られたゴート語（東ゲルマン語の一つ。六世紀に滅びたが、ゲルマン祖語の代りとして重視される）の文献は、アリアン派の司祭ウルフィラ（三一一ころ〜三八三）によって翻訳された新約聖書の断片などを含む僅かなものにすぎないのだが、そのなかには遊びという言葉は出てこない。しかし、「マルコ福音書」十ノ三四の「異邦人は嘲弄し……*καὶ ἐμπαίζουσιν αὐτῷ*」は jah bilaikand ina と訳されている。原文のギリシア語にある言葉「弄嘲する *ἐμπαίζω*《エンパイゾー》」には、その意味のほかに、騙《だま》す、ふざける、遊戯するという意味もある。そうしてみると、ゴート語は遊びを表わすのに、おそらく「ライカン laikan」という言葉によっていただろうことは、かなりの確実さをもって推定することができる。この言葉は、スカンディナヴィア諸言語に伝えられて、今日普通に遊びを意味している言葉の原型に当たっているし、またその同じ意味で、古代英語やドイツ系諸言語にも現われているからである。ただし、ゴート語に実際に使われた意味としては、laikan は跳躍する、飛び跳ねるという意味だけであって、とくに遊ぶという用例はない（「ルカ」一ノ四一、四四などに用いられている。「エリサベツ、その挨拶を聞くや、児は胎内にて躍れり」など。その名詞形――「ルカ」一五ノ二五――の場合も同様である）。

さきに見てきたように、拙速な動きということが、遊びを表わす二、三の言葉の具体的な基本の意味であった。*8 しかしこれは、生き生きとしたリズムをもった運動と言ったほうがよりよいかも知れない。グリムの『ドイツ語辞典』では、高地ドイツ語（ドイツ南部の高地で用いられていた言語で、七五〇～一一〇〇年ころを古高ドイツの、一五〇〇年ころまでの語を中高ドイツ語という）の名詞「楽曲 leich《レイヒ》」の根本の意味はそのように記載されている。この言葉も全体としてひろく見れば、遊びの領域にあるのだ。一方、古代英語の動詞「踊る、跳ねる lācan《ラーカン》」には、具体的な意味として、波間の舟のように「ゆらゆら揺れる」「うねる」というのがあり、さらに鳥がばたばた羽ばたいて飛びまわる、炎がちらちら燃えるということにも及んでいる。その名詞形 lāc《ラーク》 は遊び、闘いという意味である。要するにこの言葉は、古ノルド語やアイスランド語の「遊び」「闘い leikr《レイク》」「遊ぶ leika《レイカ》」とともに、さまざまの遊び、舞踊、肉体的な動きを言うのに用いられるのである。*9 近代のスカンディナヴィア語になると、デンマーク語の、lege《ライエ》 スウェーデン語の leka《レーカ》 は、ほとんどもっぱら「遊ぶ」という意味だけになっている。

次に、ドイツ系の言語では、「遊び Spiel《シュピール》」という言葉を語幹として、そこから夥《おびただ》しい数の言葉が作られているが、このことは、M・ハイネらの共著『ドイツ語辞典』（全十巻。一九〇五年第一巻刊行）のなかで、「遊び《シュピール》」と「遊ぶ spielen《シュピーレン》」の項目に、非常に詳しい論考が載せられたことから、明らかになった。この遊びという言葉の意味論的な関連のうちで、何よりも注目をひくのは次のこと、すなわち動詞とそれの述語との関係である。たしかに、われわれは「遊びをする」というのを、直訳的に言えば「遊びを追求する、遂行する」という言い方で、ドイツ語なら ein Spiel treiben、オランダ語なら een spelletje doen、英語なら pursue a game と表現することができる。しかしじつのところ、これらの場合、その意味の中核をなす動詞は「遊ぶ spielen, spelen, play」そのものなのである。われわれは遊びを遊ぶのである。換言すると、この活動のあり方を表現しようとすれば、名詞のなかに含まれている観念をもう一度繰り返して動詞のなかで言い直さなければならない。このことは、どう見ても、この遊びという行為が非常に特殊な、独立的なあり方をしたものであること、それは日常的な生き方の外に出た活動であることを意味している。遊ぶということは、日常的な意味での行為をすることではないのだ。

　われわれが「遊ぶ」という観念を用いるときに生ずる、もう一つ別の重要な問題がある。ドイツ語の spielen でも、フランス語の jouer、英語の play、オランダ語の spelen でもそうである。それは、われわれが一般的にひろくある活動を言い表わすのに、この「遊ぶ」という動詞を用いた場合、いつも起こりがちなことなのだが、遊びの概念を明らかに貶《おとし》めて使っているということだ。つまり、狭い意味での本当の遊びの性格がそこに見られるかと言うと、それはただ遊びの多種多様な属性のどれか一つを帯びているだけのものになっている。たとえば、ある種の軽やかさ、緊張、結果如何の不確定性、秩序正しい交代、変化、自由な選択というような性質のうちの、どれか一つだけを遊びと共有しているにすぎないような概念に弱められている、ということである。遊ぶという動詞が、つねにある制約のもとにある運動の自由を示すのに使用されてきたことは、まえに述べたとおりである。こういう言い方の例をあげれば、オランダ銀行のある総裁は、ギルダー貨の平価切下げにあたって、そこに何ら詩的な、あるいは機知的なことを言おうという意図があったのではないが、「かくも狭い分野しか残されない次第となりましては、金本位制はとうてい遊んでいられないのであります」と語ったことがある。また、遊びという言葉を含んでいる熟語や句では「自由に活動する」(ドイツ語では freies Spiel haben、オランダ語 vrij spel hebben、英語 to have free play)「……をやりとげる」(ドイツ語 etwas fertig spielen (ただし、標準的な言い方では etwas fertig bringen)、オランダ語 iets klaar spelen、英語 to be played out)「……が行なわれている」(ドイツ語 es ist etwas im Spiel、オランダ語 er is iets in het spel) といったものがあるが、それらの表現の場合には、遊びの概念は色褪《あ》せてしまって、漠然としたものになっている。これは概念の他の観念への意識的転化ではなく、遊ぶ心に固有である置き換えなのだ。これは詩的な表現方法というより、むしろその概念が、いわばおのずと無意識的なアイロニーのなかに解消していったのだと言うべきだろう。中高ドイツ語時代には「遊び spil《スピル》」とその複合語が神秘主義者たちの用語として愛好されていたが、これはおそらく偶然ではない（メヒトヒルト・フォン・マクデブルク『神性の流光』に「ここに精霊大いなる恵みもて御父に遊びを遊びたり」とか、ゾイゼ『ウィタ』「彼ら朝星のごと輝き、遊ぶ陽のごと照りわたれり」など）。カントもしばしば「想像力の遊び、観念の遊び、宇宙論的観念の弁証法的遊び」（想像力の遊びは『判断力批判』第一篇一六、二六、四九、五三節など。観念の遊びは同じく五一節などで言われている）というような表現を用いているが、これもやはり注目に値する。

これまで、ゲルマン諸言語で遊びを表わす言葉として、第一にゴート語「踊る《ライカン》」の系統のもの、第二にドイツ語の「遊び《シュピール》」を中心とするものを見てきた。さて、これから第三の語根に移るのだが、そのまえに注意しておきたいことがある。それは、古代英語、それもとくにアングロサクソン語は前述の「踊る《ラーカン》」や、これから扱う「プレヤン plegan」とは別に、「スペリアン spelian」という動詞を知っていたことだ。しかし、これはもっぱら「他人の代理をする」という意味、とりわけ「他人であるふりをする、他人の地位を占める」（これは、ラテン語の「……かの如くに振舞う vicem gerere《ウィケム　ゲレレ》」に相当する）という特殊な意味でだけ用いられたにすぎない。たとえば、それはイサクの代りとして生贄《いけにえ》に供せられた牡羊について使われている。もちろん、この意味は現代の「遊ぶ《シュピーレン》」という言葉のなかにも固有の意味として存在する。しかし、現代語の「遊ぶ《シュピーレン》」の場合には、それが根源的な意味ではない。また、この「代理をする《スペリアン》」と、ドイツ系言語全体にひろく用いられている「遊ぶ《シュピーレン》」のあいだの純文法的関連ということも、ここでは手をつけずにおきたい。[*10]

さて、第三の言葉に入ろう。英語で遊びを表わす言葉「プレイ play, to play」は、意味論的な視点に立ってみると、とくに注目すべきものである。語原的には、この語はアングロサクソン語の「遊び plega《プレヤ》」「遊ぶ plegan《プレヤン》」から来ている。しかしこれは、遊びを主とするほか、併せて、せわしい動き、身振り動作、手練、こつ、拍手喝采、楽器をかなでることを言い、さてはあらゆる種類の有形な、具体的な行為をも意味する言葉であった。近世の英語も、まだこのひろい意味合いをかなりよく保存していて、たとえば、シェークスピアの『リチャード三世』第四幕第二場八－九行に、次のようにある。

Ah, Buckingham, now do I play the touch,
To try if thou be current gold indeed :
（おお、バッキンガム卿、では余が試金石を演じることとしよう、
卿がまことの黄金《こがね》であるかを、験《ため》したいのだ。）

形の上からすれば、古代英語の「遊ぶ」plegan《プレヤン》には、大陸の古サクソン語の plegan《プレヤン》、古高ドイツ語の plëgan《プレガン》、そして古フリジア語の plega《プレガ》が完全な対応関係にある。中高ドイツ語の pflegen《プフレゲン》、現代ドイツ語の pflegen《プフレーゲン》、オランダ語の plegen《プレーヘン》も、そこにただちに連なっている言葉だが、これらはいまではもう「遊ぶ」ということではなくなり、その意味は抽象的な分野におかれたものになっている。しかし、それらの言葉の最も古い意味として承認さ

れているのは、「あることを保証する、あるもののために危険を冒す、自らを危機にさらす」[*11]という意味であった。この方向では、それらの意味の続きとして、「ある義務をわが身に負う、心に留《と》める、配慮する、看護する」という意味が表われる。ドイツ語のpflegen は奉献式や裁判を「執行し」、忠告を「行なう」というときにも用いられるが、ドイツ語以外のゲルマン諸言語での、これに対応する動詞は、さらにそのうえ、仁慈、感謝、誓約、哀悼、仕事、愛、魔法を「行なう」ことにまで使われている。いや、そればかりではない。遊びを「行なう」というときすら、この言葉がひろく使われている。[*12]このように、この言葉は宗教、法律、倫理にわたって拡がる大きな領域を占めているのである。

ところでこれまでは、英語の「遊ぶ《プレイ》」とドイツ語の「配慮する《プフレーゲン》」とはその意味がはっきり違っているために、音声的にはよく似ているのにそれぞれ別の語原に発生したものであるというふうに認められていた。だが、これをさらに深く追究してみると、この二語のうち前者は具体的な意味に基づいており、後者は抽象的な意味を基盤にしているという差違はあっても、どちらも意味論的には、遊びという言葉にごく近い一つの意味領域から分かれて発達してきたことが明らかになるのである。その領域を、われわれは儀式的なものの領域と呼ぶことができよう。pflegen の最古の意味の一つには、祭礼を祝う、財産を見せびらかすという意味もあった。オランダ語の「儀式ばった plechtig《プレヒタハ》」という形容詞はそこから発生してきた。ドイツ語の pflegen 名詞形「義務 Pflicht《プフリヒト》」、それに対応するオランダ語の名詞形「義務 plicht《プリヒト》」は、古代英語 pliht《プリヒト》に対応している[*13]（そして、これが英語の「誓約 plight《プライト》」の起源にあたる）。この古代英語の pliht は、第一に危険を意味し、次に罪、過失、欠陥を表わし、そして最後に「誓約、義務」を意味していた。その動詞形 plihtan には自分を危険にさらす、危くするという意味も、義務を負わせるという意味もあった。

別に、ゲルマン語の plegan から、中世前期ラテン語は「プレギウム plegium」という言葉をつくったが、これはその後、変化して、古代フランス語の「プレージュ pleige」となり、英語に入って「プレッジ pledge」となった。これら一連の言葉の最初の意味は「保証人」「保証」「質物」だったが、やがてそこから挑戦の印として投げ出す「質」「賭け」ということになり、最後に、義務を果たすために引き受けたときに行なう儀式、すなわち誓いの盃を飲み干すこと——ここから「乾杯」という意味が生まれる——「約束」「言質」という意味をもつようになった。[*14]（『トリューブナー・ドイツ語辞典』（ベルリーン・一九五五）六巻四五五ページには、pflegen は spielen のSを喪失した形として、両語は関連があったと記されている）。

このように見てきたとき、これら競技、挑戦、危険などの観念が、遊びの観念にごく近いものであることを、誰が否定しようか。遊びと危険、不安定なチャンス、冒険——これらは、みな密接に繋《つな》がりあっているのだ。英語の play やドイツ語の pflegen という言葉と、その各国語でのすべての対応語、派生語、そして関連語は、具体的に遊びと関係のあるものも、抽象的に義務、誓約と関連するものも、すべて「遊びのうえに立った」領域に属した言葉である、という結論を下したい気持にわれわれは傾く。

遊びと闘争

このことは、われわれを遊びと競技との関係、そして遊びと一般的にひろく闘争というものとの関係の問題へふたたび連れ戻してゆく。すべてのゲルマン語派の言語がそうであるうえに、他の多くの言語でも、遊ぶという言葉が、武器による真剣勝負を言い表わすときに必ず用いられている。ここでただ一例だけに限っていえば、古代英語の詩はそういう言いまわし、表現に充たされている。そこでは、戦争、闘いのことは「闘争の遊び heaðo-lāc《ヘアゾ・ラーク》」とか「闘いの遊び beadu-lāc《ベアドゥ・ラーク》」と呼ばれている。またときには「槍の遊び āsc-plega《アーシュ・プレヤ》」などと呼ばれることもある。こういう言葉の複合をおこなうことは、疑いもなく詩的比喩であり、遊びの概念を闘争の概念へ意識的に転換することである。これほど明確なものではないが、同じようなことは、八八一年、西フランク国王ルードヴィヒ三世がノルマン軍を迎えてソークール近傍で戦い、勝利をおさめたことをたたえた『ルードヴィヒの歌』という古高ドイツ語の叙事詩の一節についても言うことができる。そのなかの詩句に「かくてフランク人らは遊びなしたり Spilôdun ther Vrankon」というのがあるが、ここの遊びは、闘ったということなのである（このラインフランク方言で書かれた二行ないし三行一連の叙事詩は現在五九行あり、引用の句はその四九行である）。

一応こう言ってはみたものの、真剣勝負に対して遊びという言葉を用いることはまったくの詩的比喩であると決めてしまっては、早まりすぎたかもしれない。われわれはここで、ものの考え方を根源的な領域まで遡《さかのぼ》らせる必要がある。そして、競技や闘技《アゴーン》――じつにその範囲は、ごくつまらないあそび事から、血腥《ちなまぐさ》い、死さえも招く闘いまで拡がっているのだが――と同じように、武器による真剣勝負というものも、やはりまさしく真の遊びなのであって、特定の規則に従いつつ運命の相互的試練を行なうことという根源的なイメージのなかで、その問題をとらえてみればよい。こう考えてくると、遊びという言葉を闘争に適用することは、とうてい意識的な比喩どころではない。遊びは闘争であり、闘争は遊びなのである。こういう意味の繋《つな》がりの説明を証拠立てるものとして、私がまえにセム語族における遊び概念を扱ったときに注目しておいた、旧約聖書のなかの一つの著しい例をここに引くことができよう。

「サムエル後書」(二ノ一四)で、アブネルはヨアブに向かって「いざ少者《わかもの》をして起《たち》て我らのまへに戯れしめん Surgant pueri et ludant coram nobis」と言っている。こうして、ベニヤミン、およびイシバールの側と、ダビデの側から、それぞれ十二人ずつ現われて闘い、剣で相手の脇腹を刺して共に倒れた。そこで彼らの斃《たお》れた場所は、英雄的な響きをもつ「利剣《つるぎ》の地」という名前を帯びることになったのである。しかし、われわれにとって問題なのは、この物語がただ、ある土地の名を説明するために創られた語原的伝承にすぎないのか、それとも歴史的事実がその中核になっているのか、ということではない。問題は、その行為がそこで戯れといわれていることであり、それは遊びではないとは全然言われていないことである。ウルガタ聖書の訳語 ludant――戯れしめん――には、まったく非難すべきところがない。ヘブライ語の原文は、この個所はまず「笑う」「ふざけながらあることをする」を意味し、次に「踊る」ということにもなる動詞「サーハク sāhaq」の形をとっている。*15 これを詩的な言い換えであると言うことはできない。そういう闘いは遊びと呼ばれていたのだ。こうなると、われわれがいたるところで出合う競技（それはギリシア文化のなかでしか行なわれなかったというようなものでは、けっしてない）*16を、遊びとは別の概念領域にあるものとして、遊びから切り離さなければならない理由は、ますます存在しないということになる。いや、それだけではない。古代文化にあっては、闘争と遊びの範疇がたがいに分かつことができないものであったとすれば、次に来るのは、狩猟即《そく》遊びという両者の一致でなければならないという結論が生まれてくる。しかしそれは、どんな言語のなかにも、どこの国の文学のなかにも、いたるところに見いだされるものだから、それについてはこれ以上長々と説明する必要もあるまい（原著書の意図に対し、全く適切な例とは言えぬが、『春秋左氏伝』襄公二二年の項に、晋が戯の戦いをおこしたという条りがみえる。「……我二年六月朝於楚、戯晋是以有之役……」）。

ドイツ語の「配慮する pflegen《プフレーゲン》」という言葉は、遊びを言い表わす語が儀式的なものの領域にも姿を現わすことができるという一例だった。ほかにも、この遊びと儀式の繋がりをとくによく証拠立てる言葉には、中世オランダ語の「結婚 huweleec《ヒューヴェレーク》」（ときに

huweleic《ヒューヴェレイク》とも言った。現代のオランダ語では huwelijk である）という言葉や、「祝祭 feestelic《フェーステリク》」「戦い vechtelic《ヴェヒテリク》」（この言葉は、古代フリジア語では fyuchtleek という）などの言葉がある。これらの語はみな、まえに論じたことがあるが、ゲルマン語の語幹 laik を語尾につけて形づくられた複合語である。すべてまえに述べたことだが、この語は遊びと関係があったし、またすべてのスカンディナヴィアの言語で、一般的に遊びを表現する言葉として、いまに伝わっているものである。laik の古代英語での形は lāc であるが、この名詞は、遊ぶこと、飛び跳ねること、動くことと並んで、ひろく犠牲、奉献、贈物、恩寵をも意味したし、またそのうえ、気前のよさという意味さえあった。こういうふうにもとの意味から語義が次々と発展していくのは、むしろ奇妙でさえあるが、その出発点はおそらく、すでにグリムが推定したように、「おごそかな供犠式の舞踊」という観念のなかにあると思われる。[*17] このような語義の変化を最もよく暗示しているのは、古代英語の「剣の舞 ęcgalāc《エッジャラーク》」（これはほかに、sveorda-lāc とも呼ばれた）という言葉である。

音楽的意味における遊び

遊びの概念の言語学的考察にそろそろ結論を下さねばならないが、そのまえにわれわれは、遊びという言葉の二、三の特殊な用法、それもとくに楽器を奏でることに対してこの言葉を用いることを語っておかなければならない。われわれはすでに、アラビア語「遊ぶ

la'iba《ライバ》」が、二、三のヨーロッパ語、ことにゲルマン語派と共通して、一般にそういう意味を帯びていることを引証しておいた。ゲルマン諸言語はその最も初期のころから、すでに楽器を巧みに操《あやつ》ることを一般に「遊ぶ」という言葉で表現していた。[*18]ロマン語群では、ただフランス語の「遊《ジュ》び」「遊《ジュエ》ぶ」だけがその意味を知っているように見えるのだが、これはゲルマン語の影響がそこに働いていることを示すものであろう。これに対してイタリア語は、楽器を操作することを sonore といい、スペイン語は tocar といっている。ギリシア語、ラテン語も、ゲルマン語のような語法はもっていない一方、スラヴ系言語には、おそらくドイツ語からの借用の結果と思うが、そういう用例がある（日本語の「あそぶ」も古くはそういう意味を強く帯びていた。『古事記』上に「日八日、夜八夜あそびたりき」など）。ドイツ語の「シュピールマン Spielmann」、オランダ語の「スペールマン speelman」という言葉は、直訳的にいえば遊びの人ということだが、この言葉が吟遊詩人とか旅芸人という意味合いをとくに帯びるようになったことは、ことさらいま述べた楽器を操作するということと関係づけるには及ばない問題である。ラテン語に「ヨクラートル ioculator」フランス語に「ジョングルール jongleur」という言葉がある。この言葉の一般的なひろい意味は、初め吟遊詩人であり、次に旅音楽師、楽士の意味であったが、最後にはナイフやボールを使って曲芸をする軽業師、旅芸人と意味をせばめて使用されていた。ゲルマン語の「吟遊詩人《シュピールマン》」という言葉は、そのラテン語、フランス語に対応していて、意味もそれらに応じているのである。

人間の心には、全体としてみて、どうも音楽を遊びの領域に引き入れたい気持があることは、まったく明白である。音楽するということは、最初から、本当の意味での遊びがもっているすべての形式的特徴を帯びた行為なのである。つまり、この行為は限られた場のなかで行なわれる。これは繰り返すことができるし、また秩序、リズム、規則正しい変化から成り立っていて、聴き手も演奏者もひとしく「日常界」から晴れやかに澄んだ感情の世界へ連れ出していく。もの悲しい音楽さえも、悦楽と昂揚を生み出すのだ。いっさいの音楽を遊びという項の下に包含させたとすれば、それこそまさに正鵠《せいこう》を得たものであり、まったく申し分ないことであるといえる。ただ、遊ぶという言葉は、音楽のなかでも歌をうたうことに対しては普通用いられず、そういう用法はただ二、三の言葉のなかでしか見られないように思われる。この点を考えるならば、遊びと楽器操作の技巧とを結びつける契機は、すばやい、秩序正しい動きというイメージのなかに求められるということが、いよいよ確実になるようである。

エロス的な意味における遊び

さらに、遊びという言葉のもう一つの使い方を述べなければならない。それは遊びと闘争を同一視するのと同じように、ひろく行なわれていて、いたって分かりやすいことなのだが、エロス的な意味合いから遊ぶという動詞が用いられるのである。ゲルマン諸言語では、遊びという言葉がいかに好んで恋愛に関する意味で使われているか、それについては多くの実例をあげてお目にかけるまでもないであろう。低地ドイツ語では、やや古い言い方だが、私生児（愛の子供）を言い表わすのに「遊びの子 Spielkind《シュピールキント》」（オランダ語では speelkind）といっている。愛と遊びの結合は——「ゲッチンゲン森林詩社《ハインブント》」（詩人クロプシュトックを景仰する十八世紀ドイツの詩人結社）の詩人ハインリヒ・ヘルティ（一七四八～一七七六）や、さらにフリードリヒ・リュッケルト（一七八八～一八六六。詩人、オリエント学者）らの気高く、荘重な詩語のなかで「愛の遊び Minnespiel《ミンネシュピール》」「恋の戯れ Liebesspiel《リーベスシュピール》」という言葉に表現されている。[*19] また、ドイツ語の「魚卵 Laich《ライヒ》」、魚が「産卵する laichen《ライヒェン》」という言葉とか、スウェーデン語の、鳥が「交尾する leka《レーカ》」という言葉のなかにも、さきに引用しておいた古ゲルマン語の語幹 laikan——遊び——の痕が依然として認められる。サンスクリット語では、「遊ぶ krīḍati」が、しばしばエロス的な意味合いをもっている。たとえば「遊びの宝玉 krīḍaratna《クリーダラトナ》」とは、合衾《ごうきん》を言い表わす言葉である。

ところで、ボイテンディク教授は、愛の遊びはあらゆる遊びのうちでも、およそ遊びのすべての特徴を何よりも明瞭に示す最も完璧なものである、と言っている。[*20] しかし、この問題はもっと正確に分けて考えなければならない。どう見ても生物学的性活動は、言語を創造する精神が遊びとして把握することのできるものではない。それに対しては遊びの形式的符徴も機能的特徴も認めることはできない。

ところがこれに反し、それへの前戯、導入部、それに達するまでの道程には、まことにさまざまの遊びのモメントが混っていることが、しばしばある。とくに異性を結合へと誘わなければならないような場合がそうである。ボイテンデイク教授が遊びのダイナミックな要素として述べているものには、さまざまの障害をわざと設けること、相手を愕《おど》かすこと、自分を飾ること、さらに緊張の要素などがあり、これらはたしかに、すべてエロスのわざの一部分をなす因子ではある。にもかかわらずこれらの機能は、まだ厳格な意味では、正しい意味での遊びとしてとらえることはできない。ただ、鳥が踊りの足どりをして見せたり、胸毛をふくらませて見せたりするところまで達して、初めて明瞭な遊びの要素が表現されることになるのだ。ときとしてエロスの営みが必然的にその性格を帯びることがあるだろう。しかし、それ自体を愛の遊びとして遊びの範疇に入れようとすれば、これは迷路に踏みこむことになりはしないか。交合という生物学的行為そのものは、われわれが考えているような遊びの形式的特徴に対応するものではない。事実、言語というものは、交合と愛の遊びのあいだにはっきりした区別を設けているのが一般である。「遊ぶ」という言葉は、社会的規範の外に出た痴情的な関係について用いられることがとくに多い。すでに述べたように、ブラックフット・インディアン語では、koăni- という言葉が、ひろく子供のあそびの全体をさして言うのにも、不義の愛の営みを示すのにも、用いられていた。こういう問題の総てにわたって詳しく考えてみるならば、遊ぶという言葉がエロス的な意味で使われるときには、それがいかにひろく用いられている事実があろうと、またその意味がいかに明白なものであろうと、この場合には一つの典型的・意識的比喩として用いられているのだ、と言わざるをえないようだ。

真面目という言葉、真面目という概念

ある言葉の概念としての価値は、その言葉の反対の意味を表わした言葉によっても規定されるものである。われわれにとって、遊びに対立する言葉は真面目である。より特殊な意味としてならば仕事もそうである。また逆に真面目の反対は冗談、ふざけであると言うこともできる。しかし遊び‐真面目というこの相互補足的な対立が、世界の至るところで、ゲルマン諸言語のように二つの基本語で余すところなく表現されつくしているわけではない。もちろん、それと同じような例もある。スカンディナヴィア語がそれで、古ノルド語 alvara《アルヴァラ》、スウェーデン語 allvar《アルヴァール》、デンマーク語 alvor《アルヴォル》は、その用法、意味においてドイツ語の「真面目 Ernst《エルンスト》」、オランダ語の同じく ernst、英語の earnest にぴったり一致している。同様にくっきりと際立っているのは、ギリシア語の「真面目 σπουδή《スプーデー》」と「遊び《パイディアー》」の対照である。ところがそれ以外の多くの言葉にいたっては、遊びの反対語として形容詞はありながら、名詞は全然もたなかったり、ほとんどもっていなかったりする始末である。これはどういうことか。これは、その概念の抽象化がまだ完全に果たされていなかったと

いうことである。ラテン語には形容詞「真面目な、厳《おごそ》かな serius《セーリウス》」があるが、それに対応する名詞はない。「重さ、偉大 gravitas《グラウィタース》」と、その形容詞「重たい gravis《グラウィス》」が、ときとして真面目という意味をもつこともありえないではない。しかし、それはそういう意味だけにとくに限られたものでもない。ロマン語群では、形容詞からつくった派生語で、どうやら間に合わせている。すなわち、イタリア語では「真面目 serietà《セリエタ》」、スペイン語では「真面目 seriedad《セリエダ》」である。フランス語は、この概念にいやいやながらの名詞化を行なっている。その「真面目 sériosité《セリオジテ》」は、言葉としては脆弱《ぜいじゃく》な命しかもっていない。

ギリシア語の「真面目《スプーデー》」の場合、その語義の根本にある意味は「急ぎ」「熱中」であり、ラテン語の「真面目な《セーリウス》」のそれはおそらく「重い、困難な」である。そこから、この二つの言葉はそれぞれの語義の筋道を経て、真面目ということに連なってきた。だが、ゲルマン諸言語がわれわれに突きつける難題はもっと大きい。古高ドイツ語の「真面目 ernest《エルネスト》」（ernust ともいう）、古代英語の eornost《エオルノスト》（eornest eornust という形もある）の根本の意味とされているのは、「争い」「闘争」ということである。事実、この「真面目《エルネスト》」は、「闘争」そのものを意味する場合が少なくない。ところがここに、古ノルド語の「闘争、決闘 orrosta《オロスタ》」という言葉、同じく古代英語のそれに当る「決闘 ornest《オルネスト》」という言葉がある。この「決闘《オルネスト》」はほかに誓約、抵当、決闘の挑戦などの意味がある。これほどの意味が一つの関連に結びついているにもかかわらず、この語は後の英語では、語形としては「真面目

earnest」と一つになってしまったが、しかしはたしてこの「決闘《オルネスト》」は、古代英語の「真面目《エオルノスト》」と語原的に同じ語幹から出たものかどうか、これは疑問である。

全体として考えてみたとき、われわれはおそらくこう結論的に言うことができるであろう。真面目を表わすさまざまの言い方は、ギリシア語でもゲルマン諸言語でも、またその他のどの言葉の場合でも、ただ遊びという一般的概念に対して、「遊びではないもの」という消極的な概念を打ち出そうとして、言語が副次的にやってみた試みにすぎない、と。そうして試みているうちに人々はこの「遊びではないもの」という概念の表現を、「熱中」「努力」「骨折り」といった領域のなかに見つけ出した。しかし反対の側からみると、それら「熱中」「努力」という概念そのものは、遊びともよく結びつくことができる。それはとにかく、こうして「真面目」を言い表わす言葉が出現したということは、人々が遊びという概念の複合体を、独立した一般的範疇として意識するようになったことを意味している。だからこそ、遊び概念を非常に広範囲に、明確な形でつかんだ、他ならぬゲルマン諸言語が、その反対語をも、まことに印象的な言葉で表わすようになったという結果が生まれた。

言語学的な疑問は別として、遊び－真面目の対立をもう少し詳しく観察すると、この二つの語がけっして等価ではないことが分かる。遊びは正《ポジティヴ》であるが、真面目は負《ネガティヴ》である。真面目の意味内容は遊びの否定であると規定できるし、実際それに尽きている。「真面目《エルンスト》」

とは単に「遊びではないもの」であって、それ以外のものではない。これに反して遊びの意味内容は、けっして「真面目ではないもの」とは定義できないし、それに尽きるものでもない。つまり、遊びというのは何か独自の、固有のものなのだ。遊びという概念そのものが、真面目よりも上の序列に位置している。真面目は遊びを閉め出そうとするのに、遊びは真面目をも内包したところでいっこう差支えないからである。

以上の考察によって、遊びのきわめて独立性の強い、根源的な性格にあらためて留意したうえで、われわれは次に、文化の遊び要素が歴史的な現象としていかなる現われ方をしたかという問題に移ってゆくことができよう。

(1) ルースス Lusus がバッカスの息子、あるいは同伴者で、ルジタニア人の先祖であるというのは、もちろん後世の作り事である。

(2) せいぜい「イントス -ινθος」という語尾との関連を推定し、こうして「インダ」という語尾を、前インド・ゲルマン的・エーゲ的言語の成分のうちに算えることができるだけである。この語尾は動詞語尾としては、「アリンドー ἀλίνδω」と「キュリンドー κυλίνδω」のなかに現われるが、どちらも「アリーオー ἀλίω」や「キュリーオー κυλίω」と並んで「転がる」「回転する」の意である。遊ぶという概念の複合は、ここでは弱まって、かすかに響きを伝えているようである。

(3) H・ボルケンスティン『文化史家とその素材』(第十七回オランダ文献学会議事録、ライデン・一九三七)二六ページ。

(4)「明るい空 dyu《デュ》」との関連があるかどうかは、疑問としておく。

(5) はたして、ここにイギリスの技術の影響ということが言えるかどうかは、私には検討できなかった。

(6) ここには「休息する ruhen《ルーエン》」という観念が加わってはいないか、ということがあるが、いずれにしてもそれは副次的に生ずる問題にすぎない。というのは、「畏くも……し給う geruhen《ゲルーエン》」は ruhen とは関係なく、もともと中世オランダ語「気をつかっている roecken《レッケン》」という形で存在し、そこから現代オランダ語で「無関心な roekeloos《レケロース》」となっている言葉と関係があるからだ。これはさらにドイツ語の ruchlos《ルーフロース》 とも関連があるが、これはまず多かれ少なかれ、わがままな軽々しさということであり、そして次に犯罪的な意図という意味を含むのである(グリム『ドイツ語辞典』のその項を参照)。

(7) 同じように、カタロニア語、プロヴァンス語、レト・ロマン語にもそれに対応する言葉がある。

(8) すべての若い人々、動物の飛び跳ねたいという欲求のなかに遊びの起源があるという、プラトーンの推定を思い出されたい。プラトーン『法律』第二巻六五三D〔山本光雄訳、近藤書店版第一分冊七三ページその他〕。

(9) 古ノルド語の動詞「レイカ leika」は、異常にひろい意味範囲をもっている。それは、自由に動く、つかむ、行なう、取り扱う、仕事に携わる、また、時を費す、練習するなどの意味に用いられる。

(10)ドイツ語「教区 Kirchspiel《キルヒシュピール》」というときにも -spiel という語尾があらわれる(これは、オランダ語ではそれに対応する kerspel のほか、「裁判管轄区 dingspel《ディングスペル》」にもみられる)。これは、普通には spell という語幹から出たとされていて、その例は英語の spell やオランダ語の spellen＝文字を綴るとか、英語の gospel＝福音書(もとは神の言葉ということ)、さらにドイツ語の Beispiel＝例などの言葉に表われている。ただこれは遊びという意味の Spiel, spel という語幹に属するものではないと見なされている。

(11)J・フランク『オランダ語原辞典』(N・ヴァン・ヴェイク刊、ハーグ・一九一二)第二巻の plegen の項を見られたい。また、『オランダ語辞典』第七巻一(G・J・ブケノーヘン、J・H・ヴァン・レッセン共編、ハーグ・ライデン・一九三一)のその項をも。

(12)ブラバンドの尼ハーデウィヒ(十三世紀)のある詩に、次の句が見いだされる。

Der minnen ghebruken, dat es een spel,　　愛こそ遊びなれ
Dat niemand wel ghetoenen en mach,　　そは何人もよくなし得ざる
Ende al mocht dies pleget iet toenen wel,　　よしこの遊びなせし者よくなし得ば
Hine const verstaen, dies noijt en plach.　　このわざを解する者のみぞ悩みを免れむ

ヨハンナ・スネレン編『ハーデウィヒの歌』(アムステルダム・一九〇七)一一二ページ第四〇番。四九行以下。——ここでは plegen をそのまま spielen——遊ぶ——と解してさ

しつかえない。

(13) ほかに pleoh があるし、古代フリジア語には plê＝危険、保護がある。

(14) この意味での pledge については、古代英語の beadoweg, beadeweg＝競技の盃、乾盃を参照されたい。

(15) 七十人訳旧約聖書では、*ἀναστήτωσαν δὴ τὰ παιδάρια καὶ παιξάτωσαν ἐνώπιον ἡμῶν* とある。

(16) ついでにここに記しておくと、新エッダ『ギュルヴィ王のまぼろし』のなかの、ウートガルダロキの館でのロキとトールの奇妙な競争は、九五行で leika という動詞で呼ばれている。

(17) B・H・マイヤー編『ドイツ神話』第一巻（ゲッチンゲン・一八七五）三二ページ。なお、ヤン・デ・フリース『古代ゲルマン宗教史』第一巻（ベルリーン・一九三四）二五六ページとロベルト・シュトゥンプフル『中世演劇の起源としてのゲルマン人の祭祀の遊び』（ボン・一九三六）一二二ページ以下を参照のこと。

(18) 近代フリジア語は、子供の遊びをいう boartsje と、おそらくオランダ語からの借用語で楽器の演奏のことをいう spylje とを区別している。

(19) グリム『ドイツ語辞典』のそれらの言葉の項を参照。なお、ドイツ後期ロマン派の代表詩人アヒム・フォン・アルニムに「甘き愛の遊び süsses Liebesspiel」という言葉がある。

(20) ボイテンデイク前掲書九五ページ。また、二七ページ以下も参照されたい。

Ⅲ　文化創造の機能としての遊びと競技

遊びとしての文化――「遊びから文化になる」ではないこと

前章の終りで「文化の遊びの要素」という表現を用いたときに考えていたのは、人間文化の多様な生活行為のなかには、遊ぶという行為のために一つの重要な席がとってある、という意味のことではなかった。また、もともと遊びであったものが、やがて遊びとは言えないものに変わってゆき、そこで初めて文化と呼ぶことができるようになった、というふうな発展過程によって文化が生まれてきたのだ、という意味でもなかった。私の意はその反対だった。そこで、これからの考察を通じて、文化は遊びの形式のなかに成立したこと、文化は原初から遊ばれるものであったことを明らかにしてみたい。

生活上の必要を直接満たすことを目ざした行動――たとえば狩猟――でも、原始社会のなかでは好んで遊びの形をとっていた。原始人の共同体の生活に、動物よりも価値の高い、単なる生物的なものを超えた特性を保たせていたもの、それがさまざまの形態の遊びである。この遊びのなかで、共同体は生活と世界についての彼らの解釈を表現した。といっても、それは遊びが文化にいきなり転化したとか、文化に置換されたというふうに理解してはならない。むしろ、文化はその黎明における根源的な相のなかでは、何か遊び的なものを固有の特質として保っていた、いや、文化は遊びの形式と雰囲気のなかで営まれていた、ということなのだ。この文化と遊びが重なり合った複合統一体のなかでは、遊びのほうが根本的な原初にあったもの、客観的に認識できるものであり、具体的にはっきり規定される事実であるのに対して、文化とは、ただわれわれの歴史的判断が、この与えられたものに対して名づけた名称でしかないのである。

この見解は、フロベーニウスがその著『アフリカ文化史』[*1]のなかで、文化の生成について「自然の存在からだんだんと起こってきた遊びの一つ」である、と語っているそれに近い。しかし私の考えでは、フロベーニウスは文化の遊びに対する関係をあまりにも神秘的に思い描いているし、その叙述もまるで茫漠《ぼうばく》としてぼやけている。彼は文化のもつ遊び的なものを本当に白日のもとで解明するまでに至ってはいない。

文化が進歩発展していくにつれ、われわれが遊びと遊びではないものとのあいだにもともと存在していたと仮定しておいた根源的な関係も、変わらずにはいない。たいてい遊びの要素は少しずつ後退してゆき、その大部分は宗教儀礼的な領域に吸収されてしまう。またそれは知識として、詩文として、法律生活や各種の形の国家生活として結晶する。ここまで来ると、文化現象のなかの遊び的なものはまったく残すところなく背景に隠れてしまうのが一般である。だが、どんな時代でも、いや、たとえ高度の発展を遂げた文化形式のなかでさえも、どうかしたはずみに遊び衝動は力いっぱい動きだし、個人や大衆を駆りたてて、壮大な遊びの陶酔に引きずり込むことがある。

文化と遊びの関連を見つけ出そうとすれば、とくに社会的遊びのかなり高級な形式のもののなかにそれがあるらしいことは明らかであろう。そういう社会的遊びが成立するのは、ある集団またはある共同社会の秩序整然とした活動のなかとか、二つの対立しあう集団のあいだとかである。一個人が自分ひとりのためにする遊びが文化を実らせる力は、ただ限られた程度のものでしかない。

すでに示しておいたことだが、遊びの基礎因子は、個人の遊びの場合にも団体の遊びの場合にも、闘うこと、演技すること、見せびらかすこと、挑みかかること、誇示すること、それを本当に「しているかのように」偽《いつわ》ることなどである。しかし、遊び行為に制限を加える規則の存在をも含めて、これらの行為はすべて、動物の生活のなかにすでに見いだされるものだ。このことも、まえに示唆しておいたとおりである。系統発生学的にみれば、人類とは遠く隔たっている鳥類が、かえってそれらの行為を人類と多く共通して示していることは、それだけにむしろ注目に値しよう。黒雷鳥は踊りを演じてみせるし、鴉《からす》は翔《か》け比べをやる。ニューギニアの極楽鳥やその他の鳥はその巣を飾り立てるし、啼禽類はその旋律を響かせる。こういうふうに、競争とか誇示ということは、慰み事、楽しみとして文化のなかから発達してくるのではない。むしろ、文化に先んじているのである。

遊びの対立的性格

人々が寄り集まって一緒にする遊びは、その本質的特徴として対立的性格をもっている。たいてい遊びは、二つのグループやチームの「あいだ」で行なわれる。しかしこれは、必ずそうでなければならないわけではない。踊り、祭礼の行列、見せ物などは、この対立的性格をまったく欠いていてもいっこう構わない。対立的ということだけでは、まだ、争い、競技、闘技を意味しはしない。また、交唱歌、二重唱、メヌエット舞踊、器楽合奏の各々のパート、各々の声部、それに民俗学にとってまったく興味津々《しんしん》たるものがある綾取《あやと》り遊び、これらにはしばしば競争するという要素も働いてはいよう。だがこれらは、かならず闘争的でなければならないという必要は少しもない対立的遊びの例である。しかしまた、こういうこともある。たとえば、戯曲の上演とか楽曲の演奏は、それだけですでに一つの遊びとして完結しているものと言ってよい活動である。ところが、こういう活動が、第二義的な場において、つまりその創作とか実技、実演の点が懸賞審査の対象にされて、競技になる機会を得ることが稀《まれ》ではない。ギリシア演劇の場合がそうであった（Ⅷ章三四六ページをも参照）。まえにわれわれは、遊びのもついくつかの一般的特徴のなかで緊張と不安定性とをあげた。つねに遊びのなかでは「これは成功するだろうか」という疑いが起こっているのである。自分一人でペイシェンス、嵌《は》め絵、文字の謎遊び、クロスワード・パズル、空中独楽《ディアボロ》をしているときでさえ、そういう条件はたしかにある。しかしやはり闘技的なあり方を示す対立的遊びのなかでこそ、この緊張の要素、成功の見込みの不確実性という要素は、最大限に高められる。勝ちたいという熱情は、どうかするとときどき遊びに固有のものである軽快さを殺してしまう惧《おそ》れさえある。

そこで、もう一つの重要な違いがここで明らかになろう。単なる賭け事の場合には、賭博師――遊ぶ者の緊張は、ただ僅かの程度だけ見物人に伝わるにすぎない。賽子《さいころ》遊びというものは、それだけ取り出してみれば注目されてよい文化対象だが、ただ文化そのもののためには、非生産的と呼ばざるをえない。それは精神や人生に何ひとつもたらさないからだ。ところが競技が技能、知識、手練、勇気、そして力を要求するものになると、話はまったく変わってくる。遊びが「むつかしい」ものであればあるほど、それだけ見物人の緊張も大きくなるのだ。チェスもまた、文化的にはまったく非生産的なものであることは同じで、目で見ただけでは少しも外に現われた魅力というものをもたないが、周りに佇《たたず》んで見ている見物人はたしかにそれに魅了されている。もし遊びが見て美しいものであるなら、それの文化に対する価値はその美によってただちに決定されたと言える。ただし、そういう美的価値は文化の生成していくためには不可欠のもの、ということではない。同様に、肉体的、知的、道徳的価値、あるいは精神的価値にしても、遊びを文化へ高めることはできる。それが、個人や集団における人生の切実さというものを高めるのにふさわしいものであれば、それはそれだけ高く昇華していって文化になるのである。

こうして文化が遊びとして、遊びのなかに成長していくときにとる二つの形式、それが人々の前でくりひろげられる神聖な見せ物行事と、祝祭に伴って催される競技とであり、この二つは地上あらゆる場所で永遠に繰り返されている。

競技は遊びである

そういうことであるとすれば、前章（九四ページ以下と一〇九ページ以下）で触れておいた疑問がここにたちまち起こってくる。[*2] いかなる競技をも無条件で遊びという概念のなかの一項目としてそのなかに加えてしまうことは、正しいだろうか。われわれは、ギリシア人が闘技《アゴーン》をそのまま遊び《パイディアー》のなかに算えなかったのを見てきた。しかしこれは、その二つの言葉の語原の面から直接説明できることだった。この「遊び《パイディアー》」とは、まさに一目瞭然、直接子供に関することを言い表わす言葉であるから、真剣な闘争の遊びに対しては、転義した意味でだけ適用できるにすぎなかったのである。これに反して、闘技《アゴーン》という言葉は、競技を違った一面から特徴づけていた。そのもとの意味は集まり寄るということであったらしい（広場 *ἀγορά*《アゴラー》と比較されたい）。こうして言葉としては、それは初めは遊びと何の関係もなかったのである。しかしまえに見たよう（I章五八ページ。原注（13）参照）に、プラトーンは遊び《パイグニオン》という言葉を、クレータ島の「武装したクーレーテスの聖儀舞踊」というときに使ったし、また「遊び《パイディアー》」という言葉も一般に聖祭を表わすのにひろく用いていた。ここに、遊びと競技の本質的同一性というものが窺われる。ギリシア人の競技の大多数は明らかに死を賭するほどの真摯、厳粛な雰囲気のなかで最後まで戦いぬかれるのだが、そのことだけではとうてい闘技を遊びから分離する理由にはならない。競技が行なわれるときの真面目さは、けっしてその遊びの性格を否定するものではない。現にすべての競技は遊びのもつ形式的特徴をそなえていたではないか。ほとんどすべての競技は、遊びの機能的特質を帯びていたではないか。

このことは、ドイツ語の「競技 Wettkampf《ヴェットカンプフ》」（オランダ語の wedkamp《ウェットカンプ》）という言葉のなかに、いわば相通ずる形で示されている。この言葉はラテン語の「遊び場 campus《カンプス》」と「賭け」（ドイツ語 Wette《ヴェッテ》、オランダ語 wed《ウェット》）の二つが結合した言葉である。つまりそこには、いまここで行なわれようとしていること――すなわち遊び――の象徴的確認と、緊張を内に蔵したその地点と、さらにそのことをあえて冒険的に試みてみること、これだけの観念が含まれている。

ここでもう一度、「サムエル後書」（二ノ一四）のなかの注意すべき証拠を指摘しておきたい。そこでは、二つの集団のあいだで闘われた殺戮《さつりく》の闘いが「サーハク sahaq」というヘブライ語の動詞で記されていた。これはもともと、笑う、嘲けるという意味領域に属し、それと同時に、遊ぶことをも意味していた言葉である（Ⅱ章九七ページと一一一ページを参照）。また、ギリシアのある壺を見ると、武装した男たちの闘いが、それを伴奏する笛吹きの姿がかたわらに描かれていることによって、闘技《アゴーン》として特徴づけられている。*3 オリュンピアの祭典には、死に至るまで闘いぬかれる決闘があった。*4

一方、ゲルマン神話のなかでは、ウートガルダ・ロキ（狡猾な神で、さまざまな性格を帯びて現われる。この話は、新エッダ『ギュルヴィ王のまぼろし』四六章が出典）の城館で雷神トールとその従者たちがロキの家来たちとさまざま乱暴な芸当の腕を競いあったことが歌われている。まえに述べたことだが、そこでもそういう競争は「遊ぶ leika《レイカ》」という言葉で呼ばれているのである。こういう数々実例はあるものの、ギリシア語で競技を示す言葉と遊びを表わす名称とが二つに分離したことを説明するのに、ギリシアではその二つを一つのものとして捉えるような一般的概念を抽象化することが、多かれ少なかれ何らか偶然の事情から行なわれなかったのだとしても、さして無謀とは思われない。要約して言えば、われわれは、競技そのものを遊びの範疇に入れる正当な権利があるのかという問いに対しては、包み隠すことなく、そのとおりだ、と肯定することができる。

ほかのどんな遊びもそうなのだが、競技もやはりある程度までは、目的を欠いたもの、と言わざるをえない。つまり、それはそれ自体のなかで始まり、かつ終る一つの完結体であり、その結果いかんは、そのグループにとって必要やむをえないものである生活過程とは何らかかかわりがない。俗に「問題はおはじき玉じゃない、ゲームそのものだ」という言いまわしがあるが、これがはっきりそのことを物語っている。言い換えれば、この行為の目的とするところは、後にくる結果とは直接の関連がなく、まずその行為の経過、成行きそのもののなかにある。客観的事実としての競技の結果いかん、そんなことは少しも本質的なものではなく、どうでもよいのである。

あるペルシアの国王《シャー》が英国を訪問したとき、競馬に臨席することを懇望された。すると王は「いや、私はある馬が他の馬よりも速く走るであろうことは、よく知っております」と言って、好意を謝辞されたという。これは王の立場からすればまったく当然だった。王は自分とは異質的な遊びの世界に加わることを拒んだのだ。アウトサイダーであろうと欲したのだ。遊びあるいは競技の結果とは、ただ遊ぶ者自身の問題である。またそれは、観衆として――たとえ現場にいなくても、ラジオで聴くとか、またその他のやり方でもかまわないのだが――遊びの世界のなかに入ってゆき、遊びの規則を承認した人々にとってだけ重要な、彼らだけが関心を抱く事柄なのである。彼らは遊び仲間というものになったのだし、またそうなることを望んでもいたのだ。まずこの場合には、オクスフォードが勝つか、ケンブリッジが勝つかは、本質的な問題ではない、どちらでもよいことである。

要するにこれは、「何かやっている」ということなのである。まことに、この言い方のなかには、遊びの本質が最も簡潔に言い表わされている。しかしこの「何か」は、遊びの行為の物質的帰結ではない。たとえば、ゴルフ・ボールがホール・イン・ワンしたということでなくて、遊びが成功した、あるいはうまくいったという観念的事実である。この「成功」が、遊ぶ者に対して長短の差はあっても、暫くのあいだは持続する満足をもたらすのである。これは、すでにペイシェンス遊びについてさえ当てはまることだ。観衆がいなくてもできるとはいえ、観衆の目の前でやることによって、快い満足感は昂《たか》まってくる。ひとりでペイシェンスをやっている人でも、誰かに傍《そば》で見物されていると喜びは倍加される。もちろん見物人などなくてもかまわないのだが、どんな遊びでも、遊ぶ者が自分の成功ぶりを人々に向かって自慢することができるという点が、非常に重要なのだ。この点、釣師にはこのタイプの人をよく見かけるものである。この自慢するということについては、後でまた触れよう。

勝つということ

遊びと最も緊密に結びついているのが、勝つという観念である。ただ、一人でする遊びの場合は、遊びの目標を達成したことを勝ったとはいわない。この観念は、他人を相手として遊戯するときに初めて現われる。

勝つとはどういうことなのか。何が勝たれるのか。――勝つということは、「遊びの終りにあたって、自分が優越者であることが証明されること」である。ところが実際問題としては、こうしてはっきり示された優越性の効力が押し広げられて、遊びで勝った人が世上全般にわたって秀れているというふうに誇張される傾向がままあるものだ。そうなると、これは何か、遊びそのもので勝った以上に勝ったということになる。すなわち、勝者は尊敬を得、名誉を帯びるのである。そしていつもこの名誉と尊敬は、すぐさま勝者の所属しているグループ、関係者の全体に及ぼされてゆく。この点にも、遊びのもう一つ別の、まことに重要な特性がある。遊びで獲ちとった成功は、すぐに個人から集団へ移され、しかも、それが盛んに行なわれるのである。

　しかし、次の特徴はもっと意味深いものがある。それは、競技本能とは、まず第一に、力に対する渇望とか、支配しようとする意志とかをいうのではない、ということだ。根源的なのは、他人よりも擢《ぬき》んでたいという欲望であり、第一人者になりたい、第一人者として尊敬を受けたい、という願望なのである。勝利の結果として個人またはグループの力が拡大するとかしないとかは、第二に生ずる問題にすぎない。中心問題は「勝った」というそのことである。勝ったという、このいたって簡単な事実を別とすれば、そこには何ひとつ目に見える結果もなければ、見て楽しい点もないという最も純粋な勝利の例は、チェスが示している。

賞・賭金・利得

闘争や遊びは、何かあるものを「求めて」行なわれる。そして、われわれが闘争し、遊ぶ目的の最初にあり、かつ最後に来るのが勝つということである。しかしこの勝利には、それを楽しむためのありとあらゆる方法が結びつくのである。たとえば、まず勝利の華々しい誇示とか、仲間から喝采《かっさい》や賞讃の言葉で祝福される凱旋《がいせん》とか。勝利の持続的な結果として生まれ、後まで残るのが、名誉、声望、特権である。ところが、早くも遊びの段取りをきめるときに、単なる名誉以上のあるものが、勝利と結びつけられるような取決めをするのが通例になっている。つまり、遊びには賭けということがある。

賭けといっても、その質はさまざまである。それは象徴的な種類のものでも、物質的価値でもよい。また、まったく観念的な価値のこともありうる。それは黄金盃とか宝石であったり、王のお姫さまであったり、貨幣であったりするが、また遊戯者自身の生命とか、全部族の福祉繁栄であったりすることもできる。それはまた、抵当とか賞と言ってもよい。ラテン語起源のドイツ語「抵当のしるし Vadium《ヴァーディウム》」、英語の「質物 gage《ゲイジ》」などは、賭けのときに賭場（遊びの場）のなかに置かれたり、そこに投げこまれたりした純粋に象徴的なものを指す言葉である。賞もまた、月桂冠とか一定の金額だったり、その他の物質的価値であったりする。ラテン語の「プレティウム pretium」は、価値、金《かね》、報酬などの意味だが、語原的には、元来ものを交換する、価を計る、という意味領域にあらわれ、「……に対していくら」という対応関係を前提とした言葉であった。中世には「市場価値 pretium justum《プレティウム・ユストゥム》」などという言い方もあったが、その一方、この言葉は遊びの領域にも移して用いられた。価値がある、尊敬に値するというところから、それは賞、讃美、名誉をも意味することができるからである。英語の price、prize、praise、ドイツ語の Preis、オランダ語の prijs、これらはいずれもそれにさかのぼる言葉だが、それはいくつかの違った意味方向に発展していった。英語の例でいうと、「価格 price」はほとんどもとの経済領域に止まっているのに対し、「賞 prize」は遊びや競技の世界に移動している。そして「賞讃《プレイズ》」は、もっぱらラテン語「称讃、讃辞 laus《ラウス》」に対応する意味に限られた言葉になっている、というふうである。

とにかくしかし、価値、賞、勝利、利得、儲《もう》け、報酬などの言葉の意味範囲を、意味論的に純粋に明確に弁別することは、ほとんど不可能である。ただし、遊びの領域のまったく外にあるのが報酬である。それは、奉仕を果たし、労働を行なったことの正当な報いということだからだ。この報酬を求めてすること、それは仕事であって、遊びではないと序《ついで》に言うと、ちょっと面白いのは、英語でもともと闘争の挑戦の印を意味した gage と同じ言葉であった wage が、遊びの領域から経済のそれへ移って、賃金、報酬の同義語になってしまったことだ。これは、ラテン語のプレティウムがその後たどった道とは逆のゆき方である。英語は、こうして「報酬《ウェイジ》」という言葉を、遊び領域からの借用ですませている。また、英語 win、ドイツ語 Gewinn、オランダ語 winst も、経済的交換の分野にも、試合、競技の領域にも属した言葉である。商人は「利益」を手に入れ、遊戯者は「勝利」を獲ちとるのだ。

プレティウムから出た言葉が英語ではいくつもの形に変わってきていることはまえに記したが、ドイツ語、オランダ語では一つである。Preis、prijs は、競技に、籤《くじ》に、商品に必ず付いている。競技者は「讃美」され、籤引きでは「賞」を獲得し、商品には「値段」がつく、というように。「値段」と「賞、称讃」のあいだには、いわば真面目と遊びのあいだの対立が生じている、といってもよい。情熱や冒険の要素、勝利や利益への期待の要素は、遊びにも経済的事業にも必ず伴っている。純粋な所有欲の持主、守銭奴というものは、商取引には手を出さないし、遊びもしないものだ。冒険、まだはっきり分からない勝利への期待、成行きの不確かさ、そして緊張が、遊ぶ心の本質をなしている。この緊張が遊びの重要性と価値に対する意識を特徴づけるのだが、こうして緊張が高まってくると、それは遊戯者に、いまやっているこれは遊びなのだ、ということを忘れさせるのである。

ギリシア語において「競技の賞 ἆθλον《アートロン》」を言いあらわす言葉は、多くの人々によってドイツ語の「賭け Wette」、同じくオランダ語の wed、また古くはラテン語の「抵当、保証 vadimonium《ウァディモーニウム》」などと同じ語根から出たものと考えられている。その同じ根から出たギリシア語には、ほかに「競技者 ἀθλητής《アートレーテース》」もある。ここでは闘争、緊張、訓練、さらに努力、忍耐、貫徹、艱難《かんなん》といったもろもろの観念が一つに重なり合っている。[*5] ゲルマン諸言語の「賭ける」という言葉のなかにも、やはり緊張とか努力という響きはこもっている。しかし、この言葉がどうして法律生活の領域へ押しやられていったのかということは、ほどなく後章（Ⅳ章）で述べよう。

　どんな競技でも、単に何かあるものを「求めて」行なわれるだけでなく、ある事柄「について」、ある手段「によって」、あるものと「対抗して」、行なわれている。人々は力や技《わざ》、知識や富について競い、金離れのよさとか、幸福の程度について争い、さらに家柄や子孫の数についても「一番」になろうとして競争する。肉体の力や武器によって、知恵や握り拳によって争う。浪費ぶりを見せびらかすことによって、自分の自慢や他人の悪口で大言壮語することによって、賽筒を振ることによって競い合う。ついにはたがいに対抗し、張り合って悪知恵や欺瞞によって相手に勝とうとする。ところでわれわれ現代の感情からすれば、悪知恵やごまかしを用いるならば、競技の遊びの部分は故意に破壊され、遊びは遊びでないものになってしまうではないかと感じられる。遊びの精髄は、何といっても規則を守るということにあるのだから。

　しかし、古代文化というものは、当時の民衆の感情もそうなのだが、われわれの道徳的判断とは少しも合致しないのだ。兎《うさぎ》と針鼠《はりねずみ》の寓話《ぐうわ》では、主人公の役は欺いて勝ったほうが占めている。神話の英雄たちの多くは、瞞着《まんちゃく》をしたり、外からの助けを借りて勝っている。ペロプスはオイノマオスの御者（ミュルティロス）を買収し、車輪の轂《こしき》に楔《くさび》を入れず、蠟の釘を差しこませた。アルゴー船の首領イアーソーンはメーディアのおかげで、テーセウスはアリアドネーの助力によって彼らの試練をうまく切り抜けている（これらについては岩波文庫のアポロドーロス『ギリシア神話』六三ページ、一八〇ページを参照）。ニーベルンゲン伝説のグンテルはそのプリュンヒルデ（ブリュンヒルデ）への求婚競争の勝利をジーフリト（ジークフリート）に負っている（『ニーベルンゲンの歌』前編第七歌章四五三節以下。岩波文庫版では上巻一二七ページ以下）。古代インドの叙事詩『マハー・バーラタ』のなかでは、カウラヴァ族（クル国王ドリタラーシュトラの百人の王子をいう）はごまかしをして賽子遊びに勝っている。ゲルマン神話の平和の女神フレイヤは、二重の瞞着を働いてヴォータンにランゴバルド族への勝利を譲らせている（これはパウルス・ディアコーヌスの『ランゴバルド史』の中に見える）。同じく、エーシル神族（アースの神々）は、巨人族に誓った誓約を破っている（エッダ『巫女の予言』。邦訳は平凡社刊世界名詩大成第一巻三八三ページ上段）、という具合だ。

これらすべての場合、相手の裏をかく、欺瞞ということそれ自体があらためて競争の主題となり、いわば一つの遊びの形をとっているのである。すでに述べたように、この欺瞞の遊戯者は「遊び破り」ではない。彼は遊びの規則をちゃんと守ってやっているかのような振りをしながら、そのごまかしを取り押えられるまでは、みなと一緒に遊びつづけている。[*6]

世に行なわれている表現のなかで、直訳的にいえば「ルーレット板で賭博を遊ぶ」とか

「株式取引所で遊ぶ」と訳されるようなものがある。遊びと真面目の境界の曖昧さをこれほど強く言い表わしている例は他にない。ところで前者、ルーレット板の賭博師は、彼のしていることが遊びであるとすぐ認めるであろうが、第二の相場師はそうではあるまい。値上り、値下りという不安定な先行きを見込んでの売り買いは、「職業生活」の一部であり、社会の経済的機能の一部と見なければならない。しかし、いま言ったどちらの場合にも決定的なのは、利益、儲けを得ようとする努力である。ただ一般に、前者では運という純粋な偶然性が、非常に大きいとはいえないまでも、十分にありうる。実際、そこには勝つための「システム」があるのだ。これに対して後の場合では、相場師は、自分は市場の今後の趨勢《すうせい》を見抜くことができるのだ、という何か幻想めいたものを自分で創り上げている。とにかく、両者の心構えの差は、きわめて僅かなものである。

注目に値するのは、いずれ希望は充たされるだろうと見込みをつけて行なわれる、この二種類の商取引、協定は、直接に賭け事から発生して来たものであることだ。そこで、この関連からいって、この場合、根源的なものは遊びなのか、それとも真剣な利害関係のほうなのか、という点が問題になってくる。中世も末葉のころ、ジェノアやアントワープで、非経済的性質をもった、将来の可能性の賭けというような形の定期取引、生命保険があらわれるのが見いだされる。そこでは、賭けは「人々の生や死について、男児か女児かという誕生について、航海や巡礼行の結果について、外国の領土、地点、都市の占領について」[*7]行なわれていた。こういう契約は、もうすでに純商業的性格を帯びるようになったところでも、不許可の賭博行為として繰り返し禁じられた。カール五世（一五〇〇～一五五八。神聖ローマ帝国皇帝）も禁令を発している。[*8]新しいローマ法皇の選出に対しても、今日の競馬のように賭けが行なわれた。[*9]十七世紀に入ってからも、定期取引の仕事は、依然として「賭け」と呼ばれていた。

古代社会の対立的構造

民族学のたゆまぬ進歩によって、原始文明における社会生活は、共同社会そのものの対立的・対比的構造の上に築かれているのを常としたこと、またそういう共同社会のものの考え方の全体が、この二元論的構造に即応しながら積み上げられて、成立していたことが、しだいに明らかにされてきた。いたるところにこの原始的二元論の痕跡は見いだされるのである。原始社会では、部族は対立しあう二つの胞族《フラトリア》に分かたれ、この両胞族は厳しい族外結婚《エクソガミー》によって隔てられている。両派にはそれぞれのトーテムがある。彼らは鴉《からす》族か亀族かのどちらかの人間であり、したがって、鴉か亀かのいずれかに付随しているさまざまの義務、禁忌《タブー》、風習、礼拝の対象などの全体制を身につけている。胞族の両派の相互関係は対抗と競争のそれだが、しかもそれと同時に、相互扶助と好意的奉仕を実証するものでもある。いわば彼らは一緒になって、事細かに規定され、連綿として尽きない一つの儀式を厳かに執行しつつ、部族の公共生活を営んでいくのだ。部族を二つに分割するこの二元論的体系は、さらに物事のイメージ、表象、観念の世界すべての上にも広げられてゆく。どんな存在も、いかなるものも二派のどちらかに属することの結果として、全宇宙《コスモス》がこの分類に引き入れられるのである。

　部族の分割と並んで、性的対立も進められてゆくが、この考え方は中国の陰陽五行説にその表物を見いだすことができた。陰と陽、つまり女性的原理と男性的原理だが、全宇宙がことごとくこの二元論で割り切られる。陰と陽、これはたがいに離れたり、また結びついたりしながら、生命のリズムを維持してゆく。この性別による二元論の場合にも、それを表現している思想体系の出発点には遊びがあったのだ。そこには、一族の青年男女がそれぞれ具体的に分かれて集団をつくり、季節の祝祭のときに、祭儀的形式に従いながら、おたがいに交唱歌をとり交わしたり、遊びをして誘い合ったりしたという事実がある。

　そういう祝祭のとき、部族内部の対立しあう両派や、両性のあいだで行なわれたもの、これが競技なのだ。マルセル・グラネ（一八八四～一九四〇。フランスの中国文化史家、ソルボンヌ・中国学研究所長）によると、このじつに各種さまざまの祝祭競技がもっていた文化創造力の作用が、古代中国文化のごとく明らかに呈示されている例は、他のどんな大文化のなかにも見られないという。彼によって描かれたイメージは、古代の歌謡を集めた『詩経』の解釈を基として、その上に立っている。それは徹底的に証明されているし、また民俗学が原始的共同生活について教えてくれるところとも完全に一致していて、これはもう確かな文化的事実として評価するのに、何の躊躇《ちゅうちょ》もない。*10

古代中国の季節の祭

グラネは、中国文化の最も初期の原型的な相として、土着の氏族が五穀の生育と豊穣《ほうじょう》をうながすための競技をして、季節の祭を祝うありさまを記している。ひろく一般的に言って、これがいわゆる原始的祭祀行為というものの意図していた作用であることは、もうわれわれも十分に知っている。儀式がすべて遅滞なく立派に行なわれ、遊びや競技で勝利を収めることによって、そしてとくに神聖な祝祭遊びが催されることによって、原始社会は、これでわれらの集団の安泰と幸福が確保された、と強い確信をもつことができた。供犠祭、奉献の舞踊が首尾よくいったとなると、万事は上々、高きに在《いま》すもろもろの力はわれらの側につき、世の秩序は保たれ、宇宙や社会の幸はわれら一統のために確保されたのだ。もちろん、この感情を整然とした繫《つな》がりのある、一連の理性的思考の結論というふうに想像してはならない。これはむしろある生活感情であり、多かれ少なかれ定式化した信仰という形をとった満足感である。こういう感情の表出には、われわれは今後もまだ出合うはずである。

グラネの記述によると、男たちによって若者宿《わかものやど》のなかで祝われた中国の太古の冬季祭

（周時代、建亥（陰暦十一月）に行なわれた八蜡という祭）は、強く劇的性格を帯びていた。恍惚となった昂奮、陶酔の状態の中で獣（貓《びょう》虎《こ》）の踊りが演じられ、酒宴、賭け事、芸当が催された。女はそれから除外されていたが、それでも祭の対立的性格は保たれていた。これら儀式の効力は、きまって、競争をするということ、規則正しい交代をするということと関係があるとされていた。主人側のグループと賓客のグループの二派が形づくられた。その一方は太陽、熱、夏の側に立つ陽の原理を体現したものとすれば、もう一方は月、寒さ、冬を包含する陰を表わしていた（グラネ『古代中国の祭礼と歌謡』邦訳本二四八～二六〇ページ参照）。

しかし、グラネの結論は、氏族、部族の本性にしたがって営まれる土着農民的、準牧歌的な生活像よりもずっと先のところまで及んでいる。広大な版図に広がっている中国民族のなかから、支配者や地方王侯が勃興してゆくとともに、そこに前提的に存在していた原始的二元論を超えて、さらに闘い合ういくつもの集団への分化が進められていった。こういう古い季節の祭の競技を基礎として、そこから社会のヒエラルキー的階層が起こってきた。そして、これら神聖な競技で戦士の獲ちとった名声が、封建制過程の端緒となった。グラネは言う、「競争の精神は各種の若者組を生気づけ、冬季のあいだは舞踊の競演会をたたかわせるものであったが、それが国家制度の発達へ通じる進歩の始まりに当たっているのである」[*11]と。

われわれは、その後の中国の階層制のすべてを、この原始的慣習から導いているグラネに与《くみ》するには躊躇《ちゅうちょ》を覚える。それにしても、やはり全体として見れば、彼がまことに卓抜な手腕で、いかに競技的原理というものが中国文化の構造のなかで大きな役割を演じてきたか、またそれはその意義の点で、いかにヘレニズム世界の闘技《アゴーン》を大きく凌駕《りょうが》しているか、いかにその過程の本質的な遊びの性格がギリシア以上にはっきり示されているかを証明したことは認めざるをえない。

古代中国では、ほとんどあらゆる祭式が儀式的な競技という形をとっていた。「渡河」、「山登り」、樹木の「伐薪《ばっしん》」（いわゆる柴刈りで、柴を山川の神にささげる祭祀的な意味があった）、さては「花摘み」など、みなそうであった。*12 また、中国の覇者が王権を樹立する口碑のなかでは、英雄的な王侯が登場して、奇蹟じみた力技の試練や目ざましい芸当の腕前をみせて敵を圧服し、自分の優越を天下にはっきり示すというのが、きまりきった定型になっている。ちなみに、こういう武術試合は、概して敗者の死をもって終っている。

他の国々における闘技の遊び

要するに、これらすべての競技について大切なことは、そこに空想が働いて、死さえも招く巨人的な争闘という外見が与えられた競技でも、そのあらゆる特性、独自性を含めて、それが依然として遊びの範囲に属している、という点である。このことがとくに強く目に映るのは、神話的、英雄的形式をとって中国の伝承が物語るさまざまな競技を、今日なお地上の多くの国々で実行されているのに出合う季節祭の競技と、比較対照するときである。それもことに、春秋の祝祭のときに若い青年と少女のグループのあいだで行なわれる歌合戦とか遊びの競争とかである。グラネは、古代中国の『詩経』の歌垣《うたがき》の恋愛詩を手掛りとしてこの主題を取り上げたとき、すでに同じ種類の祝祭がトンキン、チベット、日本にもあることを指摘していた。[*13] アンナンでは、つい最近までこれらの習慣は大いに華やかだったが、それらのすべては、アンナン学者ニュイエン・ヴァン・ヒュイエンにより、パリ刊行の論文集のなかで鮮かに論じられている。それを読むと、われわれは本当の遊びの領域の真ただなかにいることを感じるのである。相聞歌の応答、球戯、求愛の戯れ、問答遊び、謎解き、ここではすべてが、両性間の生き生きとした競技の形をとって、ある総体的な一世界を形づくっている。歌謡そのものが、厳格な詩法の掟《おきて》や、少しずつ変化してゆくリフレイン、問答などによった典型的な遊びの産物なのだ。遊びと文化の関係について適切な例証を望むむきには、このニュイエンの本をお勧めしたい。[*14]

とにかく、これらの形式の競技のすべては、それこそ四季の穏やかな移り変り、五穀の豊かな生長、その歳《とし》全体の恵みある稔《みの》りのために役立つものであり、この儀式をしないで済ませるわけにはいかないのだ、という揺がぬ信仰に基づいている。そしてこのことによって、それは祭祀と遊びの関連を、またしてもはっきり示しているのである。

さて、こういう競技、人間的活動としての競技の結果そのものが、自然の歩みに影響を及ぼしているとすれば、いかなる種類の競技がそういう成果をあげたのかというようなことは、さして重要でなくなってしまうことも理解されるであろう。闘いに勝つことこそが、物事の成行きに影響するのだ。いかなる勝利も、悪に対する善の力の凱歌を勝利者に与え、それとともに勝利を獲ちとった集団の幸福を現実化させる、つまりそれを本当に実現させるのである。だから、力技、技能、才知などによって結果が決定される遊びと同じように、純粋な賭け事、賭博遊びさえも祭儀的な意味をもつことができるわけである。つまり、賭け事は神的な力の働きを意味したり、その力を規定したりしているのだ。

いや、そう言ってよいだけではない。チャンス、運といった概念は、人間の心にとっては、つねに神聖という領域にきわめて近い概念である、とまで言ってよい。われわれ現代の人間が、こういう精神的関連をはっきり意識の上で感得してみようとするなら、われわれの誰しもが子供のころ見た記憶のある、例のばかげた占いめいたものを思い出してみればよい。あるいは、完全に心の平衡を保っていて、少しも迷信に傾いたりしない人でさえ、たいして意味はないのに、しかしどうかするとちょっとやってみたい気持に捉えられたりするすることのある、そういう類いの事柄を考えてみればよい。われわれは普段、そういうことにさして重きをおいていないし、またそういう些細な行為が、実際に文献に記録されたのを見出すことも稀である。ただ、一例として、私はトルストイの『復活』の一節に言及しておこう。そこでは、一人の裁判官が法廷に入るとき、心のなかで、自分の席までの歩数が三で割切れたら、こんどの治療もきいて胃痛も起こるまいが……などと考えている（『復活』第一篇七章）。

賭けの祭儀的意味

賽子《さいころ》遊びが宗教的行為の一部分を形づくるのは、多くの民族に見出されることである。[*15] 原始共同体の胞族《フラトリア》による二元論的構造と、遊戯盤や賽子の二色の色分けとのあいだには、接触点がある。サンスクリット語「デュータ dyūta」のなかには、闘争と賽子遊びという二つの意味が混じりあっている。奇妙な関連が、賽子と矢という二つの概念を結びつけているのである。[*16] それればかりではない。『マハー・バーラタ』（古代インドの民族叙事詩。バラタ族の戦争叙事詩。十八篇十万余頌より成る長篇で、四世紀ころ現在の形にまとめられた）のなかでは、世界そのものでさえシヴァ神がその妃と一緒に遊ぶ賽子遊びとして考えられている。「四季 rtu《リツ》」は、金と銀の賽子で遊んでいる六人の男として表わされている。[*17] ゲルマン神話にも、神々が遊戯盤の上でたたかわせる遊びがある。世界が整い、秩序が定まったとき、神々は賽子をふって賭けをするために集まった。そして、世界の崩壊の後、神々がふたたび甦《よみがえ》るならば、この若返ったエーシル神族は、彼らがかつて所有していた黄金の遊戯盤をまた見つけ出すであろう、という[*18]（エッダの『巫女予言』。邦訳は前記『世界名詩集大成』第一巻三八二ページ中段と三八五ページ上段）。

いましがた述べたサンスクリット語 dyūta の奇妙な意味の重複は、G・J・ヘルトの著書からの引用だが、彼はその研究のなかで、『マハー・バーラタ』の主だった筋は、ユディシュティラ王がクル国王のカウラヴァ百王子とたたかわせた賽子《さいころ》遊びをめぐって進められてゆくという事実から、民族学的結論を幾つか抽き出している。ただわれわれには、とくに遊びの行なわれる場所が大事である。その場は、地面の上に描いた簡単な「円形dyūtamaṇḍala《デュータマンダラ》」であっても差支えなく、それだけでもう呪術的な意味をもつことができる。その線はたいそう慎重に引かれ、ごまかしがされぬよう、予《あらかじ》め注意が払われる。遊戯者たちはその務めを完全に果たしてしまうまでは、その円形のなかから去ることを許されていない。[*19]しかしまた、臨時の集会場が遊びのために設けられることもしばしばある。それは完全に限《くま》なく浄められ、聖化された場である。『マハー・バーラタ』は、パーンドゥ王の王子たちとその相手が遊びをたたかわす遊戯場 sabhā《サバー》 を設けるということに、そのなかの一章のすべてを費している。

賭け事はこのように、真面目な一面をもっている。それは祭祀に包含されるのである。タキトゥスは、ゲルマン人たちがいとも慎重、冷静に、真剣な仕事のようにして賽子を振っているのを珍しがっているが、これはまったく見当違いである（『ゲルマーニア』第一部二四（「社交・遊楽」岩波文庫版では八九ページ））。また、ヘルトは賽子遊びは祭儀的意味を有するという考えから、原始時代の遊びはけっして完全な意味での遊びではないと結論しているが、[*20]これには、私は断じて否定したい気持に傾く。むしろ、賽子遊びが祭祀のなかに位置を占めているということは、賽子遊びが真の遊びの性格をもっているからである、と見てよい。

ポトラッチ Potlatch

原始社会には、生活が文明化してゆくための基礎として闘技的基盤があった。このことが、かくも明るい光で照らし出されるようになったのは、何よりも、一般に「ポトラッチ」と呼ばれている、カナダのブリティッシュ・コロンビア州に住むインディアン族の奇習を、民族学が叙述したのに拠るところが大きい。[*21] なかでも、クワキウトル族のそれについて記されたものが、最も典型的な形式である。これは部族が二派に分かれて、その一方がただ自分の側の優越性を相手に誇ろうという意図のために、夥《おびただ》しい財物を浪費し、ありとあらゆる威儀を見せつけながら、厖大《ぼうだい》な品々の儀礼的贈与を行なう大規模な祝祭の儀礼である。これに対して、相手側は必ず返礼しなければならない。そのただ一つの方法は、財物を贈られた側が一定の期日のうちに祭をやり返すことである。しかも、それはできるかぎり相手のそれにまさるものにする義務がある。

この種の贈与祭は、それを行なう部族の共同生活のすべてを支配するもので、彼らの祭祀、法習慣、芸術、みなそれに従属している。誕生、結婚、成年式、死、黥《いれずみ》入れ、墓碑建立、何でもポトラッチの契機になる。酋長《しゅうちょう》は家を建てたり、トーテムポールを立てたりするときには、ポトラッチを催すのである。いよいよポトラッチになると、当の一族の者、あるいは氏族の者は、彼らの聖歌を椀飯《おおばん》振舞し、仮面をかぶって姿を表わす。そして、氏族の精霊が乗り移った呪医たちがこの荒れまわる狂乱ぶりをとり鎮める。だが、行事の中心はやはり財物の分配である。祭の主催者は、このときわが氏族の所有物をすっかり使いつくしてしまう。しかし、彼はこの祭によって、相手にもっと盛大な規模でポトラッチを返礼する義務を負いこませるのだ。万一、その義務が期日のうちに果たされず、延期されることにでもなれば、責任者はその称号、その紋章、そのトーテム、その「名誉の貨幣」を失うばかりか、さらにその世俗的、宗教的権利をさえも失ってしまうであろう。こうして、財物は部族のあいだを、冒険じみたやり方で、身分の高い者の家から家へとぐるぐる回されてゆくのである。なお、このポトラッチは、初めは一部族のなかの二つの胞族《フラトリア》のあいだで行なわれていたものであろう、と認められている。

ポトラッチで自分が優越していることを証《あか》しするには、単に物惜しみせずに財物を贈与すればよいだけではない。もっとショッキングなやり方としては、自分の所有物を残らず棄ててしまって、そんなものはなくても俺はやってゆけるんだ、とばかり誇らしげに人に見せつける、こうしてもよいのだ。こういうぶち壊しも、劇的儀礼の形をとり、昂然《こうぜん》とした挑戦の態度をもって行なわれる。要するに、この行為の形式は、つねに競技のそれなのである。ある酋長が銅壺を壊したり、積み上げた毛布を燃したり、カヌーを粉々に打ち砕いたりすると、彼の相手方は少なくともそれと同じくらいのものを、いや、できるならばそれ以上に価値あるものを破壊すべき義務のもとに立たされることになる。彼らは挑戦的にも、競争相手のところに、壊した陶器のかけらを送ったり、またそれを名誉の貨幣として身につけて、見せびらかしたりする。クワキウトル族とは同族のトリンキット族について語られているのによると、そこでは酋長が相手に侮辱を加えてやろうと欲すると、まず自分の奴隷を何人か殺してしまう。すると、それに応じて相手も彼に復讐するため、それ以上の数の自分の奴隷を殺さなければならなくなる、といわれる。[*22]

　このように、行事のクライマックスに達したとき、自分の財産を軽々しく棄て去ってしまうという、途方もなく物惜しみしない浪費競争は、多少の差はあっても地上あらゆるところにその痕跡が明瞭に発見されるものである。マルセル・モース（一八七二～一九五〇。デュルケーム派のフランスの社会学者）は、メラネシア人のあいだにもポトラッチと完全に一致する慣習があるのを示すことができた。その『贈与論』のなかで彼は、これに類似した慣習はギリシア、ローマ、古代ゲルマンの文化のなかにもある、と指摘している（邦訳（勁草書房・一九六二）では一七〇～二二五ページ）。グラネは古代中国の伝承のなかに、贈答合戦と破壊競争の証拠を見つけ出している。[*23] またイスラム以前の異教アラビアにも、そういう競争があったが、それを言い表わす独特な呼び方は、それがいち早く定型化した形をとっていたことを示している。それは「ムアーカラ mu'āqara」といわれるものだが、これは動詞「傷つける aqara《アカラ》」の第三形にあたる動作名詞である。そしてその意味については、古い百科辞典はそれの民族学的背景について何ひとつ知ることもなしに、「駱駝《らくだ》の脚を切って名誉を競うこと」である、と記している。[*24] モースはまた、すでにヘルトによって取り上げられた題目を多少なりとも巧みに要約して、「マハー・バーラタは巨大なポトラッチの物語である」と書いていた。[*25]

われわれの主題との関連からすれば、とくに次のことが重要である。それは、ポトラッチと呼ばれているもの、およびそれに類似した総ての行事は、相手に勝つため、優越するために催される、名声や声望を得るために行なわれる、ということである。また言うまでもないことだが、復讐のためにそれが行なわれる場合もある。祭儀の主催者がただ一人だけのときでさえ、つねに二つのグループが対立し、しかもそれが、同時に敵愾心《てきがいしん》と協力の精神の二つによって結びつけられる。この相反併存的《アンビヴァレント》な態度を理解するためには、われわれはポトラッチの本当の意味は、まえに言ったように、この行事で勝利者になることである、とよく認識しなければならない。両派は、富とか支配のために争うのではない。ただ自己の優位を誇る喜びのために——一言でいえば、栄光のために争うのだ。フランツ・ボアズ（一八五八〜一九四二。アメリカの人類学者で、進化主義を批判し、新しい理論的研究を導いた）[*26]によって記述されたママレカラの酋長の婚礼の場合では、主人側の一派は招待客に向かって、「はや争い事の準備は整いましてございます」と挨拶するのだが、これは未来の義父となる男が、花婿に花嫁を引き渡す行事が最後に行なわれるこの儀式の用意が出来たという意味なのだ。このように、ポトラッチで行なわれるさまざまの行事には、試練とか犠牲という性格がある。儀式は神聖な宗教的儀礼、もしくは神聖な遊びの形式をとって進められてゆく。交唱歌とか仮面舞踊がそれに伴う。祭儀はたいそう厳格であり、たとえどんなに小さな過失でも、儀式全体を無効にしてしまうほどである。咳《せき》をしたり、笑ったりするのは、最も重い罰を受けねばならぬとされている。

ポトラッチの社会学的基礎

この儀式を催す心性は、名誉、見せびらかし、自慢、挑みの領域のなかにある。それは、輝かしい称号と紋楯が重んじられ、誇りある家系が連綿と連なっている世界であり、騎士の誉れと英雄の幻影が求められる世界である。それは生計のための配慮とか、金儲けとか、ものの役に立つ物資を獲得するための計算とか、そういう日常茶飯の世界ではない。人々の願望はわがグループの名誉、より高い地位、他者に対する優越に向けられるのだ。トリンキット族の二つの対立しあう胞族社会のさまざまの関係、義務は、「尊敬を示す」という意味の一つの言葉で言い表わされている。その関係は、あらゆる方法での相互奉仕によって、またほかにも贈与の交換などによって、絶えず実際の行為に置き換えられているのである。

民族学は、私の知るかぎり、ポトラッチ現象の説明を、主として呪術的、神話的な考え方のなかに求めている。G・W・ロッヘルは、その著『クワキウトル宗教における蛇』で、そういう秀れた一例を提示した。[*27]

疑いもなく、ポトラッチ習慣と、この習慣を守っている部族の宗教的観念の世界とは、最も深いつながりで結ばれている。精霊との交わり、成年式、人間と動物の同一化など、特殊な観念のすべては、絶えずポトラッチのなかで表現されるのである。しかしこのことは、ポトラッチを、あくまでも明確な宗教的観念の体系と結びつきのない、一つの社会学的現象として理解することを妨げるものではない。しかし、文明化した社会では、そういう原始的なはずみ、昂奮というのは、ただ少年期の衝動にしか現われないものだ。そこでわれわれは、直接そういうものに支配されていたそのかみの共同体の世界に遡《さかのぼ》って、そこに想像をめぐらしてみよう。すると、そういう社会は集団の名誉とか、富や物惜しみしない気前よさへの尊敬とか、友情や信頼の強調などの観念によって生き、競争、挑み、冒険心によって動かされているのがわかる。さらに、いっさいの物質的価値に無関心を装っていることを見せびらかし、こうして、永遠の自己聖化を示すことによって、最高度に活気づけられているのが理解される。だがこれは、簡単に言ってしまえば、成長しつつある若者の思考や感情の世界でもある。それに、儀礼的な営みとして専門的にきちんと組織された本当のポトラッチとは無関係に、人に物を贈ったり、自分の持ち物を壊してみせたりする競争は、心理的に誰でもたやすく理解することができるものでもある。

だからこそ、確定した祭祀体制の上に立つのでないこの種の場合が、ことのほか重要なのだ。たとえば、二、三年まえのエジプトの新聞の報ずるところに基づいてルネ・モニエ（一八八七年生。フランスの社会学者。北アフリカ社会の宗教儀礼を調査した）が記録した場合などがそれであろう。二人のエジプト・ジプシーが争い事をしていた。この争いを調停するために、彼らはやり方を変え、勿体《もったい》ぶったことに、いかめしく全部族を召集した。人々の集まったなかで、二人はそれぞれ自分の羊を殺しはじめたが、それが終ると、こんどはそれぞれ自分が所有していた銀行券を全部焼いてしまった。最後に、おれが負けそうだぞ、と見てとった一方の男は、すぐさま自分の驢馬《ろば》六頭を売り払って、その売り値の金で勝利者になろうと考えた。ところが、彼が驢馬を連れてくるために家に帰ると、妻は驢馬を売ることに反対したので、彼は妻を刺し殺してしまったのである。[*28]この事件の全貌からはっきり見てとれるのは、激情の自然発生的な爆発とはどこか異なったものである。これは明らかに形式化された一つの風習で、モニエはこれに「自慢競争 vantardise《ヴァンタルディズ》」という名を与えた。これは、まえに引用した古代アラビアの「悪口比べ《ムアーカラ》」ともきわめて近い類似があるように見える。しかしこれは、その基礎は何か宗教的なもののなかにあると考えなければならない、ということではないようである。

ポトラッチと呼ぶことのできる複合体すべてのなかで根源的なものは、私には闘技的本能だと思われる。共同体の遊び、これが初めにあったのだ。人間の集合体、または個人としての人間が、それを少しずつ高い段階へと押し上げていったのである。こうしてそれは真面目な、運命的な遊びとなり、ときには血腥《ちなまぐさ》い遊び、神聖な遊びともなる。しかし、遊びであるというそのこと自体には何の変わりもない。それら総てが遊びであるといってよいことを、われわれは十分に見てきたつもりである。マルセル・モースとジョルジュ・ダヴィ（一八八四年生。フランスの民族学者。デュルケーム学派）も、違った視点からだが、まえにポトラッチの遊びの性格を指摘したことがある。モースは「ポトラッチは事実、一つの遊びであり、一つの試練である」と語っている。[29] ダヴィにいたっては、ポトラッチを——法律的側面からのみ観察して——未開社会のなかで法が創られてゆく慣習として見たが、ポトラッチを行なう社会を譬《たと》えて、財産、地位、名声が賭けや挑みの結果として、絶えず人手から人手へと渡ってゆく大きな賭博場に見立てている。[30] このように考えてくると、G・J・ヘルトが、賽子遊びや原始時代の将棋は祭儀的な領域に属する行事であり、またポトラッチ原理の表現であるから、純粋な賭けというものではない、という結論に達しているの[31]に対して、私は話を逆さまにして、それはまさに純粋な遊びであるからこそ聖なる祭儀的分野に属しているのだ、と言いたくなるのである。

ローマ時代には、公共の遊び ludi publici《ルーディー・プーブリキイ》というものが催されていたが、その度はずれな奢侈《しゃし》贅沢《ぜいたく》ぶりは、史家ティトゥス・リウィウスをして、狂気じみた競争への堕落である、と概嘆させるほどのものであった。[32] クレオパトラーは、彼女の真珠を酢に溶かしてみせることによって、マルクス・アントーニウスに対して勝ち誇った（この話の出典は未詳だが、プルターク『英雄伝』アントーニウス篇二六～二八節が参考になる。邦訳は岩波文庫十一分冊）。ブルゴーニュ公国のフィリップ善良公（一三九六～一四六七）は、その宮廷貴族たちによって開かれた連日の大饗宴に冠するものとして、リールで「雉子《きじ》の誓約」祭を催した（フィリップの豪宕絢爛ぶりについては、『中世の秋』（堀越孝一訳・中央公論社版）一九五、二〇〇、四六一ページ）。またそうかと思うと、大学生たちは、恒例の記念祭のときなどに、ガラス器具の儀式的粉砕をやってのけたりする。

　これらはみな、敢えて言えば、まことに明快なポトラッチ本能の表現であるといえよう。しかし私の見解としては、ポトラッチそのものを、人類の根本的な欲求のうちの最も高度に発達した、最も明確な形式のものと見なしたほうが、より正しく、また簡潔ではないかと思う。私はこれを、名誉、声望を求める遊びと呼びたい。ポトラッチのような術語は、ひとたび科学的用語のなかに受け入れられてしまうと、たちまち符牒にされやすく、人々はこの言葉を使いさえすれば、もうそれである現象の説明がついたように思って論議をやめてしまいがちな、そういう言葉の一つなのである。

クラ Kula

　こういう贈与儀礼は地球上至るところにひろく行なわれているが、この儀式の遊びの性格が明るい光のなかに照らし出されるようになったのは、マリノフスキーがメラネシアのトロブリアンド島民およびその近くの島々の住民のあいだに観察した、いわゆる「クラ制度」について、その著『西太平洋の遠洋航海者』のなかで、溌剌《はつらつ》とした、まことに詳細な叙述を行なってからである。[*33]クラとは、一年のある季節になると、ニューギニア東方の群島から二つの反対方向に向かって進発してゆく儀式的航海のことである。この儀式で運ばれる品々は、それ自体としては何ら経済的価値はないが、貴重な、著名な装身具として特殊な名（ヴァイグァ）で知られているもの――赤貝の頸《くび》飾りと白貝の腕輪――であり、これが贈与儀礼によって、一時的にある部族から他部族の所有に移される。するとこんどは、その贈与を受けた部族が、それらの品々を一定の期限内に、クラの交易環で繋がれている次の環へ移す義務を負うのである。それらの品々は聖なる価値をもっている。魔力をもっている。また、最初それがどうやって手に入ったかを物語る歴史がつきまとっている。それらの品々のなかには非常に貴重なものがあって、それが次々と環を回ってゆくときには、センセーションを惹きおこすほどである。[*34]この行事のいっさいは、あらゆる種類の定式、決まりきった儀礼によって、いかめしい雰囲気と呪力のもとで行なわれる。すべては相互的義務と信頼の世界のなかで、友誼《ゆうぎ》と歓待、気前のよさ、度量、物惜しみなさ、名誉、声望などの領域で催される。その航海は冒険的なものになることもしばしばで、危険でさえもある。この部族のもつ比較的高度な文明生活の一面、たとえばカヌーの装飾的彫刻、詩、名誉や礼法の法典――これらはみな、クラに関係しているのである。実用的な物資の交易がクラ航海に伴うこともあるが、これは従属的なものにすぎない。おそらくこのメラネシアのパプア人の場合のように、原始文化の生活が高級な社会的遊びという形式を帯びた例は他にはないであろう。そこでは競争そのものがその純粋さの点で、高度に文明化した諸民族のそれによく似た風習よりも、ずっと勝れた形をとって表現されている。この神聖な儀式制度すべての根柢に、われわれは見紛うことなく、美のなかに生きたいという人間の欲求を見る。この欲求が満足を見いだす形式、それが遊びの形式なのである。

遊びにおける名誉と徳

子供の生活から最高の文化活動に至るまですべてを通じて一つの願望が働いている。それは、自分の優秀さを認められて、人から褒められたい、名誉を享けたいという願望であり、これが個人や個人の属する集団が自己を完成しようとするときに働く最も強い動機の一つになっている。人々がたがいに相手を褒めあうのは、自分自身を褒めることである。人々は自分の美徳を讃えられて、名誉を享けようと求めている。何事についても、自分はそれを首尾よくやってのけたのだ、という満足感を欲している。何かをうまく成し遂げたということは、他人よりも立派にやってみせたという気持を意味する。第一人者になるためには、自分が第一人者であることを、外に現わして見せなければならない。この優越性の証明を与えるのに役立つのが競争である。このことは、原始社会についてとくに当てはまる。

原始時代においては、その人が尊敬を受けるに値する存在と見なされるための根拠となる徳とは、至高の存在である神の掟によって測られた道徳性完璧性というような抽象理念ではない。ドイツ語の「美徳 Tugend《トゥーゲント》」、オランダ語の deugd《デウフト》 の概念は、その動詞形ドイツ語 taugen（オランダ語 deugen）の有する意味——あることの能力がある、秀れている、その種のものとして純粋であり、完全である——と直接に対応しているのである。ギリシア語の「徳 ἀρετή《アレテー》」、中高ドイツ語の「徳 tugende《トゥゲンデ》」の意味も同様である。いかなるものでも、その種に固有な「徳」をもっている。馬にも犬にも、目にも、斧や弓にも、みなそれぞれに固有の徳というものが存在する。力と健康は肉体の徳である。聡明と識見とは精神のそれである。語原的には「徳《アレテー》」という言葉は「最高のもの、最も秀でたもの ἄριστος《アリスストス》」と関係がある。[*35] 貴人の徳《アリストスアレテー》とは、闘ったり、命令を下したりする能力を彼に与える性質のことである。ほかにも、その性格からいって貴人の徳に属するのは、物惜しみしない寛仁大度とか、知恵、公正とかがある。多くの民族において、美徳を表わす言葉が雄々しさ、男らしさという観念から発してることはまったく自然なことだが、たとえばラテン語の「ウィルトゥース virtus」は、事実、非常に長いあいだ、キリスト教思想が優勢になるまで、勇気という意味を主なものとして保っていた。

同様のことは、アラビア語の「ムルア muru'a」についても言える。もともと男、男らしさという意味だが、この言葉もギリシア語の「徳《アレテー》」に非常によく似通っていて、力、剛気、富、自分の仕事をよく果たすこと、良風美俗、都雅、上品、度量、寛大、そして道徳的無垢などの語義の複合したものまでを含蓄している。

部族の武士的、貴族的な基礎の上に立って生活を形成してゆこうとする古代的発想のなかからは、それがギリシアであれ、アラビアであれ、日本であれ、中世キリスト教国であれ、必ず騎士道、騎士精神という理想がその華を咲かせている。そして、この徳の男性的理想というものは、原始的な名誉の主張、つまり外に向かって己を見せつけようとする名誉の承認、主張とつねに分かちがたく結びつくのだ。

アリストテレースでも、名誉はまだ美徳の賞と呼ばれている。[*36] 彼の思想はもちろん古代文化の水準をはるかに超えて高いものであったが、彼は名誉を美徳の目的、もしくは基礎とはせず、美徳の自然の尺度と見なしている。「人々は、自分に固有の価値があり、美徳があると自ら信じたいために、名誉を追い求める。彼らは思慮深い人々から、彼らの実際の価値に基づいた敬意を払われたいと願って、名誉を求めるのだ」[*37] と。

美徳、名誉、高貴、さらに栄光は、したがって、はじめから競技の、つまり遊びの圏のなかに立っているのである。高貴の生まれの若い武士の生涯は、徳をみがく不断の試練であり、またその高貴の身分の名誉をめぐっての絶えまない闘争なのである。ホメーロスの『イーリアス』のなかにある、「つねに最強の勇士となり、他の者らに擢《ぬき》んでよ」という句[*38]は、この理想を余すところなく言い表わしている。この叙事詩の関心は、戦闘行為そのものにあるのではない。むしろそれは一人一人の英雄の「武勲 ἀριστεία《アリスティアー》」というものにあるのだ（例えば第五書のディオメーデース、十一書のアガメムノーン、二一～二二書のアキレウスなど）。

貴族生活が形成されてゆくことによって、国家のなかでの、国家のための生活ということを目ざす教育が発達した。しかしそういう意味関連のなかでも、「徳《アレテー》」はまだ純倫理的な響きをもつには至っていない。それは依然として、ポリス社会のなかの仕事に対する市民の適応能力ということであった。競技による訓練という要素は、そうなっても、まだもとの意味を失いはしなかった。

貴族というものは徳の上に立つことによって初めて成り立つという理念は、そもそもの初めから、このことに関するすべての考えのなかに含まれていたのである。ただ、この徳という概念は、文化が進歩の度をすすめてゆくのに応じて、だんだんと変化をとげ、別の内容のものになっていった。つまり、倫理的、宗教的な、より高いものへ昇華していったのである。こういう徳を充たすためには、かつてはただ勇敢に振舞い、己の名誉を外に表わして主張しさえすればよかった貴族も、生き方を変えねばならない。彼らが自分の仕事に、そして自己自身にあくまでも誠実であろうとすれば、その騎士道の理想そのもののなかに倫理的な気高い実質を取り入れるか（ただし、これも現実にはまったく惨憺《さんたん》たる結果に終るのだが）、あるいは、ただきらびやかに華やいだ虚飾とか宮廷風な儀礼にひたって、その高貴の位と汚れない名誉の外観の見せかけを養うことで足れりとするか、そのどちらかをとらなければならなかった。そして、いまではただそういうことだけが、最初から彼らに固有のものとして具わっていた遊びの性格を、しかも、かつては文化を創り出す機能をさえ充たしていた遊びの性格を、辛うじて彼らのために残してやるものだった。

悪口合戦

貴人はその「徳」を、力、器用、勇気によって、また才知、知恵、技芸によって、あるいは財産、寛仁大度などによって、実例として示している。しかし結局のところ、それは言葉による競争によってもできることである。つまり、競争相手よりも擢《ぬき》んでたいと思う徳を、予《あらかじ》めみずから自讃したり、後から詩人や先触れ役に讃美させたりして競うのである。この自分の徳を自讃するということが、競技の形式として、敵方を侮辱するということに移行していくのは、まことに自然なことだ。そしてそういう侮辱も、競技に固有の形式をとるようになる。これら自慢や悪口の競技が、まことに多くの、異なった文化のなかで、いかに特殊な役割を占めているかという事実は注目に値する。男の子たちのあいだにもそういうものが認められる。だから、彼らの振舞いを想い起こしてみれば、こういう悪口合戦を遊びの形式の一つと性格づけるには十分であろう。

ある意図をもって行なわれる自慢や悪口の競技は、武器によって闘う真剣勝負の口火を切ったり、闘いのあいだそれに伴って続けられたりする虚勢的な大言壮語と、必ずしもきっぱり区別されるものではない。古代中国の文献に記録されているような野戦をみると、それは、大言壮語、雅量、社会辞令、無礼雑言などの絡《から》まりあった混合物である。それは武器の力による闘いというよりは、むしろ道徳的武器を用いてする競技であり、おたがいの名誉の衝突なのである。[*39]

何か特殊な性質をもった行為というものは、すべてそれを仕掛けたり、それを蒙って耐えたりしている人々の名誉、または恥辱の徴《しるし》になるのであり、特殊な専門的意味をもっているものである。ローマ史の初まりにあたって、レムスがロームルスの壁を跳び越えてみせたあの運命的な跳躍のごとき嘲笑の態度は、中国の戦争文献のなかでは当然の挑戦とされている。たとえば、ある武将は敵の城門に馬を駆って乗りつけると、落着きはらって闔《こう》（城門の扉）を数えたという[*40]（斉の城を囲んだ晋将州綽のこと。『春秋左氏伝』襄公十八年。「州綽門於東閭左驂道還於東門中以枚数闔」）。これによく似た話では、モーの市民たちは包囲軍が大砲を撃ち終ると、城壁の上に登り立って帽子から塵《ちり》を払い落とした、というのがある（堀越孝一訳（中央公論社版）『中世の秋』四四〇ページではモントロー市民となっている。いずれが正しいだろうか）。これら総てのことについては、後にもう一度、戦争の闘技的要素を述べるときに言及しなければならない。ただ、いまわれわれの興味をひくのは、こういうときにきまって現われる、「法螺《ほら》吹き競争 Joutes de jactance《ジュト・ド・ジャクタンス》」というものである。そういうものがつねにポトラッチ現象と密接な関係にあること、これはほとんど言うを俟《ま》たない。財産や浪費ぶりの競争と、自慢の闘いを結ぶ環の一つは、次のような例に認めることができる。マリノフスキーが報告しているように、トロブリアンド島民のあいだでは、食料はただそれが有用であるということだけでは評価されず、彼らの富を見せびらかす手段としても価値があるとされている。彼らのヤム・ハウスは、そのなかにどれだけのものが貯蔵できるか外から見て測れるような、また梁《はり》の隙間ごしに大きな割目から内部を覗いて財産の品質を推量できるような構造になっている。一番上等の果物は、最も人目を惹きやすい場所におかれ、またとくに大きな品種は枠で囲い、塗料で色を塗って飾り立てて、貯蔵小屋の外側に吊される。大酋長が住んでいる村では、一般住民は酋長と競争したりすることにならぬよう、自分の庫をココナット椰子《やし》の葉で蔽わなければならない、というのである。*41

また、中国の物語では、われわれはそういう風習の一つの反映を、悪帝紂王《ちゆうおう》のはなしのなかに見いだす。紂王は食物を山のごとく積み上げさせ、その上を車駕が通れるように均《なら》させた。また池を掘らせてそこに酒を充たし、その上に舟を泛《う》かべたという。*42 いわゆる酒池肉林である。またある中国の史家は、民間の法螺吹き競争のとき必ずそれに伴って行なわれた浪費ぶりについて報告している。*43

中国では名誉のための競争が、それ以外のあらゆる可能な形式のものと並んで、礼節における競い合い、というきわめて特殊な形をとることがある。これは「ひとに屈する、ゆずる」というほどの意味の「譲」という言葉で示される。*44 敵にその場を譲って明け渡したり、先行を許したりする高潔な態度によって、かえって敵を圧倒するのだ。この礼節における競争が中国のように定型化されたところは、おそらく他にはないのだが、しかし、それはもともと、地上至るところで見られるものだったのである。他人に対して礼節を示す理由は、自分自身の名誉感情にほかならないのだから、われわれはこれを、いわば自慢試合の倒錯したものと呼んでよいであろう（V章二四一ページ以下をも参照されたい）。

悪口雑言による競争は、異教時代の古代アラビアにもひろく行なわれていた。この場合には、ポトラッチの一成分をなしていた財産破壊競争とそれとの関連が、とくに大きく目につく。われわれはすでに、たがいにせり合う競争者が、自分の駱駝《らくだ》の腱《けん》を切ってみせる「悪口比べ《ムアーカラ》」と呼ばれる習慣に触れておいた（Ⅲ章一五二ページ参照）。この mu'āqara とは、「アカラ aqara」という動詞の第三形にあたる動作名詞だが、この基本形は、傷つける、傷害を与えるという意味である。そして「ムアーカラ」は、傷つけあおうとする、傷害を挑む、つまり「他人と悪口雑言、罵詈讒謗《ばりざんぼう》をもって闘う」という意味になる。これをみると、われわれにはエジプト・ジプシーたちの財産破壊競争が「自慢競争《ヴァンタルディズ》」といわれていたのが思い出される（一五七ページを参照）。

しかし、イスラム以前の古代アラビア人は、「悪口比べ《ムアーカラ》」以外にも、侮辱のやり合いや挑戦を言い表わすのに、「ムナーファラ munāfara」と「ムファーハラ mufākhara」という二つの専門用語をもっていた。ここで、これら三つの言葉がどれも同じ形をしているのに注意してほしい。繰り返していうと、これらはいわゆる動詞の第三形の動作名詞である。そしてその点にこそ、この問題すべての最も興味深い部分がある。アラビア語の動詞には、動作の表われ方を示す十個の形式がある。そしてそのなかの第三形は意志、努力を表わす形で、いかなる動詞の基本形に対しても、あることを「競争する」、あることで他人を「凌《しの》ごうとする」という意味を与えることができる。つまり、これは基本形の動詞的最上級の一種というごときものである。またこれと並んで、第三形の再帰型である第六形は、相互的な行為という観念を表わしている。そこで例をあげてみると、基本形 hasaba《ハサバ》（数える、計算する）は、第三形で muhāsaba《ムハーサバ》（名声に関する競争）となる（「ムハーサバ」は計算、勘定ということであり、ホイジンガの記しているような意味はない）。kathara《カサラ》（……より数が多い）は、mukāthara《ムカーサラ》（数量についての競争）となる。mufākhara は自分を誇る、自慢するという意味の語根からなっており、munāfara は追い散らす、逃走させるという意味領域から出ている言葉である。

アラビア語では、賞讃、名誉、美徳、よい評判などの観念は、ちょうどギリシア語でそれらの概念が「徳《アレテー》」を中心としてその周辺に集められていたのと同じように、語義的に一つの意味領域のなかで統一されている。[*45] ここでは中心概念は「イルド ʻird」だが、これは最も具体的な意味に考えた場合、「名誉」と翻訳するのがいちばんよい。貴族生活において最も強く要請される義務は、彼の「名誉《イルド》」を損なうことなく、確実に保ちつづけることである。その反面、敵は彼の「名誉《イルド》」を侮辱によって破壊し、蹂躙《じゅうりん》しようとする。この古代アラビアの場合にも、肉体的、社会的、精神的な、あるいは知的な優秀さということが名誉、名声の理由になるのである。それが彼らの徳の一要素を形づくっている。人々はわが勝利や剛勇ぶりを誇り、わが一族や子供の数が多いことを誇りとする。また、自分の物惜しみしない悠然とした気風、権力、視力の鋭さ、頭髪の美しさを自慢する。これらすべてを総括したものが他人に対する卓越、優秀性を形づくり、したがって、それは「権力 ʻizz《イッズ》」（ʻizza《イッザ》）ということになる。自分の「権力」を自画自讃するときに、ことのほか激しい情熱をこめて、相手に対して行なわれるものは「諷刺 hijāʼ《ヒジャー》」といわれる。

「名誉競争《ムファーハラ》」は、いつもきまった時期に、つまり年毎の大市と時を同じくして、または巡礼行の後で催されるものであった。すべての部族、氏族が競うこともあれば、個人と個人がたがいに争うこともあった。敵対しあう両派が相会すると、まず始められるのがそういう名誉のための競技である。そのときは詩人、あるいは語り役が主要な役割を受け持つことになり、それぞれの派には公的な代理人がいた。この習慣は明らかに祭儀的性格をもつものであり、イスラム教以前のアラビア文化が担っていた強い社会的緊張を、周期的に活気づけていた。だが、イスラム教が擡頭《たいとう》したことは、この習慣に新たに宗教的傾向を加え、あるいは、それを宮廷的社交の遊興に弱めてしまう結果となり、この古代的風習は損なわれてしまった。まだ異教時代のころには、この「名誉競争《ムファーハラ》」は殺人や部族の抗争となって終るという結末がしばしば繰り返されていたのである。

一方、「悪口合戦《ムナーファラ》」という言葉は、もともと裁判官あるいは仲裁人の前で二つのグループが名誉をめぐってたがいに悪口をいい、罵りあう論争の形式をとくに意味していた。この言葉の形成されたもとの語根は、決定、判決というような意味合いと繋がりがある。これは賭け金をおいて行なわれた。またときには、論議の主題が取り決められることがあった。例をあげると、誰が最も高貴な家柄かという論争につき、百頭の駱駝《らくだ》が賞として賭けられるというように。[46]訴訟事件の場合と同じように、両派はこもごも弁論に立っては着席するのである。その間、よりいっそう強い印象を与えるために、両派は宣誓補助人を側においていた。しかしその後、イスラム時代になると、裁定人たちはしばしばその任につくのを拒むようになった。確執する両派は「悪を好む愚かな二人」と笑われた。ときにはまた、韻文の「悪口合戦《ムナーファラ》」が催されることもあった。初め「名誉競争《ムファーハラ》」を開くのを目的とするクラブが幾つもつくられたが、それも後ではたがいに悪口雑言を投げつけるようなものになり、ついには剣で傷害に及ぶまでに堕ちてしまった。[47]

ギリシアの伝承のなかにも無数の儀式的、祝祭的な悪口競技の痕跡が見いだされる。ここに短長格《イアムボス》という言葉がある。もとデーメーテール祭やディオニューシア祭のとき、公衆の前で諷刺詩、悪口詩を朗誦《ろうしょう》することがあった。イアムボスというのは、初めとくにそういう朗誦のなかに現われる嘲笑とか悪ふざけという意味の言葉だった、というのが人々の認める説である。アルキロコスの辛辣な諷刺詩も、音楽に合わせて歌いながら行なわれた競技であり、公衆のさなかで侮辱を与えるという形式のものに属している。こうして、「諷刺《イアムボス》」は太古以来の祭儀的な民俗のなかから出て、公共的批判の具へ発達していった。

また、デーメーテールとアポローンの祭典のときにも、男と女は必ず嘲笑の歌をたがいに応酬しあったものだが、後世の婦女に対する悪罵というテーマも、あるいはこの嘲笑の歌の名残りなのかも知れない。公共の場で「悪罵《プソゴス》」を行なう祭儀的な遊びということが、おそらくこれらすべてを通じての一般的基礎であったに違いないのである。[*48]

古代ゲルマン伝承も、たいそう古い悪口競争の名残りを一つ提供している。それはパウルス・ディアコーヌス（七二〇頃～七九七頃。ランゴバルド出身の歴史家）によって、明らかに昔の英雄叙事詩の素材から汲み上げられたもののように思われるアルボイン王（ゲピード国を征服したランゴバルド王。五七二年歿）の物語で、ゲピード国宮廷の饗宴の席上で開かれた悪口合戦である。[*49]ランゴバルド族の人々は、ゲピード国王トゥリジンドの宴席に招かれた。席上、国王がランゴバルドとの戦いで殺された王子トゥリスモドを悼《いた》んで悲しむと、彼の他の王子が立ち上がり、罵りの言葉を浴びせかけながら、ランゴバルドに挑戦しはじめる。王子は彼らを脚の白い雌馬と呼び、さらに言葉を添えて、彼らをこの臭い奴めらが、と罵る。これに対して、ランゴバルドの一人は答える、「アスフェルドの野へ行ってみるがよい。汝《なれ》の言う〈雌馬ども〉の雄々しくも大地を蹴ちらす様が、汝にも得心が参ろう。汝の兄弟の骸《むくろ》は、老いさらばえたる駄馬のごとく、草むらに飛び散っているのじゃ」と。――国王は、ここでさらに嘲罵を言い募ってあわや格闘に及ぼうとするのをとりおさえる。そして「その後、彼らの宴は歓楽のうちにぞ終りける」とある。最後の句は、この侮辱の応酬の遊びの性格をまことにはっきりと示している。

古ノルド語（ゲルマン語派のうち、北ゲルマン語に属し、宗教改革時代まで、スカンディナヴィア一帯にひろく用いられていた）の文献は、こういう習慣を「男比べ mannjafnaðr《マンヤヴナズ》」という特殊な形式として知っていた。これは誓約の競技と同じようなあり方のもので、慣習としてユールの祭の一部をなしていた（元来、これは冬至祭だが、クリスマスと重なるようになった。詳しくはオクセンシェールナ『ヴァイキング』（みすず書房刊）一六七ページ以下を参照）。『名射手オッド物語』Örvar-Odds saga は、その詳細にわたった実例である。オッドはその姓名身分を隠して、異境の宮廷に滞在していた。あるとき、彼の二人の賭博仲間が国王の二人の臣（ショルフとシグルド）に対して、オッドのほうが酒が飲みっぷりでは上だ、とその首を賭けて言い張った。そこで、オッドは実際に飲み比べをして勝ってみせようと決心する。競技の夜、まず彼らは角《つの》の酒杯をとり交わして幾度も献酬したが、そのたびに彼らはこもごも盃によせて、相手を罵り、相手が炉辺の女たちのもとで、恥ずべき逸楽に耽っていたために、ついに加わらずに終った戦陣のわが勲《いさお》を意気揚々と誇りあった。[*50]

またときには、国王同士が大言壮語の弁舌を競って、相手を打ち負かそうとすることもある。エッダの歌の一つ『ハールバルドの歌』*Hárbarðsljóð* は、主神オーディンと雷神トールをその種の競争で対決させている。[*51] 同じ系列に加えなければならないのは、酒宴の席でロキとエーシル神族（アースの神々などとも訳されるが、闘争的性格の神族で、オーディンやトールらもこれに属する。ヴァニル神族と対立する）のあいだに闘わされた論争で、これは『ロキの口論』*Lokasenna* にうたわれている。[*52] これらの争いは、祭儀的な性格を帯びていた。それは、酒盛りや論争が催される会堂が、いつも「大いなる平和の場 griðastaðr mikill《グリザスタズ・ミキル》」であること、そこでは相手がどんな暴言を吐いても、それに暴力で報いることは許されないという掟がはっきり言われていることによって、よく理解されるのである。これらの実例はすべて、原始時代のモチーフを後から文学的に修飾したものではある。それでも、そこに祭儀的背景があることは、依然として明らかすぎるほどはっきり露《あら》われていて、それらを後世の詩的空想の見本として片づけてしまうわけにはいかないのである。古代アイルランドの『マク・デーソの豚の物語』*Scéle mucce maic Dathó* も『ブリクリューの酒宴』*Fled Bricrenn* も、同じように男たちが手柄話を競い合う場面を示している（この二作品は尾島庄太郎氏『現代アイルランド文学』（北星堂・一九五六年）二七～八ページにやや詳しく紹介されている）。デ・フリースは、「男比べ《マンヤヴナズ》」は疑いもなく宗教的観念のうえに立っていると考えている。[*53] どれほどの人々が、こういう悪口雑言をやり合うことに重きをおいていたことか、それはハラルド・ゴルムソン（デンマーク国王。九八六年歿。この人物については前記の『ヴァイキング』一九〇～一九三ページ参照）の場合から明らかになるであろう。ハラルド・ゴルムソン王はただ一篇の諷刺詩を原因に、アイスランドに対して復讐行を企てたのであった（このエピソードの出典は未詳。あるいは『デンマーク史』（グラマティクス）、『クヌート王朝譚』などか）。

英国古代の叙事詩『ベーオウルフ』のなかでは、デンマーク国王フローズガールの宮廷に滞在しているうち、主人公は、ウンヴェルスから口論を挑まれて、その過ぎし日々の英雄的功業を算え上げている（八～九節。邦訳は岩波文庫版二八～三三ページ）。こういう相互の儀礼的な自慢、賞讃、悪罵の応酬は、武器による真剣勝負への導入部をなすもの——これはつまり、武術試合との関連からそうなるのだが——もあれば、また単なる祝祭や饗宴の一要素にすぎないものもあった。いずれにしても、古代ゲルマン諸言語はそれを言い表わす特殊な言葉をもっていた。古代英語「イェルプ gelp」「イェルパン gelpan」がそれである。この名詞 gelp は古代英語では讃美、大言壮語、自慢、尊大、不遜などを意味している。中高ドイツ語では、gëlf, gëlpf という形で叫び声、嘲笑、軽蔑、自慢を意味していた。英語辞典は、いまではただ、犬がけたたましく「吠える yelp《イェルプ》」というだけの意味になった言葉の古い、廃れた意味として、動詞では「喝采する」「賞讃する」をあげ、名詞では「自慢」「うぬぼれ」があったと記している[*54]。

古代フランス語では、起源のはっきりしない「ガブ gab」「ガベ gaber」という言葉が、部分的にゲルマン語の gelp、gelpan に対応している。gab は冗談、侮辱の意だが、とくに戦闘の始まる導入部に表われるものとか、祝宴の一部として行なわれるものを指していた。gaber は、一つの技能として行なわれたものであった。コンスタンチノープルの皇帝を訪れたとき、シャルルマーニュ（カール大帝）とその十二臣将らは、饗応をうけた後、早くも十二のベッドが用意されてあるのを見出した。しかし、彼らはシャルルマーニュの提議によって、眠りにつくまえに「自慢会《ガベ》」を始めた。まず隗《かい》より始めよ、と大帝みずからが範を示すと、次はローランの番になった。彼はそれをすすんで受けて、こう言った。

「願わくばユーゴー王をして、某《それがし》に角笛を貸さしめ給え。さすれば某、市門の前に往きて立ち、市門のすべての枢《くるる》の飛び外《はず》れんほどに吹き鳴らしてみせ申さん。またもし、王が某に挑まるるならば、某、王が貂《てん》の外套《がいとう》の吹き飛び、王の口髭《くちひげ》に焔《ほのお》の燃えうつらんほどに、王をきりきり舞いさせ申さん」。[*55]

ジョフロワ・ゲマル編の英国ウィリアム二世（赤顔王）『韻文年代記』が示しているのは、王がニュー・フォレストでウォルター・ティレルの運命の矢にあたって失命した事件の直前に、ティレルとそういう自慢話に耽っていた姿である。[*56]だがやがて、中世も進むにつれて、この自慢話や法螺《ほら》吹き競争の形式は慣習化して、馬上槍試合のとき先触れ役によって物語られる事柄に退化していったように見える。先触れたちはわが一派の勇士の勲功を讃え、その先祖を崇め、またときには婦人たちを揶揄《やゆ》したりした。こうしたことから、先触れ役は法螺吹き、浮浪人と賤《いや》しまれたのである。[*57]十六世紀も、まだ社交遊びとしての「自慢会《ガベ》」を知っていたが、事実、それはつねに根本的にそういう性格のものだったのだ。アンジューのフランソワ大公は、この遊びが『アマディス物語』*Amadis de Gaule*（十六世紀に大流行した騎士小説。原型は十五世紀スペインで作られ、その後、続編が追加された）のなかに書かれているのを見て、彼の廷臣と一緒にそれをやってみることにした、といわれる。ビュシイ・ダンボワーズは、いやいやながらも大公の質問に答えさせられた。ちょうどエッダの歌の一つ、エギルの宴席でひらかれた会を歌った『ロキの口論』のように、そこでは、参加者たちはみな平等であり、またどんな言葉も悪意で受けとってはならない、という規則が作られた。しかしそれにもかかわらず、大公の「自慢会《ガベ》」は卑怯な陰謀の絶好の機会になってしまった。そして、アンジュー大公はビュシイを没落へ追いやる結果になった。[*58]

文化因子としての闘技的原理

競技は社会生活の主な要素の一つであるという考えは、古くからわれわれのギリシア文化の観念と結びついてきた。社会学や民族学が、ひろい意味での闘技的因子のもつきわめて大きな意味に気づくずっと以前に、ヤーコプ・ブルクハルト（一八一八〜一八九七）は「闘技的agonal」という新語を作り、この概念がギリシア文化の主要な標識の一つにもなるのであると述べた。だがブルクハルトは、この現象の奥にある広大な社会学的背景の総体までは知らなかった。彼は、この闘技的なものというのはギリシアに特有な性格のもので、その働きの及ぶ範囲もギリシア文化の特定の時期だけにはっきり集中して表われていたと見なければならない、と考えていた。彼の説によると、ギリシア史の発展段階において、最も初期の英雄的人間の後につづくのが「植民地的人間」「闘技的人間」であり、それからさらに一転して、紀元前五世紀型人間、四世紀型人間に引き継がれ、そして最後にアレクサンドロス大王を経てヘレニズム的人間へ流れこむのである。[*59]こうして彼にとっては、植民地的、闘技的時代とは、とくに紀元前六世紀を包括するものということになる。こういう考え方により、彼は最近ふたたび後継者を得ている。[*60] 彼は〈闘技的なもの〉を「かつて、他の民族には欠けていた衝動」と呼んだ。[*61]

彼の死後『ギリシア文化史』として出版された大著は、もともと一八八〇年代にバーゼル大学で行なわれた一連の講義ノートから大体の輪郭をとったものである。その当時はまだ、一般社会学が民族学的なさまざまの事実をよく消化していなかった時代である。いや、それらの事実そのものさえ、ようやく部分的に知られるようになったのにすぎなかった、そういう時代である。それにもかかわらず、ブルクハルトの立場が今日なお、ヴィクトル・エーレンベルク（一八九一年ドイツ生。古代史家。ロンドン大学教授）によって受け容れられているのは奇妙と言わざるをえない。エーレンベルクも、闘技的原理をギリシア人だけの特殊なものとしているのである。「オリエント世界に対しては、それは異質的であり、共感を惹かなかった」、「空しくわれわれは、聖書のなかに、闘技的な争いというものを探してまわる始末である」[*62]と。だが、われわれはすでに、極東、『マハー・バーラタ』のインド、そして未開民族の世界にしばしば触れてきたから、そういう意見を反駁するのに、いまさら時間を費す必要はない。それにわれわれはまた、闘技的競争と遊びの関係を、まことに納得のゆくように示している一例を、旧約聖書からも採っておいた。[*63]

ブルクハルトは、未開民族や野蛮人《バルバロイ》にも競技があるということは認めたのだが、それにあまり重きをおかなかったのである。[*64] エーレンベルクはこの点でさらに徹底している。彼は闘技的なものについて、これは「ひろく一般化している人間的特質ではあるが、それだけでは、歴史学的には興味の薄い、重要性のないもの」である、と言っている。聖事や呪術を目的とする競技を彼は無視して、「ギリシア史素材の民俗学的処置」には反対である、[*65]と説くのだ。競技への衝動も、エーレンベルクによれば、「ギリシア以外では、個人的なものを超えた明確な社会的な力になったことは、ほとんどなかった」[*66]という。しかし、その個所を書いた後で、彼もようやく、少なくともアイスランドには、ギリシアの伝統に平行して対応する現象のあることに気がつき、それにある意義を認めようともしている。[*67]

エーレンベルクはまた、闘技的なものという概念を、英雄的時代につづく時期にだけ集約的に現われた、と考えている点でも、ブルクハルトの後を追っている。しかも彼は同時に、早くも英雄的時代のなかにも、ここかしこに闘技的性質が萌《きざ》していた、と認めるのである。彼によると、トロイア戦争はその全貌を大局的に見れば、まだ何ら闘技的性格を帯びたものではなかった、という。ただ「戦士階級がだんだん英雄的でなくなっていった」ために、闘技的なもののなかに英雄主義と比重の釣合うものをつくる必要が起こったのにすぎないので、つまりこれは、二次的な現象として、ギリシア文化のかなり後期の段階の産物として「形成発展」してできただけのものである、[*68]という。これらは、多かれ少なかれブルクハルトの「戦争をしていれば、武術試合などやる必要がないのだ」という立論の上に立っている。[*69]この言葉もわれわれの目には、もっともらしく映るかもしれない。しかしこれも、すべての原始文化についての説というのであれば、社会学と民族学によって、誤りとして斥けられてしまうことは確かである。オリュンピア、イストミア、ピューティア、ネメアなどの祭に際しギリシア世界全体を統一する大規模な遊びが始められ、そこで初めて競技というものがギリシア社会の生活原理となり、その後、数世紀にわたって続けられたということは間違いないだろう。しかし、そうなる以前も、またそういう時代の後でも、つねに競技の精神はギリシア文化の総体を支配していたのだ。

ギリシアの闘争的な遊びにしても、そのある時期のものは、物事のうわべしか見ない観察眼には、純粋なスポーツの国民的祭典の類に思われるかも知れない。しかし、そういう時期のものであっても、やはり宗教とはきわめて密接な繋がりをもっていた。ピンダロスの競技の祝勝歌は、すべてそういう夥《おびただ》しい奉献の詩の範囲に包含されるもので、しかもそれが、その種の作品のなかで現存しているただ一つのものでもある。[*70]

闘技《アゴーン》の祭儀的性格は、いたるところに現われている。スパルタの少年たちが受けた、オルティア（アルテミス）祭壇の前で鞭《むち》うたれて苦痛に耐える競技（ディアマスティゴシス）は、地球上あらゆる地域の未開民族に見かけるような、成年式の残酷な苦痛試練とまったく同じ関連に属した儀式である。ピンダロスの詩のなかでは、オリュンピア競技の優勝者が、年老いた祖父の鼻のなかに新しい生命力を吹きこんでいる姿がうたわれている。[*71]ギリシアの伝承は競技をそれぞれ国家、軍事、法律に関するものというふうに分けたり、また別の分類法で、力の競技、知恵の競技、財産の競技というふうに分けたりしている。この分類法はどちらもまだ、文化の初期段階における闘技的領域のあり方を反映しているように見える。裁判官の前で行なわれる訴訟が闘技《アゴーン》と呼ばれていた事実は、ブルクハルトの解したように、[*72]後世の単なる意味ありげな比喩、仮託ではない。むしろその反対なので、それらの諸観念は、古代においては原始的融合の状態にあった、ということなのだ。実際のところ、かつて訴訟は、言葉の厳密な意味において、真の闘技そのものであった。

ギリシア人は何でも競争する可能性のある事柄については、競技を催すのを常とした。男性美のコンテストは、パンアテーナイア祭とテーセウス祭の一部をなしていた。饗宴《シュンポシオーン》に際しては、歌をうたうこと、謎を解くこと、眠らずに起きていること、酒の飲み比べなどの競技が行なわれた。この最後の飲み比べでさえ、祭儀との関連があった。「大酒飲み競争《ポリュポシア》」と「生葡萄酒飲み競争《アクラトポシア》」は葡萄酒甕《コエス》の祭（アンテステーリア祭の第二日の名である）の一部分をなしていた。アレクサンドロス大王は、カラノス（大王のインドからの凱旋に従ってきたインド・バラモン僧のギリシア名。大王の死を予言し、また自らの死期迫るや、薪の上に身を投じたという）の死にあたり、体育と音楽の競技を催し、最も勝れた飲み手に与える賞を設けてこれを祝ったが、その結果、参加した者のうち三五人がその場で死に、六人は後で死んでしまった。そのなかには賞を獲得したものも含まれていた。[*73]このむやみやたらに飲食物をとったり、暴飲暴食したりする競技には、ポトラッチとの関連も見出すことができる（高位の人の葬儀には競技が必ず伴った。『イーリアス』第二三書パトロクロスの葬送を見よ）。

エーレンベルクは闘技の概念をあまりにも狭く把握したため、ローマ文明に対しては、反闘技的な特徴を認めるに至っている。[*74] 事実、ローマの自由人のあいだでは、競技がはたす役割はかなり小さかったのだが、これは闘技的要素がローマ文化の構造のなかにまったく欠けていた、ということではない。むしろここでは、早くもその初期のころ、競技の契機は、人々が自らそれに参加して行なうということから、ただその目的だけのために傭った傭われ競技者の闘うさまを見物することに移ってしまったという、特異な現象がある。疑いもなくこの推移は、ローマ人のあいだに、競技そのものの祭儀的性格が、ことのほか強く保存されて残っていた事実と深く結びついている。まえにも述べたことがあるが、そういう代理による行為こそ、祭祀にふさわしいものではなかったか。ローマの剣闘士や猛獣の試合、戦車競争などは、たとえ実際には奴隷の手によって進められたとしても、あくまで闘技の領域に属しているのである。

ローマ人の催したさまざまの「遊び《ルーディー》」は、毎年きまった日に行なわれる祝祭に結びつけられるものか、そうでなければ、普通ある死者に敬意を表するためのものであった。また特殊な場合として、神々の怒りを避けるため、まず宣誓をしてその誓いにかけて行なわれる「奉納試合 ludi votivi《ルーディー・ウォーティーウィー》」であった。こういう祭儀に対しては、どんな僅かな妨害でも、あるいはまったく偶然の障害でも、その全体をそこない、無効にしてしまうものとされていた。このこともまた、この行事の奉献的性格を物語っている。

これらのローマの剣闘技の本質は血腥《ちなまぐさ》く、迷信的で偏狭なものだった。それにもかかわらず、それを表現する一般的な名称としては、「遊び《ルードゥス》」という簡単な言葉が使われ、しかもこの語がもとからもっていた自由、喜びなどの連想感を保ったままの意味で用いられつづけたことは、最も重要な事実である。われわれは、このことをいかに理解したらよいのか。

まずブルクハルトによってとられた後、さらにエーレンベルクに引き継がれた見方にしたがえば、ギリシア社会は――原始時代につづいて英雄的時代を経た後、ただ二次的にのであった。――いっさいを支配する社会的原理としての闘技的なものへ向かって進んでゆく、というのであった。これは、ギリシア人が生きるか死ぬかの戦争によって、そのすぐれた力を使い尽してしまったからだ、というわけである。それは「闘争から遊びへ」[*75]という移行であり、したがって一種の堕落である。闘技が隆盛を極めるということが、やがて長い年月の後には堕落へと通ずる結果になるのは、たしかに疑いようもない。闘技が現実には無意味であり、無目的な性格のものだということは、結局のところ、「生活、思考、行動におけるすべての困難を回避するということ、あらゆる外部からの規範に対する無関心ということであり、国民の力を、ただこの勝つということだけに振り向ける濫費である」[*76]。この文章の終りのほうには、たしかに当たっているところが多い。だが、現実にさまざまの現象が起こってきた順序は、エーレンベルクが仮定したのとは異なった道をたどっている。わわれわれは、闘技的なものが文化に対してもっていた意味を示すのには、まったく違った言い方をしなければならないのだ。それは「闘争から遊びへ」という移行でも、「遊びから闘争へ」というのでもない。ただ、「遊び的競争のなかにある文化」というものへ向かっての発展なのだ。ただしその際、ときには競技が文化生活を凌いで異常に盛んとなり、そのため、いわばその遊びとしての奉献的、文化的価値がかえって失われて、それがただの競争心という情熱に堕することもありはした。

しかし、問題の出発点は、いろいろな形の遊びのなかで現実の行為に置き換えられてゆく遊ぶ心というものなのだ。つまり規則によって定められ、「日常生活」から離れて、リズム、交代、規則正しい変換、対照的クライマックス、ハーモニーなど、人間の天賦の欲求を繰りひろげさせることのできる行為のなかで表わされた遊びの態度、ほとんど子供っぽいくらいの遊びの心という観念でなければならないはずだ。この遊びの心と組み合わされるのが名誉、威信、優越であり、美をめざす精神である。すべての神秘的、呪術的なもの、英雄的なもの、芸術的なもの、論理的なもの、造形的なものは、気高い遊びのなかに形式と表現を探り求めている。文化は遊びとして始まるのでもなく、遊びから始まるのでもない。遊びのなかに始まるのだ。文化の対立的、競技的基礎は、あらゆる文化よりさらに古い遊びのなかに、そしていかなる文化よりさらに根源的な遊びのなかにおかれているのである。しかし、われわれの話を初めに戻して、ローマの「遊び《ルーディー》」にかえろう。ラテン語は祭儀的競技をただ単に遊びと呼んでいたことはまえに述べたが、このことこそ、可能なかぎり純粋な言い方でこの文化要素の特性を表現している、と言わなければならない。

いかなる文化の場合にも、その生成発展の過程のなかで、闘技的機能、闘技的構造は早くも古代期のうちに、その最も明晰な形をとってしまったし、また、そのほとんどが最も美しい形をも見出してしまった。文化の素材がだんだん複雑になってゆき、いろどりゆたかになり、繁雑になってゆくにつれて、あるいは営利生活、社会生活の技術が、個人的にも集団的にも、細部までくまなく組織化されてゆく程度が進むにつれて、古い文化の根源的な地盤の上に、遊びとの接触をもうまったく見失ってしまったような多くの理念、体系、観念、学説、規範、知識、風習の層が、しだいに厚く積ってゆく。こうして、文化はますます真面目なものになってゆき、遊びに対してはただ二次的な役割をしか与えなくなる。闘技的時代は去っていった――いや、去っていったらしく見えるのだ。

さてこれから、最も高度の発展段階にある、さまざまな文化機能のなかの遊びの要素を、順々に指摘してゆく仕事に移るのだが、そのまえにもう一度だけ、まえに古代文化と遊びの関連を明らかにするに際して利用した、明らかに遊びの形式と認められる一群のものを展望しておきたいと思う。われわれは、地球上あらゆる地域に、どれをとっても完全に一致する多くの闘技的な考え方や慣習の複合体が、古代の社会生活を支配していたのを見た。

明らかに、それらの競技のさまざまの形式は、いかなる民族も固有な形でもっている独特な信仰の観念とは無関係に成り立っている。この同種性（遊びがいかなる民族の中でも、同じ観念、形式となって現われているということ）に対する一番もっともらしい解釈は、われわれ人間はつねにより高いものを追い求める存在で、それが現世の名誉や優越であろうと、または地上的なものを超越した勝利であろうと、とにかくわれわれは、そういうものを追求する本性をそなえているが、この本性そのものがその同種性の原因なのだ、ということだろう。そしてそういう努力を実現するために、人間に先天的に与えられている機能、それが遊びなのだ。

そこで、もしいままでわれわれが目にとめてきた多くの文化現象のなかで、ほんとうに遊びという特性が根源的なものであるならば、遊びのすべての形式――ポトラッチ、クラ、交唱歌、悪口合戦、自慢競争、血腥《ちなまぐさ》い真剣勝負などのあいだに厳しい境界を引くべきではないことも、論理上当然なことになる。これからわれわれは、もろもろの文化機能の一つ一つにあたって、それぞれの特殊な考察に移るのだが、まず遊びと法律の関係を語ることによって、いま述べたような点をいっそう明らかにしてみたい。

（1）二三ページ〔本書Ⅰ章の「遊びと祭祀」を参照〕。
（2）Ⅱ章「ギリシア語における遊びの表現」「遊びと闘争」を見られたい。
（3）パウリ・ヴィソーヴァ『古典古代学百科辞典』第七巻一八六〇欄。

(4) ハリソン『テミス』二二一ページ注第三および三二三ページを参照。私の考えでは、プルータルコスがこの形の闘争をアゴーンと対立的にみたのを彼女が認めているのは、誤りであろう。

(5) 初め競技を意味し、後に死の闘争、不安の意となったアゴーニアー ἀγωνία とアゴーンの関連を考えられたい。

(6) 狡知と欺瞞で目的を成就する伝説の英雄と、人類に対して恩恵者であるとともに瞞着者でもある神々の姿とのあいだに、直接の繋がりがあるかどうかは、私は発見できない。W・B・クリステンゼン『欺く神』(オランダ学士院会議録、文学篇六六B第三。一九二八)および、J・P・B・デ・ヨセリン・デ・ヨング『欺く神の起源』(同前六八B第一。一九二七)を見よ。

(7) アントニオ・ヴァン・ネウリヘム『イタリア簿記の表わし方』(一六三一)二五、二六、七七、八六ページ以下、九一ページ以下。

(8) ヴェラシュテ『アントワープ憲章目録』七四二番(二一五ページ)。『アントワープ市慣習法』第二巻四〇〇ページ。第四巻八ページ。ほかに、E・バンザ『中世における保険契約の歴史』(一八九七)八四ページ以下を参照されたい。バルセロナでは一四三五年に、ジェノアでは一四六七年に行なわれた。「法律は人の生死、都市国家の変転に関する保証の作らるることを、可能ならしむるなり decretum ne assecuratio fieri possit super vita principum et locorum mutationes」。

(9)リヒアルト・エーレンベルク『フッガー商社の時代』(イエナ・一八九六。一九一二年再刊)第二巻一九ページ。

(10)Ⅰ章注(2)を見よ。

(11)マルセル・グラネ『中国文明』二四一ページ〔たびたび引用されるこの本の邦訳はない。ただし英訳がある。メリディアン・ブックス、ニューヨーク・一九五八。二〇四ページ〕。同一の主題は、オルテーガ・イ・ガセットも論文『国家の競技的起源』(エル・エスペクタドール第七号、マドリッド・一九三〇。一〇三〜一四三ページ)で手短に輪郭を述べている。

(12)グラネ『祭礼と歌謡』二〇三ページ〔一九三八年の弘文堂版では二四三ページ。ほかに二八四ページにも〕。

(13)グラネ『祭礼と歌謡』一一一〜一五四ページ〔邦訳本では、とくに二〇〇〜二〇一ページ〕。

(14)ニュイエン・ヴァン・ヒュイエン『アンナンの青年男女の交唱歌』(テーズ社、パリ・一九三三)。

(15)スチュワート・クリン『チェスとトランプ』(米国国立博物館年報。一八九六)、またG・J・ヘルト『マハー・バーラタ。民族学的研究』(学位論文。ライデン・一九三五)をも参照のこと。この著作も、遊びと文化の関連を理解するには非常に重要である。

(16)ヘルト前掲書二七三ページ。

(17)『マハー・バーラタ』十三篇二三六八、二三八一。

(18)ヤン・デ・フリース『古代ゲルマン宗教史』第二巻(ベルリーン・一九三七)一五四ページ以下。

(19)H・リューデルス『古代インドにおける賽子遊び』(ゲッチンゲン・古典学協会論集、哲学・歴史学篇。第九巻二号・一九〇七。九ページ)。

(20)前掲書二五五ページ。

(21)ここで問題となっている現象を名づけるため、インディアン語の多くの言葉のなかから選んだこのポトラッチという言葉の意味については、ジョルジュ・ダヴィ『誓約論』(テーズ社、パリ・一九二三)『各国の氏族』(人類の発展叢書第六巻。一九二三)、およびM・モース『贈与論。交換の古代的形式』(社会学年報ニュー・シリーズ、第一巻。一九二三〜一九二四)を見られたい〔死後に出たモース『社会学と人類学』〈一九六〇〉に所収。また前記邦訳では三二ページ注九など〕。

(22)ダヴィ『誓約論』一七七ページ。

(23)グラネ『舞踊と伝説』第一巻五七ページ。同『中国文明』一九六ページ、二〇〇ページ。

(24)G・W・フライターク『アラビア・ラテン百科辞典』(ハルレ・一八三〇)の aqara の項に、「駱駝の脚に関して係争される名誉」とある。

(25)『贈与論』一四三ページ〔『社会学と人類学』二四三ページ。邦訳一九四ページ〕。

(26)ダヴィ前掲書一一九ページ以下に引用してある。

(27)ライデン、一九三二年。

(28) R・モニエ『北アフリカにおける祭儀的交換』（社会学年報、ニュー・シリーズ、第二巻、一九二四〜一九二五）八一ページ注第一。
(29)『贈与論』一〇二ページ注一〔『社会学と人類学』二〇七ページ注。邦訳一三七ページ注一二〕。
(30) ダヴィ『誓約論』一三七ページ。
(31) 前掲書二五二、二五五ページ。
(32) リウィウス『ローマ史』第七巻二ノ一三。
(33) I章注(28)を参照。
(34) クラ習慣でおくられる品々は、おそらく民族学者が「自慢の金 Renommiergeld」と呼んでいるものと遠く比べられるものであろう。
(35) ヴェルナー・イェーガー『パイデイアー』第一巻（ベルリーン・一九三四）二五ページ以下。なお、R・W・リヴィングストーン『ギリシア的理想と現代生活』（オクスフォード・一九三五）一〇二ページ以下を見られたい。
(36) アリストテレース『ニーコマコス倫理学』第四巻三章一一二三b35〔加藤信朗訳〈岩波書店・一九七三〉では一二二ページ〕。
(37) 前掲書第一巻一〇九五b26〔邦訳一二ページ〕。
(38)『イーリアス』第六書二〇八行〔岩波文庫『イーリアス』上巻二二六ページ〕。
(39) グラネ『中国文明』三一七ページ〔英訳では二七〇ページ〕。

(40) 前掲書三一四ページ。
(41) マリノフスキー『西太平洋の遠洋航海者』一六八ページ〔邦訳二〇六ページ〕。
(42) グラネ『中国文明』二三八ページ〔英訳では一九九ページ〕。
(43) グラネ『舞踊と伝説』第一巻三二一ページ。
(44) ある誤解から、私は本書初版では「譲」という言葉を遊びを表わすものに算えることができると考えていた。いずれにしても、この現象そのものは、高貴な遊びのすべての特徴を示している。
(45) 以下のことについては、B・ファレス『イスラム以前のアラビア人における名誉』（社会学研究、パリ・一九三三）および『イスラム百科辞典』（ライデン、ライプツィヒ・一九三七）補巻一六一ページの mufākhara の項を参照。
(46) G・W・フライターク『マホメット以前のアラビア語研究入門』（ボン・一八六一）一八四ページ。
(47) 『歌の書《キターブ・アル・アガーニー》』（カイロ・一九〇五〜〇六）四巻第八、八巻第一〇九以下。一五巻第五二、五七。
(48) イェーガー『パイディアー』第一巻一六八ページ以下を参照。
(49) 『ランゴバルド史』第一巻二四（ゲルマン史資料、ランゴバルド実録）。
(50) 『トゥーレ叢書』第一巻（オイゲン・ディーデリヒ刊・一九二八）、エッダ篇一ノ二九番（二〇六ページ以下）、また第十巻二九八、三一三ページをも参照されたい。

(51)『トゥーレ叢書』第二巻、エッダ篇二ノ九番（六一〜七一ページ）。
(52)エッダ篇二ノ八番（五一〜五八ページ）。
(53)『古代ゲルマン宗教史』第二巻一五三ページ。
(54)十一世紀の「綺言壮語 gilp-cwida」の一例は、『ヘルヴァルド言行録』が示している（*Gesta Herwardi* デュファス・ハーディ、C・T・マーチン共編――ジョフロワ・ゲマル『英国史』の付編として――ロルス・シリーズ第一巻。一八八八）。三四五ページ。
(55)『シャルルマーニュ霊地詣で』（十一世紀）、E・コシュヴィッツ編（パリ・一九二五）五七一〜四八一節。
(56)F・ミシェル『アングロ・ノルマン年代記』第一巻（ルーアン・一八三六）五二ページ。ほかに以下も参照のこと。ワース『赤顔王物語』（H・アンドレセン編、ハイルブロン・一八七七）一五〇三八節以下。ウィリアム・オヴ・マーメスベリ『英国統治事蹟』（スタブス編、ロンドン・一八八八）四巻三二〇ページ。
(57)J・ブレーテル『ショーヴァンシイの馬上槍試合』（M・デルブイユ編、リエージュ大学哲学文学科文献ファクシミル49、リエージュ・一九三二）五四〇節。一〇九三〜一一五八節。『軍使物語』（「ローマーニア」四三巻二一八ページ以下をも参看のこと。一九一四）。
(58)A・ド・ヴァリラス『アンリ三世史』第一巻（パリ・一六九四）。これは、その一部がF・ゴッドフロワ『古代フランス語辞典』（パリ・一八八五）のなかに転写されている。なかの「gaber」の項（一九七ページ三）を見よ。

(59)『ギリシア文化史』(R・マルクス編、ライプツィヒ・一九二九)第三巻。
(60) H・シェーファー『国家形態と政治』(ライプツィヒ・一九三二)。V・エーレンベルク『東と西。古典古代の歴史的問題性の研究』(プラーク・ドイツ大学哲学科論集、第十五巻。一九三五)。
(61)『ギリシア文化史』第三巻六八ページ〔新関良三訳〈東京堂・一九五六〜一九五七〉第五分冊一三三ページ〕。
(62) 同書九〇、九三、九四ページを見よ。
(63) Ⅲ章「競技は遊びである」のその項を参照のこと。
(64)『ギリシア文化史』第三巻六八ページ〔邦訳第五分冊一三三ページ〕。
(65) 同書六五、二一九ページ。
(66) 同書二一七ページ。
(67) 同書六九、二一八ページ。
(68) 同書二六、四三ページ。エーレンベルク前掲書六六、六七、七〇、七一、七二ページ。
(69)『ギリシア文化史』第三巻六九ページ〔邦訳一三六ページ〕。エーレンベルク前掲書八八ページをも参照されたい。
(70) イェーガー『パイデイアー』第一巻二七三ページ。
(71) ピンダロス『オリュンピア祝勝歌集』第八歌九二(七〇)〔『世界名詩集大成』第一巻七六ページ中段〕。

(72)『ギリシア文化史』第三巻八五ページ〔邦訳一七〇ページ〕。
(73) カレースによる。またパウリ・ヴィソーヴァ前掲書カラノスの項（一五四五欄）を参照。
(74) 前掲書九一ページ。
(75) 前掲書八〇ページ。
(76) 前掲書九六ページ。

Ⅳ　遊びと法律

競技としての訴訟

一見したところ、法律、法令、裁判の世界は、遊びのそれからはるかに遠く隔たって見える。現に、神聖なまでの厳粛さとか、個人や個人の属する社会の死活の利害関係とかが、法律、裁判といわれるものすべてを支配しているではないか。それでは、法律、正義、法令などの概念を表わした言葉の語原的基礎はどういうところにあるのか。それは主として、物事を定立し、確立し、指定し、蒐集《しゅうしゅう》し、保持し、秩序づけ、またそれを受容し、選択し、分割し、平衡に保ち、結合し、習慣づけ、確定する、というような意味分野の上にある。こうしてみると、これらの概念はすべて、遊びを言い表わす言葉が登場する語義的領域とは、かなり対蹠《たいしょ》的である。しかし、われわれがずっと観察しつづけてきたことだが、ある行為の神聖さ、真面目さということも、けっしてその行為から遊びの性格を閉め出すものではなかったはずである。

法律と遊びのあいだには類縁がある、と言ってよいのである。このことは、そもそも法の理念的基礎とは何かというふうな問題とは無関係に、われわれが法の実際的行使の状況に対し、換言すれば、訴訟に対して目を向けたとき、そこに競技の性格が高度に固有のものとして具わっていることに気づけば、たちどころに明らかだろう。競争と法が形成されてゆく過程とが関連していることは、まえに「ポトラッチ」の記述に際して触れておいた。ダヴィもかつて、ポトラッチを、純法制史的な側面から協定や義務の原始的制度の起源として取り扱っていた。[*1]

ギリシア人のあいだでは、法廷での両派の抗争は一種の「討論《アーゴン》」と見なされていた。それは神聖な形式をふみ、厳しい規則に従いながら、抗争する二派が審判者の裁きを請求する闘争であった。訴訟は競技であるというこの考えは、時代が発展してから後の所産であるとか、競技という概念を比喩的に仮託して用いているのだ、と見なすことはできない。ましてエーレンベルクはそう考えているらしいのだが、堕落などではけっしてない。[*2]むしろその反対なので、この問題についてのすべての展開は、訴訟の闘技的本質から出ている、と言ってよい。そして今日に至るまで、この競技性というものは、訴訟のなかに残って生きつづけている。

競技について語るものは、遊びを語るものでもある。どういう種類の競技にせよ、競技には遊びの性格など含まれていない、と否定したところで、それに十分納得のゆくような理由はありえないことは、われわれはすでに見てきた。いかなる社会も、裁判に対して神聖さを求めないものはないが、それでいて今日なお、法律生活のあらゆる種類の形式のなかに、聖という領域にまで高められた遊び的なもの、競技的なものが、その本性を垣間見させている。

裁判が行なわれる場所は「法廷」である。すでに『イーリアス』のなかには、アキレウスの楯の上に裁きの長《おさ》たちが描かれていたことがうたわれている。そこで言われている「聖域 *ἱερὸς κύκλος*《ヒエロス・キュクロス》」というもの、これがはや、言葉の最も完全な意味での法廷なのだ。[*3] 法の裁きが告げられる場所は、すべて真の「神苑《テメノス》」であり、日常の世界から遮られ、特別に柵で囲われ、奉献された場なのだ。古代ゲルマン人の「民会《ティンク》」は、まず柵で区画をつくり、その場を祓《はら》いきよめた。こういう法廷は正規の意味をもった魔圏、あるいは遊びの場、遊びの空間なのであり、そのなかでは人々のあいだの日常普段の階層の差は一時的に取り払われてしまう（例えば『ゲルマーニア』十一（会議）。邦訳五一ページなど）。まえにも記述したが、エッダ『ロキの口論』のなかでは、ロキは悪口合戦に赴くまえに、合戦の行なわれる場所が「大いなる平和の場」であるのを、まず確かめた。[*4] 英国上院は、根本において、いまなお一つの「法廷」だが、そのため、もともと何らそこに職責のあるわけはない「大法官席《ウルサック》」が置かれてある（Lord Chancellor（大法官）は法相、国璽尚書のほか、上院議長でもある）。そしてこれは、「理論的には議院構内の外部」にあたるとされている。

裁判官は裁きを行なうまえに、もう「日常生活」の外に踏み出している。彼らは法服を纏《まと》ったり、鬘《かつら》をかぶったりする。この英国の裁判官、弁護士の服装が、これまでにその民族学的な意味について検討されたことがあっただろうか。とにかく私には、それらの服装と十七、八世紀の鬘の流行との関係は、どうも本質的なものではないように感じられる。元来、それは昔の英国の法律家の徴《しるし》であった「頭巾 coif《コイフ》」の名残りなのである。この「頭巾」は、最初ぴったりと頭からかぶる白い帽子だったもので、それは今日でも、鬘の下の縁に白い小さな縁飾りとなって残されている。しかし、裁判官の鬘はそのかみの官服の遺物という以上のものなのだ。機能の点で、それは未開人の原始舞踊の仮面と、密接な関連があると見られるからだ。それは、着用者を「別の存在」に変えてしまうのである。

また、英国社会は、まったくこの国に独特な伝統に対する畏敬の念から、もう一つ別の、非常に古い特色を法律のなかに保っている。この国の法律的手続のなかに、いつも非常に強く現われるスポーツとユーモアの要素がそれで、それらがひろく法律生活すべての基本的特徴の一部となっているのである。もちろん、この特徴が他の国々の民族意識にまったく欠けている、というのではない。「面白《おもしれ》えスポーツにしておくんなさいよ」と、禁酒時代に、あるアメリカのアルコール密輸業者は、彼の事件に関する書類を取り上げようとした税関役人に向かって言い放っている。

かつて裁判官であった人が、私に手紙をくれたことがあった。「われわれの書類の文体、内容は、わが国の弁護士たちが、どれほどスポーツ的情熱をもって弁論や反対弁論――しかも、まことに詭弁《きべん》的なそれ――を、たがいに応酬しているかをよく覗《うかが》わせるものです。彼らの精神状態をみていると、私はときどき、ジャヴァ島で行なわれている〈慣習法《アダト》〉の審理のときの代弁人を想い出すのです。ジャヴァでは、代弁人は自説が立証されるたびに、地面に小さな棒を突きたててゆくのですが、こうして一番多く棒を立てることで、訴訟に勝ちを収めようとするわけです」。

また他に、ゲーテも、法律手続の遊びの性格について、ヴェニス共和国総督の宮殿にある法廷のありさまを描写したなかで、細かく観察している（『イタリア紀行』十月三日の項。岩波文庫版上巻一〇三～一〇六ページ）。

このように、ちょっと述べただけでも、裁判と遊びの本質的関連について予備的な心構えをもってもらうのには役立ったことと思う。それでは、われわれはもう一度、法律手続の古代的形式に戻ることにしよう。審判者の前での訴訟というものは、どんな時代にも、またいかなる事情のもとでも、ひたすら原告被告それぞれの側の、この裁判に勝ちたいという、激しい願望をめぐって行なわれる。してみると、どんな場合にも、そこには闘技的契機は存在しないと閉め出してしまうことはできない。ただそこには、さまざまの制約的な規則体系があって、つねにこの闘争を支配しており、訴訟は形式的には、あくまでも整然とした対立的な遊びという領域でたたかわされるのである。結局、古代文化においては、現実に法律が遊びと結びついていたということは、三つの異なった観点から整理し、理解することができるであろう。つまり、訴訟はまず賭け事として観察することができるが、次に競争として、最後に言葉による闘争として見ることができる。

訴訟とは、正、不正をめぐって勝敗を争う抗争である。ところが、われわれ現代人は、いかに法律に対して関心が薄い人でも、それを抽象的な正義という理念と切り離して考えたりはしない。われわれには、訴訟とは第一に正邪についての論議であり、勝敗は第二の問題にすぎない。そこで、古代の法律を理解しなければならないときに、われわれがまず断念しなければならないのは、まさにこの正邪という倫理的価値についての、ある先入見である。高度の発達段階にある文明社会のなかで行なわれている法から目を転じて、進歩の遅れている文化段階での訴訟を観察してみると、正邪という観念、すなわち倫理的・法律的思想というものが、いわば勝ち敗けという観念の下におかれている、つまり、純粋に闘技的なものの考え方のかげにそれが隠れていることがわかる。原始的な法意識の奥深く遡《さかのぼ》ってゆけばゆくほど、勝利への期待という要素が強くなってゆき、また直接それと結びついて、遊びの要素が前面にいよいよ大きく姿を現わしてくる。

こうして、神託、神明裁判という概念、籤《くじ》占いによって事を決めるという観念、つまり遊びによる決定ということ——ちなみに、なぜそれらのものを遊びと言うのかといえば、ある裁定が究極的な力をもち、覆《くつがえ》すことができないという考えは、その基礎を遊びの規則であると見た場合に限って成り立つからである——と、裁判官による裁決という観念とが溶けあって、唯一不可分の複合体を形づくっているような一つの思考領域が、われわれの眼前に浮かび上ってくる。

神明裁判・籤占い

われわれは神的な力の意思をいかにして知るのだろうか。近い将来にどんな運勢がめぐってくるだろうかとか、将来いかなる運命が展開されてゆくだろうかということを知ろうとすれば、われわれは神から何か託宣を引き出さなければならない。では、神託の決定はどのようにして与えられるのか。そのためには、われわれははたして勝つかどうかわからない見込みを験《ため》してみる、ということをする。小さな棒の籤《くじ》を引くとか、石を投げてみるとか、聖書のページをめくってみたりするなどがそれで、それによって神託が示されるのだ。

「出エジプト記」(二八の三〇)で、モーゼは「汝審判《さばき》の胸牌《むねあて》にウリムとトンミムをいれアロンをしてそのエホバの前に入る時にこれをその心の上に置かしむべし」と命を受けているが、この「審判の胸牌」——それが実際にはどんなものであったにもせよ——が、神の裁きということに関係がある。この胸牌は「民数紀略」(二七の二一)でも、「彼は祭司エレアザルの前に立つべしエレアザルはウリムもて彼のためにエホバの前に問ふことを為すべし」と言われたとき、祭司がその身に着けていたものである。同様に「サムエル前書」（十四の四二）には、「サウルいひけるは我とわが子（ヨナタン）のあひだの籤を掣《ひ》けと即ちヨナタンこれにあたれり」とある。すでに神託、賭け事、裁判のあいだの関連は、これらの例で、早くも可能なかぎり明らかな形をとって示されている。また、イスラム教以前の古代異教アラビアも、やはりこの種の籤占いを知っていた。[*5]

ところで、『イーリアス』のなかで、ゼウスが戦いの始まるまえに、人々の死の運命をはかっている聖なる秤《はかり》も、やはりそれらと同じ意味のものではあるまいか。

かくてその時、父神ゼウスは黄金《こがね》づくりの秤皿を調《ととの》へ
そが中に、苦き死の命運《さだめ》を載《の》せて、はかり給ひぬ
一方《ひとかた》には馬を駆るトロイエ人《びと》の、また一方《ひとかた》は青銅の衣きたるアカイア人《びと》の。[*6]

このゼウスがはかる（思案考量する）ということは、「裁く δικάζειν《ディカゼイン》」ということなのだ。神の意思、宿命、偶然の成行きなどの観念が、ここでは完全に一つに触けあっている。正義の秤――この観念は、たしかにホメーロスのイメージから出ている――とは、まだ確かなものになっていない勝利の見込みの秤なのだ。ここではまだ、道徳的真理の勝利というようなことも、正は邪よりも重いというような思想も語られてはいない。

『イーリアス』第十八書のなかでうたわれているのだが、アキレウスの楯の上に描かれた

絵の一つは、聖域のなかに座を占めた審判者たちが行なっている法廷審理の場面を表わしている（「……おさたちが聖なる円形の滑らかなる石の座に着き……」）。聖域の中央には、最も正しい裁きを下したもののために「黄金二タランタ δύο χρυσοῖο τάλαντα《デュオ・クリューソイオ・タランタ》」が置いてある。*7 これは賭け金、あるいは賞金のように見えるかも知れないが、じつはこれが、係争の種になっている金額なのであろう。要するに、これは法廷というよりも、籤引き遊びの場といったほうがふさわしい。ところで、「タランタ」とは、もと秤そのものを意味する言葉である。そうするとこの個所は、あるいは次のように解釈することができるのではないか——詩人は心の裡《うち》に、二人の係争者が、ほんものの秤、つまり神託を授かるための秤の両側にそれぞれ着席している法廷の場のイメージを思い描いていたのである。ところが、このイメージはその後まもなく理解されなくなってしまい、その結果「タランタ」は意味の転用によって金の単位と考えられるようになってしまったのだ、と。

ギリシア語「正義 δίκη《ディケー》」は、純抽象的なものから、かなり具体的なものまで拡がった、さまざまの意味の段階《スカラ》をもった言葉である。抽象的概念としての正義、法と並んで、それにはまた公平な分け前とか、損害賠償とかいうほどの意味もある。たとえば、訴訟の原告が「分け前《ディケー》」をとる、被告が「損害賠償《ディケー》」を与える、さらに裁判官が「賠償額《ディケー》」を指定する、というように。またそれは、法的手続そのもの、判決、そして刑罰をも意味している。ヴェルナー・イェーガー（一八八八〜一九六一。ドイツの古代史学者。ベルリーン、シカゴ、ハーバード大学教授を歴任した）によれば、この言葉の場合に限って――それは例外的な場合と言ってよいのだが――具体的な意味は、抽象的な意味のほうから派生してきたものと見ることができる、という。[*8] だが、この説は抽象概念である「公正な δίκαιος《ディカイオス》」や「公正 δικαιοσύνη《ディカイオシュネー》」という言葉が、ギリシア後期になって初めて「正義《ディケー》」から形づくられたという事実とは一致しないように思われる。明らかに、「正義」と「示す、見せびらかす δείκνυμι《ディクニュミ》」のあいだにもどこか似たものがあり、前者から後者が派生したと見られないこともない。しかし、まえに見たように、裁判と籤占いによる運命の験《ため》しのあいだに繋《つな》がりがある以上は、われわれとしてはイェーガーが拒否した考え方、つまり「正義《ディケー》」は具体的な動詞の「投げる δικεῖν《ディケイン》」から出た言葉である、とみる語原論の方をとりたい気持に傾くのである。「正義」「法」という言葉と「投げる」という動詞のあいだに関係があるのは、ヘブライ語でもそうであるらしく、そこでは「法律、正義 tōrāh《トーラー》」という言葉と、籤を投ずる、神託を射あてる、抽きあてるという意味の語根とは、見損うべくもない関係をもっている。[*9]

　硬貨の面に描かれた「正義《ディケー》の女神」の姿が、どうかすると「不運《テュケー》 τύχη の女神」と交錯しあったりする事実は、とくに意味深く思われる。このテュケーの女神も、手には秤を持っている。「これらの神々の形姿は、後世の習合《シンクレティズム》ではない。その二つの姿は、同じ一つのイメージから発想され、後で二つに分離したのである」と、ジェイン・エレン・ハリソンは、まえに挙げた彼女の著書のなかで述べている。[*10]

法律、籤占い、賭博の根源的な関係は、ギリシア以外では、古ゲルマン民族の伝承のなかにもたびたび観察される。英語とオランダ語の「運命 lot《ロット》」という言葉は今日に至るまで、未来において決まるもの、人々に分かち与えられるもの、「遣《つか》わされる」もの――つまり運命――という意味と、運の成行きを示す外的な徴《しるし》――つまり籤――という意味とがある。たとえば、籤引きのマッチ棒のなかで当たりを意味する一番短いか、一番長いものがロットだし、富籤の札などもロット（ドイツ語では Los）と言われるのだ。この二つの意味のうち、どちらがより根源的なのか。これはほとんど決めかねる問題である。とにかく、古代的思考のなかでは、この二つは溶け合って一つになっていたのである。

ゼウスは神意を表わす正義の秤を手にしているし、ゲルマン神話のエーシル神族は、賽《さい》子《ころ》を振って世界の運命を占っている*11（これは『巫女の予言』の中にみえる。邦訳、前記『世界名詩集大成』第一巻三八二ページ以下）。神の裁きというものは、課された力試《だめ》しの試練の結果に表われることもあろうし、武器による闘いの結果から告げられることもあろうが、いずれにしても、これは棒切れや石ころなど遊びの象徴を振って出た結果を見て、それから告げられるのと同じことなのだ。いまでも、われわれはトランプ占いということをするが、これにしても、深く歴史の過去と人間の心の奥底に根ざしている。ときには武器による闘いに伴って賽子遊びが行なわれることもある。へルール族がランゴバルド族と戦闘を交じえていたあいだ、彼らの王は将棋盤に向かっていた（この戦いは五〇五年のころで、ルールはランゴバルドに屈した）。キェルジイのテオデリヒ大王（四七一～五六二。オドアケルを破り、東ゴート王国を建てた、ゲルマンの英大王）の幕帳のなかでも、賽子遊びが行なわれていた。[*12]

けれども、神の裁きという考えを抱いていた諸民族の心のなかで、実際にはそれが何を意味するものであったのか、これを厳密に突きとめることは簡単ではない。初めに一瞥《いちべつ》しただけでは、神々は人間に試練を加えた結果や賽子の投擲《とうてき》の結果を見て、両派のうちのどちらが正しいかを決め、またそれらの結果から神慮をどの方向にさし向けるかを決定し給うのだ、というのが古代人の信じていた考えのように見えはする。しかし、これはもう、後世の考え方から割り出した一つの解釈ではないだろうか。結局のところ、真の出発点は競技そのもので、誰がこれに勝つかということではなかったか。賭け事の結果そのものが、神によって下された神聖な裁きにほかならないのだ。このことは、票の数が同じであるときには、籤で決定をするという規定が設けられる場合についてさえ当てはまる。真理や正義は、神が賽子を投じて闘いの勝敗を決することにより告知されるものである、という定義は、じつは、かなり進歩した段階に達した宗教的表現のなかで、初めて成り立つのである。

エーレンベルクは「神明裁判から世俗的裁判が生じたのである」と言っているが、[*13]どうも私には、それは非歴史的な観念を前提において考えたためにそういうことになったように思われてならない。むしろ、こう言うべきではないだろうか――法律による裁判も、神明裁判も、籤占いや力の試練が最終的な決定を意味している闘技的な裁きを、実際に行なうという事実のなかにその根を下しているのだ、と。勝ち敗けという闘いは、もうそれだけで神聖である。しかし、それもひとたび正、不正という定式化された概念が、そのなかに吹きこまれてしまえば、もはやそれは法律の領域に押し上げられたのだし、反対に神の力という正《ポジティヴ》の観念の光にあてて見れば、もうそれで信仰の領域へ引き上げられたことになる。しかし、いずれにしても、根源的なのは遊びの形式なのである。

権利をめぐる競技

訴訟——法の争い（ドイツ語 Rechtsstreit《レヒッシュトライト》、オランダ語 Rechtsstrijd《レヘトストレイト》）——というものは、競技（ドイツ語 Wettstreit《ヴェットシュトライト》、オランダ語 Wedstrijd《ウェットストレイト》）——つまり賭けの争いである。そしてこの争いは、しばしば競走（ドイツ語 Wettlauf《ヴェットラウフ》、オランダ語 Wedloop《ウェットロープ》）とか賭け（ドイツ語 Wette《ヴェッテ》、オランダ語 Weddenschap《ウェッデンシャップ》）の形をとって行なわれている。すなわち、またしてもここで「賭け」という遊びの概念が、われわれの考察のなかにのさばり出てくる。

さて、「ポトラッチ」の贈与競争は、さまざまの法律的関係の原始的システムを創り出すものだった。また、闘いを挑むことは、何か協定というものを成り立たせる因《もと》になるものだった。[*14] しかし「ポトラッチ」とか、公けに認められている神明裁判から離れて、われわれはあらゆる種類の古代的な法習慣のなかに、権利のための競技を見いだすことができる（言うまでもなく、ここで使われている権利という言葉は、正義と同じ言葉である）。すなわち、何か特定の場合について確固不動の事実関係をかちとり、それを世間に承認させるための競技である。かつてオットー・ギールケ（一八四一〜一九二一。ベルリーン大学教授、ドイツの有力な法学者）は『法律におけるユーモア』という題のもとにそういう内容の幾つかの実例を蒐集し、それらの例を民族精神の自由な遊びと見なしたが、それ以上にくわしい説明は加えなかった。だが、それらの多くは、法の決定というものの起源を闘技的な枠のなかに求めることによって、初めて正しい解釈が見出すことのできるものだった。民族精神というものは、ギールケの想像したよりもはるかに深い意味でだが、たしかに遊び好きである。しかも、そうやって遊ぶことのなかには、真面目な意味合いが充ち溢れているのである。

たとえば、古代ゲルマンの法習慣では、村落や地所の境界を決めるのは、競技を催したり、斧を投擲したりすることによって行なわれていた。ある人の主張が正しいかどうかというときには、目隠しをさせて特定の人物や物体に触れさせたり、卵を回転させてみたりすることで験《ため》された。こういう場合はみな、力試《だめ》し、賭けによる法の裁きという領域に属するものである。

花嫁や花婿を選ぶというときにも、競技がことのほか大きな役割を演じているが、これはたしかに偶然ではない。英語の「結婚式 wedding」もオランダ語の「結婚式 bruiloft《ブロイロフト》」も、その背後に、はるか遠くの過去まで遡《さかのぼ》る法制史、文化史の伝統をふまえた言葉である。「ウェッディング」は古代英語 wedd から出ており、またもっと遡れば、これは契約した約束を守るべき義務を表わしたラテン語「賭けもの vadimonium《ヴァディモーニウム》」すなわち象徴的担保という意味の語になる。[15] このように、結婚は言葉の形からみても、意味からいっても「賭け《ヴェッド》」であり競技であった。

オランダ語の「結婚式《ブロイロフト》」は、古代英語 bryðhlēap《ブリュスフレーアプ》、古ノルド語 brūðhlaup《ブルーズフラウプ》、古高ドイツ語 brutlouft《ブルートロウフト》と同じものであるが、意味は嫁とり競争ということである。この競争は何種類かの試練、または特定の一つの試練であって、その結果いかんに結婚が賭けられている。ギリシア神話では、アルゴス王ダナオスの五十人の娘は競争によって娶《めと》られているが、こういう例は歴史時代に入ってからも見いだすことができる。オデュッセウスの妻ペーネロペイアについても、そういう競争の伝承がある[16](『オデュッセイアー』のなかでもとくに、一八巻、二一巻など)。ただ、まず問題にすべきは、そういう行為は単に神話、伝承のなかに伝えられたものにすぎないのか、それとも現実の生きた風習として証明することができるのかという点ではない。問題なのは、嫁とりの競争という観念が地上あらゆる地域に存在しているという事実のほうである。結婚は、古代人にとっては、民族学者の言うように「試練の契約 contrat à épreuves《コントラ・タ・エプルーヴ》」であり、「ポトラッチ慣習《カスタム》」であった。『マハー・バーラタ』はパンチャーラ国のドラウパディー姫の婿えらび式で、求婚する男たちが果さなければならなかった力試《だめ》しをうたっているし、『ラーマーヤナ』(マハー・バーラタと並ぶ古代インドの二大叙事詩でラーマ王の行状記である。全七篇のうち、第二篇が世界文学大系インド集(筑摩版)のなかに訳出されている)も、同じように王妃シーターの求婚者たちについてうたっている。『ニーベルンゲンの歌』のなかにもプリュンヒルトの求婚にまつわる力試しがうたわれている（前篇第七歌章。岩波文庫版上巻一一九ページ以下）。しかし、求婚する男たちが花嫁をものにするために試されるのは、必ずしも力や勇気の試練だけにとどまらない。ときには難問が持ち出されて、知恵が試されたりもする。ニュイエン・ヴァン・ヒュイエンの記述によると、アンナン地方では、知識の競技、機知の競争が、祭礼のときに若い男女の演ずる遊びのなかで大きな役割を演じている。どうかすると、娘は言い寄ってくる若者に正式に試験を課することもある、という。エッダの伝承のなかにも、もちろん、やや異なった形ではあるが、花嫁をものにするための知恵試しが『アルヴィースの歌』*Alvissmál* のなかにみられる。全知全能の小人アルヴィースは、さまざまの物がもっている秘密の名前についての質問に答えることができたら、自分の娘を与えよう、とトールから約束されるのだ[*17]（『アルヴィースの歌』第二節。アルヴィースはトールの留守にその娘を連れ去ろうとする。そこへトールが戻って難問をふっかけるのである）。

裁判と賭け

こんどは、競技からふたたび誓約ということと固い結びつきのある賭けの問題に移る。賭けの要素は、法律審理のなかでは二種類のあり方で現われる。第一に、訴訟の中心人物は彼の権利をめぐって「賭ける」。つまり、彼は賭けの「質《しち》」をおくことによって、相手に正邪、権利の有無について争おうではないかと挑むのである。じつに十九世紀に至るまで、英国の法律は「賭け《ウェイジャー》」という名を帯びた民事訴訟における審理を二形式知っていた。それは、訴訟を起こした原告側が裁判上の闘いを申し入れる「決闘裁判 wager of battle」と、原告が定められた日に無罪証明の誓約を行なうべき、つまり自分が潔白であることを誓うべき「免責宣誓裁判 wager of law」の二つである。直訳すれば、これらはそれぞれ「決闘の賭け」「法の賭け」ということになる。これらの形式はもはや長いこと用いられなくなってはいたが、正式に廃止されたのは、ようやく一八一九年と一八三三年になってからである。*18

次に審理そのものが賭けの要素をもっていたのと並んで、今日われわれが、この賭けるという言葉に結びつけているような意味で、傍聴人たちが訴訟事件の結果について賭けをするという風習もあった。ヘンリー八世の妃アン・ブーリン（一五〇七〜一五三六。エリザベス女王の母）とその共同被告たちが法廷に立たされ、ついに斬首となった裁判のとき、彼女の兄ロッチフォードの聡明な弁護が与えた印象のおかげで、タワー・ホール牢獄では、人々は十対一の割合で彼女の無罪に賭けていたものだ。アビシニアでは、判決文に対して賭けをすることは、弁護側と証人訊問側のあいだでいつも行なわれる法廷審理上の既定行為であった。*19

われわれはまえに、訴訟における遊びの形式を三つに分けた。「賭け」「競技」「言葉の争い」がそれである。この言葉による闘争という性格は、ことの本性からして、訴訟が文化の進歩発展により、その遊びの性格を全面的にせよ部分的にせよ、あるいは実際上にせよ外見上にせよ、失ってしまったときでも、なお訴訟に残された性格である。だがわれわれの主題のためには、この言葉の争いは古代においてはどういう様相を呈していたかという点だけを問題にしなければならない。古代では、決定を与えるものは、法律的にきわめて慎重に考慮しながら行なわれる論議でなく、最も辛辣に相手を罵る毒舌だった。それならばそこでは、原告被告の両方がそれぞれ選《え》りぬきの悪罵によって相手を打ちひしぎ、優位に立とうとする努力のなかだけに闘技があった、ということになる。われわれはすでにギリシアの「悪罵《プソゴス》」「諷刺《イアムボス》」、アラビアの「名誉競争《ムファーハラ》」、古代ノルウェーの「男比べ《マンヤヴナズ》」などを語ったとき、これら悪口雑言をやり合う競技は自分の名誉、声望を求める社会的自己顕示というものである、と論じておいた。しかし、これらには純粋な「法螺吹き競争《ジュト・ド・ジャクタンス》」から、法廷手段としての悪口競争への移行に、はっきりした境界がなかった。そこでこれから、文化と遊びとのあいだの親しい関係を示すのに、最も注目すべき論拠の一つとなるグリーンランド・エスキモー人の、太鼓競技とか歌合戦とかいわれているものを取り上げるならば、その点が明瞭になると思う。事実、そこにあるものは、われわれが裁判と呼んでいる文化機能が、少なくともごく近年まではまだまったく遊びの領域を去ることなく、遊びの本性を失わずにいたという、生きた実例なのである。[*20]

遊び形式による裁判審理

エスキモー人は、他人に対して何か苦情、不満があると、その相手に「太鼓試合 Trommesang《トロメサング》」あるいは「歌合戦」というものを挑戦する（太鼓試合《トロメサング》とはデンマーク語であるが、これはほかにも太鼓競技、太鼓踊り、歌比べなどいろいろに呼ばれている）。すると、部族、あるいは氏族一同は、最上等の服装に身を飾り、嬉々としてこの祭の会場に集まってくる。二人の競争者は、こうして人々の前で、太鼓の伴奏に合わせて、かわるがわる相手の非行を責める罵りの歌をうたって、攻撃するのである。そのとき、正当な根拠のある非難、笑いをかき立てる諷刺、卑しい中傷のあいだに差別はつけられない。たとえばある歌い手が、飢饉《ききん》のあいだに彼の反対派の男の妻と義母によって食われてしまった人々の数をすっかり数え上げてみせると、これが集まった一同の胸に迫り、人々は涙を流してわっと号泣する、というふうである。

こうして、相手に向かって投げつける攻撃の歌には、さまざまな肉体的暴行、虐待が伴っている。たとえば、敵の顔面に、じかに吐息や鼻息をふっかけたり、額でこずいたり、口をこじあけてみたり、天幕の棒に縛りつけたりという具合だが、どんなことをされても「被告者」はいとも平然と、嘲笑いさえ面《おもて》に浮かべながら甘受しなければならないのだ。一方、観衆は歌のリフレインに加わって一緒に唱和したり、両者にそれぞれ喝采をおくったり、もっとやれとばかりに煽動《せんどう》したりする。その場に坐りこんで眠ってしまった連中もある。けれども、休憩のあいだは、両派もおたがいに親しい友だちとして振舞うのである。こういう競技の会期はどうかすると翌年までまたがることもあるが、その間、両派はたえず新しい歌を考え出しては、新しい罪を主張しつづけるのだ。最後に、どちらが勝ったかを決定するのは観衆である。そして、たいていの場合、その後すぐ友情はよりを戻している。それでも、ときには、敗れた一家族がその屈辱から他の地方に移住してゆくこともある。また、同時に幾つもの太鼓試合を行なうこともできる。ここでは、女でもやってよいことになっている。

さて、ここで第一番に重要なのは、この習慣をまもっている部族のあいだでは、こういう闘いが法廷の裁きにかわる位置を占めている、ということである。こういう太鼓試合以外に、そもそも彼らは裁判というものを知らないのだ。これだけがただ一つの抗争解決の手段なのである。これ以外には、大衆の意見をとりまとめる方法はない。[*21] 殺人でさえも、こういう形で公けに持ち出される。歌合戦で勝負がついた後、あらためて別の判決が下されるということは行なわれない。大多数の場合、これら競技のきっかけをつくるのは、女たちの噂話である。ただ、この習慣を法の手段としている部族と、単に祭礼の余興のときだけにこういうことを行なう部族とのあいだには、きっぱり区別をしておく必要がある。また、太鼓試合に伴って行なわれる狼藉《ろうぜき》ぶりについても、部族によってそれぞれ違ったものが許されていて、ある部族では相手を殴ることが認められているかと思えば、別の部族ではただ相手を棒に縛りつけるだけである。――またときどき、歌合戦と並んで、確執を調停するために、拳闘や格闘が役立てられることもある。

こういうわけで、われわれがいま取り上げた現象は、裁判の機能をあくまでも闘技的な形式のなかで満たすものでありながら、同時に本来の意味での遊びでもある一つの文化慣習なのだ。すべてが笑いと陽気な気分のもとで進められてゆく。観衆を楽しませるようにしなければならないのだ。「この次にゃあ」とイグジアヴィクは言う、「俺は新しい歌を作りたいもんだて。そいつはとても愉快なのにしてやる。それから、その時にゃあ敵のやつらを天幕の柱に縛りつけてやるぞ」[22]と。事実、太鼓試合は共同体の生活にとって、一番大きな楽しみごとなのだ。喧嘩や紛争がないと、彼らは冗談にそれをやり始めたりもする。また、特殊な技術としてだが、彼らはときどき、謎を歌に詠みこんで歌ったりすることもある。

このエスキモー人の太鼓競技から、さして遠くかけ離れてはいないものに、ゲルマン諸国の民間風俗のなかにとくに多く見かける諷刺的で滑稽な裁判がある。これはあらゆる種類の小さな過失、誤りを裁き罰するもので、なかでも性的関係のものが多い。「ハーベルフェルトトライベン Haberfeldtreiben」（バイエルン、チロール地方で行なわれている一種のリンチ。仮装した秘密結社員が、夜中不倫などを歌い罵るのである）などというのがそれである。こういうのはまったく道化芝居として催されるのだが、それでもときには真面目なものとされることもないわけではない。たとえば、スイスのラッペルスヴィル村の若者たちの「濡れ事裁き Saugericht《ザウゲリヒト》」などというのがそれで、それによって即席裁判所への告訴も行われたのである。*23

エスキモー人の太鼓試合が、ポトラッチ、イスラム以前のアラビアの自慢試合、悪口合戦、古代中国の種々の競技、古代ノルウェー人の男比べ、アイスランドの「憎悪の歌 níðsǫngr《ニーズソング》*24」（これは文字通りには「羨望の歌」だが、níð は羨望ではなく敵のことで、敵の名誉をおとしめることを狙った歌である）と同じ領域に属していることは明らかである。また同様に明白なのは、この領域は本来の意味での神明裁判のそれではないこと、少なくとも最初はそうでなかったことである。抽象的真理、正義に対して神の御力が裁きを下し給うたのだという考えは、おそらくたまたまその種の行為と結びつけられた結果生まれたのであろう。何としても根源的なのは闘技的にことを決定するというそのこと、つまり遊びのなかで、遊びを通じて物事に裁定を下すということなのだ。

エスキモー人の習慣にとくに近いのは、アラビア人が裁定人の面前で争う、名誉や名声のための「悪口合戦《ムナーファラ》」「罵倒 nifār《ニファール》」である。ラテン語の「口論、訴訟 iurgium《ユールギウム》」「口論する、訴える iurgo《ユールゴー》」もやはりこの観点から解されなければならない言葉である。これは ius-igium から出た形で、つまり「法《ユース》」を「とり行なう agere《アゲレ》」こと、法律手続の執行ということである。この言葉と比較できる言葉に「抗争、訴訟 litigium《リーティギウム》, lis《リース》」というのがある。こうして、iurgium が訴訟とか訴訟を行なうこと、という意味がある一方、悪口、言葉の争い、罵詈讒謗《ばりざんぼう》をも意味しているところを見ると、これはむかし、法の争いが主として悪口競争として行なわれていた時代の相があったことを示しているのだ。また、アルキロコスがリュカムベースに投げつけた諷刺詩のごときも、エスキモー人の太鼓試合に照らしてみれば、それにやや似通っていて、いっそうよくその本質を把握することができる（アルキロコスは前八紀ころのギリシア最古の詩人の一人。リュカムベースの娘ネオブーレーに求婚して果さなかったのである）。それだけではない。遠くは、ヘーシオドスがその兄弟ペルセースを戒めた叱責の言葉までも、同じ立場から見ることができよう（ペルセースは賄賂によって（ヘーシオドスの受けとる遺産分を横領した。これを『仕事と日々』で難じたのである。邦訳は筑摩版世界人生論全集第一巻五～二二ページ）。ヴェルナー・イェーガーは、ギリシア人の政治諷刺は単なる道徳的説教とか個人的な怨恨に用いられたのではなく、もともとある種の社会的機能を満たすものだったにちがいない、と指摘する。[*25] われわれは確信をもって、それはエスキモー人の太鼓試合のもっていた機能である、と言うことができる。

それのみならず古典ギリシアの完成期に入ってからも、訴訟の弁論と悪口合戦とがほとんど弁別しかねるような段階はまだ過ぎ去りはしなかった。全盛時代のアテーナイの法廷弁論術でさえ、およそ説得のためにはあらゆる手段、技巧を弄することが許されていた。すなわち、その特徴は主として、修辞的技巧を競争するという面にあった。法廷と政論会の演壇とが、この技術を学びうる二つの場所に数えられていた。この技術は、戦争の暴力、掠奪《りゃくだつ》、専制政治とともに、プラトーンの『ソピステース』のなかの語り手が定義しているような「人間狩り」をなしていた。[*26] ソフィストたちは、どうやってむつかしい訴訟に勝つことができるかを、金儲けのために教え講じた。若い政治家はその経歴を、何かスキャンダルを嗅ぎつけて、それを告訴するということから始めるのが普通だった。ローマでも、法廷で相手側を罠《わな》にかける手段が、長いあいだ許されていた。人々は喪服を着こんだり、嘆きにくれたり、悲しんでみせたりした。声をあげて泣きながら国家の福祉を叫び求めたり、訴訟をもっと印象的なものにしようと、法廷のなかに証人や訴訟依頼人を、できるだけ大勢連れ込んだりした。要するに彼らも、今日われわれがやっていることはもう何でもしていたのだ。[*27] ストア派の人々は、法廷の雄弁術から遊びの性格を取り除き、彼らの誠実と威信の厳しい規範にのっとって、訴訟を浄化しようと努めた。だが、この新しい信念を実際に移そうとした最初の人物であるルティリウス・ルフス（前二世紀のころのローマの将軍、法学者。失脚後はミルナに引退、回想録を書いた）は、その訴訟に敗れ、流竄《るざん》の生活に引き籠らなければならなかった。

（1）ダヴィ『誓約論』。

（2）『東と西』七六ページ。七一ページをも見られたい。

（3）『イーリアス』十八書五〇四行〔岩波文庫版下巻一三五ページ〕。

（4）Ⅲ章の「悪口合戦」を見よ〔本書一七三ページ〕。イェーガー『パイデイアー』第一巻一四七ページをも参照。「ディケーは身分高きも卑しきも〈同等者〉として対し合うことのできる公共生活の演壇をつくった」。

(5) J・ヴェルハウゼン『アラビア異教時代の遺物』(ベルリーン・一九二七。第二版) 一三二ページ。

(6)『イーリアス』第八書六九〜七一行 (邦訳中巻四四ページ)。ほかに第二二書二〇九〜二一〇行、第十六書六五八行、第十九書二二四行をも見られたい。

(7)『イーリアス』第十八書四九七〜五〇九行〔邦訳下巻一三四〜一三五ページ〕。

(8)『パイディアー』第一巻一四ページ。

(9) この語根からは、おそらく前に触れた「ウリム urim」も出ている。

(10)『テミス』五二ページ。

(11) Ⅲ章の「賭けの祭儀的意味」を見よ。

(12) パウルス・ディアコーヌス『ランゴバルド史』第一巻二〇。フレデガーリウス『年代記書』(ゲルマン史資料、メロヴィング王朝史料第二巻一三一ページ)。ほかに第四巻二七をも参照。審問の裁きについては、さらに、H・ブルンナー、C・フォン・シュヴェーリン共著『ドイツ法制史』第二巻(ライプツィヒ・一九二八。第二版)五五三ページ以下を参照せられたい。

(13) V・エーレンベルク『初期ギリシアの法律観念』(ライプツィヒ・一九二一) 七五ページ。

(14) ダヴィ『誓約論』一七六、一二六、二三九ページなど。

(15) この同じ言葉は、中世オランダ語の wedden = 信用する、に保持されている。

(16) ハリソン『テミス』二三二ページ。ヌビア地方の物語にある例については、フロベーニウス『アフリカ文化史』四二九ページ。

(17)『フィエルスヴィズの歌』では、危難にみちた求婚旅行に出発した若者が、乙女を守っている巨人にさまざまの質問をしかけているので、この場合は、モチーフがますます混乱しているようである。

(18) W・ブラックストーン『英国法註解』第三巻（カー編、ロンドン・一八五七）三三七ページ以下。ヴァン・カン教授は、ローマ法における「宣誓による訴訟 actio per sacramentum」を指摘されたが、これは共和制末期に「矯正」されて、固有財産のための賭けとなった。両派とも、正しいと認められるために一定の金額を賭けるが、有罪判決を受けた側は、その金を国庫に繰り入れられるのである。しかし、賭けということは、最初からこういう訴訟形式に固有のものであったのではなかろうか。

(19) エンノ・リットマン『アビシニア』（ハンブルク・一九三五）八六ページ。イタリア統治時代にも、訴訟はなおも土着民の情熱、スポーツ、そして娯楽であった。ある英国の新聞によると、同地の裁判官の一人がその前日に敗訴となった男の訪問をうけた。男は彼にたいそう嬉しそうに言ったという、「旦那、ご存じでしょうが、わしの弁護士はたいへん下手くそだった。ですが、わしは感謝しております。わしはわしの金のかわりに、あるものを手に入れましたでな」。

(20) タルビッツァー『アマサリク・エスキモー人』（グリーンランド年報三九巻、一九一四）。バーケット・スミス『カリブ・エスキモー人』（コペンハーゲン・一九二九）。クヌート・

ラスムッセン『グリーンランドから静かな港まで』一～二巻（一九二五～一九二六年）。『ネトシリク・エスキモー人。第五次トゥール探検報告』八巻一、二（一九二一～一九二四）。ヘルベルト・ケーニヒ『エスキモー人における法律侵犯とその解決』（アントロポス一九、二〇号、一九二四～一九二五）。

(21) バーケット・スミス（前掲書二六四ページ）は、カリブ・エスキモー人の歌合戦について、それは単に「復讐行為……あるいは静穏と秩序維持のためのもの」として用いられるので、法律的性格はもたないと主張しているが、それは「法的訴訟」についての境界を、あまりに厳しく引いているからである。

(22) タルビッツァー前掲書三〇三ページ。

(23) シュトゥンプフル前掲書一六ページ。

(24) この「憎悪の歌」の意図は、相手を敵とみて罵倒することによって、その名誉を辱めようということであった。

(25)『パイディアー』一六九ページ。

(26) プラトーン『ソピステース』二二二D（岡田訳プラトン全集第一巻一六六ページ以下）。

(27) キケロー『雄弁について』第一巻二二九以下。ある陸軍大尉についての訴訟のとき、聖書を拳でたたき、アメリカの旗を振りまわした弁護士とか、あるセンセーションをひきおこした裁判で、精神医学的新発見についての報告をまじえて滔々と弁じたオランダの弁護士のことを考えてみるとよい。リットマンのアビシニアの裁判についての記述（前掲書八六ページ）をも参照されたい。そこにはこう記されている、「注意深く研究した巧みな弁舌で、原告はその訴えを展開する。ユーモア、諷刺、適切な諺、決まり文句、嚙みつくような当てこすり、激しい怒り、冷たい軽蔑、生気ある顔の表情、なかば吼えるような挑みの声……これらはみな訴えを強く印象づけ、被告を徹底的にやっつけようとするために行なわれるのである」。

V　遊びと戦争

秩序を守った闘争は遊びである

闘うことを言い表わす言葉と、遊ぶことを言い表わす言葉ができてから、闘うことが、好んで「遊ぶ」と呼ばれるようになった。われわれはまえに一度、このことは厳密な意味で言えば比喩としなければならないだろうか、と疑問を出し、[*1]そして、それには否定的に答えなければならないと考えておいた。実際、右の二つの概念が融合して一つになっているように見えることがときどきある。たとえば、規則の制約に縛られている闘争は、整然と秩序づけられているというそのことによって、もはや遊びの本質的特徴を帯びたことになる。しかも、かえってそういう闘争の場合の遊びの形式はとりわけ烈《はげ》しく精力的であり、しかも同時に、形式がまことに明快で、わかりやすいのだ。

小犬とか男の子は、乱暴をふるう限度を取り決めた規則に従って「遊び半分」争っている。しかし遊びに許される乱暴の限界は、必ずしも血を流すところまでと決めるには及ばる。

ないし、まして、殺してしまうまでというような規定があったわけでもない。中世の馬上槍試合《トーナメント》は模擬戦だから、これはたしかに遊びなのだが、しかしその最も初期の形態は、あくまで「流血の厳粛事」だったのである。「サムエル後書」の若き戦士アブネルとヨアブの「戯れ」などがそれで、それは死にいたるまで闘いぬかれている（Ⅱ章一一〇ページ参照）。はっきり遊びと呼ばれているわけではないけれども、やはりこれは完全に遊びだと思わせる例を、さして遠からぬ歴史時代のなかからひろってみると、一三五一年、ブルターニュ地方で戦われた世に名高い「トラントの戦い」がある。十三人のイタリア騎士が十三人のフランス騎士と相まみえた一五〇三年の「バルレッタの挑戦」もこれに並べてみることができるであろう。[*2]

文化機能としての闘争ということになると、つねにそれに制限を加える規則があることが前提であり、またある程度までそこに遊びの性格があるという事実を承認することが要求される。戦争についていえば、戦争に加わった一人一人がたがいに相手を平等の権利を有する存在として認めあうかぎり、また、戦闘が規定の場の範囲内で行なわれるかぎり、それを一つの文化機能として語ることが可能である。言い換えれば、戦争の文化機能は、戦争の遊びとしての性格にかかっている。ところが、心のなかでは敵を人間として認めなかったり、あるいは「野蛮人」「悪魔」「異端者」「背教徒」などと呼んで、当然認めなければならない最小限度の人間的権利すら敵に与えなかったりする場合がある。こういう場合には、戦争をひき起こした集団が、彼ら自身の名誉を保つためにある種の自己規制を課するということをしないかぎりは、その戦争を文化の範囲に加えることはできない。つい最近まで社会は、たがいに相手社会を、「人間」の扱いをうける権利をもった「人間社会」として承認し、戦争状態に入るときにはそれを明確な形式――宣戦布告――によって、一方では平和状態から区別し、他方では犯罪的暴力から守る、というようにしていた。そのころはたしかに、戦争を文化機能としての見地から見ることも可能だった。だがそれも、全面戦争の理論が現われるようになっては、おしまいである。こうしてついに戦争における遊びの要素の最後の名残りもふるい落とされ、それと同時に、そもそも文化、正義、人間性のすべてが放棄されてしまったというのが、現状なのだ。

闘技《アゴーン》は、それ自体のなかに遊び的なものを蔵している、というのがわれわれの確信だったが、そこから、では戦争はどの程度まで社会の闘技的機能と呼ぶべきであろうか、という問いがつぎに起こってくる。まず、いくつかの形式の闘争は、全体としてみて非闘技的なものだから、ただちに捨てさることができる。不意打ち、待ち伏せ、掠奪、大規模の殲《せん》滅《めつ》戦などは、たとえ闘技的戦争に伴って行なわれたものでも、戦争の闘技的形式と見ることはできない。また他方、戦争の最終目的――異民族を征服し、服属させ、支配するということも、競争の領域の外におかれる。闘技の契機は、まず、あるものをめぐって両陣営の各々が、こちらこそそれを所有する権利があると信じてたたかう場合、さらに、両軍がたがいに相手を、それをめぐって争いあう敵対者として認め合う場合に、はじめて働くのだ。たしかに、この感情は、ただの口実として利用されるにすぎないこともしばしばだが、しかしつねにそれがあることは間違いない。

闘いの意志の奥に、純粋の飢えというものが原因として隠されている場合は、ごく稀にしか見当たらない現象だが、そういうときでさえも攻撃側は、その闘いを、神聖な義務、名誉、あるいは神の報復の問題と考えているものである。物質的権力への欲望というものを見ると、たとえ高度の文明世明のそれでも、そして戦争を企てた政治家張本人がそれをただの権力争いの問題とみなしているようなときでも、その本当の動機は、矜持《きょうじ》、虚栄心、声望のなかにおかれていたり、優越や支配という栄光に基づいていたりする場合が絶対的多数を占めている。古代からわれわれの時代にいたるまでの大侵略戦争はすべて、経済的な力関係、政治的配慮といった合理的理論から解釈するよりも、誰でもただちに理解することのできる、名声への欲望という観念を考えることによって、いっそう本質的な説明を与えることができよう。このような戦争の栄光化の現代的爆発は、悲しいかな、われわれにはもはや余りにも周知の事実となってしまった。ただ、これも結局は、そのもとを正せば、バビロニア、アッシリア時代の戦争観、すなわち、戦争とは異民族をことごとく根絶しようと欲する神が、聖なる栄光を求めて命じ給う神意である、とした古代の戦争観にまで遡《さかのぼ》るものである。

古代の戦争の競技性

戦争のある種の古代的形式のなかにこそ、戦争に自然につきまとうものとしての遊びの性格が最も直接的な形で表現されている、といえよう。すでにまえの章で定義を試みたことだが、古代文化のなかでは、裁判、運命、吉凶占い、賭博、挑戦、闘い、そして聖事としての神の裁きなどの観念がたった一つの概念領域のなかで並びあい、接しあっていた（Ⅳ章二〇〇～二〇六ページ、二一〇～二一四ページなどを参照）。それならば戦争にしても、その本質にしたがって、この概念領域のなかに完全に含まれるものでなければならないはずである。聖なる価値をもった神の裁決を得ようとして、勝つか敗けるかという試練を受けること、それが戦争なのである。裁判、賭博、籤占《くじ》いも神々の意思を啓示することができたが、それらのかわりとして、こんどは武器の力が選ばれるのだ。そしてこの結果も、それらと同じように、神の裁き、運命を明らかにしてくれるであろう。

ドイツ語の一般的な意味の「裁き Urteil《ウルタイル》」に対応する形の言葉は、古代英語では ordal である（現代英語は ordeal、フランス語では ordalie、オランダ語では oordeel、ドイツ語では Ordal）。この言葉は、裁きを行なうために、手に火をつかませるとか、手を熱湯につける探湯《くかだち》とかいう厳しい試練の裁き、すなわち「試罪《オルダール》」を意味している。「神明裁判」（ドイツ語 Gottesurteil《ゴッテスウルタイル》、オランダ語 Godsoordeel《ホッツオールデール》）には文字どおり神の観念がはっきり表われているが、「試罪」という言葉のなかにはもともと神との特別な関係が含まれてはいない。しかし、正しい祭儀の形式を踏んで招来された決定は、神の裁き――神明裁判――ではないだろうか。いずれにせよ、神明裁判という専門的概念が奇蹟の力を明証する行事とどうして結びつくのかということは、副次的な問題にすぎない。このあたりの意味の繋がりを正しく理解するためにはわれわれは、現代においては宗教的なものと政治的なものとが分離してしまった現実から目をそらさぬよう心がけなくてはならない。われわれが「正義」といっているものは、古代的な考え方のなかでは「神々の意思」あるいは「明証された優越性」というのと同じことである。籤占い、武器による闘い、言葉による説得も、同じようにして神々の意思の「証拠方法」になるのだ。闘争というものも、予言や裁定者の前でする審理と変わりはなく、法律手続の一つの形式である。結局、すべて物事に決定を下すというそのことには神聖な意味が賦与されるのだから、われわれは闘争をもそれなりに予言として捉えることができるわけである。*3

訴訟から賭けの遊びにまで及ぶ、さまざまの解きほぐしがたい観念の複合体を、最も的確直截《ちょくせつ》に把握することができるのは、古代文化のなかの決闘という機能によってである。決闘にはさまざまの異なった傾向がある。それは、詩人や年代記作者の手で栄光化されて、世界史のあらゆる分野でよく知られるようになったが、まず全面的交戦への導入部とか、それに付随するものといった形で、個人の「武勲《アリスティアー》」になることができる。*4　マホメットがクライシュ族（メッカに住んでいた部族）を倒したバドルの戦いを物語るアル＝ワーキディーの叙述は、たいそう特徴的である（アル＝ワーキディはメディナの歴史家。七四七〜八二三。これは『神の使徒の聖戦』というマホメットの伝記のこと。この戦いは、六二四年三月に行なわれた）。三人のマホメット方の戦士が、敵軍の同じ数の英雄たちに挑戦した。彼らはたがいに前に進み出て、相手をあっぱれの敵なるかなと認めあって挨拶をかわした。こういう英雄的行動は、第一次世界大戦のとき、名飛行士たちが投下した手紙によって挑戦しあったとき、ふたたびよみがえった。

私的な決闘が、交戦の結果を予知させる小手調べの意味を担った神託として利用されることもある。この形式のものは、古代中国社会とゲルマン社会でよく知られている（『ゲルマーニア』第一部一〇〔神意の推知〕の項。邦訳四八ページ）。古代中国では、戦闘開始のまえに、最も豪勇の士たちが、まずたがいに相手側に挑みをかける。その闘いが、全軍の運命を確かめるのに役立つのだ。武器による初めの二、三合の応酬が重大な予兆の働きをする。[*5]

けれどもまた、決闘が交戦全体にとってかわるということもありえないことではない。五世紀のころ、ヴァンダル族がスペインでアレマンネン族と戦いをまじえたとき、対峙《たいじ》しあう両軍は二人の勇士の決闘によってたがいの雌雄を決することにした。[*6] 要するにこれは、闘技的形式においてどちらか一方の側が己の優越性を明快に証《あか》しすることである。一方が強かったということは、その一派がより強いという意味と同時に、彼らがより正しいということにもなる。神々が彼らに恩寵を垂れ給うたのであり、それゆえ彼らは正しいのだ。すでに早くから、個人的決闘による大会戦の代償ということが実行されていたのは、このやり方で流血の悲惨事を起さずにすむからにほかならない。セーヌの支流オワーズ河畔のキエルジイに、メロヴィング家のテオデリヒ大王が臨んだときにも、戦士たちは「全部隊が死ぬよりも、一人が斃《たお》れるほうがよいわい」と言っている。[*7]

　中世末期には、国王や王侯がおたがいのあいだで私的決闘を行なって「係争」を解くことがときおり行なわれていた。そういうときの準備というと、まことに盛大厳粛に、細目に至るまで限なく整えられたものだが、その動機としてはいつでも「クリスト信徒ノ流血ノ惨、衆庶ノ破滅ヲバ避ケムガタメ」ということがはっきり前面に押し出されていた。[*8]しかし、このような方法で行なわれる裁きこそが正しい、合法的なものだ、という遠い過去から伝わる法廷審理についての考えが、非常に根強く守られていたこの慣例のなかにもまだはっきり残っていたのである。それはすでに、ずっと以前から、一つの国際的喜劇、空疎な儀礼の一幕になりさがってはいたけれども、君主たちがこの形式にしがみついていたその固執ぶり、そしてそれが実行されるときの生真面目さは、その起源がやはり古代の神聖な慣習のなかにあることを明らかに示している。ドイツ皇帝カール五世も、二度までフランス国王フランソワ一世（一四九四～一五四七）に対し正式に決闘を挑んでいるが、[*9]この例はけっしてその最後のものではなかった（王侯の決闘については、『中世の秋』中央公論社版二〇六ページ以下を参照）。

決闘裁判

戦闘のかわりに行なわれる決闘は、決闘裁判とほとんど区別がつかない。中世の法制、慣習のなかで決闘裁判にいかに重要な役割が与えられていたかは、よく知られたことである。この決闘裁判については、H・ブルンナーおよびその他の論者とともに、それを神明裁判として把えるか、[*10] または、R・シュレーダーおよびその他の人々に同じて、当時数々行なわれていた「審問」に証しをする一形式とみるか、[*11] という論点がある。ただ、この決闘裁判はアングロサクソン法のなかには見いだされず、ノルマン人によって導入されたものであった事実（ウィリアム一世がノルマンから輸入した慣習で十五世紀から行なわれた）は、むしろ、これが、英国にひろく行なわれていた「神明裁判」と同じ基盤に立つものではない、という結論を暗示している。しかし、この決闘そのものは本質において祭儀的な闘技であり、どちらの側が正しいかを示すもの、神々の恩寵がどちらに啓示されるかを表わすものであったという点に思いを馳《は》せるなら、そういう論争は、意味のほとんどを失ってしまう。とにかく、試罪の後期の形式のものにあるような、神への意識的な訴えということが、その根本の意味ではない（神明裁判を一方的unilateral、決闘裁判を相互的bilateralなものと見る考えもある）。

ややもすると残虐な、ひどい結末を見るまで戦い抜かれることもあっただろうが、[*12] 決闘裁判は、初めから形式的側面を前に押し出して、その遊びの相を強調するという傾きがあった。形式主義はこれに特有のものなのである。傭《やと》った闘士に決闘を遂行させるという可能性もあったが、そのこと自体、すでに祭儀的性格に基づいている。まさにこの祭儀行為こそが一般に代理を容認するものではなかったか。例をあげるならば、古代フリジアの訴訟に現われる「ケンパ kempa」というのがそういう職業的決闘者であった。また、決闘に際して許される武器についての制約規定とか、同等ではない相手に対等となる機会を与えることを目的とする独特なハンディキャップ制――たとえば、婦人と決闘する男子は腰の深さまで溝のなかに入って立たねばならぬ、というような――があったことをみても、それはやはり、武器を用いてする遊びのうちに数えることができよう。ただ、決闘裁判は、中世末期になると、概してあまりひどい傷害を相手に加えることもなく果し終えられるものになり、一種のスポーツの見せ物になってしまったように思われるのだが、いったいこれは、遊びの形式への堕落の徴候と見たらよいのか、それとも、むしろこの慣習の本性のなかにそういう遊び的なものがあって、それはこの血腥《ちなまぐさ》い厳粛事を決して排除するようなものではなかったのだと考えたらよいのか、これはなお疑いが残る問題である。

英国の民事裁判所で行なわれた、民事訴訟事件での「決闘裁判 trial by battle」（英国ではこれを wager of battle とも言ったことは、Ⅳ章二一〇ページ参照）の最後のものは、一五七一年、ロンドンのウェストミンスター区にあるトットヒル・フィールズで、とくにその目的のために区画をした、六十フィート平方の闘技場において催された。闘いは日の出より星々が見えはじめる刻《とき》まで続けられるべし、と定められた。ただし、カロリング僧会の議決で命じられたように、円形楯と棒を身につけた決闘者のどちらか一方が、自己の敗れたことを覚り「まいった！ craven」という「怖れの言葉」を叫べば、そこで終ることになっていた（ただし、夜の星が見え出しても終らなければ、被告の勝ちとなる定めである）。この儀式も全体として見れば、ブラックストーンの言うように、「田舎で催される、ある種の競技的な民衆娯楽との大きな類似性」をもつものであった。[*13]

強い遊びの要素が、決闘裁判にも、まったく擬制的だった王侯の決闘にも、固有のものだったと言うならば、それはまったく同じように、今日まで多くのヨーロッパ民族のあいだに知られている普通の決闘についても言うことができる。私的な決闘とは、侮辱された名誉に対して復讐をするものである。ただ、ここにある二つの観念――公けの名誉が恥辱をうけたということと、これに報復したいという欲求――は、もちろん現代社会でもその心理的・社会的な意味を失ってはいない。しかしこれは、とくに文化の古代的世界に属する性格である。個人の全き価値は万人の前にはっきり証明されねばならぬ。そして、もしその承認が危うくされるならば、それは公衆の真ただ中で、闘技行為によって主張され、かちとられねばならぬ。けれども、こういう個人の名誉を認めるという問題の場合、要は、その名誉は正義に基づいて主張される名誉なのか、誠実というものの上に立って主張されているか、それとも何か別の倫理的原則の上に立ってなされているか、ということではない。問題は、社会的妥当性としての名誉、つまり、その名誉を社会に認めさせるということ自体にほかならない。

私的決闘は決闘裁判に由来するものであろうかという点も、そのままにしておいて差支えない。本質的にこれらは同じものである。それは、正義と力とを含む根源的な価値である名望、威信を追い求める、永遠の闘いなのである。復讐とは名誉感情の満足である。その感情がいかに堕落し、どれほど犯罪者的・病的なものであっても、やはりそう言ってよい。われわれはさきに、ギリシア神話の「正義の女神《ディケー》」の姿が、しばしば「運命の女神《テュケー》」とはっきり区別しにくいものになっているのを見た（Ⅳ章二〇三ページを参照）。まさにそれと同じように、ディケーの姿は、ギリシアの図像学《イコノグラフィー》の世界では「復讐の女神《ネメシス》」とも融合しているのである。[*14]私的決闘は、正規の形式をふまえて行なわれるかぎりは、そのために生命を失った者の所属していた一族に、血の復讐という仇討《あだう》ちの義務を負わせることは、めったになかった。その点は決闘裁判も同じだが、このこともやはり、私的決闘が法律による裁きと、根本においては同じ性格のものであったことを明らかに示している。

武士貴族的な本質の刻印を強く帯びていた時代には、決闘も激しくなって、極端に血腥《ちなまぐさ》い形式に高まることもあった。そういう時代には、当事者とその介添人たちは、馬上でピストルをもって闘いあった。この形式をとっていたのが、十六世紀フランスの決闘である。二人の貴族のあいだの些細な諍《いさか》いを理由にして、しばしば六人から八人にも及ぶ流血の果し合いが行なわれたものだった。名誉のためには、介添人になる義務を拒むことは許されなかったのである。モンテーニュは、フランス国王アンリ三世（一五五一〜一五八九）の三人の寵臣とギュイーズ公国のアンリ大公の廷臣である三人の貴族とのあいだで闘われたそういう決闘のことを語っている（『エセー』三巻一章、九章などに両公の対立が語られているが、この挿話は見当たらない。むしろ二巻二七章の、ホラス家とキュイラス家の例が該当している）。また、ルイ十三世の宰相リシュリウーはこの残酷な習俗をやめさせようと努めたが、ルイ十六世の治世になっても、少なからぬ者がその犠牲となった。

ただ反面からいうとこの闘争は、殺すことを目的とするものではなく、ちょっとでも流血を見さえすれば、それですぐさま名誉が満たされたと考えるものだから、これは普通の決闘の底にも固有のものとして流れている祭儀的性格と完全に一致している（『中世の秋』邦訳四三三ページを見られたい）。だから、両派のうちの誰かが負傷したという線の先を越えてまで遂行されないのを例とする、フランス流の現代の決闘を、もともと厳粛であるべき習俗が滑稽にも軟弱化されたものにすぎない、と考えてはならない。決闘は、その本質において、祭式的な遊びの形式の一つであり、抑えきれない憤怒から思わず犯してしまいかねない殺人の規制なのだ。決闘が闘われる場所は、競技の場である。武器も、両者まったく同じでなければならない。開始と終了とは、合図によって行なわれる。射撃または格闘の回数も、予《あらかじ》め定められている。いったん流血を見れば、名誉は血をもって償わるべしという要請が完全に貫かれたことになるのである。

古代の戦争の祭儀性と闘技性

本物の戦争のなかで何が闘技的要素なのかということは、厳密に測れないものである。人類の最も初期の文化段階を見ると、部族や個人の闘いのなかではそういう要素は非闘技的な形式の奥にひっこんで隠れているように思われる。未開民族の世界では、その動機が飢えからであれ、恐怖心や宗教的観念からであれ、または単なる血の渇きからであれ、掠奪、暗殺、人間狩りが日常茶飯の慣習として行なわれていたのである。

ところが、戦争という概念が真の意味で生ずるのは、全面的な敵対関係という、特殊な、深刻な事態が起こって、これが個人的な諍《いさか》いと切り離されるようになったときであり、またある程度までそれが家族相互の確執からも区別されるようになったときである。そして、こういう区別がもうけられたことから、初めて戦争は祭儀的領域のなかにおかれる、のみならずさらに闘技的領域にも入ってゆく。こうして、戦争は神聖な事柄に押し上げられ、普遍的な力の判定となり、運命の裁きとなる。手短に言うと、いまやそれは法律、運命、威信などを未分化状態のままに含んでいる複合体の領域に引き上げられるのだ。しかもそれと同時に、戦争は名誉の領域にも到達する。それは一つの神聖な制度となり、その部族が我ものとして身につけているあらゆる精神的・物質的粉飾をまとうのである。

しかしそうは言っても、その後、戦争はいかなる関連からしても、厳しく名誉の法典の定めに従い、祭祀行為の形式をふんで行なわれるようになった、ということではない。野蛮な暴力は、依然としてその力をふるっている。ただ、戦争が聖なる義務、名誉と結びつけられ、そういう考えの光に照らして見られるものになったということであり、またある程度までそれらの形式のなかで実際に「演じ《プレイ》」られるものとなった、ということである。現実に、戦争がどれくらいそういう思想に支配され、影響をこうむってきたかの決定はつねに厄介な問題である。われわれが戦争について知ることのできる史料も、その大半は、同時代人や後世の人々によって、叙事詩、歌謡、年代記のなかにうたわれ、記録されたような、戦争を文学的な目で眺めたもので、そこには多くの美化された描写や浪漫的・英雄的フィクションが働いているのである。

しかしまた、これらの文献が戦争を祭儀的領域、道徳的世界へ引き入れたり、美的ファンタジーの世界へ高めたりすることによって、戦争を醇化《じゅんか》しているのは、すべてその残酷さをおおい隠そうとする煌《きらび》やかな装い、被《かぶ》せものにすぎないと信じてしまうのも、間違いではあるまいか。たとえ、それがフィクションでしかなかったにもせよ、戦争を名誉と美徳の遊びとする考えのなかから騎士道の精神が芽生え、またそれと並んで、国際法の観念が育ってきたのである。純粋な人間性という概念は、この二つのものによって養われたのである。

さてここで、とりどりの文化、さまざまの時代から任意に取り出した幾つかの例によって戦争の闘技的要素、つまりその遊びの要素を明らかにしてみたい。まず初めに、証明の全体を代表することができるものとして一つの特殊な例をあげてみる。英語はいまだに「戦争をする」というのに「戦争を賭ける to wage war」という言い方をしている。すなわち、この言い方は、戦争とはそのむかし、象徴的な「挑戦の徴 gage」を場のなかに投げこむことによって戦争の競技を挑む賭けであった、ということを示しているのである（このgageがかつてはwage——賭ける——と同じものであったことはⅢ章一三六ページを参照されたい）。

　ギリシアから二つの例をとってみよう。伝承によると、前七世紀、エウボイアの二つの都市カルキスとエレトリアのあいだに起こった戦争は、ことごとく競技形式によって戦われたという（当時、商業によって大いに栄えていた両市は、レラントスの沃野の占有をめぐって争った）。戦闘の規定を記したいかめしい協定書が、まえもってアルテミスの神殿に奉納された。戦いを交じえる日時と場所はそのなかに指定してあった。あらゆる飛び道具——投槍、矢、投石器の類は禁じられて、ただ刀剣と槍だけが許可されていた、といわれる。

　もう一つの例はいっそうよく知られたものだ。サラミース海戦の勝利の後で、ギリシア人は「武勲賞《アリスティアー》」と呼ばれる賞を、戦闘のあいだに一番華々しい功業をあげた者に分かつために、地峡《イストモス》に船を走らせた。軍司令官たちは、そこにあるポセイドーンの祭壇で、それぞれ第一の功績者、第二の功績者に対して投票した。ところが、第一の功績者としてはみな自分自身を選んだのに、第二の功績者にはテミストクレースを選んだ者が多く、そのためテミストクレースが最大票を得た。しかし彼らのあいだの嫉妬に妨げられて、この議決は認められないでしまったのである。[*15] 史家ヘーロドトスはミュカーレの戦いについて物語るにあたって、ギリシア諸島とヘレースポントス（ダーダネルス海峡）はギリシア人とペルシア人のあいだで争われる戦争の「功賞 ἄεθλα《アエトラ》」である、と言っているが、これはもうよく用いられる比喩として、あらためて解釈する必要もないものだ（『歴史』第九巻一〇一）。明らかにヘーロドトス自身は、戦争のなかには競技があるという観点の価値について、疑惑をもっていたのである。彼は、クセルクセスの宮廷での仮構の戦争会議を想定し、マルドーニオスの口を藉《か》りて、予《あらかじ》め厳かに戦争を布告し、それから戦場のために美しい平坦な地を選び、そしてそこでたがいに殺戮を行なっては勝者、敗者ともども傷ついてしまうというギリシア人の無分別ぶりに、不信の言葉を吐いている。

「彼らは言語を同じくするのであるから、むしろ先触れや軍使を遣わして戦いを解決せしめねばなりませぬ。また、それが不可能であり、いかんとも一戦は免れがたいとあれば、それぞれ攻撃しあうに最も困難な地点を選ぶように致さねばなりませぬ」[*16]

文学のなかで高潔な騎士道の戦いが描写され、讃えられるときには、ほとんど必ずと言ってよいくらい、同時にそれへの批判の言葉も発せられて、そういうものと軍略的・戦術的有利さというものとを対立的な立場におこうとしているように思われる。この点では、古代中国の事情と西洋中世のそれとの大きな類似は、納得がゆくものである。グラネの描いた封建時代の中国の戦争の様相をみると、そこでも戦争の張本人である王侯が、戦いの場で赫々《かくかく》たる武勲を示して、己の名誉を高めるというのでなければ、それは何ら勝利とは言われないのである。[*17] 勝利とは獲ち得た利益によるのでもなければ、ましてその利益を最大限に利用しつくすことによるのでもない。勝利は中庸の徳を示すことのうちにあるのだ。

晋侯と秦伯は、あるとき野営の軍陣を張って相対峙していたが、いまだ戦端を開くにはいたらなかった。夜、一人の行人（使者）が秦の陣から晋軍のもとに、戦闘の準備を促すために訪れた。「両軍の士ら皆いまだ憖《か》けず（さしたる損傷もなし）。明日請う相まみえん」と。しかし、晋の武将たちは、使者の眼差《まなざし》にどこか落着きなさが隠れており、その声《こわ》音《ね》が確信を帯びていないことに感づいた。いまだ戦わずして、すでに秦は敗れているのだ。秦人は「われらを懼《おそ》るるなり。将《まさ》に遁《のが》れんとすべし。諸《これ》を河に薄《せま》らば、必ず之《これ》を敗らん」（臾駢の言）。ところが、晋の軍営は寂《せき》として声なく静まりかえっていた。こうして、敵は難なく陣を引き払うことができた。名誉心が、そういう勧告に従うことを抑えたのである。なぜなら、「死者、傷者を未だ収容せずして之を棄つるは不恵なり。期を待たずして人に険に薄《せま》る（敵を窮地に陥れる）は勇無きなり」だからである[*18]（胥甲と趙穿の反論。『春秋左氏伝』文公十二年。邦訳は、中国古典文学全集第三巻一〇一ページ）。

勝者はまた、戦場に戦勝の徴《しるし》（京観《けいかん》＝屍を積んでその上に土盛りしたもの）を築くのを拒むほどにも謙抑《けんよく》であった。「武王に七徳あり、我は一だになし。何を以て子孫に示さん。それ先君の霊廟を為《つく》り成事を告げんのみ。武は我が功に非ざるなり。古者明王《いにしえめいおう》不敬のものを伐《う》ち、その鯨鯢《けいげい》（大魚＝悪のかしら）を討取りて之を土に埋め、以て大戮《たいりく》（大いなる誅罰）をなせりとなす。是《ここ》においてか京観あり。以て淫慝《いんとく》（不義）を懲《こら》す。今、晋に罪なく、民皆忠を尽して以て君命に死す。又以て京観を為すべけんや」と（西紀前五九七年、晋を破った楚王の言。『左氏伝』宣公十二年。邦訳は前記一二六ページ）。

野営の軍陣を張るときには、地取りはたいそう慎重に、黄道帯四方位に合せて定められた。それは首都の威容を模したものでなければならなかったからである。こういう種々の規定があったことは、明らかにそれら総体を包括するものとして、ここに祭儀的な領域が存在していたことを示している。[*19] F・ミュレルおよびその他の人々は、ローマ時代の軍陣設営の構造からも、その祭儀的起源を指摘することができると推定しているが、この点はどうであろうか。未解決の問題にしておきたい。ただ中世も後期の一四七五年、ノイス包囲戦のとき、ブルゴーニュ公国のシャルル豪胆公《ル・テメレール》（一四三三〜一四七七）が豪壮に築き上げ、華やかに飾り立てた陣営は、戦争と武術試合との関連を示していること、したがってそれは、戦争と遊びの世界との固い繋がりをもはっきり証拠立てていることは確かである（このシャルル公の宿営については『中世の秋』に記述がある。邦訳二一七、四四〇、四九二ページ参照）。

敵に対する礼節

戦争を高潔な名誉の遊びとしてとらえるところに発して、今日のまったく非人間化してしまった戦争のなかでも、ときおりその姿を現わすことのある慣行の一つに、敵と儀礼を交換するということがある。そういうとき一種の諷刺めいた要素が加わることが多いのだが、このことは、その慣行の遊びの性格をいっそうはっきり表わしているといえる。古代中国の軍侯（晋将欒鍼《らんじん》）は、敵軍楚の子重に一杯の酒を贈ると、子重はいまよりもさらに平和であった過去の名誉の証《あか》しを偲《しの》ぶために、これを受けて厳かに酒を飲んだ。*20 あるいは、まことに鄭重慇懃《いんぎん》に礼法によって挨拶を交わし、グラウコスが青銅の鎧《よろい》をディオメーデースの黄金の鎧と交換したように（『イーリアス』第六書二三四行以下。邦訳は岩波文庫版上巻二二八ページ）、その武器を贈り合った話もある（楚王が晋の将郤至に弓を贈った話。『春秋左氏伝』成公十六年。邦訳一六〇ページ）。

ここで近代ヨーロッパの例を挙げてみると、オランダ・オランニェ王家のフレデリク・ヘンドリク王子（一五八四～一六四七。スペインを撃破した。その宮廷は、文化の中心となる）が采配《さいはい》をとった一六三七年のブレダ城攻囲作戦のときにも、*21 ブレダ市の司令官は、捕獲した四頭立て馬車を丁寧にその所有主ナッサウ伯に送り返し、あまつさえ、伯の兵士たちのためにと九百グルデンの貨幣を添えてやったものだ。敵に対して、嘲りや蔑みをこめた警告を送るということもある。晋と楚のあいだに行なわれたある戦役のとき、晋の戦車の一つがぬかるみにはまって動かなくなった。

楚軍の一人は、とうてい耐えがたいほどの忍耐をもって、どうやってこれを引っ張り出すかを敵方に示してみせたが、彼が晋人からその報いとして受けたのは、「おんみらの国は、逃走することばかり慣れておるのだな」という言葉であった*22（『春秋左氏伝』宣公十二年。邦訳一二五ページ）。一四〇〇年のころ、ヴィルネブルク伯とかいう人物が、アーヘン市に対して、はっきり指定した日時と場所で戦うことを申し入れている。そして、この確執を惹き起こす原因となったユーリヒの代官をも、その際ご同道願いたいと勧告をしている。*23

こういう時と場所の協定こそ、戦争を名誉ある競技であるとし、またそれと同時に裁判としての意味をもった決定であるとして取り扱う考え方の、最も大切な眼目となる点なのだ。闘いの場を設定することは、法廷の場を垣で囲うことと、完全に同じものと見なければならない。古ノルド語の文献にはこの点についての記述がある。それによると、果し合いの場は木釘や榛《はしばみ》の小枝で境界を作り設けるのである（これは広く行なわれていた慣例で、多くの『サガ』の中に見いだされる。その場は「囲い地」garðr といわれた）。この観念は、今日でも英語のなかに、軍事的な意味の規則に従ってなされる「正々堂々の戦い a pitched battle」という表現として生き残っている。これは、直訳すれば「杭《くい》を打ちこんで場を画した戦い」ということである。ただ、そういう場の限界設定が、深刻な実際の戦いではどの程度まで実行されていたか、これをはっきり確認することはむつかしい。本質からすれば、それはすでに一つの祭儀的な形をとっているのだから、ほんものの垣や棒杭にとってかわる何かの徴《しるし》を持ってきて、それで純粋に象徴的な暗示が行なわれただけなのかも知れない。

戦闘のための時と場所をものものしく申し入れることでは、中世史から無数の例が伝えられている。これらの場合にもすぐ分かることだが、それは何よりもまず一つの形式であった。申し入れは謝絶したり、無視したりするのを例とした。アンジューのシャルル大公は、ドイツ国王ヴィルヘルム・フォン・ホラント（一二二七～一二五六）に、「某《それがし》及び某の家臣は、三日の間アッシュなる荒野にて、貴殿をお待ち致す所存に候」と申し入れている[24]（この話は『中世の秋』にも記載されている。邦訳二一六ページ）。

一三三二年、ブラバントのヤン大公は、ボヘミヤ国王ヨーハン・フォン・ルクセンブルク（一二九六～一三四六）に軍使を急派した。彼は軍使を通じて一振《ひとふり》の裸剣を贈るとともに、戦いの場についてと、戦いの日取りを水曜日にということを申し入れさせた。そしてこれにはっきりした回答を求め、また必要ならば提案の修正をも要求した。ところがヨーハン国王は、その他の点では当時の行き過ぎた騎士道の典型的人物だったにもかかわらず、大公に三日間、雨のなかの待ちぼうけを喰わせておいたのである。また、一三四六年のクレシーの戦いは、親書の取交わしから始められたが、フランス国王は英国王エドワード三世（一三一二～一三七七）に対して、戦闘のために二つの場所と四日の日取りを申し込み、さらに、お望みとあればそれ以外の日時と場所を選ばれたいと提議した。[25]エドワード三世は、セーヌ河を渡るのはむつかしいこと、また彼がもう三日も相手を期して空しく待ち受けていたことを返答した。スペインのナヘラでは、一三六七年に、アンリ・ド・トラスタマラ（一三三三～一三七九。トラスタマラ侯兼カスティラ国王）がいかなる犠牲を払ってでも平地で敵に遭遇しようとして、そのきわめて有利な位置をあえて放棄し、そして敗れ去った。

これらの場合をみると、祭儀的形式が宮廷風の社交辞令や騎士的名誉の遊び事に堕しているが、それでも、その根源につねに中心として存在している遊びの性格は何としてもかなり多くを残している。しかし、戦争に勝つということに対する関心があまりにも大きくなってしまうと、そういう関心よりも、根源的な文化のあり方の上に立ち、またそこに意味を見いだしていたこの儀礼の慣行が働くのが抑止される、ということはあった。

儀式と戦術

戦闘を行なう時と場所を申し入れるのと同一線上にある中世の慣習は、戦列体形のなかで断じて「名誉の陣」を張ろうとする要求と、勝利者は戦場になお三日の間踏み止まるべし、という要請である。戦列で先陣を承ることは、特許状によって決められたり、特定の家系のもの、特定の州郡の、世襲的特権のあるものに許されたりしたが、ときにはそれをめぐって激しい先陣争いが起こり、流血の惨事を招くことさえあった。かの有名な一三九六年のニコポリスの戦いのとき、選ばれた騎士たちの華々しさは大いに人目をそばだたせ、にぎにぎしくトルコに対する十字軍の征途についたものであったが、勝利のチャンスはニコポリス一番乗りを争う押問答のうちに空しく失われ、その結果は、トルコ軍によって全滅の憂き目を喫した。

戦場に三日間止まるということも、つねに繰り返されていた要求であるが、ここにローマ法などでいう「三日会期 sessio triduana《セッシオー・トリードゥアーナ》」というものの痕跡を認めることができるかどうかは、未解決の疑問としておこう。とにかくこういう儀式的慣わし、祭儀の慣例は、世界の遠く隔たったあらゆる地域に、同じように伝統的に伝わっている。いずれにしても、これを見て確かに言えることは、戦争の起源は、遊び、闘争、法律、運命、籤占いなどがまだ未分化のままの状態であった原始時代の闘技的領域のなかに求められる、ということであり、またその事実がはっきり認識できることである。[*26]

闘技的原理の効力の限界

闘技的・祭儀的戦争を古代的なものと言っても、それは昔の文化のなかではすべての闘争が規則に則って、競技の形式で整然と行なわれたということでも、現代戦のなかには闘技的要素の余地はまったくないということでもない。どんな時代にも、正しいとされる事柄を擁護して名誉のために闘う人間的理想は存在しているものである。しかし、なまの現実のなかでは、この理想も初めから否定され、損われてしまう。勝とうとする欲望のほうが、名誉感情によって課される自制心よりも大きいのが常だ。かつて数多の民族や王侯たちは、力をもって敵に当たらなければならないと信じて暴力をふるった。もちろん、これに対して人間の文化は制約を加えようとして、大いにこれ努めてはいる。だが現実には、勝利をつかみとろうという願いが、闘っている戦士の心を、何としても非常に強く支配している。そのため、人間的悪がたちまち勝手気ままに動きだし、およそ暴力を強化するために考えられることは何はばからずやってのけるという結果になる。

古代社会は、暴力をふるうことを許される許容範囲を——言い換えれば、戦争の遊びの規則というものを——同じ種族、同等の立場の相手だけに認めるという、ごく狭い圏に限っていた。あくまでも誠実さをもって名誉を守らねばならないのは、ただ同等の立場に立つ者を敵として闘うときだけである。闘う両軍は規則を承認せざるをえなかったであろう。そうしなければ彼らはたがいに戦いをまじえるわけにゆかないからである。同等の高さにある敵と相まみえていたかぎりでは、たしかに彼らも、運を賭けるという心構えや、ある節度を守るという要求その他と結びついている名誉感情の原理に、活力を吹きこんでいたのである。[*27]

ところが、戦闘が自分よりも低位にあるもの——それは野蛮人と呼んでも、またその他何と呼んでもいい——とのあいだに交わされるときには、いかなる暴力の抑制もたちまちけし飛んでしまう。われわれは、バビロニアやアッシリアの王たちが神意にかなう業《わざ》として讃えたような残忍非道の行為によって人類の歴史が汚されるのを見る始末である。この深刻な道徳的無軌道ぶりと手と手を携えて進みつつあるのが、技術や政治の面における種々の可能性の呪うべき進展である。戦時法規というものは、敵方さえも同等の資格をもった存在として承認し、またそこから、名誉ある、礼節にかなった処置を要求するものである。ところが最近の時勢の発展は、戦時法規が苦労してかちとった体制を、ほとんどあらゆる点からみて何の役にも立たぬものにしてしまった――しかもこれは、武装平和の状態のなかでさえすでにそうなのだ。

原初的な、自己讃美に根ざしていた名誉と高貴という理想は、文明が進んで発展した段階では、正義の理想にとってかわられる。いや、そう言うよりも、むしろ後者が、この正義の理想そのものが、前者にまつわりついたといったほうがよい。それを実行に移した結果は惨めなものではある。それでも、はじめは多くの氏族、さまざまの部族が無秩序に並存していた状態から、人間社会が大民族、大国家の共同生活へと長い年月を経て拡大してゆくうちに、それはそういう人間社会のあいだで認められ、求められる規範になってゆく。国際法というものは、「これは名誉に反している、これは規則に背くことだ」という意識として闘技的領域のなかに生まれたのである。

こうして、隈なく考え尽くされ、倫理的に基礎づけられた国際法のもろもろの責務のシステムがいったん確立されれば、諸国家の関係のなかには、もはや闘技的要素を容れる余地はほとんど残されなくなる。そういう体制は、政治的闘争の本能を法という感情に昇華しようとするからである。普遍的に認められた一つの国際法のもとで規制されている諸国家の集団には、理論的にいえば、すでにその内部に闘技的な戦争などあるべき理由はない。それにもかかわらず、そういう国家集団が、遊びの共同体の特質をすっかりなくしてしまったとはけっして言えない。相互の権利が同等であるという規定、外交的なさまざまの形式、条約を遵奉し、戦争を公式的に通告すべき相互義務、これらは形式的には遊びの規則に似かよっている。遊びそのもの、すなわち、秩序ある人間の社会生活の必要が認められているうちは、まだそれらも拘束力をもっているのである。何といっても、この遊ぶということが、すべての文化そのものの基礎なのだ。ただそれらの場合には、遊びという名を名乗る権利は、わずか形式的に保たれているにすぎない。

ところで現実に目を向けると、国際法の体制も、もう全体としては、文化そのものの基礎として認めることなど、とうていできないような局面に達している。諸国家の集団に属するある一つの国、または二つ以上の国々が、国際法の拘束性を事実上否定すると、いやそればかりか、国家的行動のただ一つの規範として、自分の属するグループ——それは国民でも、党派でもよく、階級、教会、そして国家そのものでもよいのだが——の利害関係と権力というものを、理論的に国際法の上におくようになると、遊びの心の最後の名残りさえ、あらゆる文化のなかから消え去ってしまう。それだけにとどまらない。結局はそれと同時に、いっさいの文明そのものが滅んでしまうのである。社会は、こうして原始文化の水準以下にふたたびおちてゆく。こう考えてみると、ここで得られる重大な結論は、遊びの心の擁護ということがなければ、そもそも文化などありうるものではないということになるのは明らかである。

しかし、あらゆる法的拘束力が消え去って、完全に荒廃してしまった社会でも、闘技的衝動というものは失われない。それは、人間性そもそもの資質なのである。第一人者になりたいという先天的な欲望は、そうなっても、やはり対立しあう集団をたがいに駆り立て、血迷った誇大妄想のなかで、かつて達せられたこともない惑わし、欺瞞の頂《いただき》に彼らを導いてゆくことだろう。人々が、歴史を動かしている力を経済関係のなかに見るという古びた教義を信奉しようと、また欲望に形式と名前を与えようとしてまったく新しい世界観を打ち立てようと、結局のところ根底にはいつも、ただ勝つことだ、勝ちさえすればよいのだ、という気持があることに変わりはない。ただ、人々はもう、この「勝つこと《ゲヴィンネン》」が「利益《ゲヴィン》」にはなりえないということは、よく分かるようになったはずだ。

英雄の理想像

第一人者であることを証ししようとする競争の努力は、文化の黎明のころには、疑いもなく文化を形成し、高める要因の一つであった。素朴な子供らしい心や、身分地位の名誉に対する感情が、生き生きとしていた段階では、それは、まだ幼なかった文化にとって不可避のものである、誇り高い人間的勇気を成熟させるものだった。それだけではない。闘技的な活動はつねに奉献行事に涵《ひた》され、そこから、さまざまの文化形式そのものが育ってゆき、社会生活の構造もそのなかで複雑に組織されてゆく。貴族生活が、名誉と勇気の高潔な遊びというものを目ざして形成されてゆくのだ。だが不幸なことに、古代社会でさえ、冷酷で苛烈な戦いのなかでは、この遊びが現実の行為となるチャンスはまことに乏しかった。そのために、遊びが美的・社会的なフィクションのなかでだけ体験されるものになっていったのも、また已《や》むをえない話である。血まみれの暴力を、高貴な文化形式のなかに呪縛するというようなことは、ほんの部分的にしかできないことである。

だからこそ、共同社会の精神は、高貴な競技のなかや、名誉、徳、美の理想世界のなかで繰りひろげられる、英雄の生涯の華やかな幻想を思い描くことに、いつも変わることなく逃避を求めるのだ。この高貴な闘いという理念が、何といっても、文化的衝動のうちの最も強力な一つだったことは間違いない。それは、中世騎士道や日本の武士道のように、ひとたび武士的修行、儀式的社交遊び、現実生活の詩的修飾へと発展してしまうと、こんどはそういう幻想のイメージそのものが、逆に彼らの文化的態度や個人的な心構え、行動力の上に働きかけ、彼らの勇気を鍛えて剛毅《ごうき》にし、義務感を促して、それを果させるものとなる。あらためて言うまでもないことだが、最高の意味での生の理想、生の形式としての気高い競技というこの体制が、とくに自然に結びつきやすい社会構造がある。それは、ほどよい不動産をもった数多くの武士貴族たちが、聖君として崇める君主を存在の中心動機として集結し、その君主に忠誠を誓い、依存しながら仰ぎ従っている、という社会構造である。自由人が勤労をする必要のないこの種の社会的秩序のなかでのみ騎士道が花咲き、それとともに、そこに欠くことのできない力比べや馬上槍試合が盛んに行なわれる。ただこういう封建的貴族制のもとでのみ、前代未聞の勲功をあげることに幻想的な誓いをかける遊びが大真面目に行なわれる。そこでは、軍幟、紋章が大きな問題にされる。人々は騎士団を結成して、位階、特権をたがいに競い合う。封建的貴族制度のみが、そういうことに耽る暇と雰囲気をもっているのである。

これらの理想、制度、慣習すべてを包んだ闘技的大複合体は、中世ヨーロッパ、回教諸国、日本で最もゆたかな展開をとげた。しかし、ほとんどすべてのキリスト教騎士道の世界よりいっそう明瞭に、これらすべてのものの基本的性格が示されているのは、日出《ひい》ずる国日本においてである。日本の武士が身につけている思想に、世俗の凡夫には真面目なことであっても、勇士には単なる遊びにすぎぬ、というのがある。われわれはまえに、悪口合戦のことを語ったが、悪口合戦の応酬による葛藤も、いま述べた思想によって高潔な武士道的慣行に高められ、武士がそういう英雄的形式を体現したさまを表わすこともある。そういう封建的英雄主義のうちに数えられるものに、高貴な心情の持ち主があらゆる物質に対して示す完全な軽蔑、無視ということがある。日本の大名上杉謙信は、山国を治める大名武田信玄と戦いを構えていた。そのとき、彼は、第三者のある大名が信玄とはなんら不仲でなかったにもかかわらず、信玄に対する塩の供給を断絶したということを知った。謙信はさっそく家臣に命じて敵方にあり余るほどの塩を送らせ（これは今川、北条両氏の話だが、事実は、やはり武田氏と対立して塩を送らなかったのである）、また、「聞く、氏康氏真君を困《くるし》むるに塩を以てすと、是れ不勇不義の極みなり、我れ人と争ふ所は弓箭《ゆみや》にありて米塩《かて》にあらず、請ふ今より以往《さき》塩を我国に取られ候へ……」という書簡を送った。[*28] ここには、またしても遊びの規則に対する誠実というものが見いだされるのである（この話の出典は『常山紀談』。史実としては越後から甲信に塩を送った証拠はないという）。

戦争の文化価値の過大な評価

騎士的名誉、忠誠、勇気、自制心、義務意識という理想が、それらを養った文化にまことに大きな貢献をし、それを高めたことは疑いない。たとえその大部分が幻想であり虚構であったにもせよ、教育と公共生活の面でそれはたしかに個人の能力を向上させ、倫理的水準を引き上げた。そういう文化形式の歴史像は、中世キリスト教や日本の文献を通じ、叙事詩的・ロマン的理想化の衣で美化されて、まことに魅惑的に定式づけられた。しかしまた、そのためにそういう歴史像は、最も優しい心情の持ち主までも動かして、戦争が現実にとった姿を美徳と知識の泉として、繰返し讃えさせるという邪道にも導いたのである。戦争というテーマは、これまで人間が果してきたさまざまの業績の源泉として、ときにやや無思慮に取り扱われてきた。ジョン・ラスキン（一八一九〜一九〇〇）はかつて、戦争はすべての純粋、高貴な芸術の不可欠の前提である、とウールウィッチ士官学校生徒の前で演説したが、こう言う彼はいささか思い上っていたようだ。「これまで、偉大な芸術はすべて、戦士たちの国民の胎内にのみ宿ってきました。――偉大な芸術はただ、戦争の基盤の上に立って初めて可能なものであります」。さらに彼は、歴史の実例の扱い方に、ある素朴さ、浅薄さを露呈しながらも、こうつづけている、「手短かに申しますと、私はこういうことを見いだしたのであります。それは、すべての大民族がかち取ったその言葉の真理、思考の鋭さは、ただ戦争のなかで学びとってきたものだ、ということであります。戦争から養分を汲み、平和によってそれを浪費しつくすのであります。戦争によって教えられ、平和によって欺かれるのであります。戦争によって訓練され、平和によって裏切られる――ひと言で申せば、彼らは戦争のなかに生まれ、そして平和のなかで息絶えるということであります」。

　この言葉のなかには、もちろんいくらかの真実はある。しかもその真実が、適切な言葉で述べられている。ところがラスキンはすぐに、彼の独特なレトリックを引っ込めてしまうのだ。これはどんな戦争についてもそう言うことができるのではない、と。彼が言おうと意図しているのは、初めからただ「人類に自然にそなわっている活動性と闘争の歓びというものが、普遍的な共感によって訓練されて、美しい――おそらくは宿命的でもある

――遊びという形式に高められてゆく場としての戦争、すべてのものの根底にある創造的な戦争」なのだ。彼は、人類がその初めから「一つは生産者の、他の一つは遊ぶ者のという二つの種族」に分けられていた、と見ている。後者は戦士の本質をもち――「その怠惰を誇りとしていて、したがっていつも気晴しを必要としているのでありますが、そういうとき、彼らは生産的、勤労的階級を、一部分は家畜として、また一部分は彼らの死の遊びにおける操り人形とか碁石のごときものとして、利用するのであります」。

このラスキンの言葉には、深い予感と安っぽい思想的混迷が入り混っている。だが、ここで大事なことは、ラスキンが古代文化のなかには遊びの要素があったと正確に認識していたことだ。彼にしてみれば、創造的戦争の理想はスパルタと中世騎士道において現実になっていたのであった。しかし、いまわれわれが引用した言葉のすぐ後で、彼の真摯な、優しい心が、その論理の飛翔しようとするのを裏切っている。アメリカ南北戦争の残虐さの印象のもとに行なわれた演説では、彼は現代の戦争――一八六五年の戦争のことである――の痛罵に転身しているのである。[*29]

人間のもろもろの美徳のなかでただ一つだけ、古代の貴族的・闘技的な戦士生活から、まっすぐに育ってきたように見えるものがある。忠誠がそれだ。忠誠とは、ある人物、ある事柄、ある観念への献身ということである。しかもその場合、なぜそれに忠誠を尽すのかと献身の理由をそれ以上論議したりすることもなければ、この献身はいつまでつづくのかと、その永続的拘束力を疑ったりすることもありえない、そういうものである。これは、遊びの本質と多くの点で共通する態度である。この美徳は、その形の純粋さ、その倒錯の凄まじさによって、歴史のなかで強い酵素の役割を果すものだが、その起源を直接に遊びの領域にあると推定しても、こじつけがすぎるということはあるまい。それはどうあろうとも、とにかく文化のもろもろの価値の輝かしい開花、豊饒な稔りは、騎士道の地盤から拓《ひら》かれたのである。このうえなく高貴な内容をもつ叙事詩や抒情詩、彩色ゆたかで、気紛れな装飾的芸術、華やかな儀事の形式。中世騎士から十七世紀の「君子《オネトンム》」、そして近代の「紳士《ジェントルマン》」へ、一本のまっすぐな線が貫いている。ヨーロッパ・ラテン系の諸国は、この忠誠という徳の礼拝のなかに、宮廷的恋愛の理想を引き入れ、その二つをひそかに織り合わせた。そのため、長い時の経った今日、われわれにはどちらが経糸《たて》で、どちらが緯糸《よこ》なのか、ほとんど見分けられなくなっている。

まだもう一つ、言うべきことが残っている。われわれが多くの民族に伝承として伝わる騎士道から知ったとおり、これをすべて文化の美的形式として語ってしまうと、この制度の祭儀的背景を見失う危険を冒すことになるのである。後の世に残された歴史、芸術、文学から見て、われわれがただ美しい、高貴な遊びと想像しているものも、実際には、かつて神聖な遊びであった。騎士叙任式、馬上槍試合、騎士団、誓約は、疑いもなく遠い原始時代の成年式の慣習のなかにその起源がある。この長い発展を繋ぐ鎖の環の一つ一つは、もうわれわれにははっきり指摘できないものになっている。ただ、中世キリスト教世界の騎士道というものがあって、これが過去に繋がる、ある長く忘れられていた文化要素を、主として人為的な力で辛うじて維持し、また部分的には、それをよみがえらせもしたということは、われわれも知るとおりである。名誉の典範、宮廷作法、紋章、騎士社会、馬上槍試合など、これら豪奢《ごうしゃ》な舞台装置が、中世の後期にはどのような意義をもつものであったか、その問題は、私は別の著書で述べようと試みたことがある。[*30] 何よりもこの分野が、私に文化と遊びの内的関連を明らかにしてくれたのである。

(1) Ⅱ章「遊びと闘争」を見られたい。

(2) Ⅲ章「文化因子としての闘技的原理」を見られたい。また拙著『中世の秋』(シュトゥットガルト・一九三八、第四版)一四一ページをもご覧願いたい(中央公論社版『中世の秋』では二一四ページ以下)。

(3) 戦争を表わすオランダ語「オールロホ oorlog」の語原をどう解したらよいか、これはまだ完全には明らかにされていない。しかし、いずれにしても、それはやはり祭儀の領域に属するものではあろう。oorlog に対応する古代ゲルマン語の意味は、闘争とか、ある人に「与えられた」運命とかいう意味と、誓いによる結びつきが解消してしまった状態を表わす意味の間を動揺している。しかし、それがどんな場合でも完全に同じ言葉であるとは言いきれない。
(4)J・ヴェルハウゼン『メディナのマホメット』（ベルリーン・一八八二）五三ページ。
(5)グラネ『中国文明』三一三ページ。なお、ヤン・デ・フリース『古代ゲルマン宗教史』第一巻（ベルリーン・一九三四）二五八ページを参照のこと。
(6)グレゴール・ド・トゥール（ゲルマン史資料、メロヴィング王朝史料二巻二）。
(7)フレデガーリウス前掲書第四巻二七ページ。
(8)拙著『中世の秋』一三四ページ以下を見られたい〔邦訳二〇八ページ〕。
(9)そこに引用された証言については、また一五二八年八月一四日のエラスムス・フォン・ロッテルダム宛のエラスムス・スヘッツの書簡を見られたい（エラスムス書簡集第七巻二〇二四番三八以下。二〇五九番九）。
(10)H・ブルンナー、C・シュヴェーリン前掲書五五五ページ。
(11)R・シュレーダー『ドイツ法制史教科書』（ライプツィヒ・一九〇七。第五版）八九ページ。
(12)『中世の秋』一三八ページ以下を参照〔邦訳二一一ページ〕。
(13)W・ブラックストーン前掲書三三七ページ以下。
(14)ハリソン『テミス』二五八ページ。
(15)ヘーロドトス『歴史』第八巻一二三～一二五〔新潮社版、青木巌訳五〇八～九ページ〕。
(16)ヘーロドトス第七巻九、第九巻一〇一〔前記の三九〇、五五六ページ〕。

(17) グラネ『中国文明』三二〇〜二一ページ。
(18) こういう利を図ろうとする試みは、宋の襄公と楚の間の戦いにもある。前掲書三二〇ページ〔いわゆる「宋襄の仁」として知られる説話のことで、出典は『春秋左氏伝』の「僖公二十二年」である。邦訳六七ページ〕。
(19) 前掲書三一一ページ。
(20) グラネ前掲書三一四ページ〔『春秋左氏伝』成公十六年。邦訳一六一ページ〕。
(21) つまり、ベラスケスの筆で永遠のものとなった一六二五年の攻囲戦ではない。
(22) 前掲書三一六ページ。
(23) W・エルベン『中世戦争史』(史学雑誌第十六付冊。ミュンヘン・一九二九)九五ページ。
(24) メリス・ストーク『韻文年代記』(W・V・ブリル刊、ユトレヒト歴史協会著作集ニュー・シリーズ四〇〜四二巻)第三巻一三八七。
(25) エルベン前掲書九三ページ、および『中世の秋』一四二ページを見よ〔邦訳二一六ページ〕。
(26) エルベン前掲書一〇〇ページ、『中世の秋』一四〇ページ〔邦訳二一四ページ〕。
(27) 中国の事情については、グラネ前掲書三一四ページ。
(28) 新渡戸稲造『日本精神』(東京・一九〇五)九八、三五ページ〔『武士道』の英語版〕。
(29) 『野のオリーヴの花冠。産業と戦争についての四講』第三部「戦争」。
(30) 『中世の秋』第二章〜第十章。

VI　遊びと知識

競技と知識

自分こそ第一人者だと証明しようとする衝動は、社会がそれを発揮するチャンスを数々提供してくれているとおりであって、じつにそのチャンスの数だけのさまざまな形で表わされている。世の中には闘わねばならぬことはいくらでもあるのであり、人々はそれらのことをその数だけのさまざまなやり方でたがいに闘いあうのである。はたしてうまくゆくかどうか分からない籤《くじ》を引いて吉凶を占いもすれば、肉体的な力や技能を競いもし、血腥《ちなまぐさ》い闘争をたたかわせたりもする。勇気や忍耐力を競い、技芸や知識を比べあい、また大言壮語ぶりや騙し方を競争する。力比べ、試験、芸当が課されることもある。それは刀剣を造るという鍛冶の課題であったり、巧みな韻を考案する詩の問題であったりする。質問が出され、それに答えるということもある。また、この競争は神託、賭け、訴訟、願《がん》かけ、謎などの形をとることもできる。だがどんな形をもったものでも、本質においてそれらがすべて遊びであることに変わりはない。出発点は遊びの性格のなかにあり、そう考えることによって、われわれはそれが文化に対して有する機能を理解することができるのだ。

すべての競技の初めには遊びがある。すなわち、ある空間的・時間的限定のなかで、特定の規則、形式に従いながら緊張の解決をもたらすもの、それも日常生活の流れの外にあるものを作り出そうとする協定がある。ここでは、完成されねばならない目標、つまりかち得られねばならない結果というものは、ただ二義的な意味で遊びの課題の上に付け加えられる問題にすぎない。

いかなる文化のなかでも、競技の慣習はみな同じであり、人々がそれに与えている意味もまったく変わらないのだが、この驚くべき同種性というものが非常に特徴的なのである。このほとんど完璧なまでの形式の同一性それ自体が、遊びとしての闘技的心性というものがいかに人間の精神生活、共同生活の底深くまで根を下ろしたものであるかを、すでに証明しているのだ。

おそらく、まえに取り扱った法律や戦争の分野より、さらにはっきりと古代文化のこの同一性を物語っているのは、知識、学問の競争の世界であろう。大昔の人にとっては、何かなしうる、何かやってのける勇気があることは、力を意味した。しかし、何かを知っているということにいたっては、魔力だったのである。すなわち、彼にとっては物事の一つ一つの知識はいずれも聖なる知識であり、秘密をおびた、魔力的な知恵なのだ。彼にとってはどんな知識でも、ことごとく世界秩序そのものと直接の関係があるからである。物事は神々によって定められ、宿命として規定されたことで秩序ある経過をたどるのだし、生命の保持と人類の福祉のため、祭祀として進められてゆくことで、正しい軌道にのるのである。古代インドの呼び方でいうならば、この「天則 ṛta《リタ》」というものは、人間が神聖なもろもろの事物と、それらの秘密の名前についての知識をもち、また世界の発祥、起源についての知識を身につけることによって、何よりもかたく守られる、とされていた。

こうして、聖祭のときには、そういう知識に関する競技が催された。言葉として語られることによって、世界秩序に対する働きかけが生きたものになるからである。奉献の聖儀に関する知識を争いあうさまざまの競技は、祭祀の最も奥深い層に根を下ろした行事であり、祭祀の本質的な一成分をなしていた。奉献祭司は人々に対して、次々と順番にとか、あるいは挑みに応じてという形で、さまざまの質問を突きつけるのだが、これは言葉の全き意味での謎である。形式、傾向からみれば、それは社交遊びとして普通に行なわれている謎解き遊びとまったく同じものである。そういう謎解き競技の機能が、古代インドのヴェーダ文学に見るようにはっきり現われている例は、ほかにない。供犧の大祭には、これらの競争が供犧式そのものと同じように、祭事の本質的な部分を形づくる。祭僧（婆羅《バラ》門《モン》）らは事物の起源について「知恵比べ Jātavidyā《ジャータヴィディヤー》」をたたかわせたり、「梵問答

Brahmōdya《ブラフモーディア》」と訳せば最もよいと思われる宇宙の最高原理についての神学問答をやりとりするのである。これら神聖な遊びの名からすぐに推定できることがある。それは、そこで問いとして持ち出されているものが、まず第一に宇宙の創成、発祥に関する問いであったということである。『リグ・ヴェーダ讃歌』（前一二〇〇年ころの最古のヴェーダ文献。バラモン教の根本聖典で一〇二八歌よりなる）のなかの多くのものは、そういう競技から直接に生まれた詩的堆積を含んでいる。たとえば、『リグ・ヴェーダ讃歌』第一巻一六四歌では、問いの一部は宇宙のもろもろの現象に向けられているし、答の一部は供犠の祭式の細目にかかわりがある。

> われ、汝に大地の尽きるさいはてを問はん。われ、汝に大地の臍《ほぞ》のいづこに在るやを問はん。われ、汝に雄々しき種馬の種につき問はん。われ、汝に弁論の最高の場をば問はん。[*1]

第八巻二九歌では、典型的な十箇の謎の形で、最も位階の高い神々とその持物《じぶつ》（属性）とがうたわれているが、それらの問いのたびに、答として神々の名前がつづけられねばならないのである。[*2]

> 神々の一人は赤褐色なし、さまざまに姿を変化《へんげ》し、心裕《ゆた》かなる若者なり。黄金の飾り

もて彼はおのれを装へり――ソーマ（酒神）。燦《きら》めきつつ胎《はら》の内へ降りゆく神あり。そは神々のうちなる賢者なり――アグニ（火神）。

何よりもこれらの讃歌のなかで重いのは、やはり祭式の謎という性格である。そしてこの謎は、祭式の知識と祭式にあたって用いられる多くの象徴の知識があれば解けるものだ。けれども、すでにこの謎形式のなかには、この世に存在する事物の根拠についての、まことに深遠幽玄な英知のきざしが、そっくり芽生えているのである。パウル・ドイセン（一八四五～一九一九。ショーペンハウアーの影響下にあったインド哲学の研究者）は、壮麗な『リグ・ヴェーダ讃歌』第十巻一二九歌を、「おそらく、古代からわれわれまで伝えられた数多くの哲学のなかでも、最も驚嘆に値するもの」と呼んでいるが、これは間違いではない。*3

一、かの時、有《う》なく無なかりき。空界なく、而《しか》してそが上に懸れる天空またなかりき。何ものの蠢《うごめ》けるや。いづくにぞ。何人の庇護《ひご》のもとにぞある。深き淵は水より成れるや。

二、かの時、死なく、不死またなかりき。日と夜の間に差別なかりき。かの唯一者のみ、自《おの》づと、戦《そよ》ぎなくして息吹きせり。これより他のものはなかりき。*4

この最初の二篇の肯定的構造とそれにつづく二篇のなかでは、謎形式は讃歌の詩的構成のあいだに、ただ僅かにうかがわれるにすぎない。しかし、ふたたび疑問形式が戻ってくる。

六、何人の能くこれを知れるや、何人の能く告げ得べきや、この創造のいづこに生《あ》れ、いづこより来りしを……

この讃歌の初まりは、神々を勧請《かんじょう》する祭儀のときに唱えられた謎の歌にあり、そして事実、これはそういうものとして、供犠式に際し実際に行なわれた謎解き競技の文学的沈澱物である。このことを認めるならば、謎の遊びと神聖な世界知とのあいだの発生的関係は、できうるかぎり、最もよく納得のゆく形で説明がついたはずである。

『アタルヴァ・ヴェーダ讃歌』（前一千年ころのもので、元来、呪法から発し、民間信仰を伝える文献でもある）の多くのもの、たとえば第十巻七歌、同八歌は、そういう謎問答がずっと集められている。その順序は雑然としていて統一がないが、ただ、その問いの後に答がつづいているにせよ、もしくは答なしのまま終っているにせよ、ある公分母のもとにそれらはおかれている。

月の半ばは何処へ行くや。歳々と結ばれたる許多《あまた》の月は何処へ行くや。四季は何処へ行くや――われに、そのスカンバを語れかし[*5]。

かの異《ことな》れる二つの形せる乙女、日と夜は、共に何処へ到らんとして、急ぎゆくや。水は何処へ到らんとして流るるや。

いかなれば風は熄《や》まざるか。いかにして心は憩はざるか。何ゆゑに水は真理《まこと》を求めつつ、遂に止ることなきか。[*6]

哲学的思考の発生

存在の摩訶《まか》不思議を目の前にしたとき、太古の人々がそれに恍惚を感じ、衝撃にとらえられたことを示すこれらの証拠をつきつけられても、そこに神聖な詩《ポエジー》、妄想と紙一重の知恵、きわめて深い秘教、いかにも意味ありげな美辞麗句などを、それぞれはっきり区別することは、とうていわれわれにはできない。この古代の祭官詩人の言葉は、われわれにとってそうであるのと同じく、彼ら自身にとってもやはり閉じられていた未知なるものの扉のほとりを、たえず彷徨《ほうこう》しながら発せられた言葉なのだ。いまはただ、それについて次のことだけは言えるであろう。この祭祀的競技のなかで哲学的思考が、空疎な遊びからではなく神聖な遊びとして誕生したのである、と。知恵は、そこでは神聖な業《わざ》、芸当として人前で演じて見せるものであった。こういうところで哲学が遊びの形式のなかから芽生えてきたのだ。

ところで、およそ世界に存在する総てのものはいったいどうして生まれたのかという宇宙開闢《かいびゃく》論的な疑問は、何としても人間の心をとらえた最も根源的な問いの一つである。実験的児童心理学は、六歳の子供が持ち出す質問の大半は、事実、宇宙開闢《かいびゃく》論的な類のもので、たとえば、ダレガ川ヲ流シテイルノ、ドコカラ風ハ吹イテクルノ？　というのから、さらには死ンジャッタッテ何ナノ？　というふうな質問まであることを教えている。[*7]ヴェーダ讃歌の謎問答は、ただちに『ウパニシャッド』の幽玄神秘な箴言《しんげん》へ通じている。しかし、いまわれわれの課題は、聖なる謎の哲学的内容を検討することではなく、むしろその遊びの性格をもっと詳しく分析し、その文化に対する意義をできるかぎり明快に指摘することである。

謎解き競技は祭祀の一部である

謎解き競技は、けっして娯楽事などではない、供犠祭祀の本質的な一部分をなしているのである。謎を解くということが、供犠の式そのものと同じで、不可欠なのだ。[*8]謎を解くことによって、神々を否応なしに動かしてしまうのだ。ところで、この古代インドの慣習に対応する興味ある風俗が、中部セレベスのトラジャ族のあいだに見いだされる。[*9]彼らの祝祭の場合は、謎の課題に厳しい時限の制約がある。それは稲が「孕《はら》んだ」のと同時に催され、収穫が始まるまでずっとつづけられる。謎の「出来《しゅったい》」が、稲穂の「出来《でき》」を増進するからである。謎が解き当てられるたびに合唱隊は相槌《あいづち》を打って「いざ、稔《な》り出でよ、われらの稲よ。稔り出でよ、たわわの穂よ。高きは山中、低きは谷の底までも」と、祈事《ねぎごと》を唱和する。この期間に先立つ季節には、あらゆる文学的活動が禁じられている。稲の発育をさまたげる惧《おそ》れがある、というのである。そこでは、「ワイロ wailo」という一つの言葉が謎を意味するのと同時に、住民の主食として稲に駆逐されてしまった野生の穀物、つまり黍《きび》をも表わしている。[*10] また、スイス・グラウビュンデン州のある民衆遊びについて、どこかで言われていたところによると、人々は「穀物がもっと豊かな稔りを生みますようにとて、愚かしい濡れ事を致しまする」とある。[*11]

ヴェーダ文学、ブラーフマナ文献（前八百年ころの祭式の文献で、インド最古の散文物語）に多少とも通じている人なら、そこでもろもろの事物の起源について与えられている説明はきわめて雑多であって、たがいに矛盾撞着《どうちゃく》しており、混乱したり、牽強《けんきょう》付《ふ》会《かい》だったりするのが例であるのを知っている。一貫した意味の繋がり、明快な意味の筋道は、それらのなかには見つからないというのが普通である。しかしこの宇宙開闢論的な思弁の基礎には遊びの性格があるということ、それらの説明がもともと祭式の謎から由来しているということに眼をとめてみよう。そうしてみると、それが混乱している理由にしても、ある特定の供犠式を他のものの上位に立たせようとする祭官たちの悪知恵とか、虚栄的な貪欲とかのせいにすることはないし、またそれを遊びの気紛れに帰着させたりする必要もない。[*12] むしろ、それら無数の矛盾しあう解釈が、そっくりそのまま祭儀の謎の解決になっていたのだ、ということが分かってくるであろう。

謎は神聖な、つまり危険な性格をもっている。この性格は、神話や祭式文の本文のなかにある謎が、ほとんどつねに、ドイツ文献学者のいう「首の謎 Halsrätsel《ハルスレーツェル》」になっているという点に示されている。すなわち、その課題には生命が賭けられる。生命は賭けの質なのだ。生命が賭けられて——遊びの上に立って——いるのである。この特徴に応じて、誰にも答えられない謎を出すということが、最高の知恵と見なされることになる。この二つの性格は、供犠の際に列席した婆羅門たちに対し、千頭の牛を賞に賭けて神学的な謎解き競技を催した、古代インドのヴィデーハ国ジャナカ王の物語のなかに、統一された形で見いだされる。[*13] 王は、われと思わん者は牛を外に連れ出せと言うが、誰も応ずる者がない。そこで自分の勝ちを予期した大賢ヤージニャヴァルキヤ仙は、みずから立って牛を会堂の外に追いやり、それから、鮮やかにすべての論敵を打ち破った。答えることのできなかった一人ヴィダグダ・サーカルヤは、たちまちその首を胴体から切り落されてしまう。これこそまさに、問いに答えることができなかったために斬首に処されるという主題の教科書版であろう。最後に、もう誰もそれ以上質問を持ち出そうとしなくなったとき、ヤージニャヴァルキヤ仙は勝ち誇って叫ぶのだ。

「崇うべき婆羅門学者の方々よ、おんみらのうち、お望みの方あれば、われに問いを発したまえ。あるいは、おんみら御一同が問いたまうも又よい。また、お望みの方あれば、われより問いを発しよう。いや、おんみら御一同に対して問うもよいぞ」（中央公論社『世界の名著』第一巻『バラモン教典』所収。服部正明訳。八二ページ）

遊びの性格は、ここではまったく鏡にかけて見るがごとく明らかである。神聖なる伝承が、ここでは、みずから遊んでいる。この物語が聖典のなかに採り入れられたのは、これが真面目なものだったからではあるが、じつはその真面目さの度合も、謎を解くことができなかったばかりに首を失うということが本当にあったのかという疑問と同じではっきりしないし、またそんなことは究極のところ、どうでもよいことだ。大切なのは、遊びのモチーフそのものである。

ギリシアの伝承のなかにもまた謎解き競技のモチーフが見いだされる。そこでは、いわば摩滅した形としてであるが、予言者カルカース（トロイア戦争のアカイア軍に随行した大占師。『イーリアス』第一、十三書などにみえる）とモプソス（予言者。アポローンとマントーの子）の物語のなかに、敗北を命で償うという例がある。カルカースには、彼自身よりも賢明な予言者に出会ったならば、その命を失わなければならない、という予言が与えられていた。彼はモプソスに出会い、その家に招かれて謎解き競技を始めたが、勝ちはモプソスのものとなった。カルカースは悲嘆から死んだ、あるいは、憤激から我とわが命を絶ったという（アポロドーロス『ギリシア神話』二〇四ページをみよ）。そして、彼の信奉者たちはモプソスについてしまった。[*14] この場合にも、「首の謎」という主題が堕落した形をとって再現していることは明らかだと私は思う。

古代ノルド文学の質問競技

生命を賭けての質問競技は、エッダの伝承のなかでも、ゆるがぬ主題の一つである。『ヴァヴスルーズニルの歌』*Vaf þrúðnismál* のなかでは、主神オーディンは、天地創成時代についての知識の持ち主である全知全能の巨人ヴァヴスルーズニルの知恵と、自分の知恵との優劣を競っている（巨人族は神々より先に存在していたから、人界を超えた物事についての知識をもっているのである）。それは言葉の全き意味での一つの賭け、運試しであって、そこに賭けられているのはやはり首である。初めまずヴァヴスルーズニルが質問し、それからオーディンが問いをかけている。質問は神話的・宇宙開闢《かいびゃく》論的な種類のもので、ヴェーダ文学の「いづこより日と夜は来りしか。いづこより冬、夏は訪れしか、風はいづかたより吹き来れるや」という例に対応している。『アルヴィースの歌』*Alvíssmál* のなかでは、雷神トールが矮人アルヴィースに、世界のさまざまの事物（たとえば、地、月、太陽、雲、風など）がエーシル神族やヴァニル神族（エーシル神族に対立する神々で、豊饒と富とを司どる）のあいだではどう呼ばれているか、人間界や巨人、矮人、魔霊の世界、さらに冥界ではどう呼ばれているか、とその呼び方をたずねている。だが、競技のまだ終らないうちに夜が明け、朝の光にあたった矮人は石に化してしまう（小人、巨人は冥界の存在なので、太陽にあたるとこのようなことになるのである）。『フィエルスヴィズの歌』*Fjölsvinnsmál* も同一形式をもっている（魔女グローアの息子フィエルスヴズと乙女を守護する巨人スヴィプィダグの問答）。『ヘイズレク王の謎』*Heiðreks gátur* のなかでは、ヘイズレク王が、彼に解くことのできない謎を提出した者があれば、誰であれ、死の判決を猶予する、という誓いを立てたことが主題になっている。これらの歌のほとんどは、たしかに最後期のエッダに数えられるもので、研究家が、これらの作者の意図は詩的な戯れ以上のものではなかったと見ているのは正しいかも知れない。とはいってもそれが、形式の点で、はるか過去の、神聖な原始的謎解き競技の形を引き継いでいる事実は少しも動かせない。

謎問答の答は思慮分別とか論理的判断、推理によって見いだされるのではない。それは文字どおり、質問者が被問者にかけた鎖が突然に解けるものとして解決される。だから、正しい答は一挙にして質問者を打ちのめし、無力にしてしまう。原則として、どんな質問に対しても答はただ一つである。そしてその答は、遊びの規則を知っていれば見いだすことができるのである。遊びの規則とは、この場合、文法的なもの、詩的なもの、あるいは祭式的なものがそれである。つまり、われわれは謎の言葉というものを知っていなければならない。車輪、鳥、牛などの象徴が暗示しているのは、世の中のもろもろの現象のうちどの範疇のものであるかに通じていなければならない。しかし、質問者が全然予期していなかったような、それでいて規則ともぴったり一致する第二の答が可能であるという事態になると、質問者の立場はひどいことになるかも知れない。彼は自分でしかけた穽《わな》に落ちたことになるのである。その反面、同じ一つのことが、象徴的にさまざまの違ったイメージで説明、表現されるということもある。つまり、一つのものが、多くの、それぞれ異なった謎問答のなかに、それぞれ違った答として隠されているということもありうるのだ。また、謎の解決が、さきに引用した『ヴァヴスルーズニルの歌』のように、事物のもつ特定の神聖な呼び名または秘密の名前の知識だけにかかっているということも、しばしばある（この点は、『アルヴィースの歌』『フィエルスヴィズの歌』も同じである。Ⅶ章三二四ページ以下をも参照）。

しかしここでわれわれが問題としなければならないのは、謎の形式一般を理解するということでなく、謎の遊びの性格とは何か、文化のなかで謎はいかなる機能をもっているか、ということである。「謎」はドイツ語ではRätsel《レーツェル》、オランダ語ではraadsel《ラートセル》、英語はriddleである。ところで、これがドイツ語の動詞の「推量する、解く erraten《エルラーテン》」の意味と結びつくのは当然だが、一方「忠告 Rat《ラート》」「忠告する raten」とは、どういう意味論的、語原学的関係から結ばれるのかという問題が出てくる。しかしいまは、それに深く立ち入るべきではないだろう（ドイツ語 raten には、謎を判ずる、解きあてる、という意味もある）。ちなみに、オランダ語の動詞 raden にも、今日なお、忠告するという意味と、解決する、推し当てるという意味とがある。ギリシア語の場合にも、「謎 *αἴνιγμα*《アイニグマ》」（*αἰνιγμός*《アイニグモス》ともいう）という言葉は、「言葉、箴言 *αἶνος*《アイノス》」と並んでいて、似かよっている。文化史的に観察すれば、忠告、謎、原型的神話、寓話、諺などの表現形式は密接に並びあっている。だがいまは、これらすべての事柄をただ記憶に呼び戻しておくだけにして、謎がその後発展していったさまざまの方向を追求してみなければならない。

われわれはこう判断して差支えないであろう。謎は初め聖なる遊びであった、すなわちそれは、遊びと真面目の境界上に立っていて、ある高い意義を帯びたもの、祭儀にあたって神に奉献されるものであった、しかしまた、そのために遊びの性格を失うということもなかった、と。では、その後はどうなったのか。謎は聖化されて、秘教的教義になる方向へ進むと同時に、社交的娯楽の方向へも分岐していったのである。こういう機能の二重化を、われわれは、真面目なものが冗談に堕落したとか、冗談が真面目の水準まで高まったと考えてはならない。そうではなく、むしろ文明化した生活が、ようやくこの二つの領域のあいだに大きな分裂を作り出してしまい、それをわれわれがそれぞれ真面目と遊びに区別するようになっただけなのだと見るのが正しい。それは根源的な位相のなかでは分かつことのできない一つの精神的媒体を形づくっていたのであり、文化はそういうもののなかで生長してきたのである。

社交遊びとしての謎問答

謎というもの、いやもっと一般的な表現でいえば、課題として出された質問というものは、それが呪術的な働きをするという点は別としても、社交的な交りの一つの闘技的要素として、大切なものである。それは社交遊びとして、あらゆる種類の文学の型やリズム形式に組み合わされる。たとえば、初めの幾つかの質問からだんだん高まりながら、絶えず次々と質問がつづけられてゆく連鎖式質問とか、「蜜より甘いものは何か」式の、より優ったものを順々に追いかけてゆく、よく知られた型の質問などが、それだ。ギリシア人は難問《アポリアー》を課すること、どんな決定的解答も見いだせないような質問を持ち出すことを、社交遊びとして大いに好んだ。それは「首の謎」の弱められた一形式とみなすことができる。運命をはらんだスフィンクスの問いが、いわばそういう遊びのうちにも依然としてひそかに流れつづけているわけである。原則として、命をもらうということが賭けになっていた。やや後の伝承で、この「首の謎」の主題が消化されている例、しかもその祭儀的背景まではっきりうかがわせてくれる典型的な例は、インドの裸行者たちと会見したアレクサンドロス大王の物語が提供している。

大王は、抗戦をつづけるある町を征服した後、あくまで抵抗を説く十人の賢者を自分の前に呼び出した。大王は、彼らに対して、解くことのできない難問を突きつけようと思ったのだ。最もひどい間違いを答えた者が最初に死を給わらなければならない。十人のうち一人がそれを判定する。彼が正しく判定すれば、その生命は救われる。質問の大部分は宇宙論的な性格の両刀論法《ディレンマ》で、ヴェーダ讃歌の聖なる謎問答の遊び的なヴァリエーションである。それは、生者と死者はいずれが多いか、陸と海とはいずれがより大であるか、昼と夜はいずれが先に来るのか、というようなもので、これに対する裸行者たちの答も、神秘的知恵というよりはむしろ論理的な手練手管とも言うべきものであった。最後に、誰の答が最もひどい間違いをおかしていたかという質問に対して、一人が「次に答えました者は、みなそのまえの者よりも間違っておりました」と判定を下した。これで大王の企《たくら》みはすっかり挫折してしまい、誰も殺されることなく無事であった。[*15]

敵を謎の計略にうまうまとのせて勝とうとする企みというものは、本質的にディレンマになる。つまりそれは、必ず解答者の側が不利におちいらざるをえないような質問になるのである。同じことは、二つの解答をもった謎についても当てはまる。その場合、解答のうちの一つは猥褻《わいせつ》なものだが、たいていはきわめて分かりやすい。そういう例は、すでに『アタルヴァ・ヴェーダ讃歌』のなかに見いだされる。[*16]

問答論

娯楽のための謎や教訓のための謎が文学的に展開をとげた形のもののなかには、遊びと祭儀のかかわり具合をきわめてはっきりと示しているため、とくに注目に値するものが幾つかある。その第一は、宗教的あるいは哲学的な内容の問答論で、さまざまの文化のなかに見いだすことができる。主題はいつも同じであり、一人の賢者が他の一人の賢者によって、あるいは次々と数人の賢者によって問いを発せられる、という形になっている。ツァラトストラは、そういうやり方でヴィシュタースパ王の六十人の賢人に対し弁論をふるい、解答を与えている。ソロモンも同様にシバの女王の問いに対して答えている（『列王紀略』上一〇ノ一。「シバの女王エホバの名に関はるソロモンの風聞を聞き及び、難問を以てソロモンを試みんとて来れり」）。古代インドのブラーフマナ文学にたびたび現われる主題の一つは、若き「梵行者 Brahmachārin《ブラフマチャーリン》」がある国王の宮廷を訪れ、そこで長老たちから質問を浴びせられたり、自分のほうから人々に質問を投じたりしているうちに、しだいに生徒から師へ形成されてゆくという話である。この形式が、古代の聖なる謎解き競技と、最も密接な繋がりをもっていることは、あらためて証明する要もない。

この点からみて特徴的なのは『マハー・バーラタ』のなかのある物語である。[*17] パーンドゥ王のパーンダヴァ五王子たちは、森の中を放浪しているうち、とある美しい池水の畔《ほとり》に出た。ところが、そこに棲《すま》いする水の精は、彼らが質問に答えてしまうまでは水を飲むことを許さない。その禁を破って水を飲んだら、一人残らず水底に吸いこまれて命を落とさねばならない。だが、ようやく長兄のユディシュティラ王子が水の精の質問に応ずる用意ができたという。そこで問答遊びが始められるのだが、それは、神聖な宇宙論的な謎から理性の遊び（知恵比べ）への移行を手にとるごとくはっきりと見せ、またインド倫理説のほとんど全部をそういう形式で説いたものになっている。

われわれの見るところが正しければ、宗教改革期の神学的論義、一五二九年、マールブルクで、ルターとツヴィングリのあいだに行なわれたそれとか（同年十月、ヘッセン方伯の催しで、聖餐式の意味をめぐって行なわれ、決裂に終った）、一五六一年、ポワシーで、テオドール・ド・ベーズ（一五一九～一六〇五。フランスの宗教改革者。カルヴァンの信奉者。フランスの宗教改革を促進した。ジュネーヴ大学初代学長）とその同僚が、カトリック高僧たちとまじえたそれなどは、この古代の神聖な慣習から直接つらなる系列にあるものにほかならない。

こういう問答論形式がきっかけとなって生まれた文学的所産もいろいろあるが、そのなかの一つをもっと詳しく観察してみたい。

『弥蘭陀王問経』*Milindapañha*《ミリンダパンハ》は、おそらく西暦紀元のころ集結されたパーリ語の文献の一つで、経典にこそ属していないが、南北仏教徒のあいだで大きな尊敬を払われている典籍である。これは「メナンドロス王の問い」というものであって、前二世紀のころ、ギリシア人によるバクトリア（大夏）統治を引き継いだギリシア・インド系の国王メナンドロス（弥蘭陀《ミリンダ》王）が、仏教の高僧アルハット・ナーガセーナ（那伽斯那）と討論を交わし、ついに仏教に帰依したその弁論を写している（ちなみに、これの漢訳が『那先比丘経』である。山上曹源（一九一八、国訳大蔵経十二巻）、金森西俊（一九三九～四〇、南伝大蔵経五九巻）による邦訳がある）。この著作は内容、趣旨という点では純粋に宗教的・哲学的なのに、その形式、調子はまったく謎解き競技につらなっている。すでに討論のはじまりから、その点は特徴的である。

王は言う、

「尊者ナーガセーナよ、おんみは、われと語らう意志ありや」

ナーガセーナ「賢者の論をもって、大王われと語らんと欲し給わば、われ討論の意《こころ》あり。然れども、大王もし王者の論をもって語らんとし給わば、われその意なし」

「されば、いかに賢者は語り合うや、尊者ナーガセーナよ」

対話はさらにつづく。

「賢者はその意の如くならざるとも、王者の如く、これに怒ることなし」

このようにして、メナンドロス王は、ちょうどアンジューのフランソワ大公によって催された「自慢会《ガベ》」という遊びのように（Ⅲ章一七六ページ参照）、たがいに対等の立場で討論することに同意する。王の宮廷の賢人たちもこれに加わった。五百人のヨーナカつまり王に仕えるギリシア人たちと八万人の仏教僧侶が、聴衆を形づくった。ナーガセーナはときどき挑むかのように「二つの意図をもった、まことに意味深長な、解くに難《かた》い、結び目よりも堅い」

問題を持ち出す。そこで王側の賢人たちは、ナーガセーナが異端的傾向を目ざした陥穽《わな》じかけの質問で、われらを悩まそうとしている、と不平を訴える。事実、それらの多くは、勝ち誇るように投げつけられる典型的なディレンマなのだ。

「いざ、これを切り抜け給えかし、大王よ」

こうして、ソークラテースふうな形式のなかで、仏教教義の根本問題が哲学的定式化をうけて明快に整理され、次々と展開されてゆく。その形式があくまでも遊び的であるのに対し、意図はまったく真摯なものである（平凡社「東洋文庫」に中村・早島訳『ミリンダ王の問い』として全訳されている。なお中村元『インド思想とギリシア思想の交流』（春秋社・一九五九）参照）。

神学的・哲学的論議

スノリ・エッダ（スノリ・ストルルーソンが編集したもの。一二二八年ころの作。新エッダ、散文のエッダともいう）の冒頭の一篇『ギュルヴィ王のまぼろし』*Gylfaginning* も、宗教的問答論のジャンルに属している。ガングレリ（ギュルヴィ王の匿名で歩行者という意味）がハール（オーディンの別名で高貴な者という意味）と論議を始めようとするまえに、ハールはまず七本の剣を巧みに手品のように操って、ギュルヴィ王の注意を自分に惹きつけている。こうしてそれから、賭けの形で問答を始めるのである（同書第二章。これの大要については山室静著『北欧文学の世界』（弘文堂・一九五九）五七～六七ページを参照）。

ゆるやかな推移を辿り、物事の起源に関する神聖な謎解き競争や、名誉、生命、所有財産をめぐっての陥穽《わな》じかけの質問競技は、だんだんと神学的・哲学的論議と結びつけられるようになった。この方向に属するものには、ほかに多くの対話形式があるし、礼拝式の連禱文や、宗教教義の教理問答《カテキズム》もそうである。アヴェスタ聖典はツァラトストラとアフラ・マズダ（ゾロアスター教の善神。光、光明、炎で象徴される）の一連の問答の応酬という形でゾロアスター教義を説いたものだが、この聖典のように、これらさまざまの形式の全部がかたく結びつき、混淆《こんこう》しているものはほかに見られない。とくに『ヤスナ』Yasnaといわれる供犠式のための礼拝文は、原始的遊びの形式の痕跡を多く残している。宗教教義、生の輪廻、祭儀についての典型的な神学問答は、たとえば『ヤスナ』四十四章のように、絶えず宇宙開闢論的問答と入れかわるのである。[*18] その詩句は、どれもみなツァラトストラの言葉でこう始まる。

「これをわれ、汝に問う。われに正しき回答を与えよ、おおアフラ！」

これにつづいて「……する者は誰ぞ」、それから「はたしてわれら……するや」で始まる問いが、交互に放たれてゆく。

「大地を下より支うる者は誰ぞ。而して、天空の落ち来らざらんため、支うる者は誰ぞ」

「風と雲に速度を合わせたる者は誰ぞ」

「恵みさわなる光、闇……眠り、目覚めを創りし者とは誰ぞ」――

そして、終りに至って、このわれわれの取り上げているものが、事実、古代の謎解き競技の名残りであることを洩らしている注目すべき問いが発せられるのだ。

「これをわれ、汝に問う。われに正しき回答を与えよ、おおアフラ！　果してわれ、約束されしごとく、十頭の雌馬、一頭の種馬、また一頭の駱駝を賞として得らるるや、おおマズダよ」――

こういう問答以外の、純粋に教理問答《カテキズム》的な問題は、信心というものの成り立ちとそのあり方に関するものや、善と悪の相違についてのもの、さまざまの浄不浄の問題、悪霊の褶伏《しゅうふく》についてのもの、などである。

まことに、ペスタロッツィの祖国、ペスタロッツィの世紀にあって、子供たちのために教理問答《カテキズム》を書き、それに「小さな謎の本 Rätselbüchlein《レーツェルビューヒライン》」という名をつけたスイスの牧師は、この思いつきが、いかに彼を古代文化史的な関連のすぐ近くにまで導いていったかということには、ほとんど気づかずにいたのであった（この人物は未詳だが、あるいはM. Brenner Eglingerか。一九四八年、スイスでエグリンガーの同名の著書が出版されている）。

メナンドロス王のそれのような神学的・哲学的討論は、結局のところ、後世の王侯が廷臣の学者や異邦の賢人と交わした科学的・スコラ学的性格の宮廷問答にまで真直ぐに連なっている。われわれは、シチリア島にあったホーエンシュタウフェン家の皇帝フリードリヒ二世（一一九四～一二五〇）の手になる二つの質問書を知っているが、その一つは彼の宮廷占星術師ミカエル・スコトゥスへの質問表、またその二は、回教学者でモロッコ人のイブン・サブイーンに宛てたものだ。[*19] 前者は、われわれの主題に関連して注意をひく。太古の宇宙開闢論的なものと、純自然科学的なもの・神学的なものとの混合を示しているからである。大地は何の上に置かれているのか。天は幾つ存在するのか。神々はその王座にいかに坐《ま》し給うのか。地獄におちた者の魂と堕天使の魂の違いは何か。海の水を塩辛くしているものは何か。なぜ風はさまざまの方角から吹くのか。火山の噴火、爆発とはどういうことなのか。なぜ死者の魂は地上に還るのを欲しないように見えるのか、等々――古い響きが新しい声と混りあっている。

イブン・サブイーン宛の『シチリア質問書』は前者よりも純粋に哲学的であり、その調子は懐疑的・アリストテレース的である。しかしこれにしても、やはり古代のそういう類のものに繋がっているのだ。この若い回教哲学者は、率直に皇帝を戒めている、「陛下の御下問は愚かしく、煩わしく、矛盾に満ちております」と。――皇帝はこの無遠慮な叱責をいとも落着きはらって、昂《たかぶ》ることなく受け容れているが、ドイツの彼の伝記作者ハンペは、そこに「人間フリードリヒ」を見、それを讃えている。とにかく、フリードリヒ二世はメナンドロス王のごとく、問答遊びは二人が対等の立脚地の上に立って行なわれなければならない、と知っていた。ナーガセーナの言葉を藉《か》りれば、参加者たちは、「王者の論をもってではなく、賢者の論をもって」対論するのだ。

謎解き遊びと哲学

後期のギリシア人も、謎の遊びと哲学の起源のあいだにある種の関連があることを、まだよく意識していた。アリストテレースの弟子の一人クレアルコスは、諺に関する論文のなかで謎の理論を示し、謎はかつて哲学の対象であったことを証明した。その言うところによると、「古人はそれをもって彼らの教育《パイデイアー》の証拠とするのが常であった」[*20]が、これは、さきにわれわれが知った哲学的な謎解きのあり方と明らかに関係がある。そして事実、これら太古以来の謎問答からギリシア哲学の最初期の業績までを一本の直線で結びつけても、けっして牽強付会ではない。

さて、ここにギリシア語「問題 *πρόβλημα*《プロブレーマ》」という言葉がある。文字どおりに言えば「前に投じられたもの」だが、この言葉自体はどの程度まで、哲学的判断というものの起源が、何かある課題を投げつけて挑戦することにあったのを示すものか、これは決定しないままでおくことにする。ただ確かなのは、知恵の探求者は、原始の最も初期の人々から、後期のソフィスト、弁論家たちにいたるまで、すべて典型的な闘争者の姿をとって現われた、ということである。彼は競争相手に挑みかかり、激しい批判によって攻撃し、自分の説こそ唯一の真実であるとして、古代人に特有な子供っぽい独断で自画自讃する。様式、形態の点で、初期の哲学の例は論争的であり闘技的である。それらの実例は、つねに一人称単数の形で語っている。エレアーのゼーノーンは敵を攻撃するとき、難問《アポリアー》を吹きかけた。つまり、上辺《うわべ》はそれらの問題の前提となっているものから出発するように見せかけながら、そこから矛盾撞着した、たがいに排除しあう二つの結論を引き出してみせるのだ。この形式は、まだはっきりと、それが謎の問題であることを洩らしている。

ゼーノーンはたずねる、「もし、空間が何かものであるなら、それは何ものかの中に入っていることになるではないか？[21]」と。「暗い人」といわれたヘーラクレイトスにとって自然と生命は「謎 *γρῖφος*《グリーポス》」であり、そして彼自身は謎の解決者であった。[22] また、エンペードクレースの箴言も、哲学というよりはむしろ謎の神秘的な解決といった響きを多く持っていたし、それがまとっていたのも、昔ながらの詩の衣である。エンペードクレースの動物の発生によせたグロテスクなまでに奔放なイメージは、古代インドのブラーフマナ文学のあるものの、荒涼とした幻境のなかに嵌《は》めこんでみても、けっして不調和とは言えないであろう。

それ(土)よりは夥しき頸《うなじ》なき頭《かうべ》生じ、肩なき腕《かひな》はひとり辺《あた》りをめぐり、また顔なき眼《まなこ》は中空を浮き漂ひたりき。[*23]

初期の哲学者たちは、予言と恍惚の調子で語っている。彼らの絶対的な自信は、供犠祭司の、または秘教導師のそれだ。彼らの問題はさまざまの事物の「原拠、発祥 ἀρχή《アルケー》」「生成 φύσις《ピュシス》」にかかわりをもっている。だがそれは、遠い太古のむかしから謎形式で持ち出され、神話の形式で解かれてきた宇宙開闢論的な根本問題なのだ。一八三個の世界が二等辺三角形をなして並びあって存在している[*24]というピュータゴラース的イメージのような、驚くべき神話的宇宙論の像のなかから、やがて時の経つにつれて、宇宙万有の形についての理性的思考がほぐれだし、しだいに展開してゆくのだ。

古代哲学は、中国の陰陽の対立がそうだが、世界の万物はそこに本質的にそなわっている存在の根源的対立によって、永遠の闘いを宇宙の歩みのなかで繰り返している、と見なす傾向があった。ここにもとくによく古代哲学の闘技的契機が現われているように思う。ヘーラクレイトスにとっては闘争こそ「万物の父」だった。エンペードクレースは、「愛着 φιλία《ピリアー》」と「反撥 νεῖκος《ネイコス》」を、劫初《ごうしょ》から永遠無窮に宇宙を統《す》べている二大原理として立てた。古代哲学の存在の解釈が対比論のような傾きにあることが、古代社会の対立的・闘技的構造に応じているのは、どうみても偶然ではないのである。われわれは古くから、どんなものをも対立させる二元論においてものを考え、世界が闘争に支配されているとみる見方に馴染んでいる。ヘーシオドスでもまだ、破壊的な闘い《エリス》と並んで、良き闘い、有益な闘争心というものが言われている。

また、この世に存在する万物の永遠の争い、自然《ピュシス》の闘争が、ときには法の争い――訴訟――としてとらえられることがあるが、このこともやはり、世界に存在すると思われているそういう関連に応じてのことなのだ。こういう見方は、われわれを古代文化の遊びの世界の真ただ中に導いてゆく。自然の永遠の争いとは、つまり法廷における闘争なのだ。ヴエルナー・イェーガーによれば、ギリシア人の秩序《コスモス》、正義《ディケー》、応報《ティシス》の観念は、もともと法生活の領域から出た言葉であったのが、世界の流れに対して転用され、こうして世界が訴訟の概念のなかで理解することができるようになったのだという。[*25] 同じように、原因 *αἰτία*《アイティアー》も、初めは法律上の有罪をいう語であったのが、後に一般的に自然の因果関係を表わす術語となった。この思想に形をあたえたのがアナクシマンドロスであるが、ただ惜しむらくは、それはきわめて断片的な形で保存されているにすぎない。[*26]

「けれども、もろもろの存在者は、それが生ずる起源となった原因(無限)によって、また必然的に滅んでもゆく。なぜなら、存在者は時の指令にしたがって、その行なった不正に償いをなし、その罪に報いなければならないからである」

この言葉は、たしかにまったく明晰なものとは言えない。だがいずれにしても、これは、世界《コスモス》はその不正に対して自ら償いをしなければならぬ、という考えである。この言葉がどういう意味で言われたかはさておき、ここにはキリスト教的観念の響きのある、非常に深い思想が、疑いもなく秘められている。しかし、われわれは自問してみなければならない。この言葉には、前五世紀のギリシア都市国家がはっきり見せてくれたような、成熟した国家秩序と法生活の理念が、早くもその基礎にあったのだろうか、[*27]と。それともこれは、もっと古い層の法の観念なのか。まえに述べたように、法という観念が、まだ籤《くじ》を投ずるとか肉体的に闘いあうことだった時代、要するに法生活がまだ神聖な遊びであった時代の法と刑罰についての概念が表わされているのだろうか。またエンペードクレースのある断章は、地、水、空気、火の四原素の激しい抗争について語りながら、時というものはこの四原素に交互に規定されているが、「大いなる誓い」によってそれらの交代する時が満ちてゆく、ということを言っている[*28]（アリストテレース『形而上学』第三巻第四章一〇〇〇b一二に引用されている）。この神話的・神秘的イメージの全貌を理解し尽くすのは、まだとうてい不可能であろう。ただ、この哲学的予言者の思考している領域は、原始文化の生活と思考の重要な基礎の一つである、正義、法を求めて争う闘争の遊びという領域であるということは確かなのである。

(1)『リグ・ヴェーダ讃歌』(A・ヒルレブラント訳、宗教史資料第七集五巻。ゲッチンゲン・一九一三)一〇五ページ(第一巻一六四歌三四節)。
(2)前掲書九八ページ(第八巻二九歌一～二節)。
(3)『一般哲学史』第一巻(ライプツィヒ・一八九四)一二〇ページ。
(4)『リグ・ヴェーダ讃歌』一三三ページを参照(第十巻一二九歌)〔筑摩版『世界文学大系』第四巻「インド集」一二七ページ〕。
(5)『アタルヴァ・ヴェーダ讃歌』第十巻七歌五～六節。文字どおりには「親柱」である。ここでは秘教的な意味で「存在するものの基礎」または、そういったもののこと。
(6)『アタルヴァ・ヴェーダ讃歌』第十巻七歌三七節〔筑摩版「インド集」五一ページ〕。
(7)ジャン・ピアジェ『児童の言葉と思考』(ヌシャテル、パリ・一九三〇)第五章「子供の質問」。
(8)M・ヴィンターニッツ『インド文学史』第一巻(ライプツィヒ・一九〇八)一六〇ページ。
(9)N・アドリアーニ、A・C・クロイト共著『バレエ語を使用する中央セレベスのトラジャ族』第三巻(バタヴィア・一九一四)三七一ページ。
(10)N・アドリアーニ『中央セレベスの黍の名称』(バタヴィア協会雑誌四一号。一九〇九)

三七〇ページ。
(11) シュトゥンプフル『祭祀遊び』三一ページ。
(12) H・オルデンベルク『ブラーフマナの世界観』(ゲッチンゲン・一九一九。一六六、一八二ページ)は、そういう考えに傾いている。
(13)『シャタパタ・ブラーフマナ』十一巻六章三ノ三、『ブリハット・アーラニャカ・ウパニシャッド』三巻一～九章〔高楠順次郎訳『ウパニシャット全書』〈世界文庫刊行会・一九二二〉第一巻五二～八八ページ〕。
(14) ストラボーン『地誌』十四巻六四二。ヘーシオドス『断章』一六〇。またK・オーレルト『謎と謎解き遊び』(ベルリーン・一九一二、第二版)二八ページを参照されたい。
(15) U・ヴィルケン『アレクサンドロス大王とインド裸行者』(プロイセン学士院議事録三三巻。一九二三)一六四ページ。手稿のなかの欠落部分は、この物語の多くの個所の理解をむつかしいものにしており、刊行者による充塡も、私見によれば、必ずしも納得のゆくものではない。
(16) 二〇巻一三三～一三四歌。
(17) 第三篇三一三章。
(18) C・バルトロメー『アヴェスタの偈頌《ガーター》』(ハルレ・一八七九)五八～五九ページ。
(19)『イジス』四ノ二、十一番を見よ(一九二一年)。『ハーヴァード歴史研究』(二七巻。一九二四)、K・ハンペ『質問者としてのフリードリヒ二世。文化史および一般史』(ヴァルター・ゲッツ記念号、一九二七）五三～六七ページ。

(20) C・プラントル『西洋における論理学の歴史』（ライプツィヒ・一八五五）第一巻三九九ページ。

(21) アリストテレース『自然学』第一巻三章二一〇b二二行以下。W・カペレ『ソークラテース以前の哲学者。断章と原典報告。翻訳と序説』（シュトゥットガルト・一九三五）一七二ページ。

(22) イェーガー『パイデイアー』第一巻二四三ページ以下。

(23) カペレ前掲書二一六ページ〔これは新プラトン派の哲学者シンプリキオス『アリストテレース天体論注釈』に引用されている句である〕。近代ドイツの奇想詩人クリスティアーン・モルゲンシュテルンの「膝ひとつ世界をひとり過ぎてゆく……」という幻想は、著しくこれに似ている。

(24) カペレ前掲書一〇二ページを見られたい。

(25) イェーガー『パイデイアー』第一巻二二〇ページ。

(26) カペレ前掲書八二ページ〔シンプリキオス『アリストテレース自然論注釈』二四ノ一三が出典。なお、ハイデッガー『アナクシマンドロスの言葉』（理想社・一九五七）参照〕。

(27) イェーガー『パイデイアー』第一巻一五四ページ。カペレ前掲書八二ページb。

(28) 『断章』三〇。カペレ前掲書二〇〇ページ。

Ⅶ　遊びと詩

ギリシア哲学の起源を、太古に行なわれていた祭儀的な知識競技と関連をもたせて語ろうとすれば、宗教的・哲学的な表現方法と詩的表現方法の境界の上をたえず行きつ戻りつすることになるのは、どうにも避けられない。そこでこんどは、詩的創造の本質とは何かと問うのが望ましいことだと思う。ある意味ではこの問題こそ、遊びと文化の関係についての論議の中心主題をなすのである。いまや高度に組織化されてしまった社会形態のなかでは、宗教、科学、法律、戦争、政治が、明らかにそれらの生まれ育った初期の段階では十分に保っていた遊びとの接触を、しだいに失いつつあるが、これに対し詩をつくるということは、これも初めは遊びの領域に生まれたものでありながら、いまなお依然としてその領域の内部に踏みとどまっているからである。詩作《ポイエーシス》とは一つの遊びの機能なのである。それは精神の遊びの空間の内で行なわれる。精神が自らのために創った固有の世界で営まれている。そこでは物事は「日常生活」のなかでとは異なった相貌を帯び、ものとものとが論理や因果律とは別の絆《きずな》によって結び合わされる。もし、真面目ということを、目覚めている生命の言葉のなかにはっきり断定的に表わされるもの、というふうにとらえるならば、詩はとうてい完全な意味で真面目なものと言うことはできない。それは真面目の彼岸に立っている。子供、動物、未開人、予言者が属している根源的・原始的な層のなかにあり、夢、魅惑、恍惚、笑いの領域のなかにある。詩を理解するためには、われわれは魔法のマントのように子供の魂を引き寄せる力をもち、大人の知恵よりも子供のそれを選ぶことができなくてはならないのだ。もう二百年もまえにジャンバティスタ・ヴィーコ（一六六八〜一七四四）はポエジーのこの原始的本質をとらえて、それをはっきり表現したが、[*1] 結局これ以上に純粋な遊びの概念に近いものはほかにない（デカルトの主知主義に対し、『新科学』*scienza nuova* で詩、言語などの原始性を説いた。邦訳は『新科学の原理』黒田正利訳・生活社）。

「詩とは学識の夢のごときものである Poesis doctrinae tamquam somnium」と、フランシス・ベイコンの意味深い言葉は言う（『諸学の尊厳と進歩』第三篇第一章冒頭にみえる句）。未開民族が存在というものの原拠について作り上げた神話的空想のなかには、すでにある意味の芽が萌えているのであり、それがやがて論理的形式のなかで思考による修正をうけながら、表現をまさぐりはじめる。文献学と宗教学は、この原始信仰の神話的な核心のなかに理解を深めてゆこうと、いつも努力している。[*2] こうして古代文化の全機能が、芸術としての詩、聖なる教義、知恵、祭祀の根源的統一という光のなかに照らされて、新たにとらえられるのである。

予言詩人

そのように理解するための第一前提は、詩はただ美的機能を有するにすぎないとか、詩は美学的基礎から解釈したり理解したりすることができるだけだといった考えから解放されることとである。現に生きて花を咲かせているいかなる文化のなかでも詩は活力ある社会的機能をもつと同時に典礼的機能をも帯びているが、このことがとくにはっきりしていたのが古代文化である。古代の詩はいずれも、そのまま祭祀、祭礼の余興、社交遊び、技芸、腕比べであり、また謎の課題、訓育、説法、呪法、予言、そして競技なのだ。フィンランドの古代叙事詩『カレワラ』第三歌のなかでは、古代祭祀と詩とに固有なそれらすべての動機が一つに結びついているのが見いだされる（邦訳は岩波文庫上巻五六〜七三ページ）。

年老いた賢者ワイナモイネンは、敢然として魔術の競技を挑んできた若い法螺《ほら》吹きの男を、かえって逆に魔法にかけた。はじめ彼らは自然のもろもろの事物について知識を争った後、こんどは物事の起源について秘教的知識を比べあった。ここで若いヨウカハイネンは、天地創造の一部分は自分の力のおかげなのだ、と伴《いつわ》っていう。これに対し老魔法使いは、彼を大地の中へ、沼の底へ、水の底へ閉じ籠めんとばかり激しく歌い唱える。すると、たちまち水は起こって彼の腰から腋窩《えきか》へ迫り、みるみる彼の口は藻の間に沈んでしまう。ついに若者ヨウカハイネンは、老人に彼の妹アイノを妻として捧げようと約束する。

そこでワイナモイネンは、なおも「歌の石」の上に坐ったまま三刻《とき》も歌いつづけて、魔法を消し去り、向こう見ずの挑戦者を呪文から解いてやるのである。われわれがまえに述べたすべての競技の形式が、このあざやかな手練のなかでは統一されている。悪口合戦、自慢会、腕比べ、宇宙開闢《かいびゃく》論の知識の競争、求婚競技、忍耐力の試練、神託——これらが詩的ファンタジーの荒々しい飛翔のなかに姿をみせている。

詩人とは、ラテン語でいう「ヴァーテース vates」——とり憑《つ》かれた者、神に充たされた者、物狂いした者である。と同時に、これらの資格は、彼が人なみはずれた知識の所有者であることを暗に含蓄している。彼は知者なのである。古代アラビア人は、詩人を「シャーイル shāʻir」と呼んでいる（この言葉も、もとはイスラム以前のアラビア多神教の巫術者、予言者、賢者、祭司の類をさしていた）。エッダのなかでは、詩人となるためには蜂蜜酒《ミョズ》 mjǫðr を飲まなければならないが、この酒は、誰が持ち出すどんな質問にも答えられぬことがないという、あらゆる被造物のなかで最も賢明なクヴァシルの血でつくられる、ということが歌われている（「クヴァシルの血」とは詩の婉曲代称法である。三二四ページ参照。この話の出典は『歌人の書』第一章。また山室氏の前記の著六八～七二ページをも見られたい）。こういうもとの形の詩人予言者がだんだん分化してゆき、予言者、占い師、秘法家、そして芸術家としての詩人になり、そこからさらに哲学者、立法者、演説者、煽動政治家、ソフィスト、弁論家などの姿を次々とあらわしてゆく。最も初期のギリシア詩人は、みなその先人の痕跡を残していて、著しい社会的機能をまだ保っていた。彼らは民衆に対して、教育者、警告者として語りかけた。その後、ソフィストが登場するまで、詩人は民衆の指導者であった。[*3]

この予言詩人《ヴァーテース》の姿は、古代ノルド文学のなかでは、いわば多面体の多くの小面《ファセット》の上に一つのものがとりどりの変化像として映し出されるように、「祭祀歌人《スル》 Pulr」のさまざまな姿となってあらわれる[*4]（これは古代英語では Pyle《シュレ》 である）。現代ドイツ文献学は、この言葉を「祭祀の語り役 Kultredner《クルトレートナー》」と翻訳している。祭祀歌人の最も著しい例はスタルカズ Starkaðr という人物であるが、サクソ・グラマティクス（一一五〇ころ〜一二二〇。デンマークの史家）がこれを予言詩人《ヴァーテース》と訳しているのは正しい（スタルカズは『デンマーク実録』*Gesta Danorum* VI章に登場する。エッダには『スタルカズの鼓舞』がある）。祭祀歌人《スル》は、ときには典礼の儀式文の誦者や奉献の聖劇の演技者になるかと思うと、またときには供犠祭司になり、ついには呪術者として姿をあらわすことさえある。単に宮廷詩人、雄弁家にすぎないようにしか思われないこともあれば、その職務を道化と見ればうまく言い表わせることさえある。この言葉の動詞形は Pylja だが、これは、宗教的な素材を朗誦する、魔法にかける、口をもぐもぐと動かす、などの意味である。

「祭祀歌人《スル》」はあらゆる神話の知識と詩的伝承の保持者である。彼は歴史と伝統を知っている博識の翁《おきな》で、祭儀のおりおりには語り役として振舞い、英雄、貴族の由緒ある系譜を誦してきかせるのだ。彼の職務がとくによく発揮されるのは、弁論の競技、または各種の知識の競争のときである。こういう機能をもったものとしては、『ベーオウルフ』のなかでウンヴェルスという人物に出合う（同書八〜九節。邦訳二八〜三三ページ。他に五一、六二ページなど）。われわれはまえに、オーディンと巨人や矮人とのあいだに交わされた知識試合「男比べ《マンヤヴナズ》」のことを語ったが（VI章二七〇ページを参照）、これもまた「祭祀歌人」の活躍する分野の一つである。よく知られた古代英語の詩『剣の人々』*widsið*《ウィードシーズ》や『さすらいびと』（前記、世界名詩集大成第一巻に抄訳がある（三一四ページ以下））も、そういう多芸多才な宮廷詩人の典型的産物のように見える。以上見てきたすべての相は、いかなるときにも祭儀的でなければならないと同時に、またどうしても文学的であることも避けられぬ宿命を負った古代詩人の姿のうちに、この上なく自然に吸収されてゆく。その機能は、神聖なものであろうとなかろうと、つねに遊びの形式の中に根を下ろしているのである。

古代ゲルマンの予言詩人《ウァーテース》の型についてもうひと言。「祭祀の語り役」の中世封建時代での後継者を、一方では中世の吟遊詩人、旅芸人のなかに求め、また一方では先触れ役、軍使のなかに見いだしても、無謀にすぎることはあるまいと思う。この後のもの、先触れ役については、すでに悪口の競技に言及したとき若干触れたことがあるが（III章一七五ページ）、彼らの仕事は古代の「祭祀の語り役」のそれと最も本質的な部分に共通点がある。彼らも歴史、伝承、系譜を憶えている保持者で、儀式のときの語り手であるが、何よりも大言壮語、冗談、悪口を言うことを公けの職務とする存在であった。

詩は遊びのなかに生まれた

詩を古代文化の因子として根源的機能について見るならば、それは、遊びのなかに遊びとして生まれたのである。奉献された、聖なる遊びなのである。しかし、そういう神聖さのなかに生まれながらも、遊びは、いつも悪ふざけ、冗談、娯楽と境いを接しあうあたりにとどまっていた。詩は美の衝動の意識的満足であるというようなことは、まだまだその後も長く言いうることではない。それは、奇蹟の業《わざ》、祝祭の陶酔、神聖な行事をうっとりと体験しているあいだに、もう詩めいた形で言葉に言い表わされていながら、まだその素性は認められもせず、人々の心の奥に潜んでいたにすぎなかった。だが、そんなあり方だけだったわけではない。それと同時に詩的活力は、すべてを引きずりこんでしまう陽気な古代社会の社交遊びや、幾つかの集団のあいだで激しく高潮する競技などにも変化した。春の祭典であるとか、またそれ以外にも、部族の祝日に催される両性の接触形式とかよりも、豊かに詩的表現の能力を実らせるものはなかった。

この最後に述べた光景はこういうことだ。若い男女がふざけたり、からかったりしながら、機知や当意即妙、名人芸を競争して、惹きつけられたり、また反撥《はんぱつ》したりというふうな、長年のあいだ絶えることなく新たに繰り返されてきた遊びの形式が言葉に定着したとき、そこに詩が生まれるのだ。こういう詩も、疑いもなく詩の祭儀的機能と同じであって、それ自体が根源的なものである。ライデン大学のデ・ヨセリン・デ・ヨング教授は、東インド諸島のブールー島（マラッカ群島）と、バーバール諸島（チモール島北東）の実地踏査旅行で、いまなお文化的な遊びとして独特な働きを保ち、もはや洗練されたと言ってもよいものになっている社会的・闘技的な詩について、豊富な材料を集めて帰国した。*5 氏の好意によって、現在まだ刊行されていないその著書から、私はここに、幾つかの詳しい例をお借りできた。

ラナとも呼ばれている中部ブールーの住民のあいだに知られたものに「インガ・フカ Ingafuka」という儀式的交唱歌の形式がある。男たち女たちはたがいに向かいあって坐り、太鼓の伴奏にのせて短い歌をうたう。そのあるものは即興だが、ときにはまえに作られたものを再誦するだけのこともある。この「インガ・フカ」は五種類以上に区別される。それはいつも章句と対句、攻撃と反撃、問いと答、挑戦と応戦が交代する形の上に立っている。ときにはそういう形の上から、謎に接近することもある。最も重要な種類のものは「先行きと追いかけのインガ・フカ」と呼ばれている。それは、どの節も、ちょうど子供の大将ごっこにあるように「みんなで追《っ》いて、後にまわって」という言葉で始められる形のものである。詩の形式的手段をなすものは、同じ言葉を反覆するとか変形させてゆくことによって、主題と反対の主題を結びつける半諧音《アソナンス》（母音だけ一致する脚韻）である。一方、詩そのものの機能は、暗喩、警句、地口、語呂合わせ、または音の響き合わせなどにあって、意味が完全に見失われてしまうこともある。こういう詩は、遊びの領域に属する概念で説明しなければ、解釈のしようがない。つまり、それはさまざまの韻律的規則の微妙な体系のなかで組み立てられている、ということである。そしてその内容はというと、愛欲的なことの暗示であったり、また人生知の戒め、諷刺、嘲笑などであったりする。

すでに伝承となっていて、それを受け継いだインガ・フカの詩聯も、もちろん存在を主張しはするのだが、何といってもここで重んじられるのは、いつも即興である。まえから出来ていた二行連句《クープレ》が巧みな追加、変形によって変えられてゆく。名人芸というものがこの上なく重んじられるし、手練、技巧はいたるところに見いだされる。翻訳によってわれわれに伝えられた実例をみると、その気分、印象はブールー島の文学とまったくの無関係ではないマラヤの「パントゥーン Pantūn」を思わせるところがあるばかりか、遠く隔ってはいるが、日本の俳諧の形式をも偲ばせるのである。

厳密な意味のインガ・フカと並んで、ラナ地方には、これと同じ形式原理に基づいた別の詩形も知られている。たとえば、結婚式の引出物の儀式的な交換のとき、花婿側の一族と花嫁側の一族のあいだで行なわれる「先行きと追いかけ」型による、くだくだしい議論のようなものが、それである。

デ・ヨセリン・デ・ヨング氏はまた、バーバール諸島のウェタン島で、まったく型の異なる詩法を発見している。ここにあるのは、もっぱら即興だけに限られている。バーバール島民は集合しているときでも、ひとりでいるときでも、ブールー島の人々よりはるかに歌うことが多い。仕事のあいだにも歌をうたうことがある。男たちはココナット椰子《やし》の梢《こずえ》に坐り、幹を刻んで樹液を採集しながら、隣の樹の上の仲間をカモにして陰気な哀歌や嘲弄の歌を浴びせかけるのだ。どうかすると、そういう歌が激しい歌の決闘に移行することもあり、これまでにもそのために流血の惨事や殺人を惹き起こしている。歌はすべて二行から成り、「幹」という一行と、「梢」または「冠」と呼ばれる一行とに分けられるが、問いの型と答の型がごちゃまぜになってあまり明瞭に判別できなくなっていることがある。どうかすると、まったく見分けられない場合もある。バーバール島の詩で特徴的なところは、詩の効果が、言葉の意味や音の響き具合を弄《もてあそ》ぶことのなかに求められるというより、むしろ歌い方をどうやって遊びながら変えてゆくか、という点にある。

マラヤの「パントゥーン」は、交錯韻をもった四行詩で、まえの二行はあるイメージを喚起したり、ある事実を確認したりし、後の二行はそれを巧みな、非常に遠くかけ離れた比喩で結ぶという形式である。そしてその全体は、むしろあらゆる点で知恵比べの遊びという特徴を示している。十六世紀までは「パントゥーン」という言葉は、概して譬えとか諺を意味していて、四行詩という意味は従属的なものにすぎなかった。その終りの一行のことをジャワ語で「ジャワブ jawab」というが、これは、答、解決という意味である。つまりパントゥーンは、かつて詩形式として固定するまえには明らかに問答遊びであった。その解決の核心は、韻律を帯びた音の暗示によって与えられる比喩のなかにある。[*6]

疑いもなくこれに近い類縁があるのが、一般に「俳諧」として知られている日本の詩形である。その今日の形はわずか三行の小詩で、一行はそれぞれ五、七、五の音綴をもっており、その多くは動植物界、自然界、人間界の繊細微妙な印象を、ときにはひそやかな抒情的な憂いや郷愁の息吹きによって、ときにはまた軽妙洒脱なユーモアの一閃のひらめきによって喚び出すものである。ここには二つの例をあげておく。

もろもろの心柳にまかすべし　芭　蕉（もとの水）
なき人の小袖も今や土用干　芭　蕉（猿蓑・泊船集）（前句の真の作者は門人岩田涼菟である（水蘆刈）。また後句の「なき人」とは向井去来の妹千子をさす）

この俳句もやはり、もとは最初の作者が詠じた初句から順々に次の詠者へと引き継いでゆく連鎖詩の遊びであった。*7

遊びながら詩を作るという特徴的な形式は、フィンランドの『カレワラ』の伝統的な吟誦法のなかに保存されているが、それは、二人の歌い手がたがいに面と面を向かいあわせて台の上に坐り、手をかたく握り合って、前へ後へと上体を揺り動かしながら詩句の誦詠を競争するやり方である。これと似た誦し方の習慣は、すでに古代ノルド文学の『サガ』のなかにも記されている。*8

社交遊びとして詩を作る、つまり美的意図などはほとんどか、あるいはまったくといってよいほどない詩を、何か別の意図によって作るということは、地上いかなる所にも、ありとあらゆる多様な形式で見いだされる。そういう場合、競技の要素が欠けることはめったにない。それは、一方では、交唱歌、論争詩、歌合戦を支配しているし、他方では、ある目的のための即興詩、たとえば何か魔力を祓《はら》うという課題としての即興詩を支配している。この最後に述べた動機は、さきに語ったスフィンクスの謎とごく近い関係にあることは明らかである。

　すべてこれらの形式は、東アジア地方で高度の発達をとげた。マルセル・グラネは、古代中国の文献の鋭い解釈、再構成を行ない、それに基づいて、そのかみ古代に栄えていた、若い男女が季節の祭礼のときに演ずる問答遊びの唱和の実例を、豊富にわれわれに示してくれた（前記の『古代中国の祭礼と歌謡』。邦訳ではとくに一一四～一三〇、一八〇～一九四、一九九～二〇六、二八四～三〇〇ページを見よ）。この風習はアンナンでも現に生きつづけている。そのことはアンナン学者ニュイエン・ヴァン・ヒュイエンによって、すでに別の関連から言及しておいたその著書のなかで詳しく指摘されている（本書一四六、二〇九ページを参照）。

　そこでは、乙女への求愛を表わす詩的論議がいろいろ行なわれるのだが、それはときには一連の諺からなっていて、後で愛の揺がしえぬ証明として役立てられるのである。これとまったく同じ形式のもの、つまり詩の形式を踏んで論議が行なわれるというとき、その詩の各節の終りが諺で結ばれるような形式のものは、十五世紀のフランスで行なわれた問答歌débats《デバ》（魂と肉体、水と火など擬人化した人物の間での「論争」の趣向をとったジャンルの名）で慣例となっていた。

愛の法廷

ところで、一方に古代中国文学やアンナンの民俗生活のなかに詩的形式をとって現われる祭礼的な愛の弁論をおき、他方に古代アラビアの悪口合戦《ムナーファラ》、名誉競争《ムファーハラ》や、エスキモー人のあいだで訴訟にかかわる位置を占める憎悪的・中傷的な太鼓合戦《トロメサング》をおいてみれば、十二世紀トゥルーバドゥール時代の「愛の法廷 Cours d'amour《クール・ダムール》」もまたこの系列に加えなければならないのは明らかであろう。（『中世の秋』一六八ページ以下、およびウサ『恋愛評定』（白水社クセジュ文庫・一九六〇）参照）。トゥルーバドゥール吟遊詩人の詩そのものは、プロヴァンス貴族の愛の法廷で実際に行なわれたものに始まる、と説明しようとする古い説が斥けられてしまったのは当然である。だがその後も、はたしてこの「愛の法廷」とは現実に存在したのだろうか、それとも単なる詩的仮構にすぎないと見るべきか、というロマン語文献学の論争点は、なお残されていた。多くの人々は後の見解に傾いている。しかし、それは疑いもなく行き過ぎである。[*9] とはいうものの、愛の法廷を、ある種の実際的価値があった詩的な裁判遊びとして捉えることは、十二世紀のラングドック地方の慣習にも、極東や北スカンディナヴィアの慣習にも、よく一致するのだ。それらの場合は、どれもまったく同じ領域にある。いつもそれらの場合に問題なのは、愛の問題を遊びの形式によって、論争風に、決疑法《カズイスチク》にのっとって扱う、ということである。エスキモー人の太鼓試合にしても、たいていは女たちの噂話から惹き起こされてはいなかったろうか。愛の法廷では、愛のディレンマ、愛の教理問答《カテキズム》が主題であり、その目的は自分のよい評判を主張することである。それが名誉そのものを意味するからだ。その進め方にしても、できるだけ類比、前例の借用による論証を行なって、訴訟のやり方を模倣するのである。トゥルーバドゥール吟遊詩人のなかでも、二、三の種類は愛の弁論と近い繋がりがあって、たとえば「論難歌 castiamen《カスティアマン》」「討論歌 tensons《タンソン》」「応答歌 partimen《パルティマン》」「問答遊び joc partit《ジョク・パルティト》」などがそれである（ちなみに、この最後のものに応対する英語は jeopardy――勝敗の不確かさ、敗訴のおそれ――であろう）。これらすべての出発点にあるのは、本来の意味での訴訟でも、自由な詩的衝動でも、また純粋な社交遊びでもなくて、愛の問題に関して名誉をかち取ろうと競う、太古以来の闘争なのだ。

闘技的基盤の上に立っている遊びの文化の光に照らして見れば、ほかにも幾つか詩の遊びの形式が見いだされる。たとえば、魔術の呪縛を解くため、困難な状況から脱出するために即興詩を作るという使命が課される。この場合にも、そういう慣習は、かつてある時代の文化のなかで現実に伴うものとして存在していたかということは問題ではない。重要なのは、人間精神は「首の謎」と切り離すことのできないこの遊びのモチーフのなかにいつも人生の闘争の一つの表現を見てきた、ということである。罰金遊びなども根本的にはそれと同じものである。また、けっして直接の美的効果を生み出すことを狙ったのではなかった詩的機能が、そういう遊びのなかに、かえって芸術としての詩が発展してゆくための、きわめて豊饒な土壌を見いだしたということも重要である。ここで、すでにお馴染の世界から一例をあげよう。

アンナンのタン博士と称する人の門生たちは、師のもとへ通う途中、その隣に住む娘の家の前を、いつも通っていた。彼らはそこを通るたびに「あなたはいとしいひと、ほんとにいい女《ひと》だな！」と言うのだった。これにすっかり怒った彼女は、ある日、彼らを待ちうけてこう言った、「そう、あなたたちは私を愛しているのね。いいわ。では私は一つの文章を問題として出しましょう。あなたたちのうちの誰でも、それにふさわしい文章で答えてくれる人があれば、私はその人を愛しましょう。それが出来なければ、あなたたちはこれから私の家の前を、こそこそと恥じ入って通るのですよ」と。彼女はその文章を口にした。しかし、門生たちは一人も答を言うことができなかった。そこでそれからというものは、彼らは師の家へ行くのに回り道をとらねばならなくなった。これはアンナンの農村学校の牧歌という形式をまとっているが、[*10]この衣をとってしまえば、この形はそのまま古代インドの叙事詩に見かける「婿えらび svayamvara《スヴァヤムヴァラ》」のテーマや『ニーベルンゲンの歌』のプリュンヒルト（ブリュンヒルデ）への求婚のそれである（Ⅳ章二〇八〜二〇九ページ参照）。

また、アンナンでは、陳《トラン》王朝のころ、官吏ハン・ドゥはある重大な失策のためその地位から貶《おと》されて、シ・リンの石炭商人になり下った。皇帝がある戦役でその地方に征旅したとき、帝はこの元の官吏にめぐりあった。帝は彼に「石炭売り」をうたった詩を作ることを命じた。ハン・ドゥはその場でたちどころに一詩をつくって献じた。帝はこれに深く感動し、彼にすべての称号、地位を復権させたのであった。*11

対句法を用いて詩を即興で作ることは、極東世界の全体にわたって、ほとんど不可欠とされた一つのタレントだった。アンナン使節のペキン宮廷に対する成功は、ときとして大使の即興詩の才能いかんにかかっていたことがある、といわれる。いつ何時《なんどき》であれ使節団各員はあらゆる種類の問いに対して用意ができていなくてはならず、皇帝やその廷臣のもちかける千箇の小さな謎や難題に答えることができなければならなかった。*12 要するに、これは遊びの形式による外交である。

こうして、世の中の百般のことに役立つ知識をたずねるということが、問答形式をとって男子に対して行なわれる。ある娘が、言い寄る男に承諾を与え、二人は一緒になって店を開こうと企てる。若者は娘に、薬の名前を全部数え上げてみよという。そこで、その後ですべての薬物に関する知識の講義が行なわれるということになる。また、算術、種々の商品の知識、農業のための暦の使い方なども、こういうふうにしてどんどん持ち出される。ときには、恋人たちは普通の機知の謎を出して、たがいに試しあうこともあるし、それが文学の知識のこともある。われわれはまえに、教理問答《カテキズム》の形式は謎解き遊びと直接に関係している、と言っておいた。事実、極東の社会生活のなかでいつもきわめて大きな役割を演じてきた試験制度などもその一例である。

教訓詩

かなり進歩した文明のなかでは、純粋な美的欲求の満足と考えられるものから大きく隔たった詩形式をも、共同社会の生活のために重要な問題や、不可欠の事柄すべてを表現するのに利用するという状態が、長いあいだずっとつづいてきたし、いまでもそれは変わっていない。いたるところで詩形式は文学的散文に先行している。神聖なもの、荘厳なものが詩として言い表わされるのである。讃歌とか箴言だけが、慣例的な韻律にのせられ、章や節にまとめあげた型《シェーマ》として作られるのではない。長大な論文もやはりそうなのである。例を示すと、古代インドの経典『スートラ』*Sūtra*（これらは古代インドで、バラモン教の祭式の知識を授けるためのものである）や『シャーストラ』*Śāstra* という教科書的文献がそうだし、また古代ギリシア哲学の初期の著作もみなそうである。エンペードクレースはその哲学を詩のなかに盛りこんだし、ルクレーチウス（紀元前のローマ詩人哲学者。古代の重要な教訓詩作者で、『物の本質について』を書いた）もこの点で彼に従っている。ほとんどあらゆる古代の教えが韻文形式をとっていた動機は何であったのか。これについて、書物というものをもたなかった社会は、そういうやり方で文章を憶えるほうがやさしかったからである、と実利主義的な考えのなかにその原因を求めるのは、おそらく部分的にだけ正しい。そこには深い理由がある。文化の古代的な相のなかでは、生活そのものが、いわばその構造においてなおも韻律や聯《ストローフ》の組織をもっていたのだ。

現代でも、高尚な問題の表現ということになれば、やはり詩のほうがより自然な様式である。下って一八六八年の明治維新にいたるまで日本人は、国家文書の最も重要な部分を、詩形式で作るのを常としていた。法制史は、ゲルマン社会の「法律における詩」の痕跡に、とくに注意をはらっている。各種の緊急事態や孤児の相続財産を売り払うというような場合についての条項が、突如として抒情的な頭韻体に転調する古代フリジア法の一節は、ひろく世に知られたものである。[*13]

第二の窮乏はその歳の収穫不作となりて、炎暑の飢餓、遍《あまね》く国原を蔽ひ、幼児の飢渇して死に瀕《ひん》せんとする時なり。かかる時、母はその児の世襲財産を売却し、以て小牛、穀物の類《たぐひ》を購《あがな》はざるべからず。——第三の窮乏は、児が着るに衣なくして真裸となり、また住むに家居なく、陰湿なる霧と寒気厳しき冬の到来して、もろ人みな家屋敷、窪地の奥に引籠り、野獣らその生を守るべく樹の洞穴《うろあな》、山陰なる防風林を求めさまよふ時なり。かかる時、未《いまだ》いとけなき児は啼泣《ていきゅう》、悲傷し、己が露《あら》はの手足を嘆じ、隠れ家なきを憂ひ、且また飢餓と冬の肌寒き霧より守り育《はぐく》みくれし父を、今ははや四本の釘もて樫《かし》と大地の下に暗く覆はれ、深き眠りにつける父を悲しむなり。

私の見解からすれば、いまわれわれが読んだものは、遊びの発想から、行文をことさらわざとらしく粉飾したといったものではない。むしろ、その時代が、法律の規定にいたるまでも、詩的な言葉を選ぶのが自然な表現方法であったような、高貴な精神的領域のなかに包含された時代であった、と考えたいのである。まさに、この詩への突然の脱出という点で、この古代フリジア法の例は典型的である。ある意味ではそれは、古代アイスランドの『贖罪宣誓文』*Tryggdamál* よりも典型的でさえある。

この『贖罪宣誓文』というのは、一連の頭韻をもつ詩形によって、平和の回復されたことを確かめ、損害賠償の支払いを告知し、いとも厳かに将来の確執、争いを禁じ、そして、これより後、平和の破壊者はいずこであろうとも、法の庇護の外に置かるべし、という宣告に関して、この「いづこであらうとも」を、一連の詩的イメージに拡大、敷衍《ふえん》したものである（この係争者はソロッドとソルビョルンの二人であった。邦訳はないが、独訳文はトゥーレ叢書二巻一八八ページ以下に収められている）。

いづこであらうとも、人々の
狼狩りに赴くところ
クリスト信徒が
教会へ行くところ
異教の徒がその聖域に
生贄《いけにへ》を捧げまつるところ

炎の熾《も》えさかれるところ
野の緑に色づくところ
嬰児《みどりご》の母を求めて叫ぶところ
母がその児に添乳《そへぢ》するところ
炉辺《ろばた》に火の絶えざるところ
帆船の走りゆくところ
楯の具の閃《ひらめ》くところ
陽の輝くところ
雪の降りしきるところ
樅《もみ》の木の生ひ茂るところ
麗《うら》らなる春の日永ののどけさに
迅《と》く荒らけき風をば
その双《もろ》の翼に受けて——
鷹の翔《かけ》り飛びゆくところ
天空の涯《はて》たかだかと拡がるところ
家居の耕し住まふところ
風の吼《ほ》えすさぶところ

河水の海路さして流れゆくところ
農奴らの穀粒を播《ま》くところ

まえの例とは対照的に、明らかにこれは特定の法律条項を、純文学的に修飾したものである。この詩が、実際に効力をもった文書として役立ったことはほとんどなかったにちがいない。しかしそれにもかかわらず、これもまたはっきりとわれわれを、詩と神聖な裁きによる判決文とが根源的なところで統一されている世界のなかに立たせるのであり、まさにそういう点が重要なのである（この詩はメルスマン『西洋音楽史』（みすず書房）第一巻十二章でも別の観点から述べられている）。

詩といわれるものはすべて、遊びのなかに生長してきた。神の礼拝という聖なる遊び、求愛という儀式的遊び、自慢、悪罵、嘲弄の競争という闘争の遊び、才知、機知を比べるという気転の遊び、みなそれである。しかし文化が進歩発達し、ますます複雑化してゆくにあたり、この詩の遊びの性格はいったいどの程度まで保たれたままでいられるのか。

神話の詩的内容

神話は、どのような形でわれわれに伝えられたものであれ、つねに詩である。それは、われわれがその昔ほんとうに起こったのだと想像する出来事が詩の形をとり、形象化の手段によってイメージとして伝えられた物語である。それには最も深遠な、神聖な意味が詰めこまれていることもある。そして、おそらく合理的なものの見方ではけっして語ることができまいと思われるさまざまの関連を表現しているのである。このように神話は、文化がまだそれに対応していた段階では、神聖で神秘的な性格のものだった。すなわち、人々がそれを受けとるときの態度は、無条件に率直なものだった。しかし、このことを完全に認めるとしても、その当時、神話はあらゆる点で真面目なものと呼ぶことができたかどうかという疑いが消え去らないのは、当然である。たしかに、われわれは、詩を一般に真面目なものとするし、その程度において神話をも真面目なものと言うことはできる。理性的に物事を考え、判定する判断の閾《しきい》を越えたすべてのものと同じく、詩も神話もともに遊びの領域のなかで活動する。だがこれは、より低い領域のなかで、と言おうとしてのことではない。神話は理性など追いつくことのできない高みへ、遊びながら翔《か》けのぼってゆくのだ、というべきかも知れない。

　神話は、それが正しい理解をうけ、現代のプロパガンダがそこに無理に押しつけようとしている頽廃《たいはい》的な意味（おそらく、ヴァーグナーの特殊な解釈などをいっているのであろう）でなく受け取られるなら、宇宙に対する原始人の考えをまことに適切に媒介するものである。考えることが可能なものと不可能なものとのあいだに境界線を引くということは、文化がようやく生成発展を始めるようになってから人間精神がやってのけたことにすぎない。未開人たちが世界を論理的に秩序づける能力はごく限られた程度のもので、彼らにしてみれば、そもそもどんなことでも可能でないものはなかった。神話の示すあらゆる非条理と巨大さ。その無制約の誇張と、もろもろの事象のあいだの関係の混乱ぶり。その投げやりな矛盾と気紛れな変化。だが、それらにもかかわらず神話は、ほかの何か途方もないもののように彼を悩ませはしなかった。しかし、たとえそうであったとしても、われわれはこう自問してみなければなるまい。未開人にとってさえ、彼らの最も神聖なはずの神話に対する信仰には、最初からある種の諧《かい》謔《ぎゃく》的な調子という要素が染みついてはいなかったのか、と。詩と共通して神話も遊びの領域に発生したのであり、したがって未開人の信仰は、その全生活がそうであったように、少なくとも半ば以上はやはりこの領域のなかにあったのだ。

文化の遊びの相としての神話

神話が発展し、未開人のイメージの世界とは切り離された文化によって、伝統的な、確立された形式で受け継がれてゆくようになると、つまりそれが文学となると、そこに遊びと真面目の区別というものが生ずることになる。神話は神聖である。だからそれは真面目なものでなければならぬ。ところが神話の言葉のほうは、相変らず未開人の言語そのままだ。それはまだ遊び－真面目という対立があてはめられない具象的なイメージを表現する言語である。われわれは遠い昔から、ギリシア神話の諸形姿には大いに馴染んできた。また、エッダのそれを、浪漫主義的な讃美の念《おも》いで眺めるという下地も十分そなえている。そのため、われわれはとかく、それらがいかほどすさまじく、野蛮なものかを見のがしがちである。要するに全体として見れば、われわれの美的感受性によって直接とらえることのできない神話だけが、われわれの目に野蛮な姿として映るというのが、どうも実際なのである。とにかく、われわれの心情にあまりぴったりこない古代インドの神話素材や、民族学者が世界のあらゆる地域から蒐集して、われわれの前に繰りひろげて見せる荒々しい幻像と接してみて、初めてわれわれは、ある洞察を与えられる。すなわち、明るい光のもとに照らして見れば、ギリシアや古代ゲルマン神話のもろもろの形姿も、その論理的・美的な質の点では――倫理的な質については、あえて言うまでもあるまい――古代インド、アフリカ、アメリカ、オーストラリアの原住民の神話のもつ不羈《ふき》奔放な空想力と、ほとんど区別がつけられず、全然何の違いも見いだせなかったりすることもある、ということだ。われわれの評価基準によって測るならば――それが最終的なものだと言うわけではもちろんないが――ギリシアの神々も古代ゲルマンの神々も、概して、その無様式、非条理、無粋な点では、それらと何ら選ぶところはないのだ。ヘルメースの冒険を語っているのは、オーディンやトールのそれとまったく同じ未開人の言語である。

ところで、神話がすでに伝統的形式によって伝えられたものとなった後期の時代に、遅れてつくられた神話は、もうその時代のかちとった精神水準とは一致しなくなっている。

これは疑いえない。そこで、そういう文学的編集の時代には、神話が文化の神聖な一要素としての名誉を保ちつづけるためには、神秘主義的な解釈を受けるか、あるいは純粋に文学となって文明化されてしまうかの、どちらかでなければならなかった。信仰の要素が神話から消えてゆくのに応じて、はじめからそこに固有のものとしてあった遊びの調子が、ふたたびその響きを強めてくる。早くもホメーロスでさえ、信仰は消えてなくなっている。神的なものの詩的表現形式としての神話は、人間がとらえた事物を理解し、それを正しく再現するという価値は失ってしまった。にもかかわらず神話は、まだ純粋に美的な機能は保っていた。また同時に、それ以外にももう一つ重要なものを残していた。典礼的機能である。プラトーンも、アリストテレースも、彼らの哲学的思考のなかで一番の中核をなすものを神話的な形式のなかに示すのである。プラトーンでは、それは霊魂についての神話であり（『パイドーン』一〇九～一一四。筑摩版世界文学大系『プラトン』所収藤沢令夫訳八七～九二ページ）、アリストテレースでは、自らは動かずに世界を動かしている主動者に対して、もろもろの事物が抱いている愛という観念である（『形而上学』第十二巻）。

　神話に固有なこの遊びの調子を理解するのに、新エッダ第一篇『ギュルヴィ王のまぼろし』と第二篇『歌人《スカールド》の書』*Skáldskaparmál* の語っている言葉のように明瞭なものはほかにない。それは完全に文学となりきった神話素材であり、そしてその異教的性格のため、公けには否認されていたにもかかわらず、文化財として尊重されて、ずっと世に行なわれつづけてきた文学である。[*14] 作者たちはキリスト教徒、しかも聖職者でさえあった。彼らは神話的な出来事を、見まがうべくもない冗談と諧謔《かいぎゃく》を含んだ調子で述べている。だがそれは、自分の信仰を楯にとり、征服された異教に優越心を感じて、それを小馬鹿にしたりするようなキリスト者の調子ではなく、いわんや自分の過去を悪魔的罪業として呪う改宗者のそれでもない。むしろそれは、半ば信仰、半ば真面目という調子である。おそらくそれは、太古以来すべての神話的な考え方のなかに宿っていたものだし、またそういう響きは、かなりに異教的であった時代でもさして異なってはいなかっただろう、と思われる。非条理な神話主題――たとえばエッダの巨人フルングニル、巫女グローア、その夫アウルヴァンディルの物語のような、純粋な原始人的ファンタジー――が、高度に発達をとげた詩的技巧と結びつくのだが（『歌人の書』十七章。ほかに『グローアの呪文』Grogaldr というものもある）、このことは、いついかなる場合にも、最高の、そして最も神聖な表現形式を追い求めてやまない神話の本質に、あくまでもよく一致している。

　新エッダの最初の一篇の標題『ギュルヴィ王のまぼろし』は考えさせるものがある。つまりそれは、まえにわれわれが知った、太古以来の宇宙開闢論的問答の形で相手を幻惑し、まぼろしにかけようとするのである。これとよく似た問答には、トールがウートガルダ・ロキの館のなかで取り交わしているものがあった。グスターフ・ネッケル（オイゲン・ディーデリヒ版、トゥーレ叢書の新エッダの翻訳者）がこれを遊びと解説しているのは正しい。[*15] 質問者ガングレリ（ギュルヴィ王）

は、もろもろの事物、風とか冬とか夏とかの起源を訊ねる、古来の聖なる質問を持ち出す。その答としては、概して一風変わった神話的な姿が、問いの解決という意味で示されるだけで、それ以外のものはない。『歌人の書』の初めの個所も、同じようにまったく遊びの領域のなかにある。たとえば、そこに登場するのは、鈍重愚昧で毛深い巨人とか、悪賢く狡《ずる》い矮人とかについての空想であり、また粗野な、笑いをかき立てるような出来事や異《い》形《ぎょう》のものについての、原始的な、様式を欠いた幻想である。そして最後に、これは気の迷いであったと説明されるのである（『ギュルヴィ王のまぼろし』最終章。『王更に見やれば、漠たる野に佇ちいるのみ、宮居も館も失せにけり』）。疑いもなくこれは、衰頽《すいたい》期の、最終の段階における神話というものである。しかし、それがどんなに不羈奔放、非条理、空想的なものにもせよ、それらの諸相を、かつては英雄的なまでに神話的であった観念が末期になって頽廃したものだと説明するのは、あたるまい。むしろ反対であって、まさにこの無様式性の点において、それは初めから完全に神話に含まれているのである。

詩的形式はつねに遊びの形式である

詩には各種さまざまの形式がある。韻律の型、聯《ストローフ》の型があり、韻《ライム》、半諧音《アソナンス》、聯交替、リフレインのような方法があり、戯曲的、抒情的、叙事的など、それぞれの表現形式もある、というふうに。これらは、形式としてはじつに多様に異なったものなのに、全世界いたる所に見いだされる詩は、みなこれらを同じようにそなえている。詩のモチーフとか、一般に何かを物語って伝達するという点でも、それは同じである。それら各種の形式、型は非常に多数あるように見えるのに、いつ何時《なんどき》でも、いかなる場所でも、それらは変わることなく現われる。これらの形式、モチーフはすべてあまりにも共通しているために、われわれにはその存在が当り前のことと感じられている。それが他の形式にならないで、ほかならぬその形式になったことの一般的な理由は何なのかと問うことも、めったにない。

このように、人間の共同社会のすべての時代を通じて、われわれの知るかぎりでは必ず同じ種類の詩的表現が見いだされる理由は、どこにあるのだろうか。形式を創るものは言葉だが、詩はそういう言葉による自己表出であって、この自己表出はあらゆる文明生活よりも古く、より根源的な機能に基づいたものであるという点に、その理由の本質的な部分があるように思う。そして、この根源的な機能が遊びである。

もう一度だけ、遊びの本来の特徴と思われるものを数え上げてみよう。それは、ある時間、空間の限界のなかで何かの意味をもって進められてゆく一つの行動である。それは、目で見てわかるある秩序にしたがい、自らの意志で受け入れた規則によって、物質的有用性あるいは必要性の領域の外で行なわれる。そのムードは熱狂と陶酔のそれであり、またそれが奉献のためにあるのか娯楽であるのかに応じて、神聖なものになったり、単に祝祭的なものになったりする。昂揚感と緊張がその行為に伴い、歓《よろこ》びと心のほぐれがそこに生まれる。

詩の形式を構成するための行為、すなわち語られたり歌われたりした言葉の韻律的・対称的な配列、韻や母韻の整合、意味のことさらの隠蔽、章句の人工的な組立て、これらはみな、本質からいって遊びの領域に属している。これは見そこなうべくもない事実である。最近ではとくにポール・ヴァレリーがそうだったが、詩は言葉、言語による遊びであるとすることは、けっして意味の転用によってそう言っているのではない。まさに言葉の文字どおりの意味で、そうなのだ。

言葉の外的な形式のなかだけに詩と遊びの関連があるのではない。それはイメージを形象化するときとか、さまざまのモチーフに性格を与えて表現するやり方のなかにも、本質的な意味で現われる。神話的イメージの場合であろうと、抒情詩、叙事詩、戯曲であろうと、遠い過去の口碑であろうと、現代小説であろうと、そこには、意識するとしないとにかかわらず、いつでも聴き手や読者をとらえ、呪縛する緊張感を、言語によって創ろうという目標がある。つねにある効果を達成しようとする問題がある。そしてつねにその土台は、緊張を人々に伝えるのに適したある種の人間生活の状況であり、人間感情のケースである。だが、そういう状況、ケースはけっして多くはない。非常に広い意味にとるなら、その大部分は闘争、あるいは恋愛の状況、もしくはその二つの複合したものである。

詩は競技のなかに養われる

こうしてわれわれは、すでにある分野に接近した。それは、われわれが遊びという範疇のなかに、その不可欠の一要素として包含させせなければならないと考えているもの、つまり競争という分野である。詩の主題、あるいは一般的にいって、文学素材の中心主題は、非常に多くの場合、主人公が果たさねばならない課題とか、切り抜けなければならぬ試練、打ち克たねばならない障害のなかにおかれているものだ。この主人公を言い表わす言葉(英語 hero、ドイツ語 Held、オランダ語 held、フランス語 héros)、あるいは、物語の登場人物のなかの「主役 protagonist」という言葉が、雄弁にそのことを物語っている。前者はつまり英雄であり、後者は主だった闘技者という意味だからである。課題は非常にむつかしく、ほとんど不可能でさえなければならない。たいてい、それは挑戦することとか、願い事を充たすことと結びつくようになっており、また試練、宣誓、約束とも関係がある。すぐに分かることは、これらのモチーフはすべて、われわれをまっすぐに闘技的遊びの世界に連れもどす、ということである。

緊張のモチーフのうち第二の系列をなすものは、主人公の身分が知られないままでいることに基づいた場合である。姿をやつしているため当人とは気づかれないという場合がそれだが、それは、彼がわざと正体を隠している、つまり微行しているためでもあれば、自分で自分自身というものに気づいていないためでもあり、また自分でその姿形を変えたり、変身したりすることができるのでそうなる場合もある。この場合は、要するに、主人公は仮面をまとっているのであり、その姿を変えて登場し、何か秘密を身に帯びているのだ。すでにそういうことであってみれば、われわれはまたしても、秘義に通じた者に初めてその姿を現わすという隠れたる存在のために原始人が行なった、太古の聖なる遊びの間近にいることになる。

古代の詩は、ほとんど必ずといってよいくらい、敵に勝つことを意図して行なわれる競技だった。この点でそれは、神秘的な謎合戦とか、機知を比べあう謎解き競争とほとんど切り離すことができない。謎解き競技が英知をもたらしたように、詩の競技は美しい言葉を生んだ。どちらにも、さまざまの人工観念や象徴を規定している遊びの規則があり、その規則のシステムによって支配されている。その象徴も神聖なもの、ただ単に詩的なものといろいろだが、たいてい同時にその両方であることが多い。また、謎の競技も、詩も、そこで語られる特殊な言葉を理解できる精通者（玄人、あるいは秘義を授かって奥義をわきまえている者）のサークルを前提としている。解決（答）の価値は、それがどこまで遊びの規則にぴったり合っているかという点だけにかかっている。そういう特殊な言葉を語ることができる者が詩人なのだ。

このように、詩的言語は誰にでもわかるわけではない特殊なイメージ、形象をことさら用いて表現するものである点で、日常の言葉とは違っている。すべて、何かを語るということは、イメージ、形象のなかで表現をするということである。客観的に存在しているものと、人間がそれを理解するという行為とのあいだに落ちこんでいる深淵は、存在しているものを形象に変える働きが放つ一閃の火花によって、橋を架《か》けわたすことができるだけなのだ。ただ、言葉に縛りつけられている概念というものは、動いている生の流れに対しては、どうしてもうまく適合できないのは已むをえない。イメージを創る形象の言葉が、事物を表現のなかにくるみ、それに概念の光をあてる。イメージのなかで観念と物が統一されるのだ。日常生活の言葉は、実際的な、慣用的な道具だから、すべての言語から形象性という性格を削り落としてしまい、一見したところ厳しく論理的な自立性を帯びているように見える。これに対して詩は、言語の象徴的・形象的な性格をことさら意図しながら培養しつづけるのである。

詩的言語が形象を用いてすること、それは遊びである。それはさまざまの形象を様式的に整った系列にならべて秩序を与え、そこにある秘義を含蓄させる。このようにして、どんな形象、イメージも、遊びながら謎に対する答を示すものとなるのである。

詩人の言葉は遊びの言葉である

古代文化のなかでは、詩人の言葉はまだ非常に強い活力をもった表現手段であった。そのころは、詩は単なる文学的熱情の満足という以上に幅広い、生気ある機能を充たしていた。祭祀を言葉に置き換え、社会の諸関係を調停し、知恵、法律、道徳の担い手となっていた。どんなことをしても、それは遊びの本質を損いはしなかった。最も古い原始文化の枠そのものが、遊びの圏に嵌《は》めこまれていたからである。こういう行為としての詩は、その大部分が、社交の遊びという形式のなかで行なわれていた。功利的な活動でさえ、好んで何らかの遊び団体につぎ合わされた。しかし、文化が精神的な方向に展開してゆくのに応じて、変化がおこった。遊びの特徴が辛うじて認められるだけの領域、あるいはそれが全然認められないような分野が現われ、遊びが自由に繰りひろげられている分野を犠牲として、しだいに拡がってゆく。文化は全体としてますます真面目なものになってゆき、法律、戦争、経済、技術、知識は遊びとの触れ合いを失ってゆくように見える。そればかりか、かつては神聖な行為として、遊びの表現のために広い分野を残してくれていた祭祀までも、そういう成行きを共にするように見える。しかし、そうなったときにも、依然としてかつての華やかな、高貴な遊びの砦《とりで》として残っているもの、それが詩なのである。

詩的な形象言語というものに遊びの性格があることは、まったく明らかなことで、これを何かと理由をつけて証明したり、さまざまの実例を持ち出してみせたりする必要はほとんどあるまい。詩が古代文化に及ぼした影響は本質的な価値のものであって、こういう事実に直面してみると、まさに古代においてこそ詩法の技術が、その厳格さと洗練度において、最高度に高められていたということが、少しも不思議ではない。事実、それは絶対的な効力をふるいながら、限りない変化の可能性をも秘めた厳しい体系によって、遊びの規則をこと細かに書き換えた典範だったのである。

この体系は一つの高貴な学として保持され、伝承されてゆく。古代アラビアと、エッダ、サガのアイスランドとは、地域的に遠く隔たっていたため、より豊かな、より古い文化とはほとんどか、あるいはまったくといってよいほど接触をもたなかった地方である。ところがそれでいながらこの二つの民族のあいだに、非常に似かよった形で詩が洗練をうけ、文明化されているのが観察される。しかし、これも偶然ではない。韻律学、詩形学の細かいことは、ここでは問題外とする。ただ、神聖な言葉による詩と遊びの関係を説明するのに適切な例を一つだけ、古代ノルド文学の「婉曲代称法 kenning《ケンニング》」をあげれば、いま述べたことがはっきりしよう。

詩人は、たとえば舌というかわりに「話の棘《とげ》」、大地のかわりに「風の広間の床」、風のかわりに「木の狼」などという。これが婉曲代称法だが、これは彼が聴き手に対して、聴き手がその心のなかで了解して解かねばならない謎を持ちかけているということである。詩人と詩人を志す徒弟たちは、そういう謎を何百となく知っていなければならない。最も貴重なもの——たとえば黄金——は、詩的名称を十個ももっている。新エッダの一篇『歌《うた》人《びと》の書』は、そういう詩的表現の無限の目録をなしている。「婉曲代称法《ケンニング》」は、何といっても神話を知っているかどうかの証拠として大いに役立つ。いかなる神も、彼の冒険、彼の姿、彼の宇宙的な関連の暗示を含んだ多くの匿名をもっている。

ヘイムダル（人間の始祖とされている神）はいかに言い換えらるるや。――彼は九人の母たちの子、神々の番人、白きアース神、ロキの敵、フロイヤの頸飾りの捜索者と呼ばるるなり。

といった具合で（『歌人の書』第八章のなかの一節）、まだほかに幾らでもある。[*16]

詩と謎のかたい繋がりは、非常に多くの痕跡のなかに絶えず表われる。スカールド歌人（八～十二世紀ごろ、北欧の宮廷に仕えた詩人たちで、『歌人の書』に多く引用されている）たちのあいだでは、あまりにも謎が分かりやすいのは技術的な失敗とされていた。詩人の言葉は幽暗でなければならぬ、とはかつてギリシアでも言われた古い要求である。中世文学のトゥルーバドゥール詩人の場合、彼らの芸術は他に並ぶものがないほど社交の遊びの機能を示しているが、そこでは「閉じられた詩 trobar clus《トロバル・クリュス》」、つまり難解、深遠な詩をつくることが、とくに名誉ある功績とされていたものだ。

一般の俗人には近づくのが容易でない境地でことさら活動し、好んで意味を謎めかした言葉のなかに捲《ま》き込んでいる現代抒情詩の諸派は、そのことによって彼らの芸術の本質に全き忠実を守っている、ということになる。彼らは、彼らの言語を理解してくれる、少なくとも彼らの特殊な用語に通じている限られた範囲の読者とともに、非常に古い型の閉じられた文化集団を形成する。けれども、彼らのまわりをとりまく文明社会が彼らの立場を十分に評価しているか、彼らの芸術の存在理由をなすある生きた機能を彼らがふるうことができるような地盤となることに同意するか、という点はどうやら疑わしい。

（1）エーリヒ・アウエルバッハ『ジャンバティスタ・ヴィーコと文献学の理念』（アントニ・ルビオ・イ・リュッチへのオマージュ。バルセロナ・一九三六）第一巻二九七ページ以下。

（2）私は、W・B・クリステンゼンのこと、あるいはカール・ケレーニイの『アポローン。古代の宗教と人間性の研究』（ヴィーン・一九三七）（今日では増補版、デュッセルドルフ・一九五三）のような著述を考えているのである。

（3）イェーガー『パイデイアー』第一巻六五、一八一、二〇六、三〇三ページを参照のこと。

（4）W・H・フォークト『エッダ知識詩の様式史』第一巻「祭祀の語り役」（バルト委員会文献集四ノ一。キール・一九二七）。

（5）デ・ヨセリン・デ・ヨング教授の、オランダ学士院文学部会における一九三五年六月十二日の講演『東インドネシアの詩』。

（6）ホセイン・ジャヤディニフラート『マラヤのパントゥーンの呪術的背景』（バタヴィア・一九三三）。J・プシュルスキー『千一夜物語のプロローグの輪郭と婿えらびの主題』（アジア・ジャーナル、二〇五号。一九二四）一二六ページ。
（7）『芭蕉俳諧とその弟子たち』（松尾邦之助、スタイニルベル・オーベルラン共訳。パリ・一九三六）。
（8）W・H・フォークト『祭祀の語り役』一六六ページを参照のこと。
（9）メルリヒ・V・ローゼンベルクの著『アキテーヌのエレアノール。吟遊詩人と愛の法廷の女王』（ロンドン・一九三七）は、この習慣が実際にあったと力説しているが、惜しむらくは材料の学問的消化に誤りがはなはだしい。
（10）ニュイエン前掲書一三一ページ。
（11）前掲書一三二ページ。
（12）前掲書一三四ページ。
（13）『二四の普通法。フリジア法資料』（リヒトホーフェン編。ベルリーン・一八四〇）四二ページ以下。
（14）デ・ヨセリン・デ・ヨング氏は、これによく似た状態がブールー島にあると記している。
（15）トゥーレ叢書（オイゲン・ディーデリヒ刊）第十巻二四ページ。
（16）この婉曲代称法のそもそもの初まりは詩的なもののなかに求められるという仮説は、それがタブーの観念と関係すると考えることを不可能ならしめるものではない。アルベルタ・A・ポルテンヘン『語原的関連における古代ゲルマンの詩語』（ライデン・一九一五）を参看されたい。

VIII　詩的形成の機能

形象化するということ

隠喩とは、ある状態、またはある出来事を描写するにあたって、生き生きと活動している生からとってきた概念を用いることであり、その効果もその点にかかっている。とすれば、このときすでにわれわれは、擬人化への道の上にあることになる。肉体のないもの、生命のないものを人格として表わす、これがすべての神話が形成されてゆく場合の、そしてほとんどすべての詩作が行なわれる場合の本質である。厳密にいえば、そういう表現を形成してゆく過程は、いま述べたような経路を順を追ってたどるわけではない。最初は肉体がないと考えられたものが、生命があると考えられるものによって表現されて、そこで初めて生命を吹きこまれる、というのではない。根源にあるのは、知覚された事物が生きて動いている生命体という観念に置き換えられる、ということなのである。それは、われわれの心に、知覚したものを他人に伝えたいという欲求が動き出すやいなや、すぐさま生じる。観念はこうして、形象化する作用として生まれてくる。

観念の世界を生命ある実体から創り出すという傾向は、精神に先天的なもの、絶対にそれなしではすまされないものであって、これを精神の遊びと呼ぶことは正しいのではないだろうか。

最も原始的な擬人化の一つとしては疑いもなく天地創造に関する神話的思弁がある。世界のもろもろの出来事とは、何か造物主といった神によって操られる世界巨人の肉体の四肢が活動することである、と考える観念のことである。この観念は、われわれにはとくにリグ・ヴェーダ讃歌と新エッダとによって親しい。いずれの場合についても現代文献学は、それらの物語が書きとめられたのはかなり後期になってからであった、と認めている。リグ・ヴェーダ第十讃歌九〇は、原始神話の周知の素材を、供犠祭司の神秘的祭式の空想という形を通じてパラフレーズしたものである。根元存在「原人 Purusha《プルシャ》」は、宇宙のための素材として用いられる。[*1] 彼の肉体からいっさいのものが創られるのである。「空の獣、原野の獣、村の獣ら」が創られ——さらに、

「月は彼の意《こころ》より生じ、眼よりは太陽を生じたり。口よりはインドラとアグニ生じ、息よりは風生じたり。臍《ほぞ》よりは空界生じ、頭よりは天界、脚よりは大地、耳よりは天界の方位生じたり。かくして彼ら（神々）はもろもろの世界を創りなせり」[*2]

神々は最後に、プルシャを供物として焼いてしまう。この讃歌は、原始神話のモチーフと思弁的神話のそれとが複雑にからみあったものに充たされている。その第十一節に入ると、われわれに親しいあの疑問形式がまさしくその姿を現わしてくる。

「プルシャを切り分ちし時、いくばくの部分に分ちしか。この口は何になりしや。又その腕は、腿《もも》は、脚は」

同様にスノリ・エッダのなかのガングレリはこう尋ねている、「世界の初まりは何であったのか。どのようにして始まったのか。初めにあったものは何か」と（本書二八〇、三一七ページを参照）。そして、さまざまのモチーフの雑然とした堆積のなかで、世界の起源の描写がつづく。真っ先に「原巨人Ymir《ユミル》」が炎熱の空気の流れと氷の層の衝突から生まれる。神々は彼を殺し、その肉から地を創り、海と湖を彼の血から、山巓《さんてん》を彼の骨から、樹木を彼の髪から、空を彼の頭から創った、等々。——新エッダの編者スノリ・ストゥルルーソン（一一七九～一二四一）は、これらの細部を幾つかの詩篇から引用してまとめあげている。

これらには、生きている神話の最古の、最も根源的な記録というようなところは、ほとんど見られない。少なくともエッダの例についていえば、これは祭祀の分野からほとんど完全に文学の世界へと低下し、後世の人物の手を通じて、来るべき世代のための古代文化の畏敬すべき形見として保存されることになった伝承的素材なのだ。すでに述べたように、これらすべての問題が現われている『ギュルヴィ王のまぼろし』のなかでは、その全構成、調子、傾向は、古くからのモチーフによりながらも、もっと真面目になってしまった遊びの特徴を示すにいたっている。ただ、ここに疑問は残る。こうして形象化されたイメージの現われる領域には、最初から、ある種の遊びの質が固有のものとして存在していたのだろうか。言いかえれば——そしてこれは、すでに神話一般について言ってきたことの反覆だが——、古代インド人は実際に、かつて世界はこのように人間の四肢から創造されたのだと意識し、それを確信していたのだろうか。また、古代ゲルマン人もそうだったのであろうか。いずれにしても、そういう信仰の現実は証明ができない。しかしこれはどう見ても、彼らがそう信じていたらしくは思えない、とまでは言うことができるだろう。

普通われわれは、抽象的概念を擬人化するということを、後世の学校教育的な発明の産物と見なしがちである。つまりそれは寓意《アレゴリー》ということであり、あらゆる時代の造形芸術、文学によって使い古されてきた様式手段であると考えている。そしてそれは、実際、そうでもあるのだ。詩的隠喩が、もはや真の、根源的な神話のレベルで働くものでなくなり、奉献行為の一部分をなすものではなくなると、その擬人化の信仰内容は、迷妄とまでは言わないまでも、完全に疑わしいものになってしまうのである。擬人化を利用して形づくられた概念には、まだ宗教的な価値が保たれているにしても、その擬人化するという行為自体は、まったく意識的に、詩の手段として用いられるものになってしまう。一瞥《いちべつ》したところ、早くもホメーロスのなかで出会う幾つかの意想にしてからが、この断罪をこうむらなければならない。たとえば、人間の心に忍び込むのは迷妄《アーテー》であり、その後に続くのは、醜いやぶにらみの嘆願《リタイ》であるというふうに。これらはいずれもゼウスの娘である（『イーリアス』第九書五〇二行以下を見られたい）。ヘーシオドスのなかにある無数の擬人化も、同様に定形と色彩をもっていず、人為的に考え出されたもののように思われる。彼の『神統記《テオゴニアー》』は多くの抽象的観念――労苦《ポノス》、忘却《レーテー》、飢餓《リーモス》、苦悶《アルゴス》、殺人《アンドロクタシアー》、殺戮《ポノス》、闘争《ネイコス》、虚偽《プセウドス》、口論《アンピロギア》などを悪しきエリス（不和の女神）の子孫としてわれわれの前に繰りひろげてみせる。オーケアノスの娘ステュクスが巨人パラスと会ってもうけた二人の子供クラトスとビアーは、ゼウスのとどまるところにつねにその姿を現わし、どこへでもゼウスにつき従ってゆくが、彼らはそれぞれ「権力」、「暴力」と呼ばれる。[*3]

これらはみな、色蒼ざめた比喩、心の裡《うち》に創《つく》りあげた形姿にすぎないのだろうか。おそらくそんなものではない。むしろ、これら各種の性質を擬人化することは、原始人が自分の周囲を取り巻いているものに感じた自然力、暴力に形を与えようとしながら、しかしまだそれに人間の輪郭《りんかく》をとらせるにはいたらなかった、原始時代の宗教的形態化の働きの一つだったのであろう。この仮説の理由はいくらもある。人間の心が、神々を人間の姿をしたものとして表象するまえには、その心は、自然と生命の神秘な、威嚇的な力に襲われて衝撃を受けたとき、この威圧したり昂奮させたりするものに対して、わけのわからぬ名前を与えたのである。彼はそれを存在として見てはいる。しかし、まだほとんど形態あるものとして思い浮べるにはいたっていないのだ。[*4]

こういう原始時代の精神活動のなかから、エンペードクレースが冥界に棲《す》まわせたさまざまの形象が、半ばは原始の姿のままに、しかし半ばはすでに学問的な感じの装いをして、生まれてきた。

「その歓喜なき場処、そは殺人、激怒、さらにその他の有害な神々の群《むれ》の、伝播《でんぱ》し来る疫病、腐敗、而してあらゆる腐蝕の生みの子らと共に、悲哀の原野の暗がりを徘徊《はいかい》するところなり」[*5]

「かしこには又、大地の母、遠目利《き》きの太陽の処女、血腥き争い、厳めしき眼付きせる調和、美夫人、醜夫人、忙夫人、鈍夫人、而して愛らしき誠実と、漆黒の髪束ねたる翳《かげ》とありき」[*6]

擬人化された抽象観念

ローマ人は奇妙にも原始的な宗教意識をもっていた。彼らは、われわれならば抽象観念と呼ぶようなものを、直接そのまま形象化する、という原始的機能を保っていた。いわゆる「インディギターメンタ Indigitamenta」といわれる宗教文書があったが、これは、社会の激しい感情の高揚が起きたのを契機として、それからまた、どんなときにもこの世にないということはない憂いや昂奮を定着するという目的のために、新しい神々の像を創り出そうとする習慣を、祭儀技術的に規定するものである。それは危険な社会的緊張を解きほぐし、放出と宥和《ゆうわ》によって魔力をふり払うための、みごとな心理的トリックであった。こうして人々は驚愕 Pallor《パロール》と恐怖 Pavor《パウォル》をつくり出し、ガリア人を警戒する声「アイウス・ロクティウス Aius Locutius」や、ハンニバルを撤退させた「レディクルス Rediculus」、そして、安らかに家郷への導きをする「ドミドゥカ Domiduca」を祀った（『中世の秋』三八七ページを参照）。旧約聖書も詩篇八五のなかに、あわれみ、真実《まこと》、義、平和という四つの抽象観念の擬人化の例を提供するが、そこでは彼らはたがいに出合い、接吻《せっぷん》をしている。また「箴言」のなかの知恵の姿も同じような擬人化である。マルセル・モースはブリティッシュ・コロンビア州のハイダ・インディアン族のあいだで、物持ちおばさんと呼ばれる一種の女神のことを述べているが、これは富を贈ってくれる幸運の女神のことである。[*7]

だが、それらすべての場合について、もっともな疑問が残っている。この擬人化して人間の像を形づくるという機能は、どの程度までゆるぎない信仰と呼ぶことのできる心的態度から出ているのだろうか、ということである。むしろ、すべての擬人化は初めから終りまで単に精神の遊びの一つでしかないのではないか。比較的遅い時代からの実例は、われわれをそういう結論へ接近させるのである。アッシジの聖フランチェスコは彼の花嫁「貧困」を、敬虔《けいけん》な感激のなかに、至聖の熱情を抱きながら崇めている。しかし、はたして聖フランチェスコは、本当に貧困という名前をもち、真に貧困という理念であったものを、そんな一つの精神的存在、天上的存在を信じていたのであろうか。こう冷静に問えば、われわれはゆきづまってしまう。いや、すでにそういう冷静な論理的な言葉で質問することで、われわれはこの観念の感情内容に対してある強制を加えているのである。

聖フランチェスコはそれを信じてもいたし、またそれを信じてもいなかったのだ。教会は彼をほとんど認めなかった。少なくとも彼のこういう信仰は、公けに断乎として否認した。彼の貧困という観念は、雰囲気としては、詩的イメージの形象化の分野と、信仰告白のなされた教義《ドグマ》の分野とのあいだで、その後者にやや傾いていたとはいえ、絶えず動揺していたにちがいない。彼のこの精神の動きを表わす最も簡潔な表現は、聖フランチェスコは貧困という形姿と遊んでいた、ということであり、それに違いない。この聖者の全生涯は純粋な遊びの因子、遊びの形姿でみたされていたと言ってよく、それらが彼の最も魅力的な部分である。彼に一世紀遅れて、ドイツの神秘主義者ハインリヒ・ゾイゼ（一二九五?〜一三六六。ドミニカ派僧でエクハルトの弟子）も、やはりその甘美にも抒情的・神秘的なイメージのなかで、彼の恋人「永遠の英知」と戯れている。しかし聖者、神秘家たちの遊びの場は、はるかに日常的人間の世界を超えており、また論理的概念に縛られた思考の領域からはいっそう遠く隔たっている。遊びという概念、神聖という概念はたえず接触しあっているのである。詩的形象化、信仰の二つもまたそうである。

　中世の数人の詩人、幻視家、神学者に見いだされる比喩的形姿には、観念として、いかなる価値があったのか、ということについては、私は『アラヌス・デ・インスリスにおける詩的なものと神学的なものの結合について』という論文で、いっそう詳しく記述しておいた。[*8] 私の考えでは、比喩による詩的擬人化と、神学における天上的存在——もしくは地獄的存在——の概念のあいだには、はっきりした境界線を引くことができないのである。もし、アラン・ド・リール（前出のアラヌス・デ・インスリスのこと。一一二〇ころ～一二〇三。シトー会修道士）の『反クラウディウス論』*Anticlaudianus* や『自然の悲哀について』*De Planctu Naturae* のおびただしいイメージの豊かさを、単に文学的「遊びごと」と書けば、この詩人神学者に対して不正を犯すことになるであろう。そう言い切ってしまうには、彼の多くのイメージはあまりにも深く、その哲学的・神学的思想と織り合わされている。しかも反面において、彼はこれらの観念の幻想的性格をも完全に意識しているのである。ヒルデガルト・フォン・ビンゲン（一〇九八～一一七九。ベネディクト派の尼僧で、その幻視は有名である）という尼僧でさえ、彼女がヴィジョンのなかに見たもろもろの徳性のイメージを、形而上学的現実として認めることは要求していない。むしろ、彼女はそういう考えを自ら戒めてさえいる。[*9]

視覚的イメージ、眼で見た形象と徳性の本体との関係は、前者が後者を「意味する」という関係になる。つまり、イメージがそれを表示し designare、見せかけ praetendere、説明し declarare、表現し significare、予表する praefigurare のだ。にもかかわらずそれらの徳性は、ヴィジョンのなかでまったく生きた存在として動いている。結局、神秘的体験として表わされたヴィジョンのなかですら、純粋な、まじり気のない完璧ということは要求されていないことになる。[*10] アラン・ド・リールでも、ヒルデガルト・フォン・ビンゲンでも、詩的想像力は絶えず信仰と空想、遊びと真面目のあいだをさまよっているのである。

いかなる形をとっているにせよ、擬人化ということは、最も祭儀的な性格の強いものから最も文学的なものにまでわたり、人間精神のきわめて重要な表現手段であるとともに、いつも一つの遊びの機能でもあった。ヴェーダ讃歌の原人《プルシャ》からポープの詩『髪の毛盗み』*Rape of the Lock* に登場する魅力的なさまざまの姿にいたるまで、みなそうである（ヴォルテールは『哲学書簡』のなかでこの詩を紹介批評している。岩波文庫一八七ページ以下）。現代文化のなかでも、ものを擬人化するということは、けっして単に人工的・恣意的に行なわれる文学活動に退化してはいない。擬人化はわれわれの日常生活のなかでも、もうすっかり使いふるされてしまって用がなくなったと言うことはできない精神の習慣なのである。何か生命のない物体に対してこういう経験をした人はいないだろうか。カラーの飾りボタンがどうしても外れようとしないのでむきになり、必死の形相で大声を出して、このつむじ曲りめ、とボタンに罪をかぶせて怒鳴りつけたり、その呪うべき頑固さを罵ったりする。こんな羽目に幾度か陥った人はいることだろう。そういうことがあったら、その人は言葉の最も厳密な意味において擬人化を行なっていたのである。しかし、彼はこのカラーのボタンを一つの生きものだと信じていたわけでもないし、また一つの観念として信じていたのでさえもない。ただ思わず知らず遊びの態度をとっていたのである。

一般的習慣としての擬人化

生活のなかでかかわりをもつ事物を人格として見るという、人間の心に絶えず働いている傾向が、実際に遊びの態度に根ざしたものだとすれば、ここでひとつ、重大な疑問がおこってくるが、ここでは、それに触れるだけにしなければならない。遊ぶ心というものは、人類の文化や言語能力、表現能力の存在する以前から、はやくも存在していたはずである。事物を擬人的に形象化する行為のための基盤は、人類のそもそもの初めからあったのである。民族学と宗教学は、神々や精霊の世界を形象化して動物の姿によって表わすことは、原始時代から古代にかけての宗教生活の最も重要な要素の一つである、と教えている。すべて、トーテミズムといわれるものの根底には、この「神獣同形的 theriomorph《テリオモルフ》」な形象化があるのだ。ある部族が二派に分かれた場合、彼らはそれぞれカンガルーであり、亀である。ただ相手をそう呼ぶというだけのものではない。まさしく彼らはそれなのだ。これと同じものには、地上すべての国々にひろまっている「変身 Versipellis《ウェルシペリス》」の観念がある。この言葉は自分の皮膚を変えることができる人間、また一時的に動物――たとえば人狼など――の姿をとることのできる人間を意味している。それはまた、エウローペー、レーダー、セメレー、ダナエーのためにゼウスが行なった無数の変形《メタモルフォーシス》のなかにも、エジプトのパンテオンのなかの人間と動物の姿の融合にもある。これらの場合は、すべて人間的なものが動物的なものに空想的に姿を変えるのである。

　こういう聖なる動物の観念が、未開人にとっては一分の隙もない「真面目」なものであったことは、一瞬たりとも疑うことができない。子供と同じように彼らも、人間と動物のあいだに明確な境界をひいていなかった。それでも未開人は、人々に恐怖をよびさまさせる動物仮面をつけ、動物として姿を現わしたとき、内心ではやはり本当のことを「もっとよく」知っていたのであった（彼らはこれが遊びであり、自分がその動物なのではないと悟っていた、という意味）。すでに完全に未開人ではなくなったわれわれが、彼らの心の状態を、いくらか思い浮かべてみたとして与えうる唯一の解釈は、こうであろう。われわれが子供に観察するような遊びという精神的領域は、未開人にとってはその全生活を、彼らの最も神聖な感情から子供じみた娯楽にいたるまでの全部を、総括しているのである。すなわち、祭祀、神話、宗教教義に現われる神獣同形的な因子は、遊ぶ心というものからこの問題を出発させるときに最もよく理解することができる、とあえて主張してもよいと思う。

さらにここで、われわれの擬人化と寓意《アレゴリー》の考察を契機として、もっと深く掘り下げた疑問がおこる。それは、今日の哲学、心理学は比喩という表現手段を完全に抛棄《ほうき》してしまったのだろうか、ということである。それともやはり原始このかた、比喩は哲学者、心理学者の術語のなかにも忍びこんでおり、彼らが心理的衝動や精神状態に対して与えている名称のなかに棲みついているのか。――いや、いったいこれまでに、比喩、寓意なき抽象言語などというものが、そもそも存在しただろうか。

詩の諸要素は遊びの機能である

いったい、詩の諸要素、詩の手段となるものはすべて遊びの機能であると解することによって、最もよく理解できるものだ。なぜ人間は言葉を、拍子、抑揚、リズムに従属させるのか。美のためにとか、感動に揺るがされたからと答える人があれば、それは問題をますます手の届きがたい領域に押しやっているにすぎない。しかし、人間は共同社会のなかで遊ばなければならない、だからこそ詩を作るのだと答えるならば、これは肯綮《こうけい》にあたっている。韻律の言葉は、社会の遊びのなかでだけ生まれるのである。そこにこそ詩は生きた機能を保ち、その意味とその価値をもつ。そして社会的遊びがその祭祀的、祝祭的、儀式的性格を失ってゆく度合に応じて、それらのものも消滅してゆく。押韻、対句法、二行連句《ディスティコン》などの要素はみな、遊びのなかにある攻撃と反撃、優勢と劣勢、問と答、謎と解決といった時間を超越した類型のなかにその意味の根を下ろしているのである。それらの起源は歌、音楽、舞踊の原理と不可分に結びつけられており、それらはまた、すべて遊びという根源的機能のなかに包含されている。だんだんと詩の意識的な特質として認識されるようになってきたもの、つまり美、神聖、魔力などは、初めはまだ原始的な遊びという質のなかに閉じ籠められていたのであった。

われわれは詩を不滅のギリシア的範型にしたがって大きく三類に分け、抒情詩、叙事詩、戯曲とするが、それらのなかで最も根源的な遊びの領域のなかにとどまっているのが抒情的なものである。ただここでは、抒情詩を詩の種類としての名称として受け取ってはならない。それはいつどういう形で現われてきてもよい、ある詩的気分、表現一般をいうのであって、恍惚状態とでもいうべきもののすべてをその領域に含ませることができる。こうして、非常に広い意味において解された抒情的なものは、詩的言語の形づくる階梯《かいてい》のなかでは、論理からは最も遠く隔たり、舞踊と音楽には最も近い位置にある。神秘的瞑想、神託、呪術の言葉は抒情的である。

これらの形式のなかでこそ、詩人は外部から訪れる霊感の感覚を最も激しく体験する。ここにおいて彼は、最高の英知に最も接近するが、しかしそれと同時に無意味な空虚にも、また至近の距離にある。未開民族のあいだの祭司の言葉、神託などは、理性的な意味の徹底的放棄という点がその標徴になっているが、それはしばしば、ただわけの分からないたわごとに陥ってもいるのである。エミール・ファゲ（一八四七～一九一六。フランスの文芸批評家）はどこであったか、「現代抒情詩人に必要な無意味という一粒子」ということを述べていた。だがそれが必要なのは現代抒情詩人だけにとどまらない。いったい、論理的理性の制約の外で活動するのが抒情詩の本質である。そこで、抒情詩的形象化の基本相の一つに、気違いじみた誇張への傾向がある。詩は度外れなものでなければならないのだ。途方もなく大胆なイメージのなかで『リグ・ヴェーダ讃歌』の神秘な、宇宙開闢論的な謎の幻想と、シェークスピアの詩的な形象言語とは一つに出合うが、それはシェークスピアが古典主義と比喩的表現のすべての伝統を通りぬけてきていながら、なおかつ古代の「予言詩人」の活力を保持しているからである（ファーガソン『演劇の理念』（未来社刊）参照）。

ところで、測り知れない量とか、得体《えたい》の知れない質などを空想することで、できるかぎり強く感覚を麻痺《まひ》させてしまうようなイメージを創ろうとする欲求は、もっぱら詩的機能として、抒情詩的形式のなかでだけ働いているわけではない。この無限なものへの欲望こそ、まさに典型的な遊びの機能なのである。それは、ある種の精神病者にも見いだされるが、もともと子供に固有のものである。[*11] さらにこれは、神話や聖人伝の文学的編纂者にもよく見かける傾向である。古代インドの伝説は、蟻《あり》の山のなかに坐り、眼だけを除いて全身をそのなかに埋めて、眼球ばかり火のついた小さな炭の塊のようにぎらぎら光らせて、

「苦行 Tapas《タパス》」の修練をつんでいる偉大な禁欲行者チャヴァナの姿をとどめている。ヴィシュヴァーミトラは千年もの間、足の爪先で立ちつづけている（『ラーマーヤナ』第一篇）。こういう数や量の怪奇な巨大さと遊びとの関連を示しているのが、神話からガリヴァーにいたる巨人物語、矮人物語の大部分である。スノリ・エッダのなかで、トールと彼の三人の仲間たち（ロキ、スヤルヴィ、レスクヴァの三人）は森を彷徨しているうちに妙な空家を見つけた。非常に広い寝室の脇に小部屋があり、彼らはそこに一夜を過ごした。翌朝、気がついてみると、それは巨人スクリュミルの手袋の親指のなかであった。[*12]

私見では、この無軌道な誇張とか、大きさのバランスや人間関係を混乱させることによって、驚くべき効果を与えようとする欲求は、けっして完全に真面目なものと受け取ってはならないのである。それが信仰体制の一部分を形づくっている神話の所産であろうと、純粋に文学的な空想、または子供の空想であろうと、同じことである。これらの場合は、いずれも同じ精神の遊び本能であるとしなければならない。古代人は彼らが自ら創り出した神話に対していかなる考えを抱いていたのかという問題については、われわれは知らず知らずのうちにわれわれ自身の科学、哲学、宗教教義の基準によって判断しているのである。ほとんど伴《いつわ》ってそのふりをするということに等しいふざけ半分の要素は、真の神話からは切り離せない。こうしてわれわれは、プラトーンの語っている「詩の詐術をする部分」というものに直面する。[*13] 驚嘆をひき起こすもの、過度な誇張への欲望というものを考えるならば、さまざまの神話的イメージのあり方も、大半はそれで説明がついてしまう。

遊びとしての戯曲

このようにして詩は、ギリシア語のポイエーシス ποίησις（行為、なし行なうこと＝創作）という根源的な言葉のもつ広い意味において、つねに遊びの分野の上を動いているのだが、詩は本質的に遊びであるという意識があらゆる場合に保たれていたわけではない。叙事詩はやがて祝祭の集まりのなかで朗誦されるものでなくなり、ただ読まれるだけのものとなってゆくが、そうなればすでにその遊びとの結びつきは失われる。抒情詩もまた、その音楽との繋がりがひとたび絶ち切られるやいなや、もう遊びの機能として理解されるものではなくなってしまう。ところが戯曲ばかりは、それがいかにしても棄て去ることのできない機能的性格のために、つまり、それがつねにどんな場合にも行作であるという点は不変だから、永遠に遊びとのかたい繋がりを失うことがないのである。言葉もこの密接な結びつきを反映している。なかんずくラテン語、およびその周辺から生じた諸言語がそうであり、またゲルマン語も同じである。

演戯は「遊び」という言葉（英語 play《プレイ》、ドイツ語 Spiel、オランダ語 spel）で呼ばれているし、戯曲が上演されることは「演戯される」と言い表わされるのである。ところが奇妙なことに、戯曲を最も完璧な形式において創造した当の民族ギリシア人が、「遊び」という言葉を、戯曲そのものに対してもそれの上演に対しても用いていないということ、は、われわれもさきに述べた。だが、これはいままでの説明に照らして、すでに了解される。[*14]ギリシア人が遊びの分野のすべてを表現する総括的な言葉を所有しなかった事実はまえに論じておいた。ギリシア社会では、そのすべての表現のなかに深く遊びの精神が浸透していたために、この遊び的なものそれ自体は、何か特殊なものとして、彼らの心をあらためて惹くということがなかったのだ。

悲劇にせよ、喜劇にせよ、いずれも起源が遊びにあることは、つねに変わることなく明らかである。アッティカ喜劇はディオニューシア祭の淫奔な行列《コーモス》から発達した。それが意識的に文学行為となったのは、ようやく後期の段階に入ってからである。それにアリストパネースの当時でさえ、それはディオニューソス的・祭儀的過去の無数の痕跡を示していた。このアッティカ喜劇には、作者から観客への語りかけが行なわれるいわゆる「パラバシス παράβασις」という合唱隊の出場《でば》があるが、それは自由奔放な嘲罵と愚弄を観衆にさし向け、指で犠牲者を指し示すのである（その例としては『蛙』六七四～七三七行、『雲』五一〇～六二六行などがある）。演技者の男根的扮装と合唱隊の扮装、それもとくに動物仮面による変装は、遠い原始時代の特徴である。アリストパネースが蜂、鳥、蛙《かえる》をその喜劇の主題としたのは、動物の姿による形象化という、聖なる伝統にしたがったものなのだ。ギリシアの古喜劇はその公衆の眼前での批判、その嚙みつくような嘲笑によって、さきに語ったように挑戦的、嘲笑的でいながら、なおかつ祝祭的でもある応答歌の世界に属している。このギリシア喜劇と完全な平行線を走るものが、ゲルマン文化の発展のなかにもあったことが、最近ロベルト・シュトゥンプフルによって――もちろん仮説的にではあるが、その真実性の程度は非常に高い――その著書『中世戯曲の起源としてのゲルマン人の祭祀遊び』のなかでみごとに復元された。*15

悲劇もまた、その起源においては、人間の運命の一部分をことさら意図して文学的に再現する、というものではなかった。それは舞台文学ではなく、一つの聖なる遊びであり、演じられた礼拝式であった。しかし時の経つにつれ、神話主題を演じてみせることから、それはしだいに対話体や物真似の形式で一つながりの出来事の経過を上演し、物語を再現するという形式に発展していった。だがここでは、ギリシア演劇の起源についての詳しい論議はやめておきたい。

さて、悲劇も喜劇も、初めから、すでに論じたように、いかなる意味においても遊びと呼ばれなければならない競技の領域に立っている。ギリシアの劇詩人はその作品を、ディオニューシア祭のために競争しながら作った。国家はこの競争を組織こそしなかったが、その管理は引き受けていた。そこにはつねに、栄冠を求めて競い合う多数の二流三流の詩人たちがいた。比較が絶えず行なわれていたために、批評は極端に尖鋭《せんえい》化していた。全大衆があらゆる諷刺を理解し、作品の質や文体のどんな精妙さにも反応し、競技の緊張にいっしょに捲き込まれることは、あたかも現代のフットボール試合の観衆のごときものがあった。緊張して人々は新しい合唱隊を待ちうける。その役を演ずる市民たちは、一年じゅう絶えずそのために稽古を積んできたのである。戯曲の内容そのものも、とくに喜劇の場合は闘技的な種類のものだった。たとえば、劇のなかで闘争をしたり、特定の人物や立場が攻撃されたりする。アリストパネースはソークラテース、エウリーピデースに対して嘲笑を放った*16（『雲』のなかではソークラテースがソフィスト扱いされてカリカチュアにされ、『蛙』では一〇〇〜一〇二行などで、エウリーピデースがこきおろされている）。

戯曲が上演されるときの雰囲気は、デュオニューソス的恍惚、祝祭的陶酔、ディテュランボス的熱狂のそれであった。観衆に対して日常世界から離脱した存在である俳優は、この熱狂の気分のなかで、彼のかぶった動物仮面により、別の自分というものに置き換えられるのだ。彼はもはやその別の自分を「表現」しているというにとどまらない。それに化身し、それを現実化しているのである。この感情のなかへ、彼は観衆をも引きずりこむのだ。アイスキュロスの異様な言葉の荒々しい力、イメージと表現の前代未聞さは、遊びの神聖さとまったく一致している。それは遊びの神聖さのなかから生長してきたものである。

ギリシア演劇の登場する精神的領域では、真面目と真面目でないものとのあいだの区別はすっかり消え去っている。アイスキュロスでは最も厳粛な真面目さの体験が、遊びという形式、遊びという質のなかでなしとげられている。エウリーピデースでは、調子は深沈とした真面目さと遊びをする軽佻《けいちょう》さのなかを揺れ動いている。プラトーンは『饗宴』のなかで、ソークラテースに言わせている、「真の詩人は悲劇的であると同時に喜劇的でなければならぬ、人間生活のすべては同時に悲劇として、また喜劇として感じられるのでなければならない」[*17]と。

(1)『リグ・ヴェーダ讃歌』一三一ページを参照のこと(第十讃歌九〇。八、十一、十三〜十四節)(筑摩版『世界文学大系』「インド集」三六〜三七ページ)。
(2) 宇宙開闢論的神話は、つねに、存在するすべてのものの前に第一起因者を押し出さざるをえないものである。
(3)『神統記』一二七以下。三八三以下。
(4) ギルバート・マレー『人類学と古典』(R・R・マレット校訂。オクスフォード・一九〇八)七五ページ。
(5)『断章』一二一、カペレ前掲書二四二ページ。
(6) 一七六ページ、断章一二二。H・ディールス『ソークラテース以前の哲学者の断片』第二巻二一九ページを参照のこと。
(7) モース『贈与論』一一二ページ(モース『社会学と人類学』二一六ページ。邦訳一四五ページ)。
(8) オランダ学士院議事録。文学部会七四巻B六号(一九三二)八二ページ以下。
(9) 前掲書八九ページ。
(10) 前掲書九〇ページ。

(11) 三歳になる幼女が羊毛製の猿を欲しがった。ドレクライ大キクナケレバイケナイノ？――オ空マデ大キイノ。――
ある患者は精神科医にこう言った。「先生、私はもうすぐ車で連れていってもらえるんです」医師「きっとそれは普通の車じゃないのだろうね？」――「黄金の車ですよ」――「で、それは何頭立てだね？」――「四千万匹のダイアモンドの鹿がひくんです」（一九〇〇年ごろのJ. Sch. 博士の口頭での談話による）。これと類似の質や数量の扱いは、仏教伝説にもある。

(12)『ギュルヴィ王のまぼろし』四五章。さらに四八章の「ミドガルド大蛇の出現」のところをも参照のこと。

(13)『ソピステース』二六八D（岡田訳全集第六巻二八六ページ）。原文には *τῆς ποιήσεως* … *τὸ θαυματοποικὸν μόριον*。

(14) Ⅱ章「ギリシア語における「遊び」の表現」を参照されたい。

(15) Ⅱ章注 (15) を見よ。

(16) イェーガー『パイデイアー』四六三～四七四ページ。

(17)『饗宴』二二三D（筑摩版『世界文学大系』「プラトン」一四四ページなど）、『ピレーボス』五〇B。

IX　哲学の遊びの形式

ソフィスト

われわれが遊びという概念の輪廓を描こうとするとき、その円の中心に立つのがギリシアのソフィストたちの形姿である。古代の文化生活の中央に位する存在として、これまでわれわれの眼の前に予言者、シャーマン、見者、奇蹟の人、そして詩人の姿が次々と現われた。われわれには、これらを総括するのに最もよい名称は予言詩人《ウァーテース》であるように見えたが、ソフィストというのは彼らのやや逸脱した後継者なのである。人前で自分の腕をふるいたいという欲望、ライヴァルを公けの競争で負かしてやろうという欲望、この社会的な遊びの二つの大きな衝動は、ソフィストの機能のなかでもはっきり表面に現われている。

ところで、このソフィストと呪医との関係をはっきり意識することが必要なのだが、このためには、アイスキュロスにおいて、プロメーテウス、パラメーデースのような聡明な英雄に対してもまだソフィストという名前が与えられていることを思い出してほしい

（『縛られたプロメーテウス』六二行。パラメーデースはアイスキュロスの劇には登場せず、エウリーピデースの失われた劇の主人公である）。彼ら二人は、人類の利益のために彼らが発明したすべての技術を、いとも誇らしげに数え上げている。この自らの知識を自慢するという点で、彼らは博識家ヒッピアースのような後期ソフィストに似ている。このヒッピアースというのは、記憶術の曲芸師、千の技術をもつ男、経済的自給自足の英雄で、自分が身に着けているものは何から何まで自分の手で作ったことを誇りとし、またいかなる物事にも通暁していると自称した男である。彼は二度目にオリュンピアへ赴いたとき、予《あらかじ》め人々の持ち出すすべての質問にうまく答えられるように用意しておいて、どんな題目をも弁じてみせると名乗って出た。そして自分より秀れた相手は一人もいないと主張した。[*1] これらのやり方はすべて、完全にウパニシャッドの謎解き祭僧ヤージニャヴァルキヤの手口そのままである（VI章二六八〜二六九ページ参照）。

　ソフィストの行動は「見せびらかし ἐπίδειξις」長広舌である。いま述べたように、彼は自らうまく弁ずることのできる多くの観念をしかと身につけていて、それを思いのままに弄《もてあそ》ぶのだ。彼はまた、それに対して報酬を要求する。そこで、たとえばプロディコスの五十ドラクマ講義というように、一定の価格をもったものさえ現われる。ゴルギアースは、非常に高い報酬を得ていたので、デルポイの神に黄金づくりの自分の巨《おお》きな像を奉納することができたほどであった。プロータゴラースのような巡回講説するソフィストについては、荒唐無稽な成功がさまざまに記録されている。高名なソフィストが町に現われることは一つの事件だった。彼らは奇蹟術師のようにまじまじと仰ぎ見られ、闘士に擬《なぞら》えられた。要するに、ソフィストの仕事はまったくスポーツと同じ領域のなかで行なわれていたわけである。見物人はその狙いの巧妙な自慢話に喝采し、爆笑した。それは純粋に遊びであって、敵を弁舌の網のなかに捕え、[*2]敵に「ノック・アウト」の一撃を与えるものだった。[*3]いつでも、どんな答でも間違いにしてしまうような陥穽《わな》仕掛けの質問を持ち出すことが、誇りとされていた。

プロータゴラースがソフィスト論法を「古代的技術 *τέχνην παλαιάν*」と呼ぶとき、[*4]彼は問題の核心を射当てているのである。まことにそれは、古代文化、しかもその最も早い原始時代にすでに発し、ときには最高の英知にも触れ、ときにはまた単なる遊びの競争になったりしながら、つねに荘厳神聖なものと娯楽とのあいだを揺れ動いてきた古代的な機知才知の遊びなのだ。ヴェルナー・イェーガーは、ピュータゴラースを「一種の呪医として記述する最近の風潮」を貶《おとし》めて、これは否定するにも値しない愚劣な見解であるとしている。[*5]しかし、彼は肝心のことを忘れているのだ。現実には、呪医というものは、その本性と歴史的地位とからすれば、すべての哲学者、ソフィストのいわば長兄にあたるものであり、この点はつねに変わることがなかったのである。そして彼らはみな、この古代的血縁関係の相をとどめているのである。

ソフィストたち自身はといえば、自分らの活動の遊びの性格を非常によく自覚していた。

ゴルギアースは、その『ヘレネー讃』を自ら遊び——*ἐμὸν τὸ παίγνιον*——と呼んだし、また彼の論文『自然について』もレトリックの遊びというふうに解釈されている。[*6] この解釈に反対する人は次の点をよく考えてほしい。[*7] それは、ソフィスト的弁論は、どの分野でもすべて、遊びと真面目とのあいだの明確な一線を画することができないものであるということ、そしてこの遊びという名称こそが、事の最も根源的な本質にきわめてよく適合しているということである。同時に、プラトーンがソフィストに与えた姿をカリカチュアあるいはパロディーと呼ぶ人がいるが、そういう人は、ソフィストによって体現された文化現象の特徴が遊び的で不純であるのは、それらがみな、その古代的本性と切り離しがたく結びついているからだという点を見忘れているのである。[*8] ソフィストは、その本性から、多かれ少なかれ旅まわり芸人と肩を並べる存在である。彼には少しばかり、生まれながらの放浪者、寄生者というところがある。

だが、それと同時に、ソフィストこそが、教育、文化のギリシア的理念が形をとるにいたった環境を創り出した当の存在でもあったのだ。ギリシアの知識、ギリシアの科学は、けっして（われわれのいう意味での）学校などで成長したのではなかった。それは、市民に対する有用で有益な職業教育の副産物としてかち得られたものではない。ギリシア人にとってそれは、自由時間、閑暇 *σχολή*《スコレー》 の結実であり、自由人にとっては国家の業務、戦争、祭祀に要求されない時間はすべて自由時間であった。[*9] 学校という言葉はまったく珍しい前史をもったものである。この自由人の自由時間という環境のなかに、思索生活、研究生活の最初の代表者としてソフィストが古くからその場を占めていたのである。

ソフィストの典型的産物、つまりソフィズムというものを、その技術的な面から表現形式の一つとして眺めれば、そこにもやはり、ソフィストの先行者である古代的予言詩人《ヴァーテース》のなかにすでに露《あら》われていたような、原始的な遊びとのあらゆる関連があることが、ただちに明らかになる。ソフィズムは謎と密接な関係がある。それは剣道者のトリックなのである。ギリシア語の「問題 πρόβλημα《プロブレーマ》」にはもともと二つの具体的な意味が含まれていた。すなわち、それはまず、楯のように、自分を守るために自分の前に置き据えるものであり、第二に、相手に向かって投じて受けとめさせるものだった。どちらの意味も、抽象的に転義すれば、これはソフィストの技術を表現するのに完全に適合する。*10 ソフィストの質問、論議は、あくまでもこの本来の意味における「問題《プロブレーマ》」なのだ。

知恵を働かせる遊び、相手を陥穽《わな》仕掛けの質問に引っ掛けてやろうとする遊びは、ギリシア人の会話のなかで大きな分野を占めるものであった。陥穽仕掛けの問答の各種の型は、連鎖論法《ソーリテース》（ミレトスのエウブリデス発明の論法）、中立論法《アポパスコーン》（肯定も否定もしない論法。クリューシッポスの著書の題名）、否定論法《ウーティス》（クリューシッポスの著書の名称）、欺瞞論法《プセウドメノス》（エウブリデスの発明に発明にかかる論理の謎）、反転論法《アンティストレポーン》（クリューシッポスの著書の名称）などの専門的名称のもとに組織化されていた。アリストテレースの弟子の一人クレアルコスは謎、それもとくに「グリーポス γρίφος」と呼ばれる種類の謎の理論を本に書いた。これは、冗談めかしながら報酬や刑罰をめぐって課される質問のことをいう。――「あらゆる所で同一でありながら、しかもいかなる所でも同一でないものとは何か」――答は「時」。「私であるもの、それはおまえではない。ところで私は人間である。したがっておまえは人間ではないではないか」――このグリーポスに対し、ディオゲネースはこう答えたといわれる、「もしおまえが、それが真実であることを欲するなら、私についてもう一度やってみればよい」[11]（おまえであるもの、それは私ではない。ところでおまえは人間である。したがって、私は人間ではない、ということになるであろう）。クリューシッポス（前二〇五年ころ没。ゼーノーンとともにストア派最大の存在）は幾つか特定のソフィズムについて、長大な論文を書いている。すべてこれら陥穽《わな》仕掛けの論法は、人々がこれら論理の妥当性の範囲を、暗黙の裡《うち》に一定の遊びの場として限定し、そのうえで、ディオゲネースのしたように遊びをぶち懐しにする「なるほどそれはそうだが、しかし……」というような言葉を投じたりせず、その限界の範囲を守るという条件の上に立って、初めて成り立つ。そして様式論的には、これらの命題は、リズム、反覆、並行法などの芸術様式を構成することができるものである。

この「遊びごと」、ソフィストの意味ありげな技巧的弁論術と、ソークラテース的な哲学的論議問答とのあいだの移り行きは滑らかである。ソフィズムは、娯楽と考えられている普通の謎にも、また神聖な宇宙開闢論的謎にも近い類縁があるのだ。プラトーンの対話篇『エウテュデーモス』のなかで、同名の主人公は、ときには子供じみた、文法的・論理的詭弁を弄するかと思えば、[12] またときにはその問いが世界や認識論の謎に接したりもする。[*13]「複数性も、生成も、運動も存在しない」というエレア派の結論のような、最も初期のギリシア哲学の意味深い言葉は、問答遊びの形式のなかに生まれている。一般的判断などというものは不可能であるという結論へ通じてゆくような、きわめて抽象的な推論でさえ、連鎖論法《ソーリテース》、つまり連鎖式質問の表面的形式のなかからしだいに意識されるようになってきたのである。「穀物袋をあけるとき、音をたてるのは第一の穀粒か？」「否」。「では第二のか？」「否」。「第三の？」「否」。「それならば……」という具合である。

哲学的対話の起源

ギリシア人自身は、彼らがやっているこれらすべてのことがどんなに遊びの領域にかかわっているものか、いつもよく自覚していた。『エウテュデーモス』のなかでソークラテースは、ソフィスト的な陥穽《わな》仕掛けの質問を、命題の遊びとして拒《しりぞ》けている。彼は言う、「こんなことでは、事物そのものの核心については何ひとつ教わるところはないのだ。ただ、どうやって人々をずる賢く欺いて愚弄するか、ということを学ぶにすぎない。そういうことは、人の揚げ足をとったり、人が坐ろうとした椅子を急に引っこめたりすることと、ちっとも変わりはしないのだ」――「この青年を賢くしてやろうと思っているのだ、と君たちは言うが」と彼はつづける、「君たちのしているのは、いったい遊びなのかね、それとも真面目なのかね」[*14]と。

プラトーンの『ソピステース』のなかで、テアイテートスは、エレアーからの異邦人に対して、ソフィストが「旅まわり芸人の一類に属している」、文字どおりに言えば「遊びにたずさわっている」[*15]人間だということを承認している。存在の問題について意見を述べることを強要されたパルメニデースはまず、この仕事は「むずかしい遊びを遊ぶことですね」[*16]といい、それから存在の最も深い根本問題に赴くのである。しかもそれらはすべて、問答遊びの形式によって行なわれている。「〈一〉は部分をもつことができない。無限界であり、つまり無形式なものです。それはどこにも存在しないものであり、運動なく、時間なく、知ることのできないものです」。しかし、やがて論議は一転してふたたびもとに戻ったかと思うと、ふたたび逆転し、三度もとに戻る。[*17]論議は梭《ひ》のように行きつ戻りつを繰り返す。こうして、この動きのなかで、知識は高貴な遊びという形式を帯びてゆくのだ。ソフィストのみが遊ぶわけではない、その点ではソークラテースも、いやプラトーンさえも同様なのである。[*18]

アリストテレースによれば、メガラ派やソフィストに特有な質問形式で対話篇を書いたのは、エレアーのゼーノーンが最初であったという。それは論敵をとり押えるための技術だった。それから、プラトーンはその対話篇を書くにあたって、とくに擬曲詩人《ミーモス》ソープローンによったといわれているが、これは擬曲《ミーモス》と呼ばれるファルスの作者である。ではアリストテレースはというと、はたして対話を喜劇の一つである擬曲の一形式と呼んでいる。[*19]

こうなれば、ソークラテース、プラトーンでさえソフィストと同様に、道化師、旅芸人、奇蹟術師の仲間に加えられることは免れない。[*20] こういっただけでは哲学の遊び要素を明らかにするには十分でないかも知れないが、プラトーンの対話篇そのもののなかにその十分な証明を見いだすことはできるのだ。対話は一つの芸術形式である。フィクションである。というのは、明らかにギリシア人の実際の会話は、どんなに高級なものでも、事実はけっして対話篇の文学的形式に完全に対応するほど高いものではありえないからである。プラトーンにあっては、対話はいつも変わりなく軽快な、遊びのような芸術形式である。それを証拠立てているのが『パルメニデース』の小説的構成と『クラテュロス』の冒頭の部分とである。この二篇の気楽な、くだけた調子、また他の多くの対話のそういった調子が、つまりそれなのだ。道化芝居とのある種の類似は、事実、見まがうべくもない。『ソピステース』のなかでは、諧謔的なやり方で古い哲学のいろいろの根本原理が触れられている。[*21]『プロータゴラース』のなかでも、まったくユーモラスな調子で、エピメーテウス、プロメーテウスの神話が物語られる。[*22]
これらの神々の姿と名前に対してソークラテースは、『クラテュロス』のなかで言っている。「そこには真面目な説明もあれば、滑稽な説明もありますよ。なぜなら、神々とてもやはり戯れを好むものですからね」と。同じ対話篇の別のところでプラトーンは、ソークラテースにこう言わせている。「もし、私がプロディコスの五十ドラクマ講義を聴いていたら、君にはそれがすぐに分ったでしょう。だが実際は、私はただ彼の一ドラクマの講義を聴いたにすぎないのですよ」。[*23] そして、彼が言葉の語原を論ずるときの、あの明らかに筋の通らない、諷刺的な調子で言う。「さあ、私は自分でも解くことができないすべての問題にトリックをかけるから、よく注意してくれ給え」。[*24] そればかりか、最後には「私は長年のあいだ、私自身の知恵に感心してきたけれども、自分から本気で信じてものを言っていたわけではなかったのですよ」と。とまれ、『プロータゴラース』は最後にその立場を逆転させて終っている。あるいは『メネクセノス』のなかの弔詞（女流雄弁家アスパシアの戦死者に対する追悼演説のこと）がはたして真面目なものなのかどうかも、論議の余地がある問題である。こうなると、われわれはいったい何といったらよいのか。

プラトーンの対話篇のなかの語り手たち自身は、彼らの哲学的営みを、愉快な気晴しと呼んでいる。青年の議論熱は、老人の尊敬されたいという欲望に対照されるのである。[*25]「まったくそれは真実のことなのです」と、『ゴルギアース』のなかでカリクレースは言っている。[*26]「そして君たちは哲学をやめて、もっと大きな事柄に向かうならばそのことを理解するようになるでしょう。君たちが青年のあいだで節度をもって行なうなら、哲学も好ましいものです。だが、ふさわしいときにやめないでいつまでも長々とそれにかかずらって我を忘れた人間にとっては、哲学は破滅のもとですね」と。

このように、後世のために知識と哲学の不滅の基礎をきずいた当の人々が、彼らの哲学を青年の遊びと見なしていたのである。ソフィストの根本の誤り、彼らの論理的・倫理的欠陥を抉剔《けってき》しようとするとプラトーンは、いつ何時《なんどき》でも、この自由気ままな対話形式の身軽なやり方をとるのを恥とはしなかった。彼にとっても哲学は、いかに深く掘り下げられたところで、結局、一つの高貴な遊びであることに変わりはなかったからである。そしてプラトーンだけではない。アリストテレースさえも、ソフィストの詭弁、言葉の駄洒落を、真面目に論駁《ろんばく》するに値するものと考えていた。それも、彼ら自身の哲学的思考がまだ遊びの領域から離れていなかったからにほかならない。だが、いったい哲学がいままでにそこから本当に解放されたことがあっただろうか。

ソフィストと弁論家

哲学の諸段階の継起した順序は、おおよそ次のように見ることができる。まずそれは遥かな原始時代に聖なる謎解き遊びと弁論術から出発したが、それでいて同時に、祝祭の余興の機能を満たすものでもあった。祭儀的な側面では、そこから深遠な神智学やウパニシャッド哲学、ソークラテース以前の哲学が生まれ、遊びの側面ではソフィストの業績となった。しかし、この二領域の別は絶対的なものではない。プラトーンは哲学を最も高貴な真理追求の努力として、ただ彼のみが達しうる高い境地へ引き上げた。しかしそれは、つねに彼の哲学の要素である軽やかな形式においてであった。

しかしそれと同時に、一方では哲学がより低い形式のなかで知的な瞞着、機知の遊び、ソフィスト的弁論、そして弁論術《レートリカ》となって栄えつづける。ところが、ギリシア世界では闘技的因子が非常に強いものであったために、弁論術は純粋哲学を犠牲にして膨《ふく》れ上がり、かなり広い範囲の大衆の文化になって、哲学を蔭に追いやったばかりか、それをあわや窒息させるばかりになった。ゴルギアースが、そういう高い教養の頽廃の典型である。彼は深く沈潜した知識に背を向け、きらびやかな言葉の力を讃え、それを乱用することに堕した。アリストテレース以後、哲学的思弁の水準は低下していった。極端に走った競技と杓子《しゃくし》定規的な学問に逸脱した哲学が、手と手をたずさえて世にはびこった。ちなみに、こういうことはこのとき一度だけではない。中世も後期、事物の最深最奥の意義を把えようとした大スコラ哲学者の時代の後に、単なる言葉や常套《じょうとう》語をもって足れりとする時代がつづいたときにも、同じようなことが繰り返されている。

ところで、これらさまざまの現象のなかから遊び的な内容を鋭い線で画してみせることはできないのである。子供っぽい遊びごとと、ときに奥義、英知を掠《かす》めることもある倒錯した思考とのあいだに、きれいに一線を引くことはめったになしうるものではない。ゴルギアースの有名な論文『非存在について』は極端なニヒリズムによっていっさいの真面目な知識というものを否定し去る。しかしこれは、彼自身がはっきりそう呼んでいた『ヘレネー讃』と同じことで、一つの遊びと呼ばなければならないものなのである。遊びと知識とのあいだにはっきり意識された境界が欠けていたということは、ストア派の哲学者が、文法的陥穽《かんせい》の上に築いた無意味なソフィズムと、メガラ派の真面目な論証とを、まったく同じやり方で取り扱っている事実にもみられる。[*27]

論争術、美辞麗句の弁論が全盛を誇っていた。それらはまた、つねに公共の競技の主題でもあった。公衆の前で語ることは、言葉を用いて自己を顕示し、見せびらかし、ひけらかすことである。ギリシア人にとって言葉による争いは、厄介な問題を再現して判断するためにもってこいの文学的形式だったのである。トゥーキューディデースは、戦争か平和かという問題をアルキダマース、ステネライダースのそういう弁論のなかに示しており、また他のさまざまの問題をニーキアース、アルキビアデース、クレオーン、ディオドトスの雄弁の形で取り上げている。このように彼は権力と正義とのあいだの葛藤を論ずるのに、メロス島の中立侵犯についてのまったくソフィスト的な問答遊びのやりとりの形で取り扱う（『歴史』一巻七九～八六、三巻三七～四九など）。アリストパネースは『雲』のなかで、公開論議への熱狂ぶりを嘲けるのに、正論と邪論とのあいだに弁論的な決闘をたたかわせる、という形式をとったものだ。

ところで、ソフィストにことのほか愛好されたのに矛盾論法《アンティロギア》と呼ばれるものがあるが、その意義は、その形式の遊びとしての価値という点にのみあるのではない。それは、その点と同時に、人間の判断の永遠の不確実性を、含蓄あるやり方で表現しようとする意図をもつものでもあった。われわれは一つのことをこう言うこともできるし、ああ言うこともできる。言葉によって争いに勝つ技術をある程度まで純粋に保たせるもの、それが言葉の遊びの性格である。ソフィストの言葉にしても、それが謬《あやま》るのは、「主人道徳」なるものを説いたカリクレースのように、彼らがその言葉と概念の技術を本気になってある非道徳的な意図と結びつけるときなのである。[*28] ある意味では、すでに闘技的な意図そのものが、真理の感覚を犠牲にして、その上に勝手気ままにふるまうときには、誤りなのだ。ソフィスト、弁論家と称された人々すべてにとっては、真理への衝動でなくて、個人的・私的に独善的な行動をとるということが彼らの基準であり、目標であった。それは、原始このかたの競い、たたかうという態度によって生命を吹き込まれていた。二、三の論者は、ニーチェが哲学の闘技的立場をふたたび取り上げて問題としたと見ようとしているが、[*29] もしこれが事実であるとすれば、それは、ニーチェがそうすることによって哲学を原始文化の内部に発生した当時の、根源的な領域へ引き戻した、ということなのである。

論　争

われわれ人間の理性という手段は、結局、どの程度まで遊びの規則としての性格を担っているのだろうか。つまり、人々が理性を遊びの規則として通用させることに決めた精神的な枠があるわけだが、その範囲内で理性はどの程度の意味をもっているのか。これは痛切な問題だが、いまわれわれはこれに立ち入るつもりはない。ただ一般に論理、とくに三段論法のなかには、言葉や概念の妥当性はいわばチェス盤上の駒のように見なすべきであるという暗黙の裡《うち》の了解がつねに働いている、とでも言うべきであろうか。この点は誰かが究明してほしいものである。ここでわれわれとしては、ギリシア文化の後につづく時代の論争と弁論の営みのなかに遊びの本質があったことを若干指摘しておかなければならない。ただ、そういう現象はいつも同じ形式で繰り返されており、それが西欧文明のなかでたどった発展はあくまでもギリシアの範例をなぞったものだから、ここでは委細をつくして論ずる必要はあるまい。

ラテン文学のなかに弁論術と雄弁術を持ち込んだのはクィンティリアヌス（紀元三五ころ〜一〇〇ころ）である。議論の争いと言論の誇示という行き方は、ローマ帝国では単なる学校内部だけのものにとどまらなかった。自らも弁論家であったディオーン・クリュソストームス（四〇ころ〜一一二ころ）は、低落したソフィストの一派として、冗談、下らない饒舌《じょうぜつ》、割り切れた当意即妙の解答のごたまぜによって奴隷や船乗りたちを思わず振り返らせる街頭哲学者たちが存在していたことを語っている。

またローマでは、ウェスパシアヌス皇帝がすべての哲学者をローマから追放したときのお触れ文にかすかに証明されるような、煽動的なプロパガンダも行なわれていた。ソフィズムは相変わらず同じ型をとって大いに行なわれており、心ある人々は繰り返し起ち上っては、ソフィズムの過大評価に対する戒めを語った。聖アウグスチヌスにも、敵を陥れようとするこういう有害な論争心、子供っぽい大言壮語を語った言葉がある。[*30]「おまえは角をもっている。というのは、おまえはまだ角を失ったことはないからだ。——だからおまえはいまだ角をもっている」というような型の洒落は、すべてのスコラ派の教科書を通じて繰り返し大いに好まれた。ソフィズムがまったくの冗談にしてしまったこういう論理的誤謬《ごびゅう》をはっきり眼の前に指摘してみせることは、明らかに容易なことではなかった。

紀元五八九年、トレドで、西ゴート族がアリウス派からカトリックへの改宗を行なった。これは初め、両派が高位の僧侶を立てて、儀式ばった神学的討論会を催したことがきっかけとなって起こったことである。また、十世紀にも哲学にスポーツ的性格があったことを強く確信させてくれる一例は、後に教皇シルウェステル二世となったジェルベールの物語が提供してくれる（ジェルベール・ドーリャック。当時一流の大学者であり、フランス人として初めて教皇になった）。このジェルベールは九八〇年、ラヴェンナのオットー二世の宮廷で、その論敵マクデブルクのオルトリクと論争した。[*31]マクデブルク寺院のスコラ学者オルトリクは、かねてからジェルベールの声名を妬んでいた。そこで僧侶の一人をランスに遣わして、ひそかにジェルベールの講説を盗聴させ、彼の説の間違っている証拠を確認するように命じた。ところが間諜《かんちょう》は、ジェルベールの説くところを誤って理解しておきながら、自分ではしかと聴きとったつもりで、それを宮廷に訴え出た。その翌年、皇帝オットー二世は二人の学者をラヴェンナで対決させることができた。そこで、陽が落ちて聴衆が疲れはててしまうまで、証人である多勢の聴衆の前で彼らに論争をたたかわさせた。論議の中心点は、ジェルベールが数学《マテーマティカ》を自然哲学《フィジカ》の一部であると呼んだといって、オルトリクがその論敵を論難することにあった。[*32] しかし真実は、ジェルベールは、数学は自然哲学とまったく同じものであり、またそれと同時に存在するものである、と言ったのであった。

カール大帝の翰林院

遊びの因子がいわゆるカロリング朝ルネサンスの本質的な部分ではなかったかどうか、これは一度は検討してみるだけの価値のある問題であろう。カロリング朝ルネサンス、この学識、詩文、敬神の壮麗な営み、そこでは中心人物たちは、古典や聖書の名前で自分を飾っていた。たとえば、アルクイン（七三五ころ～八〇四。大帝の師傅）はホラーチウスであり、アンギルベルト（七四五ころ～八一四。詩人で政治家）はホメーロス、そして、カール大帝自らはダビデを名乗っていた。実際、宮廷文化にはとくに遊びの形式を受け容れやすいところがあるものだ。宮廷の範囲はおのずと小さな、閉ざされた社会だし、すでに皇帝に対する畏懼《いく》の思いが、あらゆる種類の規則とか擬制とかの維持を強制するものとなっている。カール大帝の「皇帝翰林院《かんりんいん》 Academia Palatina《アカデミア・パラティナ》」は確乎とした理想として「新しきアテーナイ」をつくるのを念頭に思い描いたものだったが、こうした敬虔な意図にもかかわらず、その気分は貴族的歓楽のそれだった。宮廷の人々はたがいに詩を作る技術や悪口雑言を競争しあった。古典的優雅さを目ざす努力が、そのために原始的特徴を排除することになるわけはない。「文とは何か」とカール大帝の若き王子ピピンが問う。するとアルクィンは答える、「学の保持者」と。――「言葉とは何か」――「思考の漏洩《ろうえい》」――「誰が言葉を生んだか」――「舌」――「舌とは何か」――「空気の鞭」――「空気とは何か」――「生命の保持者」――「生命とは何か」――「幸福なものの歓喜、不幸なものの悲哀、そして死の期待」――「人間とは何か」――「死の奴隷、ただ一点の位置の客、過ぎゆく旅人」。

これらはわれわれには未知の響きではない。それはまたしても問答遊び、謎解き競技、「婉曲代称法《ケンニング》」の形式による解答である。要するにこれらはみな、われわれがさきにヴェーダ文学の古代インド人、自慢試合の古代アラビア人、エッダ神話のスカンディナヴィア人の間にあることを指摘しておいた知識の遊びという特性をそなえているのである。

十二世紀の学校の世界

十一世紀も終りに向かうころ、存在とすべての存在者の知識を目ざす大いなる意欲が盛り上ってきた。――これがたちまちのうちに、その殻としての大学、その果実としてのスコラ哲学をもたらすこととなった。――こうして、多くの分野で、潑剌《はつらつ》とした精神運動が育っていったとき、そこには文化の大きな改革にときとして固有の性格として伴うことのある、ほとんど熱病的な激越さというものがあった。闘技的要素が強く時代の前面に現われることは避けられなかった。たがいに弁舌で相手を負かそうとすることは一種のスポーツになった。それは多くの点で、武器による闘争と同じレベルに立つものである。血を見るまで闘う形式の馬上槍試合には、諸国諸州を代表して登場する騎士たちの集団のあいだで行なわれるものもあり、敵を探し求めて各地を放浪遍歴する武士個人によるものもあった。これが、後の文学に大いに愛好された騎士道修行者の物語の歴史的先駆である。これらの形式の最古のものが出現したのは、奇妙なことに、ペトルス・ダミアーニ（一〇〇七～一〇七二。クリュニィ派の教会改革運動者）によって慨嘆されたように、古代ギリシアのソフィストとまったく同じように、国々を漂泊して歩きながら、おのれの弁論術をひけらかしては勝ち誇った職業的弁舌屋の害悪と、時代的に重なるのだ。

十二世紀の諸学校の内部では、悪罵や中傷によるきわめて激しい競争が全盛の極にあった。教会の著述家たちは、あら探しや屁理屈の遊びが目に余る当時の学校活動の姿を、ときおりちらとその著書のなかで、われわれの眼に見せてくれる。人々は、各種さまざまの術策や悪知恵でたがいに騙《だま》しあい、言葉の陥穽《わな》や辞句の網をはって相手を引っ掛けようとするのである。碩学たちは追いまわされ、人々はその大先生を見たこと、弟子として従ったことがあるのを自慢するようになる。[*33] 彼らは莫大な金を儲けたものだが、これも昔のギリシアのソフィストとまったく同じであった。ロスケリヌス（一〇五〇ころ～一一二四ころ。初期スコラ学の唯名論の代表者。のちに異端とされた）は辛辣な中傷文のなかで、アベラール（一〇七九～一一四二。フランスの哲学、神学者、エロイーズとの恋物語で有名）がその誤った教えを講じて得た金を毎晩計算し、それを日々遊興に費している有様を描いている。アベラール自身も、ただ金を儲ける目的から学問を始め、そして巨額の金を儲けたことを証言している。初め自然学《フィジカ》、つまり哲学だけを講じていた彼が、突然聖書の解義へ転向したのは、彼の同僚がそれを一つの技術、腕の見せどころとしてやってみることをたきつけた賭けの結果であった。[34] 早くも若いころから彼は戦争の武器よりも弁証法の武器を選び、弁論の術が花を咲かせていた各地を巡歴して歩いていた。しかしやがて彼は、パリでその座を占めていた競争者を「攻囲するため」、聖ジュヌヴィエーヴの丘の上に「その学院の地を卜《ぼく》した」[35]。こういうふうに、弁論術、戦争、遊びの混合物ともいうべきものが生まれたのだが、この特徴はみな、回教神学者の学校学派の競争にも見いだすことができるものである。[36]

　スコラ哲学と大学の発展史全体のなかで闘技的要素はこの上なく大きく目立った要素である。「普遍《ウニヴェルサリア》」の問題が哲学的議論の中心問題として長く好まれ、人々は実在論者と唯名論者とに分かれて争ったが、このことは、何か論点をめぐって争うときに党派を形成しようとする人間の原始的欲求と、疑いもなく関連している。これは、あらゆる文化の精神的成長と切り離せない現象である。

　中世の大学の学校活動はことごとく遊びの形式をとっていた。学問的論議の口頭でのやりとりという形をとって絶えまなくつづけられた論争。大学生活のなかで非常に盛んに華々しく行なわれた儀式。国民別による集団。各種の各方向への分派対立。これらの現象はいずれも多かれ少なかれ、競争とか遊びの規則とかの領域に見る現象である。エラスムスは頑強な論敵ノエル・ベディエ宛のある書簡のなかで、学校のなかでは人々はただ先人から伝えられた材料だけしか扱わず、論争のときにも学校当局から承認された基本命題だけからしか始めようとしない偏狭さを慨嘆したとき、そういう事情をまだ明らかに感じていたのだった。「私の判断では、学校のなかでは包囲遊び、トランプ、賽子《さいころ》遊びなどをするときのようなやり方をする必要は毛頭ないと思います。なぜかと言うと、規則をどうすべきかということで人々の意見が一致しないならば、それは遊びとは言えないからです。これに反して、学問的対決の場合は、何か新しい思想が発言されたとしても、それはけっして前代未聞なことでも、乱暴なことでもあるはずはありません……」[*37]。

学問の闘技的性格

哲学をも含めて学問はその本性として論争的なものである。そして論争的なものはまた、闘技的なものと切り離すことはできない。大きな新しい事物が現われる時代には、たいていそこに闘技的因子が強く前面に浮かび上ってくるものである。たとえば、自然科学が輝かしい興隆発展をとげて新たな分野を征服しはじめ、古代と信仰の権威に手をつけだした十七世紀がそうであった。すべてのものが同志的結合や党派に分裂するということが、限りなく繰り返された。人々はデカルト主義者となるのでなければ、その体系の反対者となり、また「古代」の側に立つのでなければ、「現代」に味方した。そのうえ、学界から遠く隔たった場所でさえ、人々はニュートンを是非し、地球の扁平《へんぺい》説とか種痘とかに是非の論をたたかわせた。

十八世紀は各国の知識人たちの活潑な精神的交流を見た時代である。ただ、当時の手段方法に限界があったために、カオス的氾濫に決潰《けっかい》するのは防がれていたものの、それでも十八世紀は、最高度に激しいペン論争の時代とならずにはいなかった。音楽、鬘《かつら》、軽薄な合理主義、ロココの優雅さ、サロンの魅惑《シャルム》などとともに、これらのペンの闘いが、十八世紀にとくに明瞭に姿を現わしたことは、誰にも否定できないことだ。しかもそれは、われわれとしてはときどき嫉妬したくなるような、広い一般用な意味での遊びの性格の本質的な部分を形づくっていた。

（1）プラトーン『小ヒッピアース』三六八〜三六九〔第一書房版全集第三巻二九四〜二九八ページ〕。
（2）『エウテュデーモス』三〇三A〔同全集第一巻三四五ページ、山本訳〈近藤書店・一九四二〉一二八ページなど〕。

（3）同前三〇三B、E。πληγείς〔同前三四五ページ、近藤書店版一二九、一三〇ページ〕。
（4）『プロータゴラース』三二六D〔筑摩版『世界文学大系』「プラトン」一五二ページなど〕。
（5）イェーガー『パイデイアー』二二一ページ。
（6）H・ゴムペルツ『ソフィスティークと弁論術』（ライプツィヒ・一九一二）一七、三三ページ。
（7）たとえばカペレ『ソークラテース以前の哲学者』三四四ページ。
（8）たとえばイェーガー『パイデイアー』三九八ページ。
（9）R・W・リヴィングストーン前掲書六四ページを参照のこと。
（10）『ソピステース』二六一Bを参照〔第一書房版第六巻二六六ページ〕。
（11）プラントル『論理学史』第一巻四九二ページ。
（12）『エウテュデーモス』二九三C〔第一書房版第一巻三一七〜八ページ、近藤書店版八七ページ〕。
（13）『クラテュロス』三八六D〔同第二巻二〇六〜七ページ〕。
（14）『エウテュデーモス』二七八D、二八三B〔同第一巻二八〇、二九二ページ、近藤書店版二八、四八ページ以下〕。
（15）『ソピステース』二三五B〔同第六巻一九七ページ〕。原文には、τῶν τῆς παιδιᾶς μετεχόντων。
（16）『パルメニデース』一三七B〔同第五巻三一ページ、長沢訳〈弘文堂・一九四四〉一六八ページなど〕。原文を示せば、*πραγματειώδη παιδιάν παίζειν*。

(17) 同前一四二B、一五五E、一六五E〔第五巻四九、九六、一三一ページ。弘文堂版一九〇～一九一、二四八、二九〇ページ〕。

(18) プラントル前掲書第一巻九ページを見よ。

(19) アリストテレース『詩学』一四四七b〔岩波文庫版五八ページ〕。

(20) H・ライヒ『ミーモス』（ベルリーン・一九〇三）三五四ページ。

(21) 『ソピステース』二四二CD（第六巻二一五ページ以下）。さらに『クラテュロス』四四〇をも参照されたい〔第二巻三三六ページ以下〕。

(22) 『クラテュロス』四〇六C〔同第二巻二五二ページ〕。

(23) 『クラテュロス』三八四B〔同巻二〇〇～二〇一ページ〕。

(24) 『クラテュロス』四〇九D〔同巻二六一ページ〕。

(25) 『パルメニデース』一二八E〔同第五巻一〇ページ、弘文堂版一四一ページ〕。

(26) 『ゴルギアース』四八四C〔同第四巻二〇〇ページ、および中央公論社版『世界の名著』第六巻三〇九ページ〕。さらに『メネクセノス』二三四A〔第四巻二九九ページ以下〕を参照。また、L・メリディエ『プラトン全集』第一巻（パリ・一九三一）五二ページをも。

(27) プラントル前掲書四九四ページ。

(28) 『ゴルギアース』四八三A～四八四A〔中央公論社版『世界の名著』第六巻三〇七～三〇八ページ〕。

(29) H・L・ミエヴィル『ニーチェと権力意思』(ローザンヌ・一九三四)。シャルル・アンドレ『ニーチェ。生涯と思想』(パリ・一九二〇〜三一)第一巻一四一ページ、第三巻一六二ページ。
(30)『キリスト教義』第二巻三一。
(31) リシェル『歴史史料集成』(ゲルマン史資料。写本史料集)三、四巻。五五〜六五章。
(32) 両語とも、中世的な意味におけるそれである。
(33) サン・ヴィクトルのユーゴー『ディダスカリコン』。ミーニュ編『教父全集』一七六巻七七三ページd、八〇三ページ。『現世の空しさについて』前掲書七〇九ページ。ソールスベリのヨハンネス『メタロギコン』第一巻第三章。『ポリクラティコン』第五巻第十五章。
(34)『アベラール全集』第一巻七、九、十九ページ。第二巻三ページ。
(35) 前掲書第一巻四ページ。
(36) これは、私は故C・スヌーク・ヒュルフローニェ教授の教示によって知った。
(37) 一五二五年六月十五日付。エラスムス書簡集(アレン編)第六巻一五八一番六二一。

X　芸術の遊びの形式

音楽と遊び

詩の本質のなかに、われわれは遊びの要素がかたく繋ぎとめられているのを見いだした。また詩的なものは、いかなる形式のものにせよ、非常に強く遊びの構造、組織と結びついていることも明らかにされた。こうしてみると、この二つのものの内的関連は、まさに解きほぐすことの不可能なものと言わざるをえない。また、その関連のなかでは、遊びという言葉、詩という言葉は、それぞれの独立した意味をほとんど見失うおそれさえもあるところが同様なことが、遊びと音楽の関連についていっそう高い程度において言うことができるのである。さきにII章でわれわれは、楽器を操ることを「遊ぶ」と言い表わす言語がいくつかあることを指摘しておいた（II章一一二ページ以下を参照）。アラビア語がそうであった一方で、ゲルマン諸言語、二、三のスラヴ語もそうであり、そのほかフランス語も同じであった。アラビア語とヨーロッパ諸言語のこの意味論的な一致は、どちらか一方が他方からこの意味を借用した結果であるとはほとんど考えられない。結局これは、音楽と遊びの関係を規定しているのが、深く心理的なものに根ざした本質的関係であることを示す、一つの外的な徴《しるし》としてとらえてよいであろう。

さて、このように音楽と遊びの関連が自然な既定事実のように見えたとしても、その関連の根本因《ラティオー》についてはっきりした意見をもつことは容易ではなさそうである。そこでいまは、音楽と遊びの両方に共通している数々の要素を数え上げてみるという試みで十分だとしておきたい。

遊びは実際生活の合理性の外にある、必要とか利益とかの領域の外部にある、とわれわれは言った。この点では、音楽的表現、音楽的形式も同じことである。遊びの価値は理性、義務、真理などの規範の外にある。音楽また然りである。音楽の諸形式の価値、音楽の機能の力は、論理的な概念を超えた規範によって、われわれの目に見え、手に触れうるものの彼岸にある規範によって、決定されるのだ。それらの規範は独特の、特殊な名前でだけ呼ぶことができる。そしてそれらの名前は、リズムとかハーモニーのように、遊び、音楽のいずれにも適用することができる。リズムもハーモニーも、完全に同じ意味で遊びの因子であるとともに音楽の因子でもある。しかし詩の場合には言葉というものがあって、部分的に、詩を純粋に遊び的な領域から観念と判断の世界へ置き移すことができる。これに反して純粋に音楽的なものは、つねに遊びの領域のなかを漂っていて、そこから出てゆくということはない。

古代文化においては詩の言葉は、強く典礼的、社会的機能を帯びていた。その原因は、当時の段階では、詩的な言葉はただ音楽として誦される形でだけ聴くことができるものだったという事情と、きわめて深い関連がある。純粋の祭祀はすべて、歌われ、踊られ、遊ばれるものなのである。後世の文明の担い手であるわれわれの心を、まさに古代人の感じたとおりの神聖な遊びという感情でさし貫くことのできるものは、音楽をおいて他にはない。そのうえ、定形に固定してしまった宗教的観念とは無関係に、音楽を享受することのなかでは美の感覚と奉献の感情が融合して一つになっている。この融和のなかでは、遊びと真面目の対立などは消え去ってしまうのである。

プラトーン、アリストテレースにおける音楽

これから考察する関連のなかで大切なことは、ギリシア的なものの考え方のなかでは、われわれわれが遊び、仕事、芸術の享受などの言葉で結びつけている概念の繋がり方が、われわれのあいだで普通に行なわれているやり方とはいかに異なったものだったかをはっきりさせる、ということである。音楽 μουσική《ムーシケー》 という言葉は、ギリシア人にとって、われわれ近代人のその言葉よりはるかに広い範囲にわたるものであったことは、周知の事実である。それは単に歌や楽器の伴奏による踊りを含むだけでなく、一般にアポローンやムーサイ

（ミューズ）といった神々に司どられるすべての芸術、技芸に当てはまるものであった。これらはすべて、ミューズの分野の外にある造形芸術、機械的芸術に対して、ミューズ的（音楽的）芸術ということができる。そして、すべてミューズ的なものは祭祀ときわめて深い繋がりがある。なかでも、その固有の機能が発揮される場である祝祭との関係は、非常に深いものがあった。

プラトーンの『法律』のように祭祀、舞踊、音楽と遊びとの関連が明瞭に述べられているものは、おそらく他にはあるまい。そこではこう言われている。

「神々は苦悩のさだめを受けて生まれた人類への憐れみごころから、彼らの心労に対する安息の時間として、祭礼というものを制定したうえ、さらにムーサイの神々やその長《おさ》たるアポローン、そしてディオニューソスらの神々を、人間の祝祭の仲間にお加え下さったのです。つまり、これは、神々と祝祭をともにすることによって、人間界に物事の秩序を打ちたてるためなのです」[*1]

この後すぐつづいてくるのがプラトーンの遊びに対する解釈としてしばしば引用される個所である。そこでは、なぜ若い人々はすべてその肉体や声を瞬時もじっと静止させておくことができないのか、いかに彼らは喜びのあまり身体を動かし、騒ぎ、飛び跳ね、踊り、あらゆる種類の叫びを挙げずにいられないのか、ということが言われている。ところが動物たちはそういうときにも、律動《リュトモス》、調和《ハルモニア》という、秩序と非秩序とのあいだの区別をまるで知らない。これに対してわれわれ人間は、われわれの仲間として輪舞に加わった神々のおかげで、リズムとハーモニーの識別ができるし、またそれに伴ってそれを享受する、楽しむということも知っている。――このようにして、ここに可能なかぎり明瞭な一つの直接的関係が、音楽と遊びとのあいだに結ばれたことになる。

　ところがこの考えは、われわれがすでに指摘しておいたようなギリシア人の心のなかの一つの意味論的事実によって阻止されてしまう。すなわち、ギリシア語の遊び《パイディアー》という言葉には、その語原的由来のために、子供の遊び、下らぬ囈語《たわごと》という意味がいつもあまりにも強くこびりついているのだ。この言葉は、より高級な遊びの形式を称するのには、ほとんど用いられることがない。子供を思い出せるものがそこに堅く結びついており、それを切り離すことができない。そこで、より高級な遊びの形式は、「闘技《アゴーン》」「暇をすごす σχολάζειν《スコラゼイン》」「気晴し διαγωγή《ディアゴーゲー》」など、一面的に限定された概念語のなかに、その表現を見いだすという次第になった。これらすべての概念は、その本質からいって、ラテン語の明快な遊び《ルードウス》という概念や、近代ヨーロッパ各国語の遊びという言葉のような一般的概念のなかに統一させることができるものである。ところがそういう認識は、ギリシア人の心のなかにはついに浮かぶことがなかった。そのためにプラトーンとアリストテレースは、音楽は遊びより高貴なものであるかとか、音楽はどれくらい遊びより高貴なものであるかというような問題を解決しようと苦労しなければならなかったのだ。さきに引用したプラトーンの文は、次のようにつづいている。*2

「何の利益もあげず、さりとて真理も、比喩としての価値ももっていないもの、それでいて、他方有害なものをも含まないようなものは、せいぜいそのなかに伴って表われる魅力《カリス》という基準と、それがもたらす快楽とによって判断することができるだけです。……こういう何ら考えたり、述べたりするに値するほどの利益、害悪を伴わない快楽、これを遊び《パイディアー》と私は呼ぶのです」

ここでプラトーンが問題として述べているのは、つねに音楽の演奏のことであるのに十分注意していただきたい。――しかし音楽のなかでは、この享受する、楽しむという以上のものが追求されねばならないのであり、こうしてプラトーンはただちに立論をその先へ進めることになるのだが、それについては、後でもっと詳しく立ち入って考えることとする。

アリストテレースの言うところは、ほぼ次のようである。

「音楽の本性というものはそう容易に規定することができるものではないし、また音楽の知識を所有することで利益が得られるものかどうか、という点でもそれは同様である。睡眠とか飲酒とかは、それ自体には意味もないし、真面目《スプーダイア》なものでもないが、ただ快適なもの、憂いをはらうものであるがために、われわれはそれを欲するのである。ところで、それと同じようにわれわれは音楽をも欲するのだが、それは、音楽には遊び《パイディアー》があるからなのか（われわれはこの「遊び」を、ここでは「気晴らし」と置き換えることができるのではなかろうか）、それともそれには休息があるからなのか。いずれにしても、多くの人々が音楽をこういうふうに利用しているのであるし、またこの三つのもの——睡眠、飲酒、音楽——には、舞踊も加えられるであろう。いなむしろ、われわれはこう言うべきであろうか、音楽は、体操のように肉体の能力を鍛え、ある品性を養い、正しく物事を享受する習慣をつくるという限りでは、徳に通ずるところがある、と。それともあるいは、音楽は（これが第三の場合である、とアリストテレスは言っているが）、精神的な高い気晴し《ディアゴーゲー》と、知識《プロネーシス》の獲得とに貢献するところがあるのだろうか」[*3]

この「ディアゴーゲー」という言葉は、いまここで触れたような意味関連からすれば、まことに意味深い言葉である。それは文字どおりに言えば、時間を「過ごすこと」「浪費」をいう言葉だが、これを「気晴し＝時間を過ごすこと」と翻訳するのは、われわれが仕事と暇（自由時間）とを対照させるアリストテレースの立場に立ったときにのみ容認できるにすぎない。アリストテレースはまた言っている。

「今日では、大多数の人々は音楽を楽しみのためにするものと思っている。しかし古人は、それを教育 *παιδεία*《パイディア》 の一つである、と教えていた。なぜかといえば、自然《ピュシス》そのものは、われわれがよく仕事ができるというばかりでなく、そのうえまた、よく閑暇の時を過ごす能力をもつべきことを要求するからなのである。この閑暇こそが万物の根本原理《アルケー》である。それは、両方とも望ましいものではあるけれども、何といっても閑暇のほうが仕事よりいっそう好ましいのであり、それが目的《テロス》なのである」[*4]

この考え方は、われわれのあいだで普通にとられている立場の倒置である。これは、ギリシアの自由人はもともと賃金労働からは解放されているというのが建前であり、そのために高尚な、教養ある問題にたずさわって人生の目的——すなわちテロス——を追求するということが可能だったという事実の光に照らして考えなければならない。そこでは問題はどうやって自由時間《スコレー》を使うか、ということになってくる。遊びをして時間を過ごすのではない。それでは、遊びは、人生の目的になってしまうだろう。いや、それにアリストテレースにとって遊び《パイディアー》はただ、子供の遊びとか快楽とかを意味するにすぎないのだから、そういうことは不可能である。

遊ぶことは心に解放と安息とを与えるものだから、一種の薬として仕事から放たれて休養するというだけの役には立っている。ところが閑暇に過ごす、自由時間をもっているということは、それだけでもう快楽を楽しむこと、幸福、生の悦びなどを含んでいるように思われるのである。そこで、自分がまだもっていない何ものかを得ようとしてそれを追求するということではなくて、この幸福が生の目的《テロス》であるということになる。しかし、この快楽というものは、すべての人が同じもののなかにそれを見いだすわけではない。楽しみは、それを享受している人が最も秀れた人であるときに、また彼の志向するものが最高のものであるときに、最善、最美のものとなるのである。したがってわれわれは、この閑暇《スコレー》を過ごすためには、[*5]あることを学び、自らを教育してゆかなければならないのは、明らかなことである。そしてそれは、仕事を目当てに必要に迫られて学んだり、自らを陶冶《とうや》したりするという事柄を学ぶのではない。それ自体のために学ばなければならないことを学ぶのである。だからこそわれわれの先人たちは、音楽をも教育《パイディア》の一つに数え、読み書きと同様に、それが必要であるからとか役に立つからというのではなくて、ただ閑暇を過ごすのに有用なものと考えたのである（これはアリストテレース『政治学』第八巻第三章一三三八ａの概要である。邦訳は三六三〜四ページ）。

こういうアリストテレースの言葉のなかでは、遊びと真面目の境界線は、われわれのそれとは非常に大きく違っている。そしてその評価に対する基準も、われわれの基準によって測れば、著しくずれている。ディアゴーゲーは、ここでそれと気づかれぬうちに、自由人にふさわしいような知的ないしは美的な事柄に従事すること、それらを享受することという意味を獲得している。アリストテレースは言う。[*6]

「子供たちはいまだディアゴーゲーの能力をそなえていない。なぜなら、それは一つの最終目的、完成であって、未完成なものにとっては、完成されたものはまだ手に入れることができないからである」

音楽の享受ということはそういう行為の最終目的――テロス[*7]――に接近している。なぜなら、それは未来の善のためではなく、そのこと自体のために追求されるものだからである。

こうしてこの思想は、音楽を、高貴な遊びと、自立的な、それ自体のために行なわれる芸術享受の中間の領域に置くわけである。しかし、ギリシア人のこういう音楽観も、音楽に対して非常にはっきりと技術的・心理的機能、さらに道徳的機能を与えようとする別の信念と交錯する。音楽はミメーシス的つまり模倣的な芸術とされるのだ。その模倣の効果は、能動的な種類のものであれ受動的な種類のものであれ、何らかの倫理的な感情を喚起するということにある。[*8] どんな歌の旋律も、舞踊の身振りも、何かを思いうかべ、表わして見せ、描き出している。そして、その表現されたものの善悪美醜の如何《いかん》によって、音楽に善とか悪とかの性質がつけ加わるのだ。この点にこそ音楽の高い、倫理的・教育的価値がある。模倣されたもの（音楽）を聴くことが、その模倣された感情そのものをよびさますのだ。[*9]

オリュンポス（伝説上の笛の名手。プラトーン『饗宴』二一五c。中央公論社『世界の名著』第6巻一七五ページ参照）のさまざまの旋律は恍惚を呼び起こし、他のさまざまのリズムや歌は、憤り、和らぎ、勇気、思慮などを生み出す。触覚や味覚は、何ら倫理的作用と結びつくものではなく、また視覚のそれはごく僅かなものであるにすぎないが、これが音楽になると、すでに旋律そのもののなかに、ある性格《エートス》の表現がこめられているのである。この点がさらに著しいのは、強く倫理的内容を帯びている音階とリズムの場合である。ギリシア人は周知のように、それぞれの音階にはそれぞれ特定の作用があるとしていた。すなわち、そのあるもの（リュディア旋法）は、もの悲しい感情を起こさせ、他のものは落着きを与えたり（ドリス旋法）、熱狂させたりする（プリュギア様式）。また同様に、それぞれの楽器にもそういうことがあって、たとえば笛は感情を昂らせる、などと考えていた（アリストテレース『政治学』第八巻第五章一三四〇bを参照）。

模倣という概念を用いてプラトーンは、芸術家のあり方をも言い換えている。[*10] 彼は言う、「模倣者《ミメーテース》、これはすなわち創造的芸術家であると同時に、再現的芸術家でもあるのだが、彼自らは、自分がそうして再現して表わしたものが、はたして善であるのか悪であるのかは知らない。模倣《ミメーシス》とは彼には一つの遊びであって、真面目な仕事ではない」[*11]。これは悲劇詩人についてもそうである。彼らとてもみな模倣者《ミメーティコイ》でしかないのだ。こういうふうに芸術の創作活動をかなり貶《おとし》め、低く評価するように見える傾向の真意は、いったいどこにあったのか。だがそのことは、いまは取り上げずにおいて差支えない。要するにそれは、完全に明晰なものではないのだ。われわれにとって大切なのは、プラトーンがこの創造活動をここで一つの遊びとして把えていたということにある。

音楽の評価

ギリシア人における音楽の評価について話が逸脱してしまったが、これによって明らかにしえたことがある。それは、われわれが思惟《しい》を通じて音楽の本性と機能を定義しようとするならば、つねに、純粋な遊びの概念の周辺をめぐりめぐらざるをえないという点である。いっさいの音楽的活動の本質的なあり方は、遊ぶということに尽きている。たとえばっきりとそう言われていない場合でも、この根源的事実は、やはりいたるところで認められる。音楽が聴き手を娯《たのし》ませ、喜ばせようと、高い美の表現を欲しようと、聖なる典礼的使命をもつものだろうと、つねに変わることなく、それは遊びなのだ。ほかならぬ祭祀のなかでそれはしばしば、かの最高の遊びの機能、舞踊と内的に結びつくのである。

そのかみ、古い時代には、音楽の特性を識別、記述する仕方は、素朴で不完全だった。

神に捧げられた音楽に対する恍惚は、それを天使たちの合唱に擬《なぞら》えたり、天国という主題と結びつけたりすることなどによって表現された。また、宗教的機能として以外にも、音楽は主として、品のいい時間つぶしとされたり、驚嘆すべき技芸として評価されたり、あるいは単に愉しい快楽として讃えられたりした。個人的・情緒的芸術体験として評価されるようになったのは、はるか後の時代である。少なくともそのことを言い表わした言葉が見いだされるのは、ずっと遅くなってからである。

古くから音楽の機能として認められていたのは、高尚な社交遊びという点である。しばしば、特殊な技術をもって驚嘆をかきたてる業《わざ》が、それの最も本質的な部分と見なされたものだ。しかし、演奏家その人は、長いあいだ低く見下され、従属的位置におかれていた。アリストテレースは職業音楽家を下民と呼んでいる（『政治学』第八巻第六章一三四一b）。

楽士はあらゆる時代を通じてつねに旅芸人の一類である。十七世紀に入ってからも、いやその後でさえも、王侯が楽士を見る眼は、その厩《うまや》をのぞく眼と何ら変わりがなかった。宮廷楽団にはまだ長いあいだ特殊な従僕的性格がまつわっていた。ルイ十四世の「王室楽団」にはちゃんとした作曲家が一人所属していた。王の「二十四のヴィオロン弾き」たちは、いくぶんかはまた役者でもあった。楽士ボカンは、その上舞踊教師も勤めていた。いや、ハイドンでさえ、エステルハーツィ侯にお抱えとして仕えて、毎日侯からさまざまの命令をうけていたのである。過去においては、教養ある貴族聴衆の通《つう》ぶりというものは非常に発達し、洗練されていたと考えざるをえないが、その反面で、彼らの芸術の尊厳に対する、そして芸術家たちに対する敬意は、まことに小さかった。今日の演奏会の習慣として、完全な、神聖さにあふれた静粛と、指揮者に対する魔術的畏敬というものがあるが、これはごく近年になってから生じたのである。十八世紀の音楽の演奏を描いた絵画のなかでは、いつも聴衆が優雅なおしゃべりに耽っている有様が見られる。フランスの音楽の場合、いまから僅か三十年まえには、オーケストラ、あるいは指揮者に対する批判的妨害は、珍しいものではなかった。音楽は主として気晴し《ディヴェルティスマン》であることに変わりはなく、人々の驚嘆の念、少なくとも表面に現われたそれは、何よりも名人芸《ヴィルテュオジテ》というものに向けられていた。作曲家の創造は、けっして神聖な、手を触れてはいけないものとは考えられていなかった。演奏家たちはまったく勝手気ままなカデンツァ（装飾楽句）をこしらえてはめこんだので、対策が講じられなければならないほどだった。フリードリヒ大王は、歌手が自分勝手な粉飾で曲を改めることを禁じている。

アポローンとマルシュアースの争いこのかた今日にいたるまで、音楽のように競技という要素が濃くしみこんでいる人間的活動は他にない（笛の名手マルシュアースはアポローンに挑んだが、キタラを奏したアポローンに敗れたといわれる）。かなり新しいものとして、十六世紀ごろの歌合戦やマイスタージンガー（親方歌手）の時代から、二、三の例を挙げてみよう。一七〇九年、枢機卿オットボーニ（一六六八～一七四〇。当時、有名な芸術のパトロンだった）は、ヘンデルとドメニコ・スカルラッティとのあいだにハープシコードとオルガン演奏の競技をたたかわせている。一七一七年には、ザクセン選帝侯でポーランド国王だったアウグスト二世（豪勇王）がヨーハン・ゼバスティアーン・バッハとマルシャンなる人物（一六六九〜一七三二。当時フランス最高のハープシコードの名手）のあいだに競技を催そうとしたが、後者はとうとうその場に姿を現わさなかった。一七二六年、ロンドンの全社交界は、二人のイタリア人女流歌手ファウスティーナとクッツォーニの競争のために、大騒ぎを演じていた。人々は殴りあうやら、口笛を吹くやらの有様であった。他のどんな分野でも、党派性がこんなに容易に生ずる分野はない。十八世紀はこの種の音楽的派閥争いに充たされている。ボノンチーニ（十七、八世紀の教会楽、マドリガルなどの作者）対ヘンデル、ピッチーニ（一七二八〜一八〇〇。パリにイタリア様式を齎した作曲家）対グルック、オペラ・ブッファ対オペラ、等々。音楽的党派の反目は、ややもすると、熱狂的ヴァーグナー信者とブラームス擁護派とのあいだに見られた確執のように、持久的抗争という性格をとるものとなった（ニーチェ『ヴァーグナー事件』第二の後書参照）。

非常に多くの点で、美に対する現代のわれわれの評価を意識の面へ引き出してくれたロマン派も、音楽の高い芸術内容、深い人生価値を認識する圏を、だんだんと押し拡げてゆく勢いを助けるものだった。といっても、そのために音楽のより古い機能が顧みられなくなったわけではない。音楽生活のさまざまの闘技的な特質も、以前と変わることなく、いまになお残されているのである。[*12]

舞踊は純粋な遊びである

およそ音楽と名のつくすべてのものは、はじめからつねに遊びという境界の内部に位置していたと言う以上、同じことがより高い程度において、音楽とは切り離せないその双生児、舞踊についても言われるであろう。未開民族の神聖な呪術的舞踊であれ、ギリシアの祭祀舞踊であれ、契約の匱《はこ》を前にしたダビデ王の舞踊であれ（「歴代志略」十三ノ七〜八。「乃ち神の契約の匱を新しき車に載てアビナダブの家より索いだし、ウザとアヒオその車を御せり。ダビデおよびイスラエルの人は……力をきはめ歌をうたひて神の前に踊れり」）、あるいは単なる祭の余興としての舞踊であれ、どの時代、どの民族の場合の、どれを取り上げてみても、われわれは、言葉の最も完全な意味において舞踊は遊びそのものであり、およそこの世に存在する最も純粋、完璧な遊びの形式を形づくっている、と言うことができる。もちろん、あらゆる形式の舞踊にこの遊びの性格は完全に表現されているわけではない。それが最も明瞭に認められるのは、コーラル・ダンスやフィギュア・ダンスにおいてである。また、ソロの舞踊にも遊びの性格はある。要するにそれは、舞踊がメヌエットやカドリールのように、何ものかを演じて見せたり、繰りひろげ、形をつくって見せたり、律動的な隊形、運動になったりしている場合である。ラウンド・ダンス、コーラル・ダンス、フィギュア・ダンスが衰微して、それらが、ワルツやポルカのようにくるくる旋回するものとか、現代の舞踊のように前へ前進する形のものとか、二人で組になって踊るダンスによって駆逐されてしまったことは、文化の弛緩《しかん》あるいは貧困化の現象と見なされるのではないか。舞踊の歴史を考えるとき、それが過去に昇りつめた美と様式の最高の展開から、下っては近代での注目に値する芸術舞踊の復活までを、ずっと展望してくれば、そう主張する理由も十分にあるように思う。確かなことは、現代の舞踊のさまざまの形式のなかでは、まさに本質からして舞踊に固有のものでなければならない遊びの性格が、ほとんど完全に消えさっているということだ。

舞踊と遊びが相互に関連していることには何も問題はない。それはきわめて明らかである。それは内的に深い根拠があり、確認された事実だから、いまさら舞踊の概念を遊びの概念のなかに含めるについて事細かに論ずるには及ぶまい。舞踊と遊びの関係は、舞踊にはどこか遊びがあるということではなく、それが遊びの一部を形づくっているという点にある。つまり、本質の一致という関係である。舞踊はそういうものとして遊びの一つの特殊な形式、しかもとくに完璧な形式なのである。

ミューズ的芸術、造形芸術と遊び

詩、音楽、舞踊から造形芸術の分野に転ずると、遊びとの結合がはるかにはっきりしないものになっているように見える。ギリシア精神は知識や技芸など一連のものをミューズの支配下においた一方で、われわれが造形芸術という概念の下に総括しているすべてのものに対しては、その位置を与えるのをさし控えた。ギリシア精神は、美的創造と認識の二つの分野を分かつ基本的な相違を、よく把握していた。手仕事に属するものと見なされる造形芸術には、ミューズの女神は割り当てられないのだ。かりに造形芸術をも何らかの神の支配に服せしめると言うならば、それはすべてヘーパイストス、あるいは工女としてのアテーナーであった。造形芸術家には、詩人に対して贈られるような注目と敬意が長いあいだ与えられなかった。

しかしいずれにしても、芸術家に対して与えられる名誉と尊敬については、ミューズの領域とミューズの支配しない領域とのあいだにきっぱり一線を画することができるというものではなかった。それは、さきに語った音楽家の社会的地位の低さが証明しているとおりである。

ところで、このミューズ的なものと造形的なものとのあいだの深い相違は、大きく言って何によるのかといえば、それは、前者にははっきり遊びの性格が認められるのと対照的に、後者にはそれが欠けているように見えることによる。この対照には何か特殊な原因があるのかどうか、これ以上探し求める必要はない。ミューズ的な諸芸術では、現実の美的活動は、芸術作品が実際に演じられることのなかにある。もちろん、それは予《あらかじ》め作られ、練習され、書き下ろされているものではある。だが、それは、実際に行為化することによって、すなわち上演したり、演奏したり、表出したりすることによって、初めて生命を獲得する。——つまり、今日の英語 produce が保存しているような、文字どおりの意味で

「前に引き出す」ことによってなのである。ミューズ的芸術は一つの行為であり、それが反覆されて演じられるたびに、あらためて行為として享受されるのだ。

　ところで、九人のミューズのなかには天文学、叙事詩、歴史のミューズが登場するという事実がある。この事実は、そういう主張の間違いを発《あば》き出すように見えるかもしれない。だが、次のことを考えてほしい。九人のミューズにそれぞれ特殊な職能を分担させるのは、後期のことに属しているのである。少なくとも英雄叙事詩と歴史（これらは、それぞれクリーオーとカリオペーが司どっている）は、明らかに、もとは予言詩人《ウァーテース》の職務に属していた。それらは詩句の形をとって歌われ、旋律に乗せられるもの、いとも荘重な音楽的朗誦に委ねられるものだった。それら叙事詩と歴史は、まさに音楽、舞踊のように一つの行為だったのであり、音楽、舞踊と同じような創造が要求されていたのである。とにかく、この行為であるという性格は、詩の芸術的享受が朗誦されるのを聴くことから、ひとり静かに読むことへととげた変化によっても、根本的には消え去らない。そして、これらミューズ的芸術が体験されるその行為自体が、遊びと呼ぶことができるものなのだ。

　造形芸術の場合はまったくこれと異なっている。それがすでに素材に隷属し、素材が規定する形態の可能性の制約に縛られていることによって、それは灝気《こうき》的な空間を飛び翔《かけ》ってゆく詩や音楽のように自由に「遊ぶ」ことができない。この点で舞踊は、境界領域に位置している。それは音楽的であると同時に造形的でもある。音楽的なのは運動、リズムがその主な要素だからであるが、しかしそれはつねに素材の制約も受けているといえる。人間の肉体は、ポーズでも動きでも、制約された多様性をもっているか、舞踊を演ずるのもそういう人体なのだ。そして舞踊の美は、運動する人体そのものの美である。舞踊が彫刻のように造形的であるのは、ただ瞬間においてだけである。舞踊は、それに伴奏したり、それを支配したりしている音楽とともに、主として反覆によって生きているのである。

同じように、造形芸術がミューズ的な諸芸術とまったく異なるのは、それが他に及ぼす作用の面である。建築家、彫刻家、画家、あるいはデザイナー、陶工など、一般に装飾的芸術家は、忍耐強い勤勉な仕事によって、材料のなかに彼の美的衝動を定着している。彼の創造は持続するものをもっており、また絶えず眼でじかに見ることができる。彼の芸術の働き、印象というものは、音楽のように他の人物あるいは当の芸術家自身による表現、たとえば演奏というようなことにとくに依存していない。ひとたび成就されれば、その芸術作品は不動無言の姿のまま、それを眺めて眼を娯《たのし》ませる人のあるかぎり、何らかの印象を及ぼして、働きかけをつづけるのだ。

こういうわけで造形作品には、それが生命を吹きこまれ、享受されるための公的な行為の場が欠如している結果、この分野では遊びの因子のための余地が、もともとないように見えるのである。造形芸術家は、どれほど創造衝動に憑かれていようと、一人の職人のように緊張し、一心不乱になって働き、絶えず己れを検討しては改めてゆかねばならない。

彼の感激もそれをいまだ構想しているうちは、まことに自由奔放で激しいであろうが、いったん制作の実行に移れば、彼はつねに、造形する手のわざに服従してゆかねばならない。こうして作品の制作にあたっては、遊びの要素などどうやら存在していないように見えるし、また、それを眺める、鑑賞するという場合にいたっては、まったくそういう点がないのである。それには何ら可視的な行為というものが含まれていない。

このように物を創る仕事、勤勉な手仕事、職業といった性格が、造形芸術に対して遊びの因子が働くのを阻止している。ところがそれだけではない。それらの作品の本質的なあり方も、大部分は実際的目的によって規定されていること、そして、この規定は美的動機に支えられたものでないことなどが重なって、その点がますますはなはだしくなっている。物を製作する人間の課題は真面目なもの、責任重大なものである。すなわち、遊びめいたものは、いっさいそれとは無縁なのである。彼は、祭祀、会合、居住に適した、しかもそれとしての品格をそなえた建物を建てなければならない。彼は自分が再現したいと思う理念に対し、その象徴として、または模倣として、それに対応すべき器物、衣服、絵画などを作らなければならないのである。

このように、造形芸術の創作の径路は、まったく遊びの領域の外をたどっている。そのほか、作品の展示ということも、ただ副次的に祭式、お祭、娯楽、社会的事件の諸形式のなかに取り入れられるにすぎない。立像の除幕式、土台礎石の定礎式、展覧会などは、けっして芸術的創作過程そのものを形成するものではないし、これらは一般に近代の現象である。ミューズ的芸術作品は共同体的な歓びの雰囲気のなかに生き、そして栄えた。だが、造形芸術は、そうではない。

芸術作品の祭儀性

この基本的対比にもかかわらず、造形芸術のなかにも、いたるところ遊びの因子が指摘される。古代文化のなかでは、具象物をつくる芸術作品は、建造物であろうと、絵画であろうと、衣服とか精巧に装飾された武器であろうと、その機能の場、その使命を、たいてい祭祀のなかにもっていたのである。芸術作品は、ほとんどつねに祭儀的世界にかかわりをもち、潜勢的に祭儀としての力を帯びていた。すなわちそれは、魔術の力、聖なる意味、宇宙万物との表現的一致、象徴価値を担っていた。要するに、これは奉献性ということである。さきに説明したように、奉献と遊びとはきわめて密接に結びついたものだから、ここで祭祀のもつ遊びの性格が、何らかの点で造形芸術の創造と評価の上に光を投げかけていないとすると、これは訝《いぶか》しいことだと思う。

いささか躊躇《ちゅうちょ》をおぼえるが、ここで私はあえてギリシア文化の専門家に対して一つの疑問を提起してみたい。それは、祭祀、芸術、遊びのあいだの意味論的連鎖はおそらくギリシア語「アガルマ *ἄγαλμα*」のなかに表現されているのではないか、ということである。

この言葉は動詞 ἀγάλλω《アガッロー》 から派生したものだが、その意味範囲のなかでは「喜ぶ」「愉快である」「欣喜《きんき》雀躍《じゃくやく》する」などの意味から、さらに「自慢する」「威張る」「祝う」「飾る」「輝く」「享受する」などの観点が中心を形づくっている。つまり、この語の根源的意味は装飾、見せもの、貴重なもの、ということである。われわれがそれに喜びを感ずるものである。「夜のアガルマ ἀγάλματα νυκτός《アガルマタ・ニュクトス》」といえば、星々のことをいう。だがこの語には、他に柱像、神像の意がある。したがって、その奉献の捧げものという意味合いは、この神像という意味から得られたものであるとしなければならない。ギリシア人が、神に捧げられた芸術の本質を、このアガルマという歓ばしい高揚の領域から発した言葉で最もよく表現しているとするならば、われわれはこの言葉を知ることによって、古代祭祀にまことに典型的であるように見える奉献の遊びの雰囲気に近づいたのではないだろうか。だが、私は、これ以上断定的な結論を、以上の考察から抽き出すつもりはない。

造形芸術と遊びの関連ということは、すでにずっと古くから、芸術のもろもろの形式を制作することを、人間に天賦の遊びの本能から説明しようとした理論のなかに取り入れられている。[*13] ほとんど本能的・自発的な装飾欲求というものは、事実、否定できないし、結局これは一つの遊びの機能とするのが妥当であろう。それは、一度でも退屈な会議に列席したとき、たまたま鉛筆を手にしていたことのある人なら、誰でも知っている。全然それと気づかずに、ほとんど自分がいましていることを自覚せずに、われわれは線やら図形やらを悪戯《いたずら》書きしている。空想的な装飾のモチーフが発生してくるのは、こういうものからである。ときとしてそれに、これもやはり同じように気紛れな人間や動物の姿がからみついたりする。

心理学は、この種の退屈の芸術の原因に、どのような無意識の衝動を考えているのだろうか。だが、この疑問はさておき、われわれは疑いもなくこの機能は遊ぶことであると呼ぶことができるのだ。それは、組織化された社交遊びという高級な構造のものがまだまったく欠如している稚《おさな》い幼児の遊びと並べられるもので、遊びの範疇ではより低い層に属している。しかし、芸術における装飾的モチーフの成立のための説明として――造形的制作についてはいまさら語るまでもないが――こういう心的機能を持ち出すことは、われわれにはどうも少し不十分と感じられる。気まぐれな手すさび遊びからは様式は成立しない。またそれとは別に、造形性への意思は、けっして表面の粉飾をもって満足するものではない。その意思は三つのあり方で働く。すなわち、装飾すること、構成すること、そして模倣すること、この三つによってである。

全体的にみるならば、芸術は「遊びの本能」に始まったものであると言いうるためには、建築や絵画をもそのなかに加えなければならないはずである。旧石器時代の洞窟絵画は遊びの本能の産物なのか。いや、そう言ってしまっては、どうやら精神の無謀な飛躍であろう。しかも、ものを建造するということに対しては、そういう仮説は当て嵌《はま》らない。なぜなら、その場合には、蜂や海狸《ビーバー》の巣の構造が証明しているように、美的衝動はけっして支配的なものではないからだ。とにかく、遊びに対し、それは文化の一因子としての根源的な意義をもっていると認めることが本書の意図ではあるが、だからといってわれわれは、芸術の起源を、先天的な遊びの本能というようなことに少し言及したくらいで、説明し尽くしたとすることはできない。造形芸術のおびただしいばかりにさまざまな形式の宝庫から、各種の作品を考えてみたとき、そこには想像力の遊びというものがあり、精神や手の遊び的な創造がある、という思いを抑えることは容易ではない。未開民族の舞踊仮面の荒々しい気分、トーテムポールの上にさまざまの人物像の絡《から》み合い、種々の装飾的モチーフの呪術的錯綜《さくそう》、人間や動物の肉体の戯画化された歪《ゆが》み、すべては不可避的に、これらはどれも遊びの領域のなかにあるのだという連想を呼び起こすのである。

造形芸術における競技の因子

このように造形芸術の分野では、遊びの因子が芸術制作の過程において表面に浮かび上る程度は、一般にミューズ的な諸芸術よりも少ない。だが、ここで創造のあり方そのものから、造形芸術の作品が社会環境のなかでどのように受容されているかというそのあり方に眼を転ずると、事情はたちまち一変する。そういうあり方のなかでは、造形的技術というものも、他の人間のさまざまの能力とほとんど同じくらい、大いに競技の対象とされていることがわかるのだ。すでに非常に多くの文化活動の分野で強く働いているのが見られた闘技的本能が、造形芸術の世界でも十分な満足を見いだしている。困難な課題、いや、一見したところ実現不可能にも見える技術の課題を、たがいに挑戦したり賭けたりして、競争しながら完成しようという欲求は、まことに文化の根源的な層に根ざしたものではある。それは、われわれが知識、詩、勇気などの分野で出会ったすべての闘技的試練の等価物にほかならない。

われわれはこだわることなく、こう言うことができるのではないだろうか。哲学の芽生えに対して神聖な謎が果たした意味、あるいは詩の発生に対して詩合戦、歌合戦が果たした意味、それは造形的能力が発生していった状況について言えば、技芸の業《わざ》の試練というものを通じて養われたという、そういう意味合いがあったのだ、と。換言すれば、造形芸術もまた、競技のなかに、競技を通じて発展したのではないだろうか。この疑問にあたっては、次のことを考えに入れておかなければならない。すなわち、そのかみにあっては、何かものを製作する競技と、何か業績をなしとげる競技とのあいだに、明確な境界線が引かれていなかったということだ。オデュッセウスが十二の斧を矢で射てさし貫いたというような力と技の試練は、まったく遊びの領域に入る（『オデュッセイアー』第二一巻。邦訳は筑摩版世界文学大系第一巻『ホメーロス』二一五ページほか）。それは芸術創造ではない。しかし、われわれの言葉で呼んでも、やはり一つの技芸、技術業ではある。古代文化においても、またその後の長い時代にわたっても、この技芸、技術という言葉は、ほとんどあらゆる人間的能力の分野をおおうものであった。この一般的関連こそが、より厳密な意味での芸術の傑作、つまり練達した手の技術による永続性をもった創作のなかに、われわれが遊びの因子をふたたび見いだすことを許すものなのだ。最善最美の作品を創ることを競う競争は、今日なお「ローマ大賞」（パリ国立音楽院の優等卒業者にローマ留学の資格を与える賞。ベルリオーズ、ドビュッシーも受賞したことがある）といったもののなかに示されているが、これは原始時代の競技の一つの特殊化なのである。ここでは目標となるのは、いずれの分野であろうと、驚嘆すべき技芸の冴《さ》えによって競争者中の最高位を我がものにし、人々に擢《ぬき》んでることである。芸術と技術、手練と形成力は古代文化のなかでは、人よりも擢んでたい、勝ちたいという永遠の衝動とまだ未分化の状態にあったのだ。

社会的競技として課される技術も、さまざまあるうちで最も下の段階にあったのが「ケレウスマタ *κελεύσματα*」である。これは、ギリシア時代、宴会の主人が酒宴のあいだ会衆に対して与えた、ふざけた命令のことである。学生が習慣的にやっているものとか、罰遊びなども同一線内に入るもので、すべて純粋な遊びである。これに似ているのが、結び目を解いたり、こしらえたりする遊びである。これらの遊びの背後には、疑いもなく祭儀的慣習そのものが厳として控えているのだが、そのことはいまは取り上げない。アレクサンドロス大王はゴルディアースの結び玉を断ち切ったとき、遊びの規則も、宗教の戒律も、二つながら愚弄することによって、本当の意味の「遊び破り《スポイル・スポート》」としてふるまったのであった（聖事としての結び目についてはM・エリアーデ「結びの神と結び目のシンボリズム」（『イメージと象徴』一九五二年所収論文）などを参看のこと。）。

競技というものが、芸術の発展に対して貢献するところがあったにしても、それは実際にはどの程度のものだったのかという問いには、以上二、三の関連を示しただけでは答えることができない。驚くべき技の実例は、芸術史のなかの歴史的事件として見いだされるよりも、むしろ神話、口碑、文学の主題として出合うことのほうが多いのは、考慮に値する。いや、精神は好んで途方もないもの、奇蹟的なもの、非条理なものと戯れるものだが、それが結局は現実となるのである。この精神の遊びは、大昔の奇蹟術師についての空想的な物語よりも豊かな土壌を、これまでに見いだしたことがあるだろうか。すべての神話のなかに物語られているとおり、過去の偉大な文化創造者たちは、自分たちの生命を失うまいとして争う競争のなかで、すべての新しい発明、新しい事業を創《つく》り出したのであり、結局それが今日文化の宝をなしているのだ。

ヴェーダ宗教は工芸神《デウス・ファベル》を言い表わすのに特殊なトヴァシュトリという名称をもっているが、これは作る者、製作者という意味である。この神はインドラ（帝釈天）のために雷神の矢「ヴァジュラ」を鋳造した。また、この神は、インドラの乗馬、アシュヴィン双神の戦車、ブリハスパティの聖牛を創った芸術の神リブ三神と、技芸の競争をたたかわせている。ギリシア人はポリテクノスとその妻アエードーンの口碑を知っていた。この夫婦はたがいにゼウスとヘーラーの夫婦以上に愛しあっていることを自慢していた。そこで、この二人に、ゼウスとヘーラーは不和の女神を送りつかわして、彼らのあいだにあらゆる種類の競争をたたかわしめた。この系統に属するものには、ゲルマン神話のなかの技芸に秀でた矮人《こびと》の鍛冶の工匠ヴェルンド（ヴィーラント）がある。彼の剣はきわめて鋭利であったので、流れる水の上を走る毛屑をさえ真っ二つに断ち切ったという（この挿話は『ティーズレクのサガ』*Tiðrekssaga* が出典。ほかにエッダ『ファーヴニルの歌』『ヴェルンドの歌』参照。この最後のものは、前記『世界名詩集大成』に邦訳がある。）。ギリシア神話のダイダロスも同様である。このダイダロスは何でもできた。迷宮を建て、歩く立像を作った。貝殻の渦巻に糸を通せという課題を突きつけられると、糸の先に一匹の蟻を結びつけることで解決した（アポロドーロス『ギリシア神話』（岩波文庫）一〇六、一二三、一八〇～一八一ページ）。要するにこれは、技術的試練と謎との結合である。しかし、この二つのあいだには相違がある。良い謎は、ある予想だにされなかった驚くべき精神的短絡のなかにその解決を秘めているのに反して、技術的試練のほうは、いま述べたような納得のゆく解決は稀であり、概して非条理なもののなかに埋没してしまうことが多い。有名な砂でできた綱とか、縫いもののための石の糸などというのは、技術的伝承の考え出した技芸の奇蹟のなす業《わざ》なのだ。[*14]

古代中国の覇王は、たとえば黄帝と蚩尤《しゆう》とのあいだの戦争で鍛冶の競争が行なわれたように、あらゆる試練と能力の証明とによって、自己の権力の承認を闘いとらねばならなかった。[*15]　聖人には何か奇蹟を行なったというような伝説がつきまとうものである。しかし、事実を正しく見るならば、聖人に対して生前、あるいはその死後に、単なる人間的名誉以上のものを認めざるをえなくなるその原因、その使命の真実性を証拠づける原因は、彼の特殊な技能の力にかかっている。すなわち、その原因は、不思議にも奇蹟がみごと成就されたという考えと結びついているのである。奇蹟物語が必ず見損うべくもない遊びの要素を示していることを確認するために、われわれはいつまでも長々と聖徒伝説のなかを探しまわる必要はない。

技能の競争という主題は、とくに神話、口碑、伝説のなかに数多く見いだされた。それならば競技という因子は、現実の技術や芸術の発展に対しても、明らかに大きなかかわりがあったのである。ポリテクノスとアエードーンとのあいだにたたかわされた神話的な技の競技だけではない。歴史的現実のなかにもそういう例はある。たとえば、アイアースとオデュッセウスとのあいだの闘い（『イーリアス』第二三書七〇九～七三三行。パトロクロスの葬礼競技で両人は相撲をし引分けとなった。邦訳は岩波文庫下の三〇七～三〇九ページ）をどう表現するかについて、サモス島でパラーシウスとその競争者のあいだで行なわれたものとか、ピューティア祭のとき、パナイノスとカルキスのティマゴラースとの間に行なわれたものとかが、それだ。また、ペイディアス、ポリュクレイトス、およびその他の人々は、競争して、誰が最も美しいアマゾーンの像を創れるかをあらそっている（この結果、第一位ポリュクレイトス、第二位ペイディアス、第三位クレシラス、第四位プラドモンとなった）。そういう競技が歴史的現実であったことを証するエピグラムや碑銘も欠けてはいない。あるニーケー像の台石の上には「パイオニオスにより作らる……彼はまたさる寺院のため棟《むね》飾りを作り、これにより賞を獲たり、云々」というような言葉が読まれるのである。[*16]

すべて試験とか公開討論といわれるものは、それがいかなる分野のものであれ、結局は技の問題を課して試練を試みるという古代的形式に発している。中世の職人生活も、中世の大学とまったく同じで、これら技術的競争に充たされたものだった。試練が一個人に対して加えられるものであろうと、多人数が一つの賞をめぐって争うものであろうと、さして大きな違いではない。

ギルド制は、異教的・祭式的なものの底に深く根を下ろした制度である。だから、そこである種の闘技的要素に出会っても、これを訝《あや》しむことはない。親方組合への加入を要求するには、その裏付けとなるべき親方作品《マイスターヴェルク》（＝傑作）を提出しなければならない。これは定則としては後に初めて確立されたものではあったが、その根は、太古以来ひろく行なわれつづけてきた競技の慣習のなかに下ろされている。ギルドの起源は、よく知られているように、けっして経済的分野に発したものではなかった。いや、たとえそういう面があっても、それは部分的なものにすぎなかった。職人や商人の組合が有力となり、祭儀に基づいた社会的結合の古い形式を追い払ったのは、やっと十二世紀以後、都市生活の復活再生とともにであった。またギルド制は、その外的な諸形式――饗宴、酒盛りなど――のなかに遊びの相貌の多くを保っていた。だがそれも、ようやく徐々に興隆してきた経済的関心によって押しのけられていった。

建築家の仕事の世界で二、三の競技の実例を拾うと、十三世紀フランスの建築家ヴィラール・ド・オンヌクールの有名な見取図帖のなかに、そういうものが見いだされる。「この司祭館は」と、そこではある図面に寄せて言われている、「ヴィラール・ド・オンヌクールとピエール・ド・コルビーが相対立する論議の果てに考案せるものなり」と。彼はまた「永久機関 Perpetuum mobile《ペルペトゥム・モビレ》」の試みに寄せて「幾日も、親方らは、いかにしてひとりで回転する車を作るべきかを論争し合へり」とも言っている。[*17]

現在、全世界に行なわれている競争には長い前史があったという事実を知らない人は、今日なお生きつづけている芸術の分野での競技の習慣を、単に有用性の動機によって行なわれているのだと受けとるかも知れない。市の公会堂のための最も優秀なプランに対して賞が賭けられたり、芸術学校の学生たちに給費を提供してそれを競わせ、発明の才を刺激したり、豊かな天分を約束された者を見つけ出して、最大の成果に導こうとしたりすることが世に行なわれている。しかし、こういう形式の競技が存在する根本理由は、けっしてそんな実際的意図のなかなどにはなかったのである。その背後には、つねに、太古以来、競技のもっていた遊びの機能というものが隠されている。もちろん、特定の歴史的事例について言うなら、有用性の意味のほうが競技的情熱よりもどれくらい重かったかということは、軽々しく決定できるものではない。たとえば、一四一八年にフィレンツェ市がサンタ・マリア寺院のドームを完成するため競技を催し、ブルネレスキ（一三七七〜一四四六。初期ルネサンス様式を確立した建築の巨匠）が十三人の競争相手のなかで勝ちを収めた場合などは、どう考えたらよいのか。ともあれいずれにしても、純粋な有用性の動機がこの大胆な寺院計画の理念を支配していたのではなかった。このフィレンツェは、それより二世紀もまえ、その有名な「塔の森」を誇っていた。これは貴族の城館がたがいに激しい競争のうちに挑みあって築かれた結果である。今日、芸術史と戦争史は、これらフィレンツェの塔は真剣な戦争防備の意図のために築かれたというよりも、むしろ「栄耀《えいよう》栄華の塔」であったと見なす点で一致している。中世の都市は、輝かしい遊びの理念をそこに容れるだけの余地をなおも示していたのである。

（1）『法律』第二巻六五三〔山本光雄訳〈近藤書店・一九四六〉第一分冊七三ページなど〕。
（2）『法律』第二巻六六七E〔同一一一ページ〕。
（3）アリストテレース『政治学』第八巻第五章一三三九a〔岩波文庫版三六八～九ページ〕。
（4）同右一三三七b〔邦訳三六三ページ〕。
（5）*πρὸς τὴν ἐν τῇ σχολῇ διαγωγήν*。
（6）『政治学』第八巻第五章一三三九a二九〔邦訳三六九ページ〕。
（7）同右一三三九b三五〔邦訳三七一ページ〕。
（8）プラトーン『法律』第二巻六六八〔邦訳一一二ページ〕。

(9) アリストテレース『政治学』第八巻第五章一三四〇a〔邦訳三七二ページ〕。

(10)『国家』第十巻六〇二B〔創元文庫版〈一九五四〉下巻三〇三ページ以下その他〕。

(11) *εξ̆ναι παιδιάν τινα καί ού σπουδὴν τὴν μίμησιν*。

(12) 日刊紙上で私は一九三七年パリでその第一回が催された国際的音楽コンクールのことを知った。これはガブリエル・フォーレのピアノのための夜想曲第六番〔変ニ長調、オーパス六三〕を課題曲とし、故上院議員アンリ・ド・ジュヴネル氏の提供した賞を競うものであった。

(13) フリードリヒ・シラー『人間の美的教育について』(一七九五)第十四書簡。

(14)『アヒカル物語』第二版(F・C・コニービアー、J・R・ハリス、A・S・ルイス共編、ケンブリッジ・一九一三)八九ページ二〇ノ二一。

(15) グラネ『中国文明』二二九、二三五〜二三九ページ。

(16) V・エーレンベルク『東と西』七六ページ。

(17)『ヴィラール・ド・オンヌクールのアルバム』(H・オモン編)二九図一五フォリオ。

XI 「遊ビノ相ノモトニ」見た文化と時代の変遷

古代以後の諸文化における遊びの因子

およそ社会生活の大きな基本形式が台頭してくる時代には、遊び因子がそこにきわめて活潑《かっぱつ》に働き、このうえなく豊かな稔りをもたらしているが、このことは指摘するのにむつかしくはなかった。社会的衝動としての遊び的競争は文化そのものよりも古いが、それは遠い原始時代から生活を充たし、古代文化のさまざまの形式を酵母のように発育させるものだった。祭祀は聖なる遊びのなかに発達した。詩は遊びのなかに生まれ、いつも遊びの諸形式から最高の養分を吸収してきた。音楽と舞踊は純粋な遊びであった。知識、英知は祭式的競技の言葉のなかに、その表現を見いだした。法律は社会的遊びの慣行から生じた。戦争の規定、貴族生活の慣例は、遊びの形式の上に築かれた。結論はこうなるはずである。文化はその根源的段階においては遊ばれるものであった、と。それは生命体が母胎から生まれるように遊びから発するのではない。それは遊びのなかに、遊びとして発達するのである。

この見方が正しいとすれば――これを正しくないとすることはほとんど不可能に思えるのだが――そこになお残された問題は、われわれがいままで主として注意の眼を向けてきた古代文化から、いっそう発展をとげた後の諸時代についてはどうなのか、いったいそれらの文化のなかには、どの程度遊びの要素を確認することができるのか、ということである。――すでに、一度といわず何度も、われわれは過去の文化における遊びの因子を示す実例を、十八世紀や現代のそれとよく似た例によって、明らかに例証することができた。とくに十八世紀は遊び的な、遊び好きのもろもろの要素で充たされた時代として、たびたびわれわれの前に登場した。ところがこの十八世紀という時代は、われわれにとっては、つい一昨日といってもよいような時代である。とすると、この身近な過去との精神的類縁を、われわれはいっさい失ってしまわなければならなかったのか。こうして本書の主題は、次の疑問に達する。われわれ自身の時代の、いま現に世界が生きている、この文化の遊びの内容とは何か、と。

しかしここでは、現在にいたるまでの過去の全世紀を通じ、その文化の遊び要素についての論考をものすることが意図ではない。現代に入るまえに、なお二、三の時代の歴史のなかから、われわれに親しい実例をいくつか抜き出してみたいと思う。ただこんどは、とくにある種の文化機能にだけ視野を限るのでなく、一つの時代のひろく生活一般のなかにある遊びの要素に注目してみよう。

ローマ文化における遊びの要素

ローマ帝国の文化は、そのギリシア文化に対する対照だけで、すでに二、三の注目に値するところがある。まず一瞥《いちべつ》したところでは、古代ローマ社会は、ギリシアよりも遊びの特色がはるかに乏しかったように見える。古典的ラテン世界の本質的なあり方は、冷徹さ、実直さ、実際的、経済的、法律的な思考、貧弱な空想力、様式を欠いた迷信などの特性によってはっきり規定されるかのように、われわれには思えるのである。古代ローマ共同社会が神の庇護を求めるときの農民的な、素朴な形式には、農土といろり火の匂いがする。共和制時代のローマ文化の雰囲気は、ローマがつい少しまえにそこから脱け出てきたばかりの、狭い氏族、部族集団の雰囲気を、依然としてとどめているのである。国家に対する関心は、なお家神礼拝の特徴を保ちつづけていた。宗教的観念はまだいくらもイメージに形象化されるにいたっていなかった。折にふれて心を占める表象はすべて人格化してしまう自然発生的な態度は、外見は、高度の抽象化の機能のように見えはする。だが、事実はむしろ、それは原始的心性であって、子供の遊びにごく近いというのが本当である。[*1]

豊饒 Abundantia《アブンダンティア》、和合 Concordia《コンコルディア》、敬虔 Pietas《ピエタース》、平和 Pax《パークス》、美徳 Virtus《ウィルトゥース》のような形姿は、高度に政治的に発展をとげた社会のあやまたぬ思考が、考えぬいた果てに結晶させた概念ではない。それらはただ、より高きに在《い》ます諸力との即物的な交渉によって、わが身の庇護安全を求めようとする原始社会の唯物的理想なのだ。そこで、無数にある年ごとの祝祭が、この祭儀的安全保証との関連から、重要な位置を占めることになる。まさにローマ人のあいだでこういう祭祀の慣例がつねに遊戯《ルーディー》という名称を保ち、その名で呼ばれてきたのは、何ら偶然ではない。なぜなら、それは文字どおりそういうものだったからだ。古代ローマ社会のなかでは、遊びの因子はギリシアや中国の文化のなかで示されたような華麗な、色彩的な、生気ある形象、イメージのなかに表現されてはいない。とはいえそれは、古代ローマ社会自体の著しい祭儀的性格のなかには、たしかに含まれていた。

ローマは世界帝国にまで生長した。それは、先行する古代世界の遺贈を引き取った。エジプトとヘレニズムの遺産、古代オリエントの半ばを継承した。その文化はまことに多種多様な異質文化の数々に養われたものであった。その政治体制と法律、道路建設と戦争技術は、かつて世界が見ることがなかったほどの完璧に達した。また、その文学、芸術は巧みにギリシアの幹の上に接木された。しかしこういうすべての事情にもかかわらず、この政治的大建築の基本形式は依然として古代的なままにとどまっていたのである。万人が公認するローマ社会の存在理由は、相も変わらず古代的な祭儀的紐帯《ちゅうたい》という地盤の上に置かれたままであった。ついに一人の政治的成功の天才がその手に全支配権を収めたとき、彼の人格と彼の権力の観念とは、たちどころに神聖という領域にまつり上げられた。彼はアウグストゥス、神の力を担える者、神性の化身、救世主、平和と繁栄の回復者、安逸と豊饒の分配者、そしてそれの保証者となった。原始民族が抱いていた物質的安泰と生命保持に対する不安な願望は、それから以後、神性の顕現と見なされた統治者のなかに投影された。これは、純粋に原始的な観念が新たに輝かしい装いを凝らした姿である。未開人種のなかに文化をもたらす英雄たちは、ヘーラクレースあるいはアポローンとローマの元首とを同一視するという思想のなかに、新たな形姿を得て甦るのだ。

ところで、これらの理念を担い、それをひろめた社会は、きわめて進歩した社会だった。この皇帝神の崇敬者たちは、ギリシア人の科学、哲学、趣味などをあらゆる面で洗練させることによって、懐疑と不信にまで到達した人々である。ウェルギリウスやホラーティウスが、新たに開かれた時代の栄光をその高度に洗練された詩によって讃えるとき、彼らは文化の遊びを遊んでいるのだ。

国家というものはけっして単純な実利と利害関係の制度ではない。それは窓ガラスの霜の結晶のように、時代の鏡面に凝結して形を得るものだが、氷花と同じように、予《あらかじ》め知ることはできず、その生命は儚《はかな》い。しかもその結晶の線の形は、一見みな不可避的に決定されていたもののように見える。事実、非常にさまざまの違った起源から出てきたまったく異種の力の相互作用のなかから、文化衝動というものが浮かび上ってきて、それが力の蓄積体として具体化されたものが、われわれが国家と呼んでいる存在なのである。そしてその後で、この国家という生きものは、自己自身の内部にその存在理由を探し求めるのだ。それは特殊な家系、種族の栄光ということもあれば、また特定の民族の優越ということもある。国家が自己の原理を表現しようとするやり方のなかに、その空想的性格がさまざまな形で、ときには非条理な、自己破壊的な態度でさえも、露呈するのである。ローマ世界帝国は、自己の聖なる権利への要求という衣をかぶってはいたが、根本的には、そういう非合理な本質のあらゆる特徴を帯びていた。その社会的・経済的構造は脆《もろ》く、不毛であった。

給与、政治機構、教育組織の全体制は各都市に集中されていた。それは全体としての、または国家としての集団の利害関係の上には置かれていず、公民権を与えられていないプロレタリアートの上に乗った少数者だけの利益のためにあった。古代においては、都市統一体が強く社会生活、社会文化の観念の中核をなしていたから、たえず幾百という都市が新たに建設されており、それは砂漠の最末端にまで及んだ。しかし、はたしてそれらの都市が、健全な国民生活の自然な組織として発展することができるのかどうかは、問題にもされない有様であった。この壮大な都市建設が行なわれたことを物語る遺跡を観るとき、われわれの心には疑いの念が押しあがってこざるをえない。これら文化の中心としての都市の機能は、かつてのその傲慢な華美壮麗さと正関係にあったのだろうか。後期のローマ文化がなしとげた成果の一般的内容によって判断すれば、これらの諸都市は、豪壮な計画と雄大な建築の高い価値を誇るものだったとはいえ、もうそこには古代文化のなかの最善最良のものが生き生きと残っていたということはできないのである。

神殿は、伝統的形式のなかで硬化して、迷信に充たされてしまった祭祀のためのものであったし、ホールやバシリカは、まったく紛糾してしまった政治的・経済的社会構造のなかでしだいに堕落し、苛斂誅求《かれんちゅうきゅう》と国家への盲目的隷従におおいつくされて、窒息しかけていた国務や裁判のためのものになっていた。さらに血腥《ちなまぐさ》い、野蛮な遊びのための競技場や劇場、淫蕩《いんとう》な舞台、肉体を鍛練するというよりもむしろ弛緩させるほうがはなはだしかった浴場など、これらはほとんどどれ一つとして、真の、正しい文化をなすものではなかった。それらの大半は栄耀栄華の見せびらかし、人生の享楽、淫らな歓び、そして虚飾的な名声のために利用されていただけだった。ローマ帝国は内側からわれとわが身を喰いつくして空《うつ》ろになった肉体であった。そこには物惜しみしない施与者たちがおり、彼らの誇らし気な碑銘は偉大さという外見をよびさますのだが、実際には彼らの幸福安寧のよって立つ基盤も、このうえなく貧弱なものだった。――初めに強く一突きすれば、それはたちまち砕け散ってしまうようなものだったであろう。食糧供給はいつでも不足がちで、かろうじて確保されていた。国家はその健全な福利を確保するために、われとわが身から体液を搾り取っていた。

この文化の全体の上には、けばけばしい、いつわりの輝きがぎらついている。当時の宗教、芸術、文学は、ローマとその後裔についてはすべてが最高の秩序のなかに保たれていること、その繁栄は揺るぎなく、その勝利の力はあらゆる疑惑を超えたものであることを、たえず繰り返して誇張的に力みかえりながら証言するという勤めを果さねばならないのだ。そういった、それに類したことを物語っているのが、誇り高い建造物、戦勝記念柱、凱旋門、浮彫り付きの祭壇、屋内の壁画などである。神聖なものと世俗的なものの表現が、ローマ芸術のなかでは完全に混りあっている。ある種の遊び的な優雅さはあるものの、何ら様式の緊張を示さない、神々の凡庸な彫像が、そこにはある。それらは、それぞれお気に入りの守護神によって授かった豪奢とか豊饒とかいう、味気ない、ありきたりの属性を表わす、心を白けさせるようなアレゴリー像に取り巻かれて立っている。これらすべてのなかには、文化の頽廃を暴露しているある程度の真面目ならざるものが、牧歌のなかのかくれんぼが、潜んでいるのだ。たしかに、その遊びの要素はつよく前面に押し出されてはいる。だがそれはもう、社会の構造のなかでの、そして社会の行動のなかでの組織的機能はもってはいないのだ。

皇帝の政治にしても、つねに社会の安寧福祉を、古代の祭式的な遊びの形式によって公けに宣言しなければならない、という要請に結びついていた。ローマ帝国の政治目的が合理的なものによって規定されていた程度は、ただ部分的なものにすぎなかった——だが、いったい、そうでないような場合があるのだろうか。——もちろん、征服により版図が拡がることは、新しい供給面積の獲得によって繁栄を確保し、帝国の境界を外へ向かってさらに押し拡げて安全度を高め、「アウグストゥスの平和 Pax《パークス》 Augusta《アウグスタ》」をゆるぎなく主張するのに役立ってはいよう。だがそれにしても、実利主義的動機は、どんな場合でも、ある聖なる理想に従うことには変わりがない。凱旋行進、月桂冠、戦争の武勲は、それ自体が一つの最終目標であり、天によって皇帝に負わされた神聖な課題なのだ。[*2]「凱旋行進《トゥリウムフス》」というものが行なわれるが、そのあいだに国家はその回復と治癒を体験する。

すべて何か目的を求めて努力するということの基礎となる動因が、特権を獲《か》ちとり、それをわがものとすることにあるとすれば、原始的な闘技の理想は、ローマ帝国という巨大な構造体のなかでさえ、その全歴史を通じてちらちらと覗いて見えている。どんな民族も、彼らがあえて起こした戦争、あるいは彼らが耐えぬいてきた戦争を、讃うべき生存競争であったとするものである。ガリア人、カルタゴ人、およびその他のやや遅れて現われた蛮族に対しては、ローマ人はおそらく、そういう主張をあげる理由を幾つかもっていたことだろう。ともあれ、国家の生存を賭けた戦争が始められるに際しても、そこにあったのは、たいてい、飢餓とか危機とかいうことよりも、むしろ権力、名誉をめぐる羨望だったのである。

ローマ帝国における遊びの要素は何よりも「パンと見せ物遊びを Panem et circenses」という叫びのなかにはっきりと表現されている。「パンと見せ物遊びを」、これこそ民衆が国家から要求したものだった。現代の耳はこの叫びのなかに、救済金と映画の無料入場券を求める失業プロレタリアートの要求、つまり、生計と大衆娯楽への要求以上のものを聴きとろうとはしない傾きがある。しかしそこにはもっと深い意味があった。ローマ社会は、遊びなくしては生きてゆくことができなかった。それはパンと同じように、生活の基礎であった。いや、それこそ聖なる遊びであり、民衆はそれに対し聖なる権利をもっていたのである。この遊びの根源的機能のなかには、すでにわがものにしえた共同社会の幸を、祝祭として祝いまつるということだけではなく、同時にこの聖なる儀式を通じて、未来の幸《さち》をさらに強め、確保しようとする念いも籠められていた。遊びの因子はだんだんと活力が衰えつつあったとはいえ、依然としてまだその古代的形態のなかに生きつづけていた。

とまれローマ自体のなかでは、皇帝の惜し気ない施与も、憐れな都市プロレタリアートへの大規模の分配、配布というだけのものに低落していた。宗教的奉献の祭儀も遊び《ルーディ》であることを完全に見失ったわけではないが、おそらく大衆にはもはや、そのことがほとんど感じられなくなっていたようだ。しかしそれだけに、ますます強く、遊びがローマ文化の機能としてもっていた意義を物語るものがある。それは、そうした一面にもかかわらず、どの都市でも、その廃墟の示すように、円形劇場が非常に重要な場所を占めていたという事実である。スペイン文化の基礎的機能としての闘牛《コリーダ》は、ローマ時代の遊び《ルーディー》の今日における直接的継承である。ただ、かつての闘牛が催されたときの形式は、今日の闘牛より、古代ローマの剣闘士のやり方から遠いものだったという事実はある。

公共精神とポトラッチ精神

都市大衆に対する物惜しみのない施しは、皇帝だけの専売ではなかった。帝政時代の初め数世紀のあいだ、全版図の幾千という都市の市民らは、ローマから最も遠く隔たった地域の住民にいたるまで、ホール、浴場、劇場の寄進建設や、食物の大量の配布、遊びの設備や準備といった事柄を、たがいに競い合った。それはしだいに盛んとなり、それらの事実はことごとく後人に遺すべく、それを讃える碑銘として記録されたのだった。

ところで、これらのすべての活動を促した精神は何であったか。この物惜しみなさはキリスト教的慈善《カリタス》の先駆なのか。しかし、そこにはそういう面はほとんどない。この物惜しみなさの向けられる対象も、それが告知されるときのさまざまの形式も、まったくそれとは別の意味を物語っている。ではそれは、現代的な意味での「公共精神《パブリック・スピリット》」だったのか。疑いもなく古代の施与者は、キリスト教的慈悲心よりも、公共精神のほうに近いところがある。しかしこの豪宕《ごうとう》な公共的贈与の精神の本質は、ポトラッチ精神と呼んだほうがより適切ではないだろうか。名誉のため、栄光のためにものを贈るということ、隣人を凌駕し、隣人に勝つために贈与を行なうということ、これがじつに古代ローマ文化の祭祀的・闘技的背景なのであって、それはこうした活動すべてのなかに覗き見られるのだ。

最後に、文学芸術の諸形式のなかにもローマ文化の遊びの要素は明らかに示されている。うわずって早駆けする讃称辞《パネーギュリクス》や空疎な修辞法がその文学の一つの徴候であった。造形芸術では、それは厚い構造体のおもてを薄く覆った皮相な装飾とか、媚《こ》びるような風俗画を弄したり、軟弱な優美さに堕したりした壁画となった。これらの特徴がローマの古代的偉大さの最終期の様相に対して、完全に真面目ではないものという刻印を押しつけている。人生は文化の遊びとなった。祭祀の因子は形式として維持されているが、そこから奉献性は失われている。深い精神的衝迫はこの表面的文化から退いて、新たな根を秘教的勤行のなかに下ろしてゆく。最後に、キリスト教がローマ文化をその祭儀的基盤から切り離すやいなや、それは急速に枯渇してゆく。

古代ローマにおける遊びの因子の強さを証拠づける著しい一例がある。ビザンチウムの競技場の非常に注目すべき公示のなかにも、遊び《ルーディー》の原理がまたしても見いだされることである。キリスト教時代には、戦車競走は完全にその基盤としての祭祀から遊離してしまったが、競走そのものはなおも社会共同生活の焦点たるをやめなかった。そのむかし、人間または動物の血腥《ちなまぐさ》い闘争によって娯《たのし》んでいた大衆の情熱は、いまでは競走で満足しなければならなかった。それはもう純粋に世俗的な娯楽であって、神への奉献性は失われていたが、それでも、大衆のあらゆる関心をそこに惹きつけるだけの力はもっていた。競技場circus《キルクス》は文字どおりの意味での競走の場というにとどまらず、政治的党派の抗争や、さらにある場合には宗教的派閥の対決の中心ともなった。それぞれの競技団体は、戦車競走の御者の着る四色の服の色（白、緑、青、赤）によって、白組、緑組というふうに名づけられていたが、この団体は競走を組織づけるだけのものでなく、公認の政治団体でもあった。その団体は「組《デーモス》」、その指揮者は「組頭《デーマルコス》」と呼ばれた（これは政治団体であったのではなく、皇帝自ら「組頭」となることがあって、政治的影響を及ぼしたりしたというにとどまる）。

　将軍が戦勝を祝うのにも、凱旋式はこの競技場で行なわれた。そこには皇帝も臨御して、民衆の前にその姿を見せた。またときには、その場で法の裁きが行なわれることもあった。文化のもろもろの形式は、遊びと神聖な儀事の古代的統一のうちに生成発達をとげてきたのだが、ローマ文化後期のこういう祝祭の余興と公共生活の混合は、もはや末期的なものであり、古代的統一とはもうほとんどかかわりがなくなっていた。それは一つの幕切れにすぎなかった。

中世文化の遊びの要素

　中世文化の遊びの要素について、私は他の著書で詳しく語ったことがあるから、ここでは二、三の言葉を費すだけでいいとしておきたい。[*3] 中世生活は遊びにあふれていた。一方では、陽気な民衆の遊びがあり、これはその祭儀的意味を失って純粋な悪戯《いたずら》と道化になった異教的要素に充たされていた。他方では、騎士道の華麗、荘厳な遊びや、宮廷風恋愛の洗練された遊びがあり、またそれに類似のものもあった。しかし、これら遊びの形式は、たいていの場合、もはや本格的な文化創造の機能をもってはいなかった。というのは、この時代は、詩、祭儀、教説、科学、政治、戦争など大きな文化形式を、すでに古代という過去から継承した時代だったからである。形式は固定していたのである。中世文化はもはや古代的なものではない。中世は、キリスト教のそれであれ、古典古代のそれであれ、主として、伝承された素材を新たに修正し直した時代である。ただ、それが古典古代の根から生じたものでない場合、キリスト教会やギリシア・ローマの思想に養われたものでない場合には、遊びの因子の創造活動を容れる余地はまだ残されていた。それは、中世文化が直接にケルト・ゲルマン的過去、あるいはもっと遡《さかのぼ》った土着民的過去の上に築かれたような場合である。騎士道の起源がそれであり、また部分的には封建的諸形式一般もそれにあたる。しかし騎士叙任、封土授与、馬上槍試合、紋章、騎士団と騎士宣誓といったものには、古典古代の影響も働いてはいるが、むしろ原始的なものと直接に結びついている。そして遊びの因子はそれらのなかではまだ全き力を保ち、創造的に生きているのが見いだされる。また他の分野、裁判や法律は、その意味豊かなさまざまのイメージ、その各種多様な規定——たとえば動物に対して行なわれる裁判など——によって、遊びの中世精神へ及ぼした影響がことのほか大きく働いている分野であり、またギルド制や学校の世界もそれは同じであった。

ルネサンス文化の遊びの要素

さて、ルネサンスと人文主義の時代も、ちょっと一瞥しておこう。自己というものに目ざめ、自分を卑俗な大衆から切り離そうとする選良が、人生を芸術的完璧という遊びのなかに把えようとしはじめたとき、彼はもはやルネサンス精神の圏のなかにあった、といえる。ここでわれわれはまたしても、遊びは真面目を排除するものではないことを思い出さなければならない。ルネサンスの精神は軽薄なものからは遠く隔たっていた。古代を模倣して生きるということが、ルネサンスの聖なる真面目さというものであった。造形的創造や知的発明の理想に対する献身には、それまでに達したことがないほどの激しさ、深さ、純粋さがあった。ミケランジェロやレオナルド・ダ・ヴィンチよりも真摯な人物を考えることはほとんど不可能である。

しかしそれでいてルネサンスの精神態度は、全体として遊びのそれだった。その高貴な、美しい形式を追求する努力は、洗練されたものであるとともに、新鮮な、力強いものともいえるが、これは遊ばれた文化なのである。ルネサンスの輝かしさは、すべて空想的・理想的な過去という装いに身をこらした、陽気で、壮麗な仮面劇である。そこには神話的なものがさまざまある。たとえば遠い過去から引き継がれて占星術や歴史の知識の重荷を負いこんだ多くのアレゴリーや象徴、こういうものは、いわばチェス盤上の駒なのである。

ルネサンスの建築、版画において、装飾的空想が古典的なモチーフを利用している場合があるが、これは、中世の写本彩飾師がその写本をふざけた思いつきで遊び的に飾り立てているのよりも、はるかに意識的な遊びなのである。

ルネサンスは、とくに二つの遊び的な人生のイメージ、すなわち田園生活と騎士生活というものを最高度に具象化して、そこに新たな生命を吹きこんだ。つまり、それを文学的・祝祭的な生としたのである。真に遊びの精神を体現したという点で、アリオスト（一四七四〜一五三三）よりも純粋だった詩人の名をあげることはむつかしい。アリオストは他の誰よりも完全に、ルネサンスのすべての調子、態度を表現した人である。いままでにアリオストの詩のように、詩が無理なく自然のままに、遊びの絶対的空間のなかを揺れ動いていたことがあっただろうか。ほとんど音楽的といってもよい調和の世界のなかで、悲愴《ひそう》体、英雄詩体と道化調とのあいだを捕えがたく漂い、現実からはまったく脱離していながらもきわめて明瞭なもろもろの形姿に充たされており、なかでも、その言葉の響きがいつまでも衰えることのない明るさに充たされている、そういうアリオストは、いわば遊びと詩の同一性の証明なのだ。

一方、人文主義という名称には、われわれはルネサンスの場合よりも色彩の豊かさの乏しい、言ってみれば、より真面目な観念を結びつけようとするのが普通である。ところが、もっと詳しく検討してみたとき、ルネサンスの遊びの性格について言われたことが、そのまま人文主義に対しても当てはまることがわかる。ほとんどルネサンスより以上に人文主義は、玄人《くろうと》とか、その道の通《つう》とかのサークルのなかに強く閉じこめられている社会である。人文主義者たちは、厳密に定式化された生と教養の理想というものを拓《ひら》いた。彼らは古代的・異教的な形姿を持ち上げ、古典時代の言語によって語ったが、そういうやり方によってさえキリスト教的信仰に表現を与えることを心得ていた。ともかくそのために、彼らの信仰は何かわざとらしい色合いを帯び、心の底まで真面目にそう考えているわけではないといった性格をもつようになった。人文主義者の言葉は、けっして真のキリスト教的な響きを得たことはなかった。カルヴィンとルターは、人文主義者エラスムスが神聖な問題について語るときの調子に堪えることができなかった。――エラスムス、彼の全存在からは、何と遊びの雰囲気が流れ出ていることか！　単に『痴愚神礼讃』や『談話集』*Colloquia* ばかりではない、『格言集』*Adagia* や書簡も快い遊び精神を示しているし、さらに純粋に神学的な著作でさえもそうなのだ。

ジャン・モリネ（一四三五～一五〇九。この人物は、『中世の秋』にもたびたび登場する）、ジャン・ルメール・ド・ベルジュ（一四七三～一五一五）のような「大押韻詩人《グラン・レトリクール》」から始まったルネサンス詩人の一群を、心の眼の前に順々に思い浮かべてみる人は、繰り返し幾度となく、彼らのもつ遊びの本質に気づくであろう。ラブレーをとってみても、新しい牧人劇の詩人サンナザーロ（一四五六～一五三〇。ブルクハルト『イタリア・ルネサンスの文化』第三篇第十章を参照）やグァリーニ（一五三八～一六一二）をとっても、または英雄ロマンティシズムをほとんどファルスにまで高めた一連の『アマディス物語』や、涙と笑いの大魔術師セルバンテスをみても、ナヴァールのマルグリット王妃（一四九二〜一五四九）がその『七日物語』*Heptaméron*《エプタメロン》のなかでなしとげた淫楽とプラトニズムの奇妙な混和の例をとりあげてみても、いつでもわれわれは遊びの要素を感じとるのだが、ときとしては、まさにそれこそが作品の精髄なのだとも見えるほどである。人文主義法学者の学校でさえ、法律を様式と美とへ高めようとする努力のなかに、この遊びの精神が伴っている。

バロックの遊びの内容

さらに時代を進めて、十七世紀をその遊びの内容について検討するとき、研究の対象として、もちろんただちにバロックという概念が浮かんでくる。だがそれは、過去三十年のあいだにこの言葉がしだいに逆うものもない勢いで獲ちとっていった拡大された意味においてである。つまり、単に建築、彫刻の諸形式のなかに表現されるものだけを指すのではなく、その時代の絵画、詩文、さらに哲学、政治、神学にさえも内包される意味でのバロックである。こういう流行は、約四十年以前、ドイツの学界に始まったのだが、それが一般にひろく行なわれるようになったのは、主としてオスヴァルト・シュペングラーの『西欧の没落』を通じてである。

もちろん、バロックという語を、彩《いろど》りゆたかな色感と、過剰な形式への好みが支配していたその初期について見るときと、それを後期の演劇的な重々しさ、祝祭的に高揚した品格の名称とするときとでは、この言葉がよびさます一般的観念に大きな相違がある。しかし全体としては、バロックの概念には、意識的な誇張、わざとらしい壮大さ、一般によく知られている非現実的なものというイメージがいつも結びつけられる。バロックの諸形式は、言葉の全き意味で芸術形式であり、つねにその点は変わることがない。それが神聖なものを表現しているときでさえ、ことさらに美を狙うという面が強く前に押し出されるために、われわれ今日の人間は、この主題を宗教的感情からの直接の置き換えとして評価しようとすると、苦労させられるのである。

しかしバロックに固有な、誇張的なものへ向かう欲求をとらえようとすれば、創造的本能というもののなかには一般に遊びの内容が含まれている、とでも考えなければ、理解のしようがない。ルーベンス（一五七七〜一六四〇）やフォンデル（一五八七〜一六七九。オランダ・ルネサンス最大の詩人）、ベルニーニ（一五九八〜一六八〇。イタリア・バロックの建築家、彫刻家）らの作品を真に味到し、嘆賞しうるためには、われわれは初めから、彼らの表現形式をいわば「やや控えめに cum grano salis《クム・グラノ・サリス》」受け入れる心構えができていなければならない。これはおそらく、すべての芸術、すべての詩について真実であろう。それならば、このことは、それだけにますます文化の遊びの因子の重要性というものを証明しているわけであり、またさきに論じたすべての問題ともよく一致するのである。

しかし、バロックのなかからは遊びの要素がことのほか明瞭な言葉でもって語りかけてくる。いったい、当時の芸術家自身は、自分の作品をどの程度まで本当に真面目なものと感じていたであろうか、などと問うてはならないのである。第一、そういうことは確証できないし、第二に、芸術家の主観的感情は、こういう場合の正しい基準とはならないからだ。フーゴー・グロティウス（一五八三〜一六四五）がそういう例である。グロティウスはいたって真摯な性格で、ユーモアの才に乏しく、厳しい真理愛に憑かれた人物であった。そういう彼が、その傑作であり、彼の精神の不滅の記念碑である『戦争と平和の法』*De jure belli et pacis* をフランス国王ルイ十三世に捧げたときの献詞のなかで「王はその万人の認め讃えまつる正義により、あらゆるローマ的偉大さをも蔭に追ひ落し給へり」と述べる調子こそ、まさに大げさなバロック的過剰の典型である。グロティウスは本心からそう思っていたのだろうか。では、彼は心にもないことを言ったのか。彼はただ、その時代様式という楽器を奏でていたにすぎなかったのだ（ホイジンガは『グロティウスとその時代』一九二五年（*Men and Ideas.* 1995 所収）でこの点をさらに詳しく論じている）。

時代様式というものが、十七世紀のように、その時代全体の上に強く刻印されている例は、他にほとんどないようにみえる。生活、精神、そして外形を、一般にバロックという型に合わせて形成するということを最も典型的に示している例は、服装である。しかもこの様式の特徴は女よりもむしろ男の衣服、とくに宮廷の正装に見いだされることに注意しなければならない。男子の盛装のモード――なぜこのようなことを取り上げるのかといえば、ここでわれわれは様式というものを追求しなければならないからである――は、全十七世紀を通じてはなはだしい飛躍をとげた。一六六五年ごろは、素朴、自然、実際的なものから遠去かる傾向が頂点に達した。衣服の形は極端なものになってきた。胴着はたいそう短くなって、ほとんど腋《わき》の下までの長さになり、シャツは胴着とズボンのあいだに膨れ上って、その四分の三くらいは外からも見えるようになった。また、このズボンは他に例を見ないほど短く、そして太くなり、スカートによく似たいわゆるラングラーヴのなかに隠れて、ほとんど認められなくなった。このラングラーヴについてはモリエールその他の人々も述べているが、小さなスカートか膝掛けのような外見をしていて、そういうものと思われていたが、二十年ほどまえ、その純粋な種類のものが英国のある衣裳戸棚から発見され、結局、一種の半ズボンであることがわかった。装飾も過多であった。装束にはすべてリボン、蝶形ネクタイ、レースがつけられ、膝のまわりまでそういうふうにされた。この遊び的な服装は、わずかに外套、帽子、鬘《かつら》によってその優雅と威厳を救われていた。

十七、十八世紀に着用された鬘のように、遊び的な文化衝動の存在をはっきり認識させる要素は、近世ヨーロッパ文化のなかにほかにないであろう。かつて、十八世紀に対して鬘の時代という概念を導入したことがある。だがこれは、歴史的洞察として不完全であった。というのは、鬘は実際には、十七世紀をはるかに強く特徴づけ、目立たせたものだったからである。いかなる文化期も、みなさまざまの対照に充たされているものである。デカルト、ポール・ロワイヤル運動、パスカル、スピノザの時代、レンブラント、ミルトンの時代、大胆な航海と海外植民、冒険的貿易、花開く科学と大モラリストの時代、鬘を生みだしたのはまさにこういう時代だった。

一六二〇年代には、短髪から長髪へ転換が行なわれたが、鬘はその後、世紀の半ばを過ぎてまもなく登場する。紳士として認められたいと思う人々——貴族、顧問官、軍人、聖職者、あるいは商人はみな、それ以後、正装に鬘を着用した。将軍さえも礼装用甲冑《かっちゅう》と同時に鬘をつけた。すでに六十年代には、それはいわゆる総鬘《アロンジェ》となって最も華美豪奢な形に達した。これは様式衝動、美の衝動が前代未聞の、滑稽な誇張の限りを尽くしたもの、と呼ぶことができる。だが、それですべてが言い尽くされたわけではない。文化現象として、鬘はさらにこまかく注意をはらって考察するだけの価値がある。長い年月にわたってつづく鬘の流行もその出発点は自然なものだったのである。長髪というものはたいていの男子に対して、自然にのびた毛がなしうる以上のものを、だんだんと要求するようになったからである。鬘ははじめ、捲毛《まきげ》の不足分に対する補充として登場したのであり、したがってこれは自然の模倣である。しかし、鬘をかぶることが一般的流行になってしまうと、それはたちまち自然の頭髪らしく見せかけるという、いかなる模倣の口実をも失い、様式要素となる。

こうして十七世紀では、ほとんど初めから様式化された鬘を問題にしなければならない。

それはまったく文字どおりの意味で、絵画の額縁に対応して、顔の輪郭の枠を意味していた。――いや、絵画を額縁におさめる習慣も、鬘の流行とおおよそ同時代に発達し、その典型的な形式に達しているのである。こうして鬘は、何かを模倣するのに役立つものではなくなり、むしろ顔を周囲から引き離し、顔貌に高貴さを与え、気品を高めるというものとなる。こうなればそれは、バロック中のバロック、その極致である。総鬘の場合には顔面は誇張的に大きくなるが、全体は無理のない優美、軽快な典雅、そして威厳の趣きを保っていて、これこそ若きルイ十四世の様式にまったくよく適合するスタイルである。事実、ここで――われわれはあらゆる芸術論に逆《さか》らっても、それを是認せざるをえないのだが――その効果は、真の美というものに到達しているのだ。総鬘は応用芸術なのである。それはともかく、こういう現象をただ高い場所に掲げられた肖像芸術によって眺めるにすぎないわれわれには、たがいに鬘を着用した姿を見合っていた同時代人たちよりも、幻想はいっそう強いものになっていることを忘れるべきない。われわれには、絵画や銅版画の上に見る印象は実際以上に美しく映るのだ。そしてわれわれは、そのみじめな裏面、時代一般の不潔さというものを忘れているのである。

鬘という装束の最も注目に値する点は、それがまことに不自然、厄介、不健康なものでありながら、一世紀半ものあいだ衰えを見せなかったこと、つまり単なる流行の気紛れとして片づけられるものではなかったことにもあるが、ただそれだけではない。さらにそれが、自然の髪型からようやく大きく離れてゆき、絶えず様式化の度を高めていったということにもある。この様式化は三つの手段によって行なわれた。不自然な捲毛、髪粉、髪リボンがそれである。十八世紀への変わり目以後になると、鬘は概して白い髪粉をつけてだけ使用された。絵画に見るその印象も、われわれには疑いもなくきわめて快いものに映る。この髪粉の習慣の文化心理学的理由はどういうところにあるのか、それはわれわれの知識にはない。また十八世紀中葉以後、鬘は必ず耳の上を硬い捲毛で覆い、前髪を高く盛り上げ、頭の後方は髪リボンで髪を結んでとめるという形のものとなった。自然の模倣という外見はことごとく消えさり、鬘は完全に装飾となった。

なお、ここで二つの点に触れておきたい。女は、ただ必要があって求められる場合にだけ鬘をかぶった。全体として女の頭髪の装いは、髪粉にしろ、様式にしろ、男の型の後を追いかけるものであったが、その様式の傾向は、十八世紀も終りに向かうころ極点に達した。ところがその反面では、鬘の支配も絶対的なものではなかったという問題がある。劇場では古典古代の悲劇の主人公さえも当時の流行によって鬘をつけて演じられていたのに対して、十八世紀初頭から若い人々——とくに英国の青年たち——が自然のままの長い髪をしている姿を肖像に描いたものが稀ではなくなっている。これは自由と軽快への、ことさらのノンシャランスへの、率直な自然性への傾向を意味している。これは全十八世紀を通じて、なかでもとくにワトー時代以後、不自然さと装飾性とに対抗して、底流として流れていた傾向だったのである。この傾向を、文化のほかの分野の上に跡づけてみることは魅力ある、重要な仕事であろうと思えるし、そうすれば、それと遊び的なものとの多くの関係が明らかにされるであろう。しかしいまここでそういうことをするのは、われわれには逸脱であろう。ここでいま考えるべきことは、長くつづいた流行としての鬘の現象のすべては、文化のなかに現われた遊びの因子の明らかな発現として受け取るのでなければ、これを正しく理解することはむつかしいということである。[*4]

フランス革命は鬘の流行に終焉の鐘を鳴らした。だが、これにしても、一挙にしてもたらされたのではない。この鬘の発展のなかにも文化史の重要な断片の一つが含まれている、ここではただそのことを、ちょっと記憶にとどめておけばよい。

ロココの遊びの要素

バロックのなかには生気ある遊びの要素があったと認めるからには、その後につづいたロココ時代については、いっそう強い理由でそれを認めなければならない。このロココ様式というもののなかで遊びの要素はまことに豊麗な花を咲かせた。したがってロココの定義にあたっては、遊び的という形容詞がほとんど不可欠とさえなっているほどである。この様式の本質的特徴として遊びの性格があるということは、古くから言われてきた。しかし、様式という概念そのもののなかには、すでにある種の遊びの要素の存在することを承認する考え方が含まれてはいないだろうか。いったい、ある一つの様式の誕生には、一般に精神の遊びが、それに形式を与える力の遊びが、つきまとっているのではなかろうか。

様式というものは、遊びと同じ諸要素によって生きている。リズム、ハーモニー、規則的な交代、反覆、リフレーン、抑揚などがそれである。ところで、様式という概念と流行という概念は、正統派美学が一般に認めているよりも近い関係に立っているのである。つまり、生きている社会の美の衝動は、流行のなかでは、もろもろの情念、感情と溶けあい、媚び、虚栄心、自負心などと混りあう。そして様式のなかでは、反対に、より純粋な形式のなかに結晶化されるという関係である。しかし、様式と流行、したがって遊びと芸術がロココ時代のように密接であったことは、ごく稀である。他には、せいぜい日本文化がそういう例だったくらいのものである。マイセン陶器とか、ウェルギリウス以後の長い歴史のなかで、かつてその比を見ないほど優雅で繊細な形式をとるにいたった田園牧歌とか、ワトー（一六八四～一七二一。フランスの画家）、ランクレ（一六九〇～一七四五。フランスの画家）の室内装飾や絵画とか、トルコ人、インディアン、シナ人の魅惑的な絵画をもてあそぶ異国趣味への素朴な狂熱とか、これらの現象を考えてみるがよい。――くまなくそのすべてにわたって遊び的なものがあるという印象は、瞬時もわれわれから去るものではない。

しかし、この十八世紀文化の遊びの性格は、もっと深いところにも及んでいる。政治が――アルベローニ（一六六四～一七五二。スペインの宰相。失政のため追放される）、リッペルダ、コルシカ王テオドール・ノイホフ（一六九四～一七五六。コルシカ叛乱民にかつがれて、コルシカ王となる）といった人物の手で行なわれたような専断外交や、陰謀と冒険の政治的遊びが――この時代ほどおおっぴらに遊びであったことはない。権力を一身に握った大臣や王侯らは、社会的・経済的な結果などさして顧慮することもなく、また、厄介にも後になって生ずるかも知れない訴訟問題に心を煩わされることもなく、まるでチェス盤上の駒を動かすかのように、口もとには愛想よい笑いをたたえ、礼儀正しい作法をふまえて、自分一個人のために、彼らの国の力と幸福とを死の試練に賭けたのである。それにしても幸いだったのは、彼らの権力の具である交通機関がまだ少しも敏速でなく、彼らの利用する手段の効果も乏しかったことだ。そのために彼らの近視眼的政治の影響も、それほどはなはだしくはならなかったのである。この個人的な自惚《うぬぼ》れ、一門の名誉を追う醜い衝動は、ときとして自分こそ国の父であるという思い上った妄想でメッキされたりしたが、こうして彼らはまだかなり安定していたその権勢をかって、抜け目のない陰謀奸計にとりかかるのであった。

　十八世紀の文化生活のあらゆる面で、われわれは功名欲旺盛な競争心や、クラブ結成をこころざす素朴な精神に出合う。また、文学サロン、占星術協会などの内輪の集いとか、珍品骨董や博物の蒐集熱とか、秘密結社への傾向を見、舞踏会や秘密集会への喜びなどに出合う。まことにこれらは、すべて遊ぶ心というものの上に立っているものではあるまいか。だが、そうはいっても、それらの衝動は無価値である、というのではない。むしろ反対である。この遊びの躍動《エラン》、そして、いかなる疑惑の思いによっても弱められることのない献身こそが、それらを文化のために限りなく実りあるものとしたのである。

文学的・科学的論争心は、それに参加する国際的選良たちを魅了し、彼らの心に喜びを与えたが、これもその本質においては遊びなのである。フォントネル（一六五七〜一七五七。フランスの哲学者）が、その『世界の多様性についての対話』*Entretiens sur la pluralité des mondes* を書いたのは、日々の問題について、どんなことでも党派に分かれて争論する大衆のためであった。当時の文学世界の全装置もすべて、そういうチェスの駒を並べたものから成り立っていた。蒼ざめた寓意的抽象とか、気の抜けた道徳的常套語とか、みなそれである。遊ぶ詩的エスプリの傑作、ポープの『髪の毛盗み』は、ただこういう時代にしか生まれえない（Ⅷ章三三七ページを参照）。

われわれの時代が十八世紀芸術の高い内容をふたたび意識するようになったのは、きわめて徐々にであった。十九世紀は前世紀の遊びの性格に対するセンスを見失ってしまったが、それでいてその遊びの性格の奥に隠されている真面目さにも気がつかなかった。十九世紀が、音楽的装飾句のように直線を覆いかくすロココ装飾のみやびやかな回旋、姿態のなかに見たものは、ただ不自然と衰弱にすぎなかったのである。十八世紀の精神がさまざまのモチーフを遊びながらも、そのなかで意識的に自然へ還る道をまさぐっていたこと、しかも様式的な形のなかでそれをしていたことを、理解しなかった。さらに、十八世紀がおびただしく創った建築の傑作についても、装飾は建造物のきびしい形にはけっして手を触れるものでなく、したがって建物は調和のとれた均勢の示す気高い品格をそこなわずに保っていたということをも、見逃していた。歴史のなかでも、ロココ時代のように、純粋に遊びと真面目がバランスをとることのできた時代は少ない。そのうえ、造形的表現と音楽的表現が、十八世紀のようにかくまで高度に調和した時代も少ないのだ。

一般に音楽には、その本質として遊びの性格があることは、あらためて言うに及ばない。すでにそれについては述べておいた。音楽は人間の遊びの能力 Facultas ludendi《ファクルタース・ルーデンディー》 の、最高の、最も純粋な表出である。音楽的時代として見たとき、十八世紀の有する最も高い意義は、主として、当時の音楽の遊びの内容とその純粋な美的内容とのあいだに保たれた平衡にあると解釈しても、それはけっして無謀とは思えない。

純音響学的な現象としてみれば、音楽はこの時代に、ありとあらゆる方法で豊かな、力強い、洗練されたものにされていった。古い楽器は改良され、新しい楽器が考案された。演奏についても、女声がまえよりも強く歌われるようになった。器楽が声楽に対していよいよ前面に大きく浮び上ってくるにしたがって、音楽と言葉との結びつきは緩《ゆる》くなり、それとともに、独立芸術としての音楽の立場はますます強められた。音楽が社会の美的因子としてもつ意義も、同じようにさまざまの方法で高められた。

一方、社会生活が世俗化の度を増してゆくにつれて、文化要素としての音楽の重要性も高まった。音楽そのもののために音楽を演奏するということが、だんだんと大きな役割を占めるようになる。ただ、今日の音楽との本質的差異を示している二つの事実があるのだが、それについては、はたしてそれが益になったのか害になったのか決定しないでおこう。その一つは、音楽作品の創作はなおも、主として特定の機会に限られていたということ、つまり典礼とか世俗的な祭事に結びついていたということであり――バッハの作品を考えられたい――、第二には、芸術としての音楽はそれでもまだとうてい、大衆の水準にまでおりて、大衆から楽しまれるものになってはいなかった、ということだ。そういう状態はもっと後の時代になってもたらされたのである。

さて、いま見てきたように、音楽の純粋に美的な内容に音楽の遊びの内容を対比させてみるならば、その違いはおよそ次のようになるであろう。まず、音楽的諸形式はそれ自体が遊びの形式である。音楽は調性、速度、旋律、和音の体系に規定された伝統的規則への自発的服従と、その精密な応用の上に立っている。このことは、他の分野でそれまで通用してきたすべての規則が顧みられなくなったときでも、なおかつそうである、と言うことができる。さて、この音楽的諸価値の体系は、よく知られているように、それぞれの時代、それぞれの地方によってみな異なっている。どれほど鮮やかに統一された音楽的形式であっても、東洋音楽と西洋音楽を、あるいはまた中世音楽と現代音楽を結び合わせることはできない。いかなる文化も、それに固有の音楽的約束をもっているし、また一般に耳というものは、よく聴き慣れた音響形式だけしか耐えられないからである。

そこで繰り返すようだが、この音楽の形態の多様性というもののなかにこそ、それが本質的に遊びであることの証明があるのだ。つまり、音楽は限られたある限界内での一つの協定であり、しかも絶対的な支配力を示すもろもろの規則の協定であって、そこには何ら実利的目的はない。ただ快楽、解放、歓喜、精神の昂揚がその効果として伴っているだけである。きびしい練習は欠くことができず、許容してよい基準についてははっきり定められた規定がある。どんな音楽にもせよ、美の規範としての絶対的妥当性が要請される。これらはすべて音楽の遊びの性格を示した典型的特徴である。まさにそれゆえにこそ、音楽は造形芸術よりもきびしくその規則に縛られているのである。遊びの規則の違反は遊びを破壊してしまうのである。

古くは、音楽は人間にとって聖なる力、情緒的昂奮、遊びとして意識されていた。はるか後の時代になって初めて第四の意識的価値が登場する。それは、ある意味をもった生の実現としての、生活感情の表現としての、要するに現代的な意味における芸術としての価値である。十八世紀は音楽の実りゆたかな時代だったが、それでいながら音楽的感情を、ルソーのいう自然音の直接的再現として解釈することにとらわれてしまい、そういう価値を言葉で表現する点ではまったく不十分であった。[*5] この事実を見るならば、まえに十八世紀の音楽の遊びの内容と美的内容の平衡ということを述べたのがどういう理由からだったか、おそらく理解してもらえることであろう。バッハ、モーツァルトの音楽さえ、最も高級な気晴し——すなわち、アリストテレース的概念としての「ディアゴーゲー」——として、そしてすべての技芸のなかの最も技巧的なものとして、認められていたにすぎなかった。しかし彼らの音楽をかつてその比をみない完璧の高みへ翔《かけ》らせたもの、それはほかならぬ天上的無垢というものだった。

ロマン主義の遊びの特質

われわれはロココ時代に対しては、そこに遊びの特質があったことを進んで承認するであろうが、その後につづく時代に対しては、最初のうちどうも、その点を否定せざるをえないように思うのではなかろうか。しかし、そう考える理由など存在しないのである。まず一瞥したとき、この新たな古典主義の時代、勃興しつつあるロマン主義の時代は、その沈鬱な生真面目さ、憂愁、涙などによって非常に強い印象を刻みつけるので、それらの上にさらに遊び的要素を容れる余地など残されていないように見える、というわけであろう。しかしもっと間近に寄って観察してみると、まさにその反対であることがわかってくる。いままでに一つの様式、一つの時代の雰囲気が遊びのなかに生まれたことがあったとすれば、ほかならぬ十八世紀中葉以後のヨーロッパ文化の様式と雰囲気こそが、それだったのだ。

このことは新しい古典主義にも、ロマン主義の精神世界のインスピレーションについても、同じように言いうる。ヨーロッパ精神は、過去の古きものへの回帰をたびたび繰り返してきたが、そのたびに必ず古典古代の文化のなかに、そのときの現在の本質によく適合するものを探し求め、それをたくみに見つけ出してきた。あたかもよし、ポムペイがその埋没の底から掘り起こされ（ポムペイは一七三八年以来組織的に発掘された）、冷ややかな大理石の滑らかさの雅致というものに傾きかけていたその時代を、幸いにも古代のもろもろのモチーフによってあらためて豊かなものとし、実りをもたらした。アダム兄弟（ロバート、一七二八～一七九二。ジェームス、一七三〇～一七九四。アダム様式をつくったスコットランドの建築家）、ウェッジウッド（一七三〇～一七九五。英国の陶工）、フラクスマン（一七五五～一八二六。英国の画家、彫刻家）の古典主義は、十八世紀の遊びの精神のなかに生まれたのである。

ロマン主義は表現形式を幾つももっていたが、それと同じように多くの顔をもっていた。それらを十八世紀の台頭期について、それもとくに歴史的な姿として観察してみると、こう呼ばざるをえないように思える。それは、物の姿がくっきりとした輪郭を示さない、どこか神秘的で恐怖的なものを負いこんだ過去という理想世界の中へ、美的・情緒的生活を引き戻そうとする欲求である、と。すでにこういうふうに理想的空間を画するというそのことが、そこに遊びの心のあることを物語っているのだ。しかし、われわれは論旨をもっと前へ進めることができる。われわれが文学史的事実そのもののなかに見るのは、ロマン主義がいかに遊びのなかに、遊びから生まれてきたかということなのである。

ホレース・ウォルポール（一七一七〜一七九七。英国の蒐集家、著述家）の場合には、ロマン主義の発生過程が、読者の眼の前に、いわば鏡にかけて見るように展開されるのだが、彼の書簡集を注意深く読むと、この人物、ロマン主義の父ともいうべき男が、物の考え方、信念の点では本質的にきわめて古典主義的であったことに気づくのである。ロマン主義は彼において真っ先に形式を獲得しているのだが、彼自身にとっては、それもただの道楽に変わりはなかったのである。中世を舞台とした恐怖小説の最初の、手のつけようもない拙劣な見本である『オトラント城』*The Castle of Otranto*（一七六五年）を、彼は半ばは気紛れから、また半ばは憂愁から書く。彼はそのストローベリ・ヒルの自邸（ウォルポール自身の設計で、これがいわゆる新ゴシックの最初の作と称される）にいっぱい詰めこんだ古代のがらくたの蒐集を「ゴシック的」と呼んでいるが、それは彼にとって芸術でも聖なる遺品でもない、ただの骨董を意味するだけのものであった。彼自身は、けっしていわゆるゴシックへの耽溺に埋もれてはいなかったのだ。そんなものは彼にはつねに「些事」であり、がらくたという響きをもつものだったにすぎない。別の個所では、彼はそういうものを軽蔑してもいる。彼はただ、ちょっとさまざまな気分と戯れてみただけなのである（邦訳平井呈一訳『オトラント城綺譚』がある。新人物往来社「戦慄の創造」所収）。

こういうゴシック愛好趣味と同じ時期には、また感傷癖というものがヨーロッパの生活と文学のなかで流行していた。この感情状態の支配は、思想と行動が催涙性のモルヒネを求める感覚とすっかり遠ざかってしまった世界のなかで、四半世紀、あるいはそれ以上もつづいたのだが、それは十二、十三世紀における宮廷風恋愛の理想の支配と完全に比べられるものであろう。どちらの場合にも、全上層社会は、人工的で奇矯な人生と愛の理想に満足していた。ただ、十八世紀後半のエリートたちは、ベルトラン・ド・ボルン（一一四〇ころ～一二一五以前。トゥルーバドゥール詩人）からダンテにいたる封建的・貴族的世界のエリートよりも、ずっと人数が多かった。

市民的要素、生活や精神における市民的な態度が、早くも彼らのあいだに著しくなっていたのである。そこには社会的・教育的なもろもろの理想が働いていた。それでもやはりその文化過程だけを取り出してみれば、そこには五百年以前のそれとよく似たところはある。揺籃《ゆりかご》から墓場まで、およそ個人の生活のあらゆる心情の動きが練り上げられ、芸術形式に作り変えられるようになった。いっさいのことが恋愛と結婚を中心として、そのまわりを巡って進められることになるのだが、しかもまったくおのずと、他のすべての人生の営み、生活のあり方までがそのなかに引きずりこまれる。すなわち、教育、親子関係、病気と治癒の感情、死と死者への哀悼などがそれだ。感情が文学のなかに棲みついたのだ。そして現実の生活も、ある程度まではこの新しい生の様式の要求に順応して変わってゆくのである。

しかしここにいたって、例の疑問がふたたび起こってくるのである。いったいそれはどこまで真面目だったのか。時代様式に対して他のだれよりも大いなる真面目さで服従を誓ったのはだれなのか、時代様式を他人よりもいっそう真面目に体験したのはだれなのか。それは人文主義者やバロックの人々か、それとも十八世紀のロマン派、感傷家たちなのか。疑いもなく、前者がいまさら論ずるまでもない古典的理想の規範的妥当性を信じていた度合いのほうが、後者、ゴシック熱狂者が、夢に見ていた過ぎし世の朦朧《もうろう》としたヴィジョンの理想性、拘束力を信奉する程度よりも、ずっと大きかったのである。ゲーテが月光を浴びて教会の中庭に踊る骸骨をその『死の舞踊』*Der Totentanz*（一八一三年）という詩にうたったとき、彼にとってこれは断じて一つの戯《ざ》れ事以上のものではなかった。しかし感傷癖は、中世的形式に対する情熱とはちょっと事情が違う。

ある十七世紀のオランダの市参事会員は、彼がもってもいない古代の衣装を身にまとった自分の姿を肖像画に描かせたり、自分をローマ市民道徳の精華として讃える詩を作らせたりしているが、これこそ仮面劇であって、それ以上のものではない。古代風の襞《ひだ》とりをした衣装を着る、こんなことはやはり一つの戯《ざ》れ事であるに変わりはない。これを、古代生活の真剣な模倣である、と言うことはできない。それに反してジュリー（ルソー『新エロイーズ』の女主人公）とヴェルテルの読者は、疑いもなくある程度までは本心から、彼らの理想とする感情、表現の法則にしたがって生きようという試みをしているのである。換言すれば、感傷癖というものは、人文主義やバロックの古代的ポーズよりずっと高い程度で、真面目、率直な模倣であった。ディドロ（一七一三〜一七八四）のような自主的な精神でさえ、大真面目にグルーズ（一七二五〜一八〇五。フランスの画家）の『父の呪い』の安っぽい感情の露出に溺れていたこと、またナポレオンもオシアンの詩に夢中になっていたこと、これがその証明になるように見える。

にもかかわらずわれわれの見るところでは、十八世紀の感傷癖のなかには明らかに遊びの因子があり、このことは一瞬たりとも否定し去ることができないのである。感傷的に考え、かつ生きたいという欲求は、必ずしも衷心からのものであるとは限らない。われわれ自身の時代に近づくにつれて、ますます文化衝動の内容を評価することはむつかしくなってくる。いまでは「これは遊びなのか、それとも真面目なのか」というわれわれの疑問のなかにも、これは偽善や見せかけを飾るためのものではなかろうか、という予感がときに混じることがあるほどである。しかし、この真面目と冗談とのあいだのバランスが不安定なものだということ、そしてそこには佯《いつわ》ってそのふりをするという要素がたしかにあることを、われわれはすでに古代文化の奉献式の遊びのなかに見いだした[*6]。そればかりではない。われわれは神聖という概念のなかにも遊びの因子が含まれていることを受け入れないわけにはいかなかった。そこで、まずどうしても、非祭儀的な種類の文化体験に現われるこういう曖昧さは、容認しないわけにはゆかないのである。そこで、たいそう厳粛な真面目さの上に立った文化現象であっても、何はともあれこの本質にしたがって、それを一つの遊びとして解釈することを妨げる理由になるものなどないのである。もし、何かそれを遊びと解釈するきっかけが成り立つものとすれば、それは言葉の最も広い意味でのロマン主義と、ときとしてロマン主義に伴って現われ、その内容を充たしている奇妙な心情の膨脹、つまり感傷癖に対してである。

十九世紀における真面目の支配

十九世紀の文化過程のなかには、遊びの機能を容れる余地は、あまり残されていないように思われる。この機能を閉め出すように見えるさまざまの傾向が、そこではしだいに勢いを増しつつあった。すでに十八世紀のうちから、冷徹な散文的功利主義——これがバロックの理念にとって致命的だったのだが——と、市民的幸福という理想とが、社会の精神の上に拡がっていた。その世紀の末葉には、産業革命が絶えず高まってゆく技術的成果によって、これらの傾向をますます強めていた。労働と生産が時代の理想となり、やがてその偶像となった。ヨーロッパは労働服を着込んだのだ。社会意識、教育熱、科学的判断が文化過程の支配者となった。

こうして蒸気機関から電気へと、工業的・技術的発展が大きく進むにつれて、この発展のなかにこそ文化の進歩があるのだとする錯覚がいよいよはびこっていった。その結果として、経済的なもろもろの力関係、利害関係が世界の進路を決定しているとする恥ずべき謬《あやま》った考えが提唱され、それが世に行なわれるようになった。社会と人間精神のなかで経済的因子を過大に評価することは、ある意味では神秘というものを殺し、人間を罪業、罪責から解き放った合理主義と功利主義の当然の成行きである。しかしそれと同時に、彼らは人間を愚かしさと近視眼的けちくささから解放してやるべきなのに、それは忘れていた。そして人々は、世界をただ、彼ら自身の日常平俗という型にはめこんで聖化する運命をおびた存在になってしまい、また事実、そんなことをするのにふさわしい存在になってしまったように見えるのである。

十九世紀を、その最も悪い面から見れば、こういうことになる。その時代の思想大きな潮流は、ほとんどすべて、社会生活のなかには遊びの因子が存在するという考え方に逆らった。自由主義も社会主義も、それに養分を提供するものではなかった。実験的・分析的科学、哲学、政治的功利主義、改良主義、マンチェスター学派の考え方、すべてこれらは徹底的に真面目な活動である。そして芸術、文学のなかでロマンティックな感激が疲れきってしまったとき、そこに登場して支配権をとったのは写実主義や自然主義であり、なかんずく印象主義という形をとった表現形式である。これは、それまで文化のなかに花を咲かせたいかなるものよりも、遊びという観念に対して異質的な表現形式である。今日まで、ある世紀が自己自身を、また存在のすべてを、物々しい真面目さで受け取ったことがあったとすれば、それはこの十九世紀にほかならなかった。

一般に、文化がまえよりもいっそう真面目なものになったことは、十九世紀の典型的現象としてほとんど否定できないようである。この文化はそれ以前のどんな時代よりも、

「遊ばれる」程度がずっと乏しかった。外形についても、かつて寛《ひろ》い半ズボン、鬘《かつら》、剣などが何か高貴な生の理想を表現していたのとは、まるで違ったものになっていた。男の衣服からファンタジーの要素が消失したことよりも、遊び的なものの放棄をはっきり示している徴候は、ほかにほとんど挙げられない。フランス革命が、文化史上稀に見る一つの変遷をもたらしたのだ。かつて多くの国々で農夫、漁夫、水夫が常用していた長ズボンが――したがって、それはまた「コンメディア・デラルテ」（十六世紀ごろ始まったイタリアの即興喜劇。十八世紀に消滅したが、民衆演劇のなかに吸収された）の諸人物にも見ることができる――、革命のパトスを表現するぼさぼさ髪とともに、たちまちのうちに紳士の服装となった。[*7]「イカス男《アンクロワイヤブル》」や「おめかしや《メルヴェイユーズ》」のどぎつい風態のなかには空想的なモードがちらちら覗いていたし、ナポレオン時代の（誇示的・浪漫的・非実際的な）軍装のなかでもそれはまだ猖獗《しょうけつ》をきわめていたが、遊ばれた高貴な気品をおもてにあらわすことは、終りを告げていた。

それ以後、男の服装は少しずつ色彩のないぼやけたものとなってゆき、しだいに変化をこうむることも乏しくなった。その品位、威儀を、礼装のなかにはっきりと輝くばかりに示していたかつての優雅な貴人は、いまでは真面目な市民となった。服装的に言っても、彼らはもう英雄を演じているのではなかった。シルクハットをかぶることによって、彼はいわばその人生の真面目さの象徴であり、王冠であるものを得たのだ。ただ細身のズボン、ネクタイ、立襟カラーのようなわずかの変化、遊びのなかに、十九世紀前半における男の服装の遊びの因子が、辛うじてその存在を主張している。だが、それら装飾の最後の要素も、わずかに礼装のなかにかすかな跡を残すだけで、やがて消え去ってゆく。華やいだ、彩《いろど》りゆたかな色調は完全に消えて、布地もスコッチ織の粗目のものにとってかわられる。上衣は燕尾服、礼服、給仕服となってその幾世紀にもわたった経歴を閉じ、背広に席を譲る。スポーツ服は別として、男子服の変化はいよいよ少なくなってゆく。今日、一八九〇年の服装を見ても、装飾の変遷をいつも見慣れた眼でなければ、それが滑稽な姿と映ることはあるまい。

この男子の服装が平均化していった、あるいは硬化していった過程を、文化現象としてとるにたらぬことと評価してはならない。そのなかにはフランス革命以来の精神的・社会的全変革がはっきり表現されているのである。

女の衣服、より適切に言えば貴婦人《レディー》の服装は——つまり、ここでは文化を代表する上層部を取り上げているからなのだが——男子服が一般に無味乾燥となり、平板化していったのに従わなかったことは、おのずと理解できよう。美の因子と性的魅力の機能が、婦人の服装ではまことに根源的なものなのである。——動物では、周知のとおり事情は逆になる。——そのために、女の衣服はまったく別の問題へ進展する。十八世紀の終りから、貴婦人の服装は男子と別の軌道をたどった事実が訝《あや》しむべきでないとすれば、注目しなければならないのは次のことである。すなわち、婦人服がア・ラ・モードのスタイルを追いかけることに対しては、言葉や絵によって、あらゆる当意即妙の諷刺、皮肉が放たれてきている。ところが実際は、中世初期以来、女の衣服は男のそれに比べてはるかに形の変化が少なく、また誇張に走ることも稀だったのである。

たとえば、一五〇〇年から一七〇〇年までの時代を考えてみれば明らかである。男の服装には、激しい変化が幾度となく繰り返されているのに対し——女の場合には、節度がある、適度の安定性がある。これは、ある程度までは当然だった。婦人服の主だった形、つまり脚部まで達するスカートと胸衣は、女の身だしなみ、礼儀による制約が強いことに対応して、男子服の各要素に比べて、ずっと変化しがたいのだ。十八世紀の終りになって初めて、婦人の服装も真に「遊ぶ」ものとなる。塔形髪型はロココ時代の霊感から萌《きざ》したものだが、ロマンティシズムは疑似ネグリジェという姿のなかに、その思い悩んだ眼差し、流れる頭髪、露わな腕（これは、すでに十五世紀に露出された頸《くび》に比べて、はるかに遅れてその身を現わした）を、いとも誇らかに示している。フランス革命新政府の「おめかしや《メルヴェイユーズ》」たち以後は、婦人の服装はその多様な変化と行き過ぎの点で、男のそれに先行さえするようになった。それ以前の世紀は、一八六〇年の張綱《クリノリン》で膨《ふく》らませたスカートとか、一八八〇年の腰当て《トゥルニュール》のようなものは知らなかった。新世紀への変わり目のころになって初めて、一三〇〇年以来知られることもなくなっていたより大いなる簡素さと自然性へ女の服装を引き戻そうとする、きわめて意義深いモードの運動が起こったのである。

総括すると、十九世紀については、ほとんどすべての文化の現われのなかで遊びの因子が大きく後退をとげていると主張することができよう。社会の精神的組織も物質的組織も、この因子がはっきり眼に見える活動を示すのに妨げとなっていた。社会はその利害関係と意志を、あまりにも意識しすぎるようになったのだ。子供の靴はもう足にはまらなくなった、と考えたのである。社会は科学的計画に基づいて、自らの、現世の利益にいそしんだ。労働、教育、そして民主制などの理想は、遊びという永遠の原理を容れる余地をほとんど残さなくなったのである。

（1）Ⅷ章「形象化するということ」の項を見られたい。
（2）これはロストフツェフ『ローマ帝国における社会と経済』（全二巻、一九三一）による。
（3）『中世の秋』。
（4）英国の裁判の象徴としての鬘に関しては、Ⅳ章「競技としての訴訟」を見られたい〔本書一九七ページ〕。
（5）ルソーの説がそうであるし、まだ他にもそういう論者は多い。
（6）Ⅰ章「信仰と遊び」を見られたい〔本書六四ページ以下〕。
（7）女にあっても乱れ髪がモードとなった。たとえばシャドー〔ドイツの彫刻家〕のルイーゼ王妃像を見よ。

XII　現代文化における遊びの要素

われわれはここで、何を現代と解したらよいのかという問題などで時間をむだにしないようにしたいと思う。とにかく明らかなことは、われわれが語る時というものは、つねに、もはや一つの歴史的過去なのだということである。それは、そこから遠去かれば遠去かるほど、奥のほうに消えてゆく過去なのである。ところが、若い人々の意識のなかではもう「古くさい時代」のものとされてしまうさまざまの現象も、年輩の人たちにとっては依然として「われらの時代」という観念のなかに含まれている。それは、彼らがそれに対して個人的な思い出をもっているからだ、というばかりではない。彼らの文化そのものが、なおもその過去の時代とかかわりをもっているからでもある。しかしこういう時代感覚の差は、たまたまその人が属することとなった世代の差異によっているというだけのものではない。それは、その人の所有している知識如何にも、大いに依存しているのである。一般に、歴史的な視野の上に立った人は、瞬間という近視眼的な視野のなかで生きている人より、過去というものを「現代」「今日」というイメージとして、その心に受けとめることが多い。こういう事情で、ここでは、「現代文化」という概念は、深く十九世紀まで遡《さかのぼ》った、ひろい意味で拡大して用いることとする。

ところで、問題はこういうことである。われわれがいま現に生きている文化が遊びの形式のなかで繰りひろげられてゆくとすれば、どの程度のことなのか。現代の文化を体験しつつある人間の上に、遊びの精神はどれほどの支配権をふるっているのだろうか。前世紀は、それまでの幾世紀を特徴づけてきた遊びの要素の多くを失ったが、このことは述べておいた。この欠如はもう取り除かれ、元どおりになったのだろうか。あるいは、それはますますはなはだしくなってゆくのだろうか。

スポーツ

最初ちょっと見ただけで、現代社会生活のなかには、そういう遊びの形式の喪失をただ償うという以上の、一つのきわめて意味深い補償現象があるように見える。スポーツが社会機能として、社会の共同生活のなかでしだいにその意義をおし拡げ、次々と大きな分野をその領域のなかへ引き込んでいる。

技芸、力、忍耐の競争は、古くから、ときには祭祀と結びつけられ、またときには単なる子供の遊び、祭礼の余興として、どんな文化のなかでもいつも重要な地位を占めてきた。しかし中世封建社会は、競争のうちでもただ馬上槍試合に特別の関心を抱いていたにすぎなかった。この馬上槍試合は著しく演劇化されており、貴族的修飾におおわれているから、これを単にスポーツと呼ぶことはできない。それは劇場の機能の一つをも同時に充たすものだったのである。人数からいっても、きわめて少ない上層階級がそれに関与していたにすぎなかった。また民俗学は無数の事実によって、中世でも民衆がいかに好んで遊びを競っていたかということを証明してくれる。しかし一般にキリスト教会の理想は、肉体的修練や陽気な力比べの遊びなどを、それが貴族教育に奉仕するのでないかぎりは、価値の低いものとして見下していた。人文主義の教育理念も、宗教改革、反宗教改革の厳格な道徳的理想も、遊びとか肉体的訓練を文化価値として正しく認識するのには適切なものでなかった。十八世紀に入るまでは、それが生活のなかで特別の地位を獲得していたとは認められないのだ。

スポーツ競技の主だった形式は、事の本質からいって、太古このかた一定不変である。そのあるものでは、力比べやランニング競走自体が眼目になっている。スケート滑走、戦車競走、競馬、重量挙げ、射撃なども同じである。人類は文化の夜明けから、いつの時代にも、ランニング、ボート、水泳、もぐり——この場合、ベーオウルフのように故意に水中で摑《つか》まえあったりすることもある（『ベーオウルフ』第八節、九節）——を競う試みをしてきた。ただ、これらの競技形式には、組織化された遊びという性格がほとんど見られない。それにもかかわらずこれら競技の実際をみれば、そこに闘技的原理が見いだされるから、これを遊びと呼ぶことは、だれも躊躇《ちゅうちょ》しないであろう。しかしまた、おのずと規則の体系をもった組織的な遊びへ進化してゆく形式のものもある。とくに球戯がそうである。

　さてここに、そのときそのときの偶発的な楽しみが、やがて組織化されたクラブ制度、競技会制度へ移行してゆくという問題がある。十七世紀のオランダ絵画には、男たちが「コルフ」という打球戯の競技に熱中している様子が見られる。ところが、この競技の場合、クラブとか、独自の規定をもった競技という形での遊びの組織化については、私は寡《か》聞《ぶん》にして聞いたことがない。この種の固定した組織は、二つのグループが相対して遊ぶときに最も生じやすいことは明白である。そしてこの過程も、世界とともに古い。一村は挙げて他村と競い、一校は他校と対抗し、都市の一区は他区と競争する。だがそれらのなかでも、大きなボール競技は、永続的なチームによる訓練された試合を要求することになる。ここにいたって登場するのが現代スポーツである。

　この現象が十九世紀のイギリスに発したという事実は、ある程度までは、十分説明できることだ。英国の民族性という要素はまことに特殊であって、その起源をつきとめ、その証拠を指摘することは不可能だが、それがここに一因として働いていることは疑いない。だが、まったく確かなことは、イギリス社会の特定の性格がそれに大きく貢献したという点である。地方自治制度は、局地的な結びつきと、連帯の精神を強めるものだった。一般兵役義務が欠如していたことは、自由な肉体的訓練の機会とその必要を、幸いにして促した。同じ方向に働いたものでは、また学校制度のさまざまの形式もそうであった。そして最後に、全体的には平坦な共有地《コモン》が、まことに望ましい、最も完璧な遊びの場を提供するという、この国の地理、地勢の性格が、大きな意味をもった。

スポーツは遊びの領域から去ってゆく

十九世紀の最後の四半世紀このかた、スポーツ制度の発達をみると、それは、競技がだんだん真面目なものとして受け取られる方向に向かっている。規則はしだいに厳重になり、細目にいたるまで考案されるようになった。記録はどんどん高く延びている。シルクハットをかぶって、クリケット競技をしている人物を描いた十九世紀前半の楽しげな銅版画は、誰でも知っている。この姿がすでに、おのずと物語るものをもっていよう。

さて、こういうスポーツの組織化と訓練が絶えまなく強化されてゆくとともに、長いあいだには純粋な遊びの内容がそこから失われてゆくのである。このことは、プロの競技者とアマチュア愛好家の分離のなかにあらわれている。遊びがもはや遊びではなくなっている人々、能力では高いものをもちながらその地位では真に遊ぶ人間の下に位置させられる人々（プロ遊戯者）が区別されてしまうのだ。これら職業遊戯者のあり方には、もはや真の遊びの精神はない。そこには自然なもの、気楽な感じが欠けている。こうして現代社会では、スポーツがしだいに純粋の遊び領域から遠去かってゆき、「それ自体の sui generis」

一要素となっている。つまり、それはもはや遊びではないし、それでいて真面目でもないのだ。現代社会生活のなかではスポーツは本来の文化過程のかたわらに、それから逸れたところに位置を占めてしまった。本来の文化過程は、スポーツ以外の場で進められてゆくのである。

古代文化のなかでは、競技がつねに神に捧げられた祝祭の一部をなし、幸《さち》をもたらす神聖な儀礼として、不可欠なものとされていた。この祭祀との関連が、現代のスポーツではすっかり失われてしまった。スポーツは完全に奉献性なきものと化し、また、たとえ政府権力によってその実施が指示された場合でさえも、もう何ら社会の構造と有機的な繋がりをもたないものになってしまった。それは、何か実りを生む共同社会の精神の一因子というより、むしろただ闘技的本能だけの、孤立的な表われなのだ。現代の社会技術は、大衆デモンストレーションという外面的効果を高めることもちゃんと心得ているのだが、それを発揮してかち得た完璧さをもってしても、オリンピック大会とか、アメリカ諸大学の組織された各種スポーツとが、大声で宣伝されている国際競技会とかが、スポーツを文化を創造する活動へと高めることができないでいる事実は、少しも変わりがないのである。どれほど遊戯者、観衆にとって意義あるものだとしても、それは一つの不毛な機能であることに変わりはない。そのなかでは、古代以来の遊びの因子はその大部分が滅び去っている。

ところでこの見解は、スポーツを現代文化における最高の遊びの要素であると認める世間一般の輿論《よろん》とはまさに真向から対立する。しかし断じてスポーツはそういうものではない。むしろ反対に、それは遊びの内容のなかの最高の部分、最善の部分を失っているのである。遊びはあまりにも真面目になりすぎた。遊びの雰囲気は、多かれ少なかれ、そこから逃れ去ってしまったのだ。この真面目への傾斜ということは、非体育的な遊びにも当てはまるのだが、ことにチェスとかトランプのように、知能的計算がそのすべてである遊びがそうであることは、注目に値する。

スポーツとしての非体育的な遊び

盤上遊戯というものは、すでに未開民族のあいだでも大きな意味を得ていたのだが、たとえそれが(たとえば、ルーレットのグループのような)賭け事であっても、初めからそのなかには真面目の要素が存在していた。陽気な気分の生まれる余地はほとんどなく、とくに西洋碁、チェス、包囲遊び、西洋連珠などのように、偶然が何らの役割も演じないものはそうだった。にもかかわらずこれらの遊びそのものは、完全に遊びの定義のなかに含められるものなのである。ついに最近になって、チャンピオン制度の公認、公開試合制度、レコードの登録、独特の文学的スタイルによる新聞報道などにより、大衆は、チェスにしろトランプにしろ、これらすべての知能遊びをスポーツに併合してしまった。

トランプ・ゲームは、偶然というものをどうしても完全に排除することができないという点で、盤上遊戯とは区別される。このように偶然の遊びである以上、トランプはその気分の面、精神の働かせ方の面からいって、賭け事と同一の範疇に帰せられるものであり、またそういうものとして、クラブを結成したり、公共の競技会を催したりするのには、あまりふさわしいとは言えない。

ところがこれに反して、トランプのなかでも知能を要求するような類いのものは、この発展（クラブとか競技会へ向かう傾向）にまことにぴったりなのである。これらの場合には、真剣になってそれをやる程度が大いに高まっており、これが異常に人目をひく。オンブルやカドリールからホイストを経てブリッジにいたるまで、トランプはしだいに高まる洗練の過程を踏んできたが、ブリッジにいたって、ついに現代社会技術は、このトランプという遊びをもとらえた感がある。ハンドブック、競技の各種の方式、名人、職業的トレイナーといったものによって、ブリッジは抜きさしならない真面目なものになってしまった。最近のある新聞記事は、カルバートソン夫妻の年収を二十万ドル以上と評価していた。世間一般にひろがった長い狂熱《クレイズ》として、ブリッジは毎日、莫大な量のエネルギーを社会の善のため、また害のために浪費している始末である。

これを、アリストテレースが与えたような意味での高尚な気晴し《ディアゴーゲー》ということはとうていできない。精神の能力をただ一面的に尖《とが》らせるだけで、魂をゆたかならしめることのないこの完全に不毛な技術は、もっと良い使い方をすべきである知性と心的緊張の多くのものを、ただ、さまざまに組み合わせたり、浪費したりしているだけなのだ——ただ、もっと悪いことに用いられるのは防いでいるのかも知れないが。ブリッジが現代の生活のなかで占めている地位を、その外見からだけみれば、それは、現代文化のなかでは遊びの要素が大いに増加していることを意味していると思われるかも知れない。だが、事実はそうではない。真に遊ぶためには人はふたたび子供にかえらねばならない。このことは、ブリッジのように精緻をきわめた遊びに没頭する場合にも主張できるだろうか。もしそうでないとすれば、そこには遊びの最も本質的な特性が欠けている、ということなのである。

現代職業生活における遊び的なもの

混沌《こんとん》とした現代を、その遊びの内容について検討しようとする試みは、そのたびに、われわれをさまざま矛盾した別の新しい結論へ導いてゆく。スポーツは遊びとして意識され、遊びとして一般に認められてはいるが、その技術的組織化、物質的施設、科学的徹底性を押し進められた程度がはなはだしいために、それが集団的・公共的な立場で催されるときには、本来の遊びの雰囲気が失われてしまいそうな虞《おそ》れのある活動となっていた。ところが、この遊びが真面目へ移ってゆく傾向に対して、その反証となるように見えるいくつかの現象がある。物質的利害関係、何らかの必要や要求に基づいた活動、つまり初めは何ら遊びの形式を示していなかったそういう活動が、その活動の付随的な結果として、遊びの性格としか呼びようのない性格を展開させるということがあるのだ。

それは、その活動の通用する範囲がそれ自体で完結している、閉じられた領域に限られてしまった場合であり、また、そこに支配している規則が一般的な目標を志向する意味を失ってしまった場合である。スポーツの場合がつまりこれであり、硬化して真面目な活動になっていながら、なおも遊びとして感じられているのである。他の分野でいうと、真面目な活動が事実上遊びに堕していながら、依然として真面目なものと受けとられているというときが、それである。この二つの現象は、以前とは違った形式で現代世界を支配している強い闘争心の点では、一致するものがある。

世界を遊びの方向へ駆りたてる闘争心の増大は、根本において文化の精神とは無関係な、外面的な因子が大いに促したものなのだ。それはあらゆる分野で、あらゆる手段を通じて、人間相互のあいだの交通がいたって簡単なものとなってきた事実をいう。科学技術、ジャーナリズム、プロパガンダは、地上いたるところで競争精神をゆさぶり、またその充足を可能にしている。商業的競争は、太古以来の根源的な、聖なる遊びに属するものではない。それは、商業が他人を凌駕し、隣人をだしぬこうと努力しなければならない活動分野を作りはじめたとき、初めて現われたものだ。いろいろと制限を加える規則が、この分野でもやがて不可欠なものとなる。それが商慣習《ユーザンス》である。比較的遅くまで、商業的競争は、その形態では原始的な姿のままにとどまっていた。現代交通機関、商業宣伝、統計学の出現によって、はじめてそれは集約的なものになる。

スポーツの世界にあらわれる記録《レコード》の観念が、経済的思考のなかにも移植されずにはいない。今日行なわれている意味での記録という言葉は、もとはといえば、その昔、宿にまっさきに到着した騎士、巡礼者が、その成果を宿の梁に刻んで記念とした覚え書を指した言葉である。商業、および生産の比較統計学は、おのずからこのスポーツの要素を、経済生活、技術生活のなかに導き入れる結果となった。いまでは、職業的行為にスポーツ的な面のあるところ、必ず記録追求はその勝利を祝っている。たとえば、汽船の最大トン数を競うとか、海洋の最短航行をなしとげた船に青リボンをおくるとか。ここでは純粋に遊び的な要素が、功利主義的配慮をすっかりかげに追いやって、真面目が遊びとなっている。ある大企業では生産性向上のため、ことさら遊びの因子を自社の従業員に鼓吹さえしている。こうなると事の成行きはふたたび一転したことになる。遊びがふたたび真面目となるのだ。ロッテルダム商科大学で名誉学位の授与をうけたとき、世界的コンツェルンの社長A・F・フィリップスは次のように語っていた。

「私が会社に入ったときから、いつも技術部門と販売部門のあいだで、たがいに相手を凌駕しようとする競争が行なわれておったのです。前者は、販売部がとうてい売りつくすことはできまいと思うくらい大いに生産に努めるかと思えば、後者は後者で、できるかぎりたくさん売り捌《さば》いて、工場が売行きに歩調を合せられないようにしてやろうとしたものでります。そして、こういう競争が片時も休まず、いつも続けられて参ったのです。ときには、その一方が勝ち、またときには他が先行しました。私の兄も、私も、もともと事業を何か課された仕事と見なしたことは一度もないので、つねに一つのスポーツと考えて参りました。このスポーツの精神を、われわれは、わが協力者や若い人々に教えこむことに努めたいと願うものであります」

この競争精神の昂揚のために、大企業は自社のスポーツ団体を構成するというばかりではない、社員を採用するにも単に職業能力からだけでなく、フットボール選手としての観点からも見るというところまで進むのだ。こうなっては、事情はまたしても逆転である。

現代芸術における遊び的なもの

今日の芸術のなかにある遊びの要素の問題になると、職業生活における闘技的因子というものほど簡単ではない。まえにX章で説明したことだが、遊びの要素というものは芸術を創造したり、演じたり奏したりする場合にも、本質においてけっして無縁ではない。これは音楽的諸芸術においてことのほかはっきり示されており、それらでは強い遊びの内容がまさにその基礎であり、本質をなしていると言うことができた。一方、造形芸術では、遊ぶ心は、すべて装飾と呼ばれているものに固有である。要するに、芸術形式の創造に際して現われる遊びの因子は、とくに精神と手とが最も自由に動くことのできるところでよく活動するように見えるのだ。それ以外にも、遊びの因子は徒弟《レールリンク》が職人試験のときに作る提出作品や、職人《ゲゼレ》が親方《マイスター》となるために提出する親方試験作品のなかや、競技として課題される仕事のなかのいたるところに、はっきり姿を見せている。ところがここで疑問となるのは、芸術におけるこの遊びの要素は、十八世紀末以後強くなったのだろうか、それとも弱くなってしまったのだろうか、という点である。

　芸術を、その社会共同体の生きた機能としての基礎から切り離し、それを徐々に芸術家と呼ばれる個人の自由な、独立した活動にしていった文化過程は、もう数世紀にわたってつづいている。額縁絵画が壁画を押しのけ、銅版画がミニアテュールを凌駕したのは、この過程の一つの段階を示すものだった。またそれとよく似た、社会的なものから個人的なものへという移り変わりも、ルネサンスが建築家の主だった仕事をもう寺院や宮殿のなかに見ず、人々の住宅のなかに見るようになったとき、すでに起こっている。豪華絢爛《けんらん》たる回廊ではなく、居間、寝室が問題となったのだ。芸術はだんだんと身近な、しかしまた生活のなかでいよいよ孤立したものとなった。それは個人の問題となってきた。同様にして、音楽の面では、明らかに個人的な美感を満足させることを目ざした制作、室内楽と芸術歌曲とが創られるようになったが、それらはようやく大衆のほうに歩みよっていったもろもろの芸術形式を、その表現の意味の点で、またときにはその表現の強度の点で、凌駕しはじめたのである。

これらと同時に、芸術の機能のなかにもう一つ別の変遷が起こった。芸術はますます完全に独立した、非常に高度な文化価値として認められるようになったのだ。十八世紀までは、芸術はそれらの価値の階梯《スカラ》のなかで、何と言ってもかなりに低い、従属的な位置を占めるものにすぎなかった。芸術は特権ある人々の生活の高尚な装飾であった。たしかに現在と同じような芸術の享受、鑑賞も体験されてはいた。しかし概して、芸術は宗教的高揚として解釈されたり、さもなくば娯楽、気晴しを目標にもつ一種の高級な物好きとして解釈されることが多かった。実際には職人でもあった芸術家は、つねに貴族の侍僕と見なされていた。これに対し学問の仕事に携わることは、日常の煩いごとから解放された人々の特権であった。

大きな変化は、十八世紀中葉以後、ロマン的・古典主義的形式のなかで、精神が新たに美的生命を吹き込まれはじめてからやって来たのである。その主潮はロマン主義であり、古典主義はそれに並行している。この二つのものから、人生のもろもろの価値の階梯のなかで、美的享受ということを最も上位に置き、これを天国のように称揚讃美する態度が芽生えたのだ。天国のようにというのは、それがあまりにもはっきりと、衰弱した宗教的意識にとってかわることになったためである。その線はヴィンケルマンからラスキンを経て、さらに後代へと流れている。芸術崇拝はまだ長いあいだ、最高の教養階級の特権であるにとどまっていたが、ようやく十九世紀の終りごろ、写真の複製技術の影響もあって、普通教育を受けただけの民衆の層にまで芸術に対する高い評価がひろく滲透して一般化することになってゆく。芸術は公共の所有となり、芸術愛好は「上品な趣味《ボン・グー》」となった。芸術家は常人よりも高い存在であるとする考えが一般に拡まった。大衆の上に紳士気取りが大きく拡がった。と同時に、独創性を求める痙攣《けいれん》的な欲望が、創造に対する主だった衝動となる。これは、そのときそのときにおいて新奇なもの、前代未聞のものに対して不断に欲求を燃やすことだが、これが芸術を印象主義の坂道へ引きずり下ろし、二十世紀のなかで体験されるさまざまの奇形のなかへ追いおとすのだ。芸術は科学よりも、現代の工業生産過程のなかにある有害な因子から影響をこうむりやすいものである。機械化、広告、センセーションの追求は、いよいよ直接に市場を目標として、さまざまの技術手段を用いて行なわれるから、芸術に対してははるかに大きな危害を加えることができるのである。

　これらすべての事態のなかには、遊びの要素を探し出すことなど、とうていできるものではない。十八世紀以来、芸術は人々に文化因子として意識されるようになりはしたが、そのことによって、どうやらその遊びの性格は増してきたというより、むしろ、失われていったかの観がある。これは芸術にとって向上を意味しただろうか。かつて、芸術がそのなかに内包している意義、それが創造する美を、大部分意識しないでいたことは幸福なことだったのだ、とわれわれは主張したい気持を覚えるのではないだろうか。芸術は自らを社会に対して大きな恵みを与えるもの、と確信をもって知ることができるようになったために、そこから永遠の幼児性といったものが滅び去ってしまったのだ。

もちろん、他の側面から観察すれば、芸術生活における遊びの要素が強められているのが、次のような点で見られよう。芸術家は同時代人である大衆より高いところに立った例外的な存在として、当然与えられてよい尊敬を受けなければならない。この芸術家の例外性の自覚を体験することができるためには、彼は崇拝者大衆あるいは精神的同質者という仲間を必要とする。一般大衆は、彼に捧げる尊敬をせいぜいありきたりの常套語で言い表わすにすぎないからである。こういう事情は、いまなお太古の時代とまったく変わりがなく、芸術に対してはある種の秘教性が不可欠なのである。しかしいかなる秘教主義にも、その基にはある協定がある。そういう協定に基づいて秘義を授かったわれわれは、これこれのことをかく受け取り、かく理解し、かく讃美することができるようになるのである。秘教主義はその神秘の奥に己を没し去る一つの遊びの共同体を要求するのだ。内容は何でもよい、「イズム」で終る合言葉がその芸術の方向を規定している場合は、その名称に遊びの共同体としての意味が含まれているのは明らかである。文学的に膨《ふく》れ上った芸術批評とか、展覧会、講演会とか、これら公衆のための現代的装置は、芸術表現の遊びの性格を高めるのにふさわしいものである。

現代科学の遊びの内容

芸術の遊びの内容をはっきりさせようという試みとまったく違った道を辿らざるをえないのが、現代科学に対するそういう試みである。われわれがいままで努めてきたことは、遊びという範疇をいつも一つの定まった事実とみなし、一般に承認されたある既定量のものとして受け取って、そこから問題を出発させてきた、というのが実際だった。ところが現代科学の場合はそうはゆかない。われわれはどうしても「遊びとは何であるか」という根本問題にさかのぼって考えることを避けられないのだ。

遊びの本質的条件の一つ、遊びの標識として、われわれがはじめに立てたのは、その行為の行なわれる空間、その行為についての規則の適用をうける、限定された特殊な圏、つまり遊びの空間というものだった。論を進めてきたいまとなっても、やはり、その種の完結し、閉ざされた囲いの内部は、いかなるものでも、最初から遊びの空間と見なしてよいことは明らかである。いかなる科学にせよ、特定の方法、概念によって日常世界から隔離をうけ、ある限界の内部に置かれているという事実の上に立っていることを考えれば、科学には遊びの性格があると承認することくらいたやすいことはない。

しかしここで、われわれが自然な物の考え方をすることによって把えた、明確な遊びの概念をしっかりものにしていれば、ある行為を遊びと名づけるためには、単なる遊びの空間以上のものが必要なことがわかる。遊びは時間と結びついており、時間とともに流れてゆく。そしてそれ自身を目的としている。それは、日常生活のさまざまの要求の外に出て味わう快い休息なのだという意識の上に乗っている。それらの点は何ひとつとして科学については当てはまるものではない。科学はあくまでも現実との接触を求め、一般的現実に対する妥当性を求めるものである。その規則は遊びのそれとは違い、けっして不動なものではない。科学は絶えず経験によって前言取消しを迫られ、その結果、おのずと変化してゆくものだ。ところが遊びの規則には、嘘だとか真実だとかいうことはありえない。それが変更されるということはあるだろう。しかしそれも、誤りを正すということとは違う。

そういうわけだから、すべての科学は単なる遊びにすぎないという結論を、いちおうはあまりにも安易な知恵として斥けてよい理由は大いにある。しかし、科学はそれ自身の方法によって自足的に確立された領域の内部では、「遊ぶ」ことができるのではなかろうかという問いとなれば、話はまた違ってくる。ここで一例を挙げれば、たえず系統づけへ向かう傾向はすべて、遊び的なものへの方向とほとんど分かちがたく結びつくのである。十分な経験の基礎が欠けていた古代科学は、およそ人間が考えうるあらゆる性質、概念について、底知れぬ体系化を楽しむのを常とした。観察と計算は、この点ではたしかにブレーキとして働いているのだが、それでも科学活動に対して、遊びの方向を閉鎖するものではない。どんなに微妙な実験的分析でも、やはり遊び的なものに捉われていることはありうるのだ。専門の方法論の用いる概念の名も、ひとたび作り出されてしまえば、いつでもやすやすと、遊びの駒として弄《もてあそ》ぶことができる。これは、昔から法律家に対して非難されてきた点である。言語の面でも、言葉の語呂合せによる解釈は、旧約聖書やヴェーダ文学以来好まれつづけて、いまなお、言語学など少しも知らない人でも、どうかすると毎日そういう解釈に耽ったりしている。こういう遊びに耽る限りでは、やはり言語学もその非難に値しよう。たしかに、厳密に科学的な文章表現を教える最近の学校は、まさしく新たな遊びへの道を歩んでいないであろうか。真にその資格のある者、また少しもその資格のない者の手で、フロイトの術語があまりにもお手軽に、かつ安易に用いられているけれども、そのために多くの科学が遊び的なもののなかに引きずりこまれてはいないだろうか。

専門科学者や素人愛好家が、自分の専門概念を手段として、遊びをはじめる可能性はあるわけだが、そのことは別として、ほかにも科学活動は、競争心によって遊びの軌道に引き入れられることがある。たしかに、科学における競争は、芸術における競争ほど、直接に経済的基礎をもったものではない。だがその反面、われわれが科学と呼んでいる文化の論理的発展には、その本性からして、美的発展の場合以上に多くの論争の性格が固有のものとしてそなわっている。まえに、古代における科学と知識の起源を論じておいたが、それはつねに闘技的なもののなかにおかれていた。科学は論争的《ポレミック》なものであると言うのには、然《しか》るべき理由があったのだ。とはいえ人に先がけて発見をしたり、相手の証明を論破しようとしたりする欲望があまりにも大きく前面にのさばり出るのは、望ましくない徴候である。あまりにもよく知られた「私はすでにこれこれの年月にしかじかの業績をなした、云々」という言い方は、喜ぶべきものではない。科学的研究によって真理の知識へ迫ろうという真の衝動は、競争相手に対する勝利などに重きをおきはしない。

以上のことを総括してみて、われわれはどうやら次のように判断したい気持に傾くようだ。現代科学は精密性と真理愛へのきびしい要求をかたく守っているかぎり、またその一方、明快で疑いをさしはさむ余地のない遊びという概念がわれわれの判断の根拠であるかぎり、ついに遊びの価値とはほとんど相容れるものではないし、事実、たしかに科学の草創期や、ルネサンスから十八世紀に及ぶそれの再生期に示された遊びの特徴は、今日、ますます乏しくなっている、と。

さて、最後に、今日の社会生活一般——政治生活をも含めてのそれ——における遊びの内容の規定に転ずることにしよう。ここには二種類のものがありうることは、予《あらかじ》めはっきりと認識しておかなければならない。まず、ある社会、政治の意図をおおいかくす目的のために、遊びの形式が多かれ少なかれ意識的に利用されているのが見いだされる。この場合のそれは、本書のなかでわれわれが示そうとしてきた文化の永遠の遊びの要素ではなく、偽りの、見せかけの遊びにすぎない。だが、それとは無関係に、皮相的な観察眼には、何か遊び的なものと見えるため、考えが迷路に陥ってしまうような、さまざまの現象にぶつかることもありうる。

今日の日常社会生活は、本当の遊びの心と二、三の共通点をもつある特質によって、しだいに大きく支配をうけつつある。そのため人々は、ひょっとすると、そこに非常に豊かに発達した現代文化の遊びの要素を発見することができる、と考えたりするかも知れない。つまり、それは小児病と名づけることによって最もよく表現することができるものなのだが、一言でいえば、これは思春前期の習性がその心のあり方の基準となっている態度、幼児性と青春期的な不均衡とのあいだにあるものを表現する態度、考え方のことである。

小児病

私は数年前に、今日の社会生活の危険な幾つかの現象は、一括して小児病という名で呼ぶのがよい、と考えたことがある。[*1] そのとき私は、現代人が、それもとくに何らかの組織のなかに登場する集団の一員としての現代人が、思春期あるいは少年期の生き方の型にしたがって行動するように見える一連の動きを眼にとめていたのである。それらの大部分は、現代の精神的コミュニケーションの技術によって惹き起こされたり、または押し進められたりした習慣である。これに属するものには、たとえば、たやすく満足は得られても、けっしてそれで飽和してしまうということのない、つまらぬ気晴しを求めたがる欲望、粗野なセンセーションの追求、巨大な見せ物に対する喜び、などがある。心理的に、やや深い面で小児病に結びつけられるものには、さかんなクラブ精神とそれに伴う記章、きまった型の手の動かし方、合言葉（定型化した喊声《かんせい》、喝采、挨拶の言葉など）、スローガン、それから歩調を合せた行列行進、その他がある。

心理的にさらに深いところに基礎をおいた特質で、これまた同様に小児病と名づけることによって最もよく把握することのできるものには、ユーモア感覚が欠如していること、反感を秘めた言葉に対して、いや、ときには愛情をこめた言葉に対しても、誇張的な反応の仕方をすること、物事にたちまち同意してしまうこと、「他人」に悪意ある意図や動機があったのだろうと邪推して、それを押しつけてしまうこと、「他人」の思想に寛容でないこと、褒めたり、非難したりするとき、途方もなく誇大化すること、自己愛や集団意識に媚びるイリュージョンにとり憑かれやすいこと、などがある。これら小児病的特徴の多くは過去の各時代のなかにも夥《おびただ》しく見いだされるものではあるが、何といっても今日の公共生活のなかに拡まっているように、[*2] それが膨れあがってマス化したり、残酷さと結びついたりしたことはなかった。

しかしいまは、こういう文化現象の現われた原因に、つまびらかに立ち入る場合ではない。いずれにしても、このことに対して共同責任を負うべきであるのは、中途半端な教養を身につけた大衆が精神的な交わりの世界に加わるようになったこと、道徳的な価値基準がゆるんでしまったこと、そして、技術と組織が社会に与えた伝導率があまりにも大きいものであること、こういう現実である。教育、良風美俗、伝統による薫陶《くんとう》を欠いた、半ば成人した青年層に固有な精神態度が、あらゆる分野で主導権をその手に収めようとしつつあり、しかもそれがまったくやすやすと成功しているのだ。公けの輿論が形づくられるすべての分野を支配しているのは、未成年者の気質と青少年団体《クラブ》の知恵である。公的な小児病の例では、一つをあげれば十分だろう。一九三五年一月九日付けのプラウダ紙は、ソヴィエトのある地方当局が、穀物供出が遅れたのを理由として、クルスク地区の仕事日《プデンニィ》、クルプスカヤ、赤い畑という名の三つのコルホーズを洗脳し、それぞれ無精もの、さぼり屋、怠けものと改正させた、と報じている。もちろん、この当局の「行き過ぎ」の証拠は、党中央委員会の嗅ぎつけるところとなり、その処置は撤回されたのだが、しかしこの話のなかに、そういう精神態度がはっきり物語られている。このように、名称の改善を企ててかえって改悪の結果を生むというのが、政治的過緊張の時代には典型的なことなのである。それは、古い大都市の名前を彼らの暦の聖者たちの名によって改める今日のロシアと同じように、フランス革命の国民議会のなかにも見いだされる。[*3]

ところで、組織された少年精神の社会的な力を初めて理解し、それを驚くべき独創、開拓者運動（ボーイ・スカウト）に置き換えた功績は、ベイドン・パウエル卿（一八五七～一九四一。英国の軍人。一九〇八年ボーイ・スカウトを創立した）のものである。これは、小児病とは何の関係もない。これは未成年者のさまざまな欲求や習慣を、遊びという形式を通じて教育的目的に従わせて、それを人生の有益な価値に転換しようという、深い洞察から実行された教育意図だからである。この運動も、はっきり遊びと自称している。だがもし、こういう習慣が、きびしく真面目なものと見なされることを欲して、社会的・政治的闘争という悪の情熱によって養われる活動に進んでゆくならば、それはまた別のものになってしまう。そこで、現代社会のなかでさかんにはびこっている小児病は、遊びの機能の一つであるとしてよいだろうか、それともそうではないのか、という疑問がここに起こってくる。

初めにちょっと見ただけでは、その答は明らかに「そうだ」でなければならないように思える。そして私も、文化と遊びの関係を考えた以前の研究では、この現象をそういう意味に解釈した。*4 しかし私はいま、遊びの概念の境界はもっときびしく引くべきであると考えており、そういう理由から、小児病に対しては遊びの形式としての性質を認めることを拒否しなければならないと思う。遊んでいる子供はけっして子供っぽくはない。子供っぽくなるのは、遊びが子供を退屈させたときとか、どうやって遊んだらよいのかわからなくなったときに、初めてそうなるのだ。

もし、今日一般に拡がっている小児病を真の遊びであるとするならば、われわれはそこに、遊びが生きた創造因子となっていた古代の文化形式へ社会が逆もどりしつつあるのを見るはずである。おそらく多くの人は、大幅に拡げられつつある社会の「兵営化」のなかにそういう回帰への第一歩を確認しようとする見方に傾くことだろうし、それで事実満足するであろう。あまりにもひどい誤りだ、とわれわれには思われる。自ら成熟を放棄してしまうような精神のあらわれのなかには、ただ迫りつつある崩壊の兆しか見ることができない。小児病的挙動がしばしば外形的に遊びの形を帯びることはあるだろう。だが、そのなかには真の遊びの徴《しるし》があるわけはない。奉献と尊厳と様式をふたたび獲得するためには、文化は他の道を行かねばならないのだ。

政治の遊びの内容

文化の遊びの要素は、かつて満開の花を咲かせた十八世紀以後、いままでにそれが姿を現わしたことのあるほとんど全部の分野でその意味を失ってしまったのだ、という結論が、しだいに強く迫ってくる。現代文化はもうほとんど、「遊ば」れてはいない。まだこれは遊びだと見えることがあっても、それは偽りの遊びである。とこうするうちに、現代に近づくにしたがって、どこで遊びが終り、どこで遊びでないものが始まるのかを文化現象のなかで弁別することは、ますますむつかしくなっている。文化現象としての現代政治の内容について説明を試みようとするときには、とくにそうである。さして遠からぬ過去には、民主的議会主義形式による表向きの政治生活は、見まがうべくもないさまざまの遊びの要素に充たされていたものだった。私の女生徒の一人は、最近この問題に対する私の一九三三年度の講義[*5]のなかの、ちょっとした言葉からヒントを得て、フランス、イギリスにおける議会の弁論についての研究をまとめ上げたが、[*6] そのなかで、十八世紀末以来、下院における質疑応答が本質的に遊びの規範にしたがい、真の遊びの精神に基づいて行なわれてきたことを、確信をもって示してくれた。

それはいつも変わりなく、個人的な競争という契機に支配されたものなのである。相手を一敗地に塗《まみ》れさせてやろうと、実力者たちのあいだではたえず「果し合い《マッチ》」が行なわれている。しかしそれは、彼らが全き真摯の精神のうちに奉仕する国家の利害関係とは何のかかわりもないものなのだ。英国の議会生活の気分、慣習は、あくまでもスポーツ的なものだった。このことは、英国を範としている国々の場合も、ある程度同じである。友誼の精神は、たとえいかに激しい討論の応酬の後でも、論敵と親しく冗談歓語を交わすことをゆるすものである。ヒュー・セシル卿は、一九三七年であったか三八年であったか、ユーモラスな調子で、司教たちは上院では望ましくない存在であると説いた後で、いかにも楽しげにカンタベリー大僧正と談話していた。「紳士協約《ジェントルマン・アグリーメント》」という様式がやはりこの議会の遊びの領域に属するが、実際には、紳士たちも、ときどきこれを間違って理解しているようだ。いま、議会政治に対してはたいそう非難が激しいが、しかし議会主義というものの最も強い一面を、この遊びの要素のなかに見るということは――少なくとも英国においては――これまでにもなかったこととは思われない。それは、そうでもしなければとうてい耐えられまいと思われるような緊張を保たせる柔軟性のある状況を、保証するのである。それが耐えられない状況とは、物事の息の根を止めてしまうユーモアが衰えたことをいう。英国議会生活の遊びの因子は、討論とか伝統的な集会形式のなかに現われているだけでなく、選挙制度の適用の全域にもわたるものであることは、ほとんど言うをまたない。

英国の議会政治よりも、さらにはっきりしているのは、アメリカの政治慣習のなかにある遊びの要素である。合衆国の二大政党のあいだにどういう政治的立場の違いがあるのか、これは局外者にはほとんど弁別しかねるのだが、この二大政党制度が二つの遊びのグループという性格を帯びるようになるはるか以前から、早くもアメリカの選挙運動は、大規模な国民的な遊びという形を完全にとっていた。一八四〇年の大統領選挙は、その後のすべての選挙のための様式を決定するものであった。その当時ホイッグ党と称していた党は、人気ある候補者ハリソン将軍（一七七三〜一八四一。アメリカ第九代の大統領）を擁していたが、彼には、何ら綱領というべきものがなかった。しかし幸運な偶然は、彼にある象徴となるものを与えてくれることになった。それは、この古き戦士が引退していた粗木《あらき》でこしらえられた開拓民の「丸太小屋《ログ・キャビン》」で、そこから引っぱり出され、この徴《しるし》を押し立てて、彼らは勝利を収めたのである。最大の叫び声、つまり最も大きな喝采の叫びを獲得した者を候補者に指名するということは、一八六〇年の選挙に始まったが、このときその地位に選ばれたのがリンカーンである。アメリカの政治の感情的性格は、開拓者の世界の原始的生活環境から生い立ったことをけっして否定しなかったその国民性のなかに、起源がある。党派に対する盲目的な忠誠、秘密組織、子供っぽい外形的象徴に対する欲望と結びついた大衆の熱狂昂奮は、アメリカの政治のなかの遊びの要素に、何か素朴な、自発的な性格を与えているが、これこそ旧世界の最近の大衆運動に欠けているものだ。

この二国よりも、フランスの政治に現われた遊びはもっと複雑である。疑いもなく、この国の多数の国家政党の分立というあり方は、一応遊びの概念のなかに包含させてよいものである。それら政党の大部分は、個人の集合体、利害関係団体の集団を表わしており、昔から長いあいだ、国家的大事にあたっては、つねに大臣の失脚をひきおこして、国を絶え間ない政治的危機にさらしつづけるのを常としてきた。自派のため、あるいは自分一個人のためにあまりにも露骨に利を求めようとする意図は、とかくこういう政党制度に特徴的なものではあるが、やはり真の遊びの本質には適合しがたいようである。

国際政治における遊び的なもの

このように現代諸国の国内政治には十分に遊びの因子の痕跡が見いだされる。それが国際関係の進め方になると、一見したところ、そこにも遊びの領域があると考えてよいような機会はさして見いだせないように思われる。しかし、そうではないのだ。諸国民の政治的共同生活が、暴力と危機の極限に達してしまったということの事実そのものをもってしても、ただそれだけでは、ここには初めから遊びの概念は存在しないと閉め出してしまう理由とはならない。もはや実例について十分見てきたことだが、遊びは残酷な、血を見るものでもありうるのである。偽わりの、見せかけだけの遊びというものもしばしばあった。いかなる法律共同体も、国家共同体も、その本性からみて、遊びの共同体に固有な幾つかの徴《しるし》を帯びている。国際法の体系、これは、たとえその基礎は形而上学的なもののなかにあるとしても、実際には、遊びの規則としてのはたらきをしているさまざまの原理、原則をたがいに承認しあうということによって、保持されるものなのだ。「約束ハ遵守スベシ Pacta sunt servanda」という原則を確認することは、実際には、この体系の完全性なるものは、ただ皆が一緒になって遊びをしようという意思をもつことだという認識を含んでいる。どちらか一方の側が、この体制の規正から抜けだすやいなや、国際法の全体制は——たとえしばらくのあいだのことにしても——崩壊してしまう。あるいは、違犯者の側が「遊び破り《スポイル・スポート》」として共同体から追放されなければならないという羽目になる。

国際法の維持は、あらゆる時代を通じて、名誉、礼節、そして良識というような概念が、どこまでその効力をふるいうるかに大きくかかっている。ヨーロッパの戦時法規の発達には、騎士道の名誉の典範が本質的な点で貢献をしてきたが、これは、けっして無意味なことではない。国際法では、戦争に敗れた国家が、紳士のように「立派な敗者 a good loser」として振舞うことを暗黙の裡《うち》に前提している。ただあいにく、それが実際に行なわれることはめったにない。戦争に入るまえ、公的に宣戦布告を行なうという義務も、しばしば違犯を受けているが、これも戦争遂行の当事国として当然の礼儀のうちだった。要するに、古代にはつねに戦争は高貴な遊びであるとする考え方があり、戦争規則（戦時慣例）は絶対的義務であるという思想も、その大部分がそういう考えの上に成り立っていたが、これはいまからほど遠からぬ過去までは、現代ヨーロッパの戦争のなかにまだすっかり滅び去ることもなく流れていた考えであった。

現代戦における競技の因子

現代ドイツの流行語では、戦争状態に入ったことを「非常時 Ernstfall《エルンストファル》」（直訳的にいえば、「真面目な場合」である）になった、という。純軍事的には、それは正しいと見てよい。機動演習、軍事教練などの模擬戦と比べるならば、「真の」戦争は、前者を遊びとすれば、ともかくもそれに対して真面目に当たっているからである。しかし、この非常時の概念が政治的に解されねばならないとすれば、これはまた別のものとなる。もしそうだとすると、戦争に入るまでは、対外政策はまだ完全な真面目の段階に達していず、その本来の目的をはたしていないということを肯定しなければならないだろう。事実、そういう観点に立つ論者も多いのである。[*7]

それらの人々にとっては、国家相互間のすべての外交交渉は、それがまだ商取引、協定などの軌道の上ですすめられているうちは、単に戦争状態の導入部、もしくは二つの戦争のあいだの移行部にすぎない、とされてしまう。そこで、戦争への準備をも含めて、ただ戦争だけが真面目な政治というものである、と見なすこの理論の信奉者たちは、戦争にはいかなる競技の性格も認めることはできない、そこに遊びの性格を認めることは拒否しなければならない、という理想を主張するのは当り前である。彼らは言う。過去のさまざまの時代には、闘技的因子が戦争のなかに強力に働いていたかも知れないが、今日の戦争は、古代的競技を超えたものである、と。それは「友好・敵対関係」に基づいていて、もろもろの民族や国家のあいだの現実の政治的関係はすべてこの原則に支配されるのだ、と。自分以外のグループは、必ず味方であるか敵であるかなのだ。もちろん敵とは、ラテン語の「イニミークス inimicus」、ギリシア語の「エクトロス ἐχθρός」のことで、つまり、個人的憎悪の対象とか、まして悪い人間とかではない。それは、ラテン語の「ホスティス hostis」、ギリシア語の「ポレミオス πολέμιος」、つまり自分の一派を妨げ、阻止しようとする異邦人の意味である。こういう敵について彼らは、それを競争者、遊びの相手と見ることは断じて欲しない、というわけである。それは、言葉のまったく文字どおりの意味での敵であり、したがってこれは、取り除かれなければならない者なのだ。[*8]

これまでの歴史のなかに、敵の概念をほとんど機械的な関係に強引に還元する、こういうやり方に完全に対応するものが何かあったとすれば、それはまさに、遊びの要素がまだとびぬけて大きな意味をもっていた胞族《フラトリア》、種族、部族間の古代的対立であろう。しだいに成長した文化が、われわれを少しずつその段階から高いところへ引き上げたのである。この非人間的な友好・敵対関係原理という謬《あやま》った考えのなかにも、もし一筋の正義の光がほのかにさしこんでいるとするならば、「真面目な場合 Ernstfall」と呼ばなければならないのは戦争ではない、平和がそれなのだ、という結論が出てこなければならないはずだ。なぜなら、この卑しむべき友好・敵対関係を超克することによって初めて人類はその尊厳の完全な承認を求める権利を得た、といえるからである。戦争はそれがもたらすもの、それに伴うもの全てとともに、つねにかわりなく遊びの魔術的な絆《きずな》にからまれているのである。

こう論じてくると、ここでもう一度、これは遊びなのかそれとも真面目なのか、というあの問題の解きほぐしがたい混乱が姿を現わしてくる。しかし、われわれがようやくにしてつかんだ確信は、文化は高貴な遊びというもののなかにその基礎があるということであり、文化が様式と尊厳を最高度にふるいうるためには、そこに遊びの内容がなければならないということであった。いったい、遊びの規則を遵守するということが、諸民族、諸国家間の交渉の場合のように不可欠なものであることはない。ひとたびそれが破られれば、社会は野蛮と混沌に陥ってしまう。しかしその反面、われわれは、戦争というものは、威信を求めて行なわれる原始的な遊びに形式と内容を与える闘技的精神へ回帰してゆくものでもある、とも考えざるをえない。

けれども、まさに現代の戦争にいたっては、遊びとのいかなる接触をも失ってしまったように見える。高度に文明化された各国家が、国際法の共同体から脱退して、恥知らずにも「約束ハ遵守ノ要ナシ Pacta non sunt servanda」と宣言している。戦争は、けっして現実に何らかの利益をもたらしたり、有用な結果を生んだりするものではない。それは、過去において世界がその眼で見てきたよりもっと大きな範囲にわたって混乱を惹き起こし、さらに驚くべき結果を生んでいる、と人々はよく知っているのである。にもかかわらず、今日の政治というものは、徹底的に戦争の用意の上に立っており、また――もしそういうものがあるとしてのことだが――極端な好戦的態度に支えられている。ここには、かつての遊びの態度の閃きを見いだすことなどとてもできない。だが、そうは言っても、そういう政策が遂行され、そういう戦争準備が行なわれる方法のなかには、われわれが古代文化の社会的基礎であるのを見てきた遠い太古の遊びの本能が依然として生きつづけている。政治はいまなお、賭け事という面を多くもっているのであり、挑発、挑戦、敵に対する脅迫、悪罵、そして冒険などはどこまでそれをあえてするにしても、政治のなかにはいつも夥《おびただ》しく存在している。そこには妄想観念、空想の捏造、イリュージョンなどの要素が潜んでいる、というだけでは十分ではない。さらに進んで、そういうものが意図的に訓練されたり喚起されたりもしている。たとえ、かつて遊びと祝祭、祭祀を結び合せていたすべてのものが、今日の戦争準備状態のなかでは失われてしまったにもせよ、戦争が自らを遊びの魔力から解き放ったことはけっしてなかった。

それでは、戦争はいかなることがあっても、やはり一つの遊びであることには変わりはないのだろうか。——攻撃を受けた側にとっても、また自らの権利と自由のための闘わねばならない側にとっても、そうなのか。——ここで、それは遊びなのかそれとも真面目なのかという問いは、最後の決断を見いだすのだ。ある行為を真面目へ高めるのを可能にするものは、その倫理的内容である。法律と倫理的規範の客観的価値を否定する者は、遊びと真面目の境界を、けっして見いだすことができないだろう。政治は競技の形で遊ばれる文化というものを根源的地盤としており、そのなかにすべての根をしっかりと下ろしている。それは友好・敵対関係には基準としての価値を認めず、また自国民の要求だけを最高の規範として認めることをしないエートスによってのみ、そこから解き放たれ、高まってゆくことができる。

われわれは少しずつ歩を進めて、ようやく結論に達した。真の文化は何らか遊びの内容をもたずには存続してゆくことができない。それは、文化がある種の自制と克己を前提とするものだからである。それは、自分ひとりの目的、意志を究極最高のものと見なしたりすることのない能力であり、要するに、文化とは自ら自発的に承認した一定の限界のなかに成り立つものなのだと理解することのできる能力である。文化は、ある意味ではいまなお、おたがいに理解しあいながら、規則にしたがって遊ばれることを欲しているのである。真の文化はつねに、どんな観点から見ても、正しいフェア・プレイを要求している。遊び破り《スポイル・スポート》は文化そのものを犯しているのである。この遊びの内容が文化を創り、文化を促す力をもつためには、純粋でなければならない。それは、理性や人間性によって、あるいは宗教によって規定された規範を隠蔽するとか、その規範に背を向けたりしてはならない。偽りの外貌であってはならない。仮面の裏に、その目的のために特別に訓練した遊びの形式によって特定の目的を実現しようとする意図を秘めたものであってはならない。真の遊びはいっさいのプロパガンダを斥ける。その目的は自らのうちにある。その精神、その気分は晴れやかな感激であって、ヒステリックな昂奮ではない。今日、あらゆる人生の分野をその手中に収めようと狙っている宣伝機関は、ヒステリックな大衆反応を狙った手段を弄《もてあそ》んでいる。それは好んで遊びの形式をとってはいるが、それをけっして遊びの精神の現代的表現と見てはならない。それは、そのまがいものなのである。

遊びの要素は不可欠であるということ

われわれの主題の取扱いにあたって、われわれはできるかぎり実証的な、異議なく認めることのできる遊びというものから話をはじめ、そうして得た遊びの概念をずっともちつづけようと努めてきた。換言すれば、われわれは遊びというものを、ごくわかりやすい、日常的な意味で受け取り、すべては遊びである、とするようなせっかちな結論にもってゆくのを避けたいと願ったのである。しかし最後に、われわれの論議の終りにあたって、いま述べたそういう思想が、ふたたび歩み寄ってきて、われわれがそれに対して何らかの立場をとるべきことを要求している。

「子供の遊びと彼が呼んだものは、人間のさまざまの思想のことであった」と、すでにヘーラクレイトスについての後期ギリシアの伝承も語っている。[*9] この考察の冒頭でわれわれはプラトーンの言葉を引用したが[*10]（I章五七～五八ページ）、それは重要なものだから、もう一度ここで、その声を響かせてみよう。

「人間のさまざまの問題は、たしかに大いなる真面目さをもってするには値しないものです。けれども、やはりそれは、何としても真面目であることが必要なものなのです。しかし、真面目といっても、それは幸福というものではありません」

それでは、この真面目なるものを、それにふさわしいことに対して適用してみよう。

「私をして言わしめるなら、真面目にすべきことは真面目にやり、真面目でなくてもよいことは、そうしないでもよいのです。ところで最高の真面目さをもって事を行なうだけの価値があるのは、ただ神に関する事柄だけなのです。これに対して、まえにも言いましたが、人間はただ神の遊びの具になるように、というので創られたのです。これこそが人間の最良の部分ですね。だから人はみな、男も女もそういうあり方にしたがって、最も美しい遊びを遊びながら、いまちょうど心に抱いているのとは反対の考えで生きてゆかなければいけません」

こうして、遊びが最も真面目なものということになれば、

「奉献の式をするときも、歌い踊るときも、遊びをしながら生きてゆくのです。そうすれば人間は神々のみ心を和げ宥《なだ》めて恩寵をうけ、敵を防ぎ、闘っては勝つことができるのですよ」

そこで、

「彼ら（人間）は多くの点からみて操り人形なのですし、真理にかかわるところは僅かなのですから、そうして初めて、自然の掟に従って生きてゆくことになりましょう」

これに対して相手が、

「友よ、君は何とも人間をひどいことにしてしまったものですね」というと、

「いや、私を赦して下さい。私は神へ眼差しを向けた。そして神に打たれてしまったのです。だから私はこんなことを言ったまでです。では、君のお望みとあれば、われわれ人間はそんなにひどいものではない、ということにしましょう。いくらかは真面目に値するものだ、としましょう」[*11]

遊びという魔圏からは、人間精神はただ至高の存在へ視線をさし向けたときにだけ、釈放されるのである。ものごとを論理的に考えぬくというだけでは、そこに達するのにとうてい不十分である。人間の思惟が精神のあらゆる宝を眺めわたし、その能力の達成した輝かしい偉業を検討してみるならば、いかなる真面目な判断の底にも、なお一抹の未決の問題点があるのを見いだすだろう。どれほど断乎とした判断の言葉にしても、彼自身の意識の奥では、これが絶対に究極的なものではありえないとわかっているのである。この判断が揺らぎはじめるその一点で、絶対の真面目さというものを信ずる感情は屈し去るのだ。「すべて空なり」という、古い諺にとりかわって、「すべて遊びなり」という、おそらくはやや肯定的な響きのする結語が、湧き上がってくる。

これは一見安っぽい比喩的表現であり、単なる精神の無力を示しているにすぎないようにも見えよう。だがこれこそ、プラトーンが人間を神々の遊びの具であると呼んだときに悟りえた知恵なのである。この思想はまた、特異なイメージとなって、旧約聖書の「箴《しん》言《げん》」のなかにもよみがえっている。[*12] そこでは、義と支配の源である知恵は万物の創造以前に、神の眼の前で神を楽しませようと遊びをし、また地上では、その楽しみを人の子らと共にしつつ遊んだ、と語られている（「我はその傍にありて創造者となり日々に欣び、恒にその前に楽しみその地にて楽しみ又世の人を喜べり」）。

遊び－真面目、この概念の永遠の転回のなかで、その精神のめくるめくのを感ずる者も、論理的なもののなかには見つけ出すことのできなかった支えを、倫理的なもののなかにふたたび見いだすのである。遊びそのものは道徳的規範の領域の外にある、とわれわれは冒頭で述べた。それ自体は善でもなければ悪でもないのである。しかしここで人が、自分の意志がこうせよと促してくるこの行為は、真面目なものとして自分に命じられた行為なのか、それとも遊びとして許されたものなのか、という決定を下さなければならなくなれば、そのとき彼の判断の基準となるのが、彼の道徳的良心である。ある行為への決意に対して、真実と正義、憐れみと寛容の感情が口をさしはさみはじめれば、もはや、これは遊びなのか真面目なのかという問題には何の意味もなくなってしまう。われわれの行動を、論理的に思考する精神が下す判断を超えたところまで高めるには、一しずくの同情ですでに十分である。道徳的意識というものは、正義と慈悲を認識することの上に基づいているのだが、そういう道徳的意識のなかでは、それがいかなるものであるにもせよ、ついに最後まで解きえない、これは遊びなのかそれとも真面目なのかという問題も、永遠の沈黙に入ってゆくのである。

（1）『朝の影のなかに』（十七版。チューリヒ・一九三〇）一四〇〜一五一ページ（堀越孝一訳〈中央公論社・一九七一〉一六〇ページ以下）。

（2）私の『中世の秋』第十七章「日常生活の思想形式」を参照。

（3）恐怖政治家ベルナール・ド・サントは、その名アドリアン・アントワーヌをピオシュフェールと改めた。すなわち彼は、共和政権の暦では、アドリアンとアントーニウスにとってかわることとなった鶴嘴《ピオシュ》と鉄《フェール》という象徴を用いたのである。

（4）『文化における遊びと真面目の境界について』二五ページ、および『朝の影のなかに』を参照されたい。

（5）『文化における遊びと真面目の境界について』。

（6）J・K・オウデンデイク『フランス、イギリスの議会弁論の文化史的比較』（ユトレヒト・一九三七）。

（7）『朝の影のなかに』一〇一ページを見よ（堀越孝一訳一二一ページ）。

（8）カール・シュミット『政治的なものの概念』（第三版、ハンブルク・一九三三。初版は一九二七）（田中浩ほか訳・未來社）。

(9)『断章』七〇〔田中美知太郎訳、筑摩版『世界文学大系』「ギリシア思想家集」三八ページ〕。
(10) I章〔五七ページ以下〕を見られたい。
(11)『法律』第七巻八〇三〜八〇四〔全国書房版(一九五二年)第十二巻三七ページ以下〕。ほかに『法律』六八五をも参照のこと。——このしばしば人からとり上げられるプラトーンの言葉は、ルターの「すべての被造物は神の仮面にして変装なり」〔エルランゲン版全集十一巻一一五ページ〕という句のなかに暗い響きを伝えている。
(12)『箴言』八、三〇、三一。

ホモ・ルーデンスの哲学

堀《ほり》米《ごめ》庸《よう》三《ぞう》
×
マリウス・B・ジャンセン

ホイジンガの魅力

堀米　まず本題に入る前に、私がホイジンガを読み始めた時のことからお話しようと思います。私は、ホイジンガをずっと以前から読んでいたわけではないんです。日本ではホイジンガの名は、私が学生だった昭和十年前後の時分から知られておりました。しかし、当時は翻訳もありませんし、私はドイツ語版を手に入れたんですが、たいてい途中までいってやめてしまった。その理由は、おそらく、当時私どもの間で支配的だった歴史に対する考え方と、ホイジンガのそれとが必ずしも両立しなかったためだったと思います。それで、私はホイジンガの名は知っておりましたけれども、深くそれを読んだというほどではなかった。戦後、私は一九五八年にアメリカに参りました。そのときに私は、ホイジンガがアメリカで意外なほど多く読まれているのを発見しました。それが歴史の専門家ならば、べつに驚くことはありませんが、大学を卒業した一般のサラリーマンなのです。私がたまたま西洋史をやっているということがわかると、途端に、自分は大学でホイジンガを読まされたが、あれくらいおもしろい歴史の本はなかったというのです。そこで私も、ホイジンガを読まなければ、アメリカの人と話ができないと思い、アンカーのペーパー・バックス版の『中世の秋』を買って読んだんです。あの英訳はホイジンガ自身が監修して出したそうですね。文章もわかりやすいし、ドイツ語版よりもはるかに読みやすい。これが、私のホイジンガ読書の第一歩なのです。

ジャンセン　私の場合は、大学の二年で「ルネサンスと宗教改革」のコースをとっていたとき『中世の秋』を読んだのが、ホイジンガに接した最初でした。私は、中世という時期の人びとの生活の姿を生き生きと描写しているのに、非常に強い印象を与えられたのを、いまでもおぼえています。この本は、歴史学的なアプローチによる説明のしかたの手本として、ブルクハルトの『イタリア・ルネサンスの文化』とともに利用されてきました。ホイジンガ自身は、『中世の秋』を、当時の新しい要素に対するブルクハルトの過大な評価に対する一つの修正だと考えていて、中世末という時期を、ある意味で中世の絶頂期とも見ることができると考えていました。その意味では、この本の標題としては、英語版の"Waning"（衰退）よりも、日本語版の〝秋〟や独語版の"Herbst"（収穫期）のほうが、ずっとホイジンガのオランダ話のタイトルに忠実だといえましょうね。それから数年後、ハーバードのあるゼミナールで、彼に関するエッセイを書くために彼の著述の多くを読みました。そのころから私は日本史研究に専念しはじめました。ホイジンガの『エラスムス』を読んで、慶長のころ日本に来た最初のオランダ船リーフデ号の船尾に、貨狄《かてき》尊者、つまりエラスムス像があって、栃木県佐野の竜江院に保管されていたことを知ったとき、とても嬉しかったのをおぼえております。

堀米　私は、ホイジンガの『中世の秋』をアメリカで初めて通読して、なかでも印象に残りましたことの一つは、普通のドキュメント（証書）を一等史料にして研究してゆく方法に対して、ホイジンガが批判をおこなっている点です。そういう証書類や彫刻、絵画といった造形美術など、いわば遺物的史料として取り扱えるものをほんとうに理解するためには、当時の人間の精神の形式をよく知らなければならない。それは、叙述史料によってしかとらえられないということで、証書第一主義の方法を批判した。たとえばこのような証書偏重、叙述史料の軽視ということの結果として、どんなに過去の精神を無視した理解が多かったかということを例をあげて説明しておりますね。ジョン・ボールに帰せられる「アダムが耕し、エバがつむいでいたとき、どこにジェントルマン（領主）がいたか」という有名な言葉なども、実は、当時の貴族社会の常套句であった、という指摘など、多くの例の一つにすぎないと思います。これにはびっくりしました。もっと叙述史料を読まなければならぬということ、これはそのときに初めて痛切に教えられたように思います。それにしても、アメリカの一般の人びとの間では、ホイジンガは非常に親しまれているようですね。

ジャンセン　アメリカでは、ホイジンガはいろいろな理由でポピュラーになっています。第一には、彼の文体の美しさです。彼の著書はどれもよく構成されていて、翻訳されても消えることのない鮮明な言葉で書かれています。彼は第一級の文筆職人だったといえましょう。第二に、彼が、自分の生きている時代の非合理的な、過渡的な、また非進歩的な面に執着することです。つまり、その時代は、西欧における二十世紀の政治の、狂気じみた非合理的な無秩序性によって傷つけられた時代だったのです。だから彼は、人間生活のさまざまな光景を、その信仰も絶望もとり混ぜた曖昧さをも含めて、より広く焦点をあてるのです。このような傾向は、彼の生きた時代の政治に対する扱い方にも現われていて、その時代の全体主義的、大衆社会的な状況の中に、現代性をではなく、非合理性を見出したのです。しかし、それでも、ホイジンガやブルクハルトは、今日の歴史学者によく見られる社会科学への傾倒のしすぎ、とくにマルクスやウェーバーとの結びつきといった傾向からは遠いところに立っていたという感じを私は持っております。このような傾向は、アメリカの歴史学書にたしかに見られるのですが、日本においてもそうなのでしょうか。

堀米　そうですね。まず戦前では、日本の文化史家の層はきわめてうすかったのではないかと思います。多かったのは、やはりランケの系統をひいた政治史中心の研究だった。ランケから始まる正統派のほかでは、社会経済史の研究が次第に盛んになってきた。それにはドイツのブレンターノやゾンバルトの系統をひいたものと、もう一つはマルクスの系統をひいたものとの二つがありまして、どちらかといえば、マルクスの系統をひいた研究が西洋史家の間には多かった。戦争中もその傾向は変わらなかった。いってみれば、戦争中の軍国主義に対する一つの抵抗として、マルクスを根底にして西洋史の勉強をする人が多かったと思います。そこで、ホイジンガに対しては、一種の学問の遊びのようなものだ、趣味としてならばホイジンガもよかろうが、現在のわれわれにとっては、あまりにもなまぬるいという気持で接する人が多かったように思いますね。歴史の動力といいますか、そういうものをホイジンガはつかんでいないという批判もありまして、そのために私なども深くホイジンガになじめなかったのだという感じがいたします。

ジャンセン アメリカでは、ホイジンガが非常によく知られ、広く読まれているにもかかわらず、彼はほとんど後継者を持っておりません。彼は学派というものを築かなかったし、ひとがとり入れるような一つの方法論を発展させることもなかった。堀米さんは、このことが、彼の方法や難解さに反映しているとお思いになりますか。それとも、そのことは、彼がオランダ語というあまり知られない言語で書かれたということにも原因があるのでしょうかね。

堀米 おっしゃるように、ホイジンガは後継者も学派もつくらなかった。その理由として、彼がきわめて個性的な歴史家であり、かつまたオランダ語という特殊な言葉で書いたということもあるでしょう。しかし同時に注意する必要があるのは、彼のもつ個性的な一面だけがバランスを失して強調されてきたという点も見逃せないと思います。彼の過ぎさった歴史や文化に対する連想、あるいは感情移入の能力はエクストラオーディナリのものです。

そういう彼の非合理的な才能が一面的に強調されることが多かったものですから、ホイジンガ自身の歴史研究上の方法のもつ重要性が強調されることが少なかった。これは日本ばかりでなく、ヨーロッパ、アメリカでも同じじゃないかと思います。

政治への道徳的な恥ずかしさ

ジャンセン　『中世の秋』でホイジンガが用いたアプローチの仕方や文化史への美術や文学の適用について考えるとき、彼の文化史に関する一連の講演において述べられた思考方法を私は思い出します。彼によれば、各時代はそれぞれ固有の一つの型《スタイル》を持っている。多様な発展の仕方の中にもなにか同時代性か相互関連性が見られる。もちろん変化は、どこにおいても一様に起こるというわけではないけれども、もし変化が同時に来た場合、それらは相互に関連づけられる。彼は、それを説明するのに、波の例をよく使うのですが、つまり、波は海岸に沿ったちがった地点で別々に砕けるが、それらはそれぞれ同じ潮流の一部分にほかならないというわけです。私には、『中世の秋』こそ物の相互関連づけのそのような可能性を十分にさし示しているように思われるのです。私はよく思うのですが、このような方法は、平安末期を考える上で非常に重要なポイントになるんではないでしょうか。すでに意味が失われた古い形態《フォーム》の維持以前のパターンの形式化、儀礼化、そして文学や美術がますます装飾化したことなどが、平安末期にもうまく照合するように思うのです。

堀米　まったく同感ですね。しかし、それは平安朝ばかりでなく、いたるところに多かれ少なかれ適用できる方法ではないでしょうか。

ジャンセン　ホイジンガが強調するもう一つのことは、歴史家は、自分が書こうとする史実を、あたかもその時代と同時代人としての眼でこれを受けとって指し示さなければならないということですね。あまりに理論的、因果律的な説明はすぐれた歴史学を生みださない。歴史学における結論は、ちょうど交響曲の終結の和音のようなもので、高く鳴り響くだけで、重要な役をなさない。歴史学は、結論ではなくてプロセスである、ということをいっていますね。よく日本人の歴史学者で「結論は何ですか？」と、まるで答えから出発しなければならないとでもいうふうに聞きたがる人がおりますけれども、そんな人たちは、このような態度とまったく隔っているといえるでしょう。しかし、一方では、たとえばジャン・ロメインのような批評家たちが、ホイジンガは、美術、文学、思想などを幅広く考慮に入れるけれども、社会組織や経済的分析や政治的動因などにはほとんど触れないといって非難するのは正しいと私は思います。このような批判に対して堀米さんはどう思いますか？

堀米　私はほぼ同感です。けっきょくホイジンガは自分自身で『わが歴史への道』の中で政治を軽んじ、新聞を少しも読まずに過ごした青年時を非常に残念に思うといっておりますが、ホイジンガは、そのことについては晩年になって思いいたった。そういう新しいものの考え方、それを生かしたホイジンガの研究は、ついに世の中に出なかったという意味では、たしかにそういえるのではないかと思います。

ジャンセン　『ホモ・ルーデンス』の場合も、人類学方面の考え方が非常に大切なものになるはずなのですが、ホイジンガはほとんど専門家の理論や方法を引用していない。だから、当時の紹介書で、この本は、「ホイジンガ・ルーデンス」だろうという批判もありました（笑）。

堀米　たしかに彼が、政治が歴史の上でもっている役割を軽視してしまったのは、大きな間違いだと思いますが、それにもかかわらず、ホイジンガは、歴史上の人間を、ある独特の正確さをもってとらえることができたということも、やはり間違いのないことではないかと思います。

ジャンセン　私もそう思いますね。それは、一つには、中世の政治というものは、多くの人びとの生活に、比較的に表面的な形でしかかかわってこないということにもよると思います。もしホイジンガが、現代世界を考察する際に、同じように政治的な契機を省略した方法で試みるとしたら、この欠陥はもっとずっとはっきりしたものになったでしょうね。今日では、政治組織や企業組織が、私たちの生活のすみずみにまで影響力を持ってきておりますからね。

堀米　それは重要なご指摘ですね。

ジャンセン　彼の現実政治に対する立場は、非常に論理的で、道徳的判断がはっきりしていますね。ナチスにはもちろん反対でしたが、それは学問的立場からもありましょうが、人間的な態度からでもあったでしょうね。彼は、どこかで、マルクス主義が人間の生活や価値を、物質的影響から定めるのは恥ずかしいといっていますね。恥ずかしいという言葉は、この場合、おもしろいと思いますね。

堀米　それを精神がけがされるというふうに理解するのは彼の道徳的な感覚でしょうね。他方ではしかし、自由な決断とひとの考えることも、実は、著しく限定されたものだといった意味のことを『明日の影の下で』ではっきり認めてもおりますね。

ジャンセン　ホイジンガのはっきりした個人主義、学派やグループを拒否する態度、彼の宗教的道徳的な信念などのすべてが、彼の生きた時代の現代全体主義——ドイツのであれ、ロシアのであれ——に対する疑惑や恐怖の念につながっているのですね。

文化史こそ歴史である

堀米　ところで、ホイジンガの場合、いちばん大切なことは、彼が、歴史は文化史で、文化史こそ歴史であるという確信を強くもっていたことだと思います。すべての専門的な科学というものは、その取り扱う対象なり、取り扱い方の意味なりを、けっきょく文化史から教えられなければならない。あらゆる専門的な研究は、けっきょく文化史に還るという非常に強い自信をもっておりますね。

ジャンセン　いま堀米さんがホイジンガの文化史の概念についておっしゃったことは、一般的に日本でやられている文化史についても同じなのでしょうか。

堀米　ちがいますね。ホイジンガが、文化史こそが歴史なんだという場合、その根本にあるのは、歴史の研究で大切なのは、それぞれの時代の人間の精神の形式を明らかにすることだという考えですね。これなしにはあらゆる歴史の局面の理解は遂げられないだろうという意味で、いわゆる狭い文化の領域だけに問題を限っているのではなくて、歴史の全局面について精神の形式から理解を遂げようとしている。日本の文化史は広く生活一般を考えるといいながら、しかしやはり狭い意味での領域に研究が偏っている。これが日本の文化史研究の欠陥ではないかと私は思います。そういう意味で、ホイジンガに対するほんとうの理解は、むしろこれからではないかと思います。

ジャンセン　ホイジンガぐらいの文化史をやるのは非常にむずかしいですね。あんなに幅の広い歴史家はほとんどいないでしょう。ホイジンガが、歴史学上の結論はそれほど重要でないといっているにもかかわらず、彼の方法論を適用しようとする歴史家は、自分が扱おうとする時代に関する全体的な、一貫した見通しが必要になってくると思います。

堀米　ただホイジンガの方法は、彼だけのものではなく、生かして使えるものだと思います。ホイジンガは学派をつくらなかったし、後継者もなかったということが、あるいは称讃の言葉として、あるいは批判の言葉として、使われているように思いますが、私は彼の用いた方法は、一般的な意味をもち得るものだと考えております。私がそういいますのは、いまいった彼の文化史の概念から出発して、もっと具体的には『中世の秋』のなかで明らかにしている方法についてなのです。『中世の秋』第二章「より美しい生活への願い」のなかですが、いつの世にも、より美しい生活を求めようとする三つの道があった。一つの道は、真直ぐにこの世から外に伸びている現世否定の道ということですね。第二は、現世の改革の道である。それは本格的には、十八世紀になってしか現われなかった。第三の道は、夢の道である。これはいつまで歩んでも、目標とは同じくらいの距離をへだてている。中世の文化を理解するためには、三つの道がいずれも必要だが、なかんずく第三の道が必要だといっていますね。そして夢の道とは何かということを解説して、これは単に文化だけの問題ではなくて、より広い問題を理解するための道である。夢とは、いってみれば、夢みられた理想であって、その夢をこの世に実現しようということのためには、一つのプログラム、そのプログラムを遂行してゆくためのルールが必要である。この夢の道には、同時にまた遊びの道、ホモ・ルーデンスの道がふくまれている。この第三の道こそ、ホイジンガにとって、中世の文化を理解する方法であったと同時に、彼の歴史分析のための最も重要な方法だったと私は思います。

ジャンセン　そうだと思います。あなたがそうおっしゃるとき、〝イメージ〟とか、〝心構え《アティテュード》〟とか〝理想型《アイデアル・タイプ》〟などといったアップ・トゥ・デイトな用語法の多くが、ホイジンガの仕事を超えたところまで進んでいないということがはっきりしますね。ホイジンガがもしフロイトやウェーバーを読んでいたとしても、彼はこの三つの道の考え方を変える必要は感じなかっただろうと私は思います。

〝遊び〟の精神とイデオロギー的思考

堀米　第三の道を解説した場所は、『中世の秋』の方法を説いているところですが、それは『ホモ・ルーデンス』にいたるまでのホイジンガの研究法がすべて包含されている大事な場所だと思います。夢であると同時に、そこに遊びの概念が構成的に入っているということですね。彼によれば、遊びとは、われわれの文化生活の根本にあるものだ。その文化生活とは、きわめて広く理解されたもので、われわれの生活そのものが一つの文化であり、同時にまたそれは遊戯であると考えられている。このことを説明しますのに、私はよくこんな例を使うんです。一人のマルクス主義者がいる。彼はいうまでもなく無神論者であり、神も仏も信じていない。しかし彼がある人の葬式に行ったと仮定する。その場合彼は、ほかの人がやるのと同じような仕方でお線香をあげて、手を合わせて頭を下げる。彼にとってそうすることは、いったいどういう意味があるのか。もちろん、そういう仕草そのものは、なんらの意味をもっていない。しかし彼はその場合、周りの人たちの気持や、葬式の雰囲気をこわそうとは思っていない。その限りで彼はルールに従った遊びに参加しているわけです。これは、なにも葬式とマルクス主義者との関係ばかりでなく、私どもの生活のいたるところにある。私どもはいつも、何らか、ある一つのルールに従って生活をしている。このルールは一つの仮構であって、現実ではない。しかしそれなしには現実生活は行なわれえない何ものかである。それが一つの仮構であるという点で、それは遊びにほかなりませんが、こういった遊びのルールは、広く解釈すれば、われわれの社会生活のすみずみまで行きわたっているもので、それなしにはそもそも、社会生活は成立しないんですね。そこに、遊び、やがては夢を分析することの重要性が出てくる。

ジャンセン　そうですね。いろいろの生活の形が、ルールに従わなければならないことになっているけれども、それはマルクス主義の歴史家の場合もそうではないでしょうか。というのは、マルクス主義者が何か説明する場合、マルクス、エンゲルス、レーニン、スターリンの文章をあとの事実とあまり関連がなくても、引用するでしょう。いまいわれたお線香のようなものではないですか（笑）。

堀米　そういうルールに従うことが、われわれの社会生活に欠くことができないということは、いってみればごくあたりまえのことで、なにもホイジンガにまつまでもないことでしょう。しかしホイジンガの場合には、それは独特の意味を含んでいると思うんです。私どもがいわば夢として、あるいは遊びとして理解しているものが、実生活の最も真剣な、最もまじめな生活の中にも存在しているのだということですね。そこにリアルな、具体的な生活と同時に、その当時の文化一般を理解するための方法がある。

ジャンセン　問題になるのは、古代の人間の生活をみると、全社会生活がそれとして一つの統一をもっており、矛盾が少なかったような簡単な生活をしている。たとえば、お祭りにだれでも参加するでしょう。つまり、そこでは生活の中にユニファイされた遊びが見られます。しかし、だんだん近代社会、現代社会になってくるにつれて、そのようにユニファイされた遊びがなくなってきて、どんどん分化されてくる。そういう見地から彼は、自分の時代の社会組織を非難しているわけですね。

堀米　たしかにジャンセンさんがおっしゃったように、古い、あるいはプリミティブの時代の生活では、ユニファイされていたお祭りと人間の生活がだんだん分化してくるという傾向は、進んでゆくだけであって、また一緒になることはないでしょう。しかし一方、昔の人の場合でも、やはり祭りは祭り、実生活は実生活だったので、その意識もやはりある程度はもっていたと思います。ちょうど遊びに夢中になっている子どもにもそれがあるように。遊びと実生活との間に一つの緊張関係が存在していたのであって、これがなくては、そもそも文化は発展しないのだ、とホイジンガは考えていたと思います。第二には、現在の生活は、一面では遊びと実生活とが完全に分離してしまっている。しかし実生活そのものにも、ホイジンガのいう、広い意味での遊びの要素はやはり存在している。ということは、遊びのなかにある一つの夢ですね。夢とは、夢みられた理想に通ずるわけで、なにがしかの理想、夢というものが、実生活そのもののなかにもたえず介入してきている。それからまた遊びにはルールというものが必要ですから、自分自身の考え方だけではものごとはすまされないということを感じとる能力を前提にしてだけ、遊びは成立するものだということです。自制することのできる能力というふうに『ホモ・ルーデンス』のなかでもいわれておりますね。この自制力を前提として、社会生活のルールはできている。これがまた文化というものだということでしょう。

ジャンセン　しかし、それに対してもいろいろなファンクションがありまして、現代生活のなかにおいても、遊びのフォームが、実際の生活から分れていない面があると思います。たとえば、選挙制度の問題にしても、会社、大学のなかにおける諸行動にもそれはみられるでしょう。祭りみたいなものとはいえないまでも、遊びのファンクションはある。たとえば、大学内での諸行事を考えてみますと、入学式、卒業式、学位授与式や教授会、そしてとくにホイジンガのオランダでの大学総長の任命式などの形態には、〝遊び〟でもなければ〝実生活〟でもない儀式に、厳粛に多くの知的な人びとが参加しているのが見られます。その意味では、大学というところは、おそらく現代生活の他の多くの分野よりももっと〝遊び〟に富んでいるといえるでしょうね。日本では、堀米さんの教えておられる学生たちは、別のかたちでの、いわば政治的な〝遊び〟をもっていますね。それにしても、アメリカの政治集会から紅衛兵たちの北京行進にいたるまで、現代政治のなかには、ホイジンガのいうような〝遊び〟がずいぶんたくさん見られますね。

堀米　まさにそうなんです。さきに私が極端な例をあげましたが、お葬式にゆく無神論者が、ほかの人と同じように、あたかもそこに亡くなった人がいるかのごとく振舞うわけですが、ホイジンガのいう〝遊び〟の意味は、そのことのなかによく示されていると思う。それはまた、現代の生活のいろいろなところにあるわけで、すべては形式で内容はない。したがって不必要なものだと考えるならば、私どもの社会生活は成り立たなくなるというところに、ホモ・ルーデンスの哲学の意味するところがあると思います。

ジャンセン　そうですね。そこがホイジンガのいいたかったことなのでしょうね。ただ、彼は、ものごとを過度に単純化しているということはたしかなことであって、おそらくそれは、現代世界のスケールの大きさや非人格性に対する彼の不信が一つの原因になっていましょうね。

堀米　われわれがこれは意味のない形式だとして批判するにしても、それならすべて実質だけで生活できるかというと、おそらくそれは不可能でしょう。いや人びとはそう気がつくにちがいないと思います。それを歴史の発展とその論理をとおして気がつかせたのは、ホイジンガの『ホモ・ルーデンス』の貢献だと私は思います。

しかし、ホイジンガが、ホモ・ルーデンスの哲学を通じて貢献したもう一つの点があると、私は思うんです。遊びとまじめは一応は対立する概念ですが、しかし本気に遊ぶことも事実で、その対立は絶対的なものではないにもかかわらず、遊びとまじめの間には、どうしても和解できない一点がある。それは、ドイツ語でいう〝まじめ〟、つまり〝ernst〟という言葉の中にある、むきになる状態だと思います。むきになるということは、遊びの精神とはどうしても相容れることはできない。それは遊びをダメにしてしまうばかりか、ひいては文化を破壊する精神状況ではないでしょうか。一例としてホイジンガは、人文主義者と、宗教改革者との対立をあげています。エラスムスのようなヒューマニストは、カルヴィンやルターらのなかにひそむファナティシズムにがまんができなかった。このファナティシズムが、まさに私のいうむきになる精神だと思います。このような精神は、宗教がもはや十五、六世紀のように重大な問題ではなくなった現代社会においては、イデオロギーのなかにあらわれているのではないでしょうか。もしイデオロギーが最後的に文化を不毛にしてしまうものだといわれるとするならば、それはイデオロギー的思考のなかにあるむきになる精神だと私は理解するのです。

ジャンセン　ホイジンガは、行動や信念の中における〝遊び〟の要素の重要性を強調することによって、彼は、自分が一人の文明人《シビライズド・マン》であることを示しましたね。遊びの要素がなくては、社会の中での忍耐と寛容の精神の発揮が不可能になってきますからね。このことは日本においても大切なことだと思います。というのは、日本では、行動者の〝まじめさ〟が、その行動の結果よりもしばしば重視されますからね。

（「中央公論」一九六七年九月号）

＊堀米庸三《ほりごめようぞう》…一九一三年二月、山形県に生まれる。東京帝国大学西洋史学科卒業。北海道大学文学部教授等を経て、五六年から東京大学文学部教授。七三年退官、東京大学名誉教授。七五年十二月死去。主な著書に『中世国家の構造』（一九四九年）、『西洋中世世界の崩壊』（一九五八年）、『中世の光と影』（一九六七年）などど。

＊マリウス・B・ジャンセン…一九二二年、オランダ生まれ。太平洋戦争中に日本語強化訓練を受け、戦後アメリカの日本研究の中核を担った。プリンストン大学歴史学科教授。一九九一年、日本学士院客員会員、九九年、文化功労者となる。二〇〇〇年十二月死去。著書に『坂本龍馬と明治維新』（一九六一年）がある。

解説

＊

二十世紀の数多の史家のなかでも、ホイジンガは、そのユニークな文化史観と博大な視野とによって卓越した存在である。社会科学としていちじるしい展開をとげた近代から現代へかけての歴史研究は理論先行型となることが多かったが、そのなかで、歴史を美と夢をまさぐる人間の場と見なし、歴史をありありとイメージ化してとらえたホイジンガは、文化史家としてもまさに異色の存在であった。『ホモ・ルーデンス』はそういう彼の学問の結晶といっても言い過ぎではない。

ヨハン・ホイジンガ Johan Huizinga（ホイジンハあるいはヘイジンハと表記した方が原音により近いとも思われるが、いまは慣用に従う）は、一八七二年十二月七日、オランダ北部の商業都市フローニンヘンに生まれた。フローニンヘン大学生理学教授デルク・ホイジンガの次男である。祖先は、十六世紀以後その地でほとんど代々、再洗礼派の牧師をつづけてきた古い家柄だが、その血にはフリジア、南ネーデルランド系のほか、スイス人の要素も混入したことがあるという。父のデルクは初め家のしきたりに従って神学を修めたのち医学に転じた学者で、自然科学研究のかたわら、歴史や文学にも造詣が深かった。ヨハンは、父のこの一面をうけたものの、自然科学にはまったく興味を示さない夢想家として少年時代を過ごした。しかし歴史への嗜好はいち早く表面にあらわれる。それは紋章学への興味、古銭蒐集熱など、子供っぽい趣味にすぎなかったが、それでもこの形象性への愛には後年の大文化史家を偲ばせるものがある。とはいえギムナジウム時代のヨハンは、むしろ語学の天才であった。このころすでに、彼は、ヨーロッパ諸国語、古典語はもとより、ヘブライ語、アラビア語にまで手を染めていた。「グリムの法則」といわれるゲルマン語の音韻推移現象を知ったときの感動が言語学研究の決心をかためさせたと、自伝『わが歴史への道』*Mijn weg tot de historie*（一九四三年執筆、没後一九四七年刊）において回想している。

一八九一年、フローニンヘン大学に入り、ネーデルランド人文学科（オランダ語学、文学、歴史の総合学）を専攻したものの、彼の志は変わらなかった。一八九五～六年の冬学期には、当時新興の学問で人気の高かった比較言語学にひかれて、「青年文法学派《ユンググラマティカー》」の牙城ライプツィヒに遊学した。ブルークマン、ヴィンディシュ、なかでもレスキーンからは多くを吸収した。

大学生活において、言語学が彼の全精神を占めていたわけではない。内面的生活を尊重する芸術青年として、彼は世紀末のデカダンスにも親しんだ。自伝には、レミー・ド・グールモン、ピエール・ルイス、エドガー・アラン・ポー、R・L・スティーヴンソンなどの名が記されている。それでも、シェークスピアや、ゲーテ、シラーのドイツ古典派を忘れることはなかった。仲間と語らってクラブ活動にも熱中し、講演会や美術展をたびたび催した。当時のフローニンヘンにとって、彼らの催したゴッホ展は一事件でさえあった。またライプツィヒ時代には、トマス教会の土曜ごとのモテットを欠かさなかったし、「トリスタン」以外ヴァーグナーは全部聴いたほどだった。自伝には、次のように学生時代を回顧している叙述が見られる。

「あのころを回顧して、私自身いぶかしく思われるのは、当時の私には認識論的・哲学的関心がまったく欠如していたばかりか、自然科学への感覚もまるでなかったのに、その反面でヘッケルやビュヒナーに心をみたされたり、ローレンツやマクスウェルに没頭したりしている友人を何人ももっていたということである……これは精神の遺伝的半盲とでも呼ぶべきだろうか？　自然認識に対する無関心は、私の子供のころから、自然の印象に対する並みはずれて強い感受性と手をたずさえていた。それは早くも思春期以前に、抒情的・感情的恍惚の形をとっていたが、しかし私は言葉のなかにその表現を求めるということは、けっしてしたことがなかった。」

あるいは次の記述も彼自身をよく語ったものであろう。

「私は二十歳台の終わりまでは手のつけられない幻想家であり、いつも変わりなく白日に夢みる男だった。午後など、友人の医学生に実習のあるとき、夕方また彼らと会うまで私はよくひとりで外の街へ、いずこともなくさまよい出たものだ。そういう散歩のおりおり、私はきまって軽度の恍惚《トランス》の状態におちた。いまそれを思いかえしても、それをどう名づけたらよいか、これはむずかしい。いわんや、その精神状態を記述することなど、とてもできない。私のしていたことは、そもそも思考というようなものではない。少なくとも特定の事物について思いをこらしていたのではなかった。私の精神は、少しばかり日常生活の限界の上に超えて漂い、灝気《こうき》的なものを享受するという風だった。それは結局、自然に対する感激の気持に一番近いものだったが、それも味気ない日常の前では、たちまち消し飛んでいった。」

淡々とした表現のなかに印象的な言葉が語られているが、このやや風変りな魂をもつ大学生は一八九七年五月、サンスクリットの研究をみのらせた古代インドの演劇論を卒業論文に提出して、大学を卒《お》えた。

大学卒業後、ホイジンガはさして積極的な理由はなかったが、ハーレムの実科高等学校の歴史教師となり、一九〇五年まで勤めた。真面目な研究を怠らぬ教師として精勤したが、本質的によき教師にはなれなかったと彼は自認している。一九〇三年、アムステルダム大学私講師を兼ね、専門の古代インド文学史を担当した。しかしこの新しい出発のころ、彼は言語学者たることにあきたりなくなっていた。狭義における歴史学が彼に接近してきたのである。『アタルヴァ・ヴェーダ』や仏教典籍を講じながら、彼はかえって東洋の古典に違和感をおぼえる。かわって近づいてきたヨーロッパ中世の世界も、まだ漠としたファンタジー、憧れめいたものだったが、オリエントからヨーロッパ中世への舞台転換は研究と生活の両面で多くの困難を伴っていた。しかし、言語学から歴史学への転回はもはや決定的になった。フローニンヘン大学の旧師で歴史学者のP・J・ブロックの支持で、ホイジンガは最初の歴史論文に没頭する。一九〇五年初頭に成った『ハーレム市の起源について』がそれである。一九〇五年八月、ブロック教授はさらに反対を押し切って、彼をフローニンヘン大学の歴史学教授に招いた。彼は後にこの言語学から歴史学への転回をみずから死の跳躍 Salto mortale と呼んだほどだが、本質的にはホイジンガその人が変わったわけではない。これは学問と人生のうえでの敢行ではあったが、彼の精神にとっては、思うに、自然な成熟だったのである。

一九一五年、有名なライデン大学に移り、一九四〇年、ナチス・ドイツによる同大学閉鎖にいたるまでの通算三十五年間、彼は大学人《アカデミカー》として研鑽を重ね、研究も次々と発表された。『フローニンヘン大学史』（一九一四）、『中世の秋』（一九一九）、『エラスムス』（一九二四）、『ヤン・フェートの生涯と作品』（一九二七）、『文化における遊戯と真面目の境界』（一九三三）、『十七世紀ネーデルランド文化』（同）、『朝の影のなかに』（一九三五）などがそれである。つづいて一九三八年、公けにされたのが大著『ホモ・ルーデンス』で、これは彼の文化史研究のなかから自ずと生まれた一結論であった。ほかに多くの小論文、評論が随時執筆された。それは歴史理論、方法論、文化史上の専門的テーマ（これは中世人、ルネサンス人からロマン派を経てバーナード・ショウにいたるまで、あるいは政治理念、社会問題から芸術論、生活様式までと、広範にわたっている）から、さらに祖国オランダと現代文明に対する時事的エセー、アンリ・ピレンヌなど同時代人の回想記などである。しかし歴史家としてのホイジンガの名を高からしめたのは、何といっても『中世の秋』で、各国語に翻訳され、彼の名はまず『中世の秋』の著者として記憶された。

彼の学外での活躍もめざましかった。国内では一九一六年から三二年まで、有力な文化雑誌『デ・ジッド』の編集長だったし、オランダ王立学士院では十四年間、歴史・文学部門の議長の職にあった。一方、その信望は彼を国際活動へ引き出さずにはおかなかった。当時組織されていた「国際関係大学委員会 Commission interuniversitaire pour les relations internationales」でも、彼は議長であった。クルト・ケスターはいう、「国際的活動のためには、彼に好都合な条件があった。普遍的精神が、彼にあっては人並みはずれた語学力と結びついたのである。オランダ人はヨーロッパ人となった……生を脅かすナショナリズムの熱病のカーヴが上昇するのに直面して、彼には平和と国際的理解のための仕事がいよいよ重要、切実なものになった。そこに、彼は学問の最も高貴な義務の一つを見

ていたのである。」（*Geschichte und Kultur*, Einleitung XIII）

この国際的活動に参加したホイジンガの精神と学問のみごとな一致を示す例証として、一九三三年十二月、ジュリアン・バンダ宛ての公開書簡を読むことができる。当時のヨーロッパの知性の間に大きな課題の一つとなっていたのは、ヨーロッパ共同体の提唱である。それを実現するためには、各国の国民性はどの程度まで稀釈されたり、消去されたりしなければならないだろうか、というのが論議の中心であった。戦闘的主知主義者バンダがその著『聖職者の背任』で、感性を貶《おとし》め、国民性を否定して、明晰《クラルテ》の宗教を持ち出すのに対して、ホイジンガは民族的多様性と彼らの相互理解の泉としての感受性というものに荷担し、それを弁護している。以下にそれを部分的に紹介してみよう。

「私は、ロマン的精神がもたらしたあらゆる害悪、荒廃を知っています。私はそれが現在の民族ファナティズムのなかに、暴威を振っているのを見ます。……しかし、フランス人が――数百年にわたって他に与えるという役割をつづけてきた後で――こんどは彼らのほうから、深くゲルマンの民族精神のなかに滲透してゆくことができたというのは、じつにロマン主義のおかげなのだということを、われわれは忘れてはいけません。諸民族が心の片隅に、おたがいについてのかなり深い認識をもち、相互にいささかの愛を抱いていることも、感受性のはたらきなのです。シューベルトの歌曲《リート》（バッハやモーツァルトは、地上的差異を超えたところにいます）ほど、われわれをドイツから遠ざけるもの（ナチス）の存在をすっかり忘れさせてくれるものはないし、トルストイやドストエフスキイよりも、われわれにロシア魂を感得させてくれるものもありません。ロマン主義はたとえゲルマン起源のものであるとはいえ、結局は、やはりヨーロッパ的なものです。あなたはわれわれに光を促しておられる。しかし、われわれにはいささかの薄明もまた必要なのです」(*Geschichte und Kultur*, S. 365)

「小国の国民が幾つもの言語を学習させられることは、また彼らにとって幸福なことです。外国文学を原典で読み、それを内的に消化することによって、彼らのなかには理解と情愛から、平和のみのりとなるであろうかの精神的なもろもろの力が成長してくるのです。大国民の場合、教養ある人たちはお望みとあれば四つも五つも外国語をものにできるのに、なぜそれをしないのか、私には分りません。現代諸言語はいずれもラテン語という幸多き泉から汲まれていて、語彙《ごい》において多少なりともたがいに似かよっているばかりか、文章法や表現方法その他の点でもそれは同じです。それにもかかわらず、このようにして国際化されたものは、単に思考の殻にすぎません。実用言語、実利形態なのです。そこには生命の液は環流していません。このことは、外国語で書かなければならないときに、だれしも経験するものです。心に浮かんでくるのはただ、感情のしめりのない、乾いた単語であり、魅力と色彩のない国際的表現です。私はあなたの理性の擁護を大いに讃える者ではありますが――それは当然そうあるべきことでした――しかし、まさにこの理性のために、私はわれわれの待望している一つのヨーロッパにおける用語の多元性というものを弁護いたします。

われわれ共同の課題は、それが知的な種類のものであるかぎり、真理のうちでわれわれの手のとどくような部分を、他にくらべてきわめて適切な形で再現しているさまざまの象徴を見つけることである――いや、あなたがお望みならば――その種々の比喩、イメージを見いだすことである、と私は考えますが、この意見にあなたは同意されるでしょうか。ところが、われわれがこの課題のために持ち出すすべてのものの見かたは、言語の単一性という特殊な本質の刻印をあまりにも深く押しつけられているのです。それはこの言語の単一性なるもののなかで公式化されています。思想に国民性がなければ、表現方法だって同じことです。問題をヨーロッパより広い範囲に広げれば、あなたも是認されましょう。古代インドはわれわれのそれとは根本的に異なった基本概念（たとえば、真善美のそれとはまったく別個の系統づけによるもろもろのカテゴリー）を発展させたという事実を思いだして下さい。……」(ibid. S. 370-371)

ホイジンガは旅行家ではなかったが、一九二六年のアメリカ訪問は一巻の文明評論的日記を生み、三〇～三一年のオランダ領インドネシア旅行は大学設立という業績を残した。やがてこの自由な精神の上にも、第二次大戦の災禍が否応なくふりかかりはじめる。ナチスのライデン大学閉鎖の強制に最も強く抵抗したのが彼だったといわれる。「危険人物」

になったホイジンガは、ヘステル強制収容所に入れられる。もう七十歳に近く、だれの目にもはっきり衰えが見えた碩学が、陰惨な収容所のなかで静かに、しかも確固として精神の自由を語り、人々を感動させたというエピソードも伝わっている。病気のため収容所を釈放されたもののライデンに帰ることは許されず、彼はヘルデルランドのデ・ステーグに隠棲した。自伝『わが歴史への道』はこのとき書かれたものである（一九四三年末）。だがホイジンガは、平和回復の日をその目で見ることはできなかった。大戦終了を間近にひかえながら、一九四五年二月一日死去した。

*

この解説の冒頭でも述べたように、ホイジンガの方法はかなり特異であった。オランダ本国では早くホイジンガ全集（九巻）が刊行され、またヨーロッパ、とくにドイツ語文化圏ではホイジンガについての研究もかなり行なわれていたのに、わが国での紹介がやや遅れたのはそのためであろう。とにかく本書がその明証であるが、彼の学問は歴史から出発して歴史を超え、人類学、神話学、宗教学、文学などの協働がはじめて解明しうるような世界へ向かっている。それは広い意味での今日の学際（インターディシプリナリ）研究の先駆とも言えるが、それをふかく理解するためにも、ここでまず『中世の秋』その他を手がかりにして、ホイジンガの歴史認識の特質について考えてみる必要がある。

一言で要約すると、歴史家としてのホイジンガは二十世紀におけるヤーコプ・ブルクハルトであったということになるであろう。ブルクハルトの文化史観を受け継いで現代に生かしたのがホイジンガであり、二人はそれぞれの時代を代表する最大の文化史家だった。この二人の巨匠の精神を内的に結びつけるものがあったとすれば、それは共通した歴史感覚、あるいは文化史家として志を同じくする者の親和感であろう。ブルクハルトの場合と同じく、ホイジンガの歴史認識の前提となるのは形象的なもの、芸術に対する感覚であった。彼の歴史は概念によって定義づけるものではなく、形象として描きだすのである。彼はこう述べている。「歴史的なものの認識とは、これを書き換えて〈視ること〉だといえば一番よいであろう、いやむしろ、さまざまの形象の喚起だといったほうがよりよいかもしれぬ。」「形象としての歴史」、これが彼自身の歴史認識の要約である。もっとも彼は同時に、この形象なるものを何と解すべきかは、当分未解決の問題として残されるものだが、とも述べている。とにかく彼は、歴史の体系的理論にとくに沈潜する傾向がなかっただけでなく、歴史叙述において概念、図式をまったく排除してしまう（この方法を徹底させるとき、ホイジンガは一種の唯名論に達する）。『歴史の概念の定義について』（一九二九～三五）という小論文では「歴史とはある文化が自らの過去を釈明する精神的フォルムのことである」と述べている。ホイジンガは図式のかわりに生のフォルムを持ち出し、文化を創造したり破壊したりする魂の状態とか感情のモチーフ――憧れ、夢、ファンタジー――

の面から歴史を捉えようとするのである。だからたとえば、どんなに功利的に見える政治的行為でも、その底には夢や幻想がひそんでいることを、彼は見のがさない。いわば「関心」の側面から、彼は人間文化の動きを見たのである。

こういうホイジンガの歴史観が最も典型的に具体化されたのが『中世の秋』であった。そのために彼が『イタリア・ルネサンスの文化』の著者の後を継ぐものとしてひろく認められたことには、いささかの偶然もない。しかしその反面、両者をまったく同一視することができないのも事実である。二人を隔てる約五十年の時差は、ブルクハルトに無縁だった多くの学問の分野での成果を援用することを、ホイジンガに可能ならしめた。また文化史の原則にも関係してくる専門的に重要な問題点においても、大きな差異がある。ブルクハルトが中世とルネサンスを明確に対比させて見たことに、ホイジンガは批判的であった。『中世の秋』は中世からルネサンスへの移行における連続もしくは断続の、つまりコンティニュイティの意識にもとづいて構想されている。さらに本書『ホモ・ルーデンス』にも、それによく似た見解の差異が古典ギリシアの時代区分をめぐってふたたび表われている（本書Ⅲ章一七六～一八四ページ）。ブルクハルトとホイジンガ――この二人の人格と学風の異同はまことに魅惑的な課題ではあるが、いまはただ、ホイジンガの心のなかではこの十九世紀の巨匠が（さらにある程度までは同時代のアンリ・ピレンヌなどが）、学問上の畏敬すべき「仮想敵」だったのではあるまいか、と想像しておくにとどめよう。そしてこの想像をある程度裏づけてくれるのが、これからその意味を考えようとする『ホモ・ルーデンス』なのである（なお、自伝『わが歴史への道』に一言もブルクハルトへの言及がないことも注目に値する）。

さて、『ホモ・ルーデンス』は一九三八年に刊行された。ホイジンガ六十五歳のときである。一九一九年の『中世の秋』以後における最も注目すべき著作であるが、歴史家でいながら、彼が歴史の枠にとらわれない書き方をしたために、とりつきにくい面があったようで、ホイジンガの研究でもとくにこの著作にふれていないものもあり、また『ホモ・ルーデンス』抜きのホイジンガ評価も行なわれたりしている（たとえば、カルロ・アントーニ『歴史主義から社会学へ』）。しかしこの大著において、彼はそのユニークな文化史観を最も本質的な形で精細に展開しており、円熟した筆致は、雄大な構想を実現してあますところがない。これは単なる記述的・描写的な文化史の水準をはるかに超えてしまった文化史家の著作なのである。すなわち、人間のもろもろのはたらき、生活行為の本質は何であるか、人間存在の根源的な様態は何かという問いに達したとき、ホイジンガの確信した結論は「人間は遊ぶ存在である」――ホモ・ルーデンス Homo Ludens（遊ぶ人）という以外ではありえなかった。彼はこの「遊び」を抽出してその内容・形式を検討し、それを一つの独立的・自律的な一般的範疇として定立しようとする。さらにその上に立って彼は、「遊ビノ相ノモトニ」見た広大な人間文化史を思い描いた。これがこの『ホモ・ルーデンス』の骨子である。

『ホモ・ルーデンス』は複雑な内容と構成をもつ著書である。ことにI章は、範疇としての遊びを確立しようとする、まったく独創的な研究であるが、その結果として非常に難解なものになったことは否みがたい。しかしこの章は、本書の中核であり、以下各章の博大多彩な叙述はここにつねに立ちかえってくる。ところで、われわれに最も直接的に理解される「遊び」という行為の各種の形式・内容を規定し、遊びが人間生活のなかで果たしている機能を観察しようとすれば、それがただの生物的活動でないばかりか、人類文化の原型 Archetyp と関係があるのを認めざるをえない。ホイジンガは、遊びの根源性を人間の歴史の起源に、さらに歴史以前にもとめる。原初的な人間の生活と行動——言語、宗教、生産の技術、求愛、各種の儀礼、芸術——の発生における状態のなかには、遊びとしか名づけようのないものがあり、この遊びという質が文化の発展、共同体の組織にも大きな役割を演じている、と彼は述べる。今日のわれわれの生活では、遊びとは非日常的な圏内で、固有の秩序と法則に従って行なわれる特殊な行動と感じられ、日常生活とは次元を異にするものと意識されているのが通例だが、人間生活の根源的状況にあっては、遊びが生活を規定していたのである。いや、ときには生活自体が遊びだったのである。そういうものが、ホイジンガのいう「総体としての遊び」（本書二〇ページ参照）であり、彼は人類学、神話学、宗教学、古典古代史、哲学、心理学、言語学、文学など、多くの専門領域の学殖を駆使して、その遊び概念を綿密に実証している。そして全体を見れば、これは伝統的な各学問の限界をこえた総合的視野において統一され、巨視的な一つの新しい人間観 Homo Ludens が提示されているのである。

Ⅱ章の遊び概念の言語学的研究は、青年のころ言語学徒であったホイジンガが、自らの学問的造詣を十分駆使した部分だが、これをあいだにはさんでⅢ章「文化創造の機能としての遊びと競技」は、Ⅰ章とともに本書の中核を形づくっている。これはⅠ章で立てられた遊びという範疇を、歴史と文化のあらゆる分野、あらゆる様相について具体的に検討し、「遊び」と歴史を結びつけるための、あるいは「遊ぶ人《ホモ・ルーデンス》」を文化史のなかで実証するための総論的な研究に当たっており、Ⅳ章以下Ⅹ章までの各論を準備している。そして各論に入ると、法律、戦争、知識（学問）、芸術の領域にわたって、意外な場所にまでの「ホモ・ルーデンス」の遍在を、彼は縦横自在に説きすすめている。Ⅲ章あたりから、筆致はひときわ精彩をおびるが、これは彼の学殖によるばかりではない。「歴史」と「人間」を統一しようという巨視的な眼識がはたらいて、それが既知のものや未知のものの間に思いもよらぬ関連を感じとる直観力に接近してくるからに他ならない。最後のⅪ、Ⅻ章は「遊ビノ相ノモトニ」おける人間文化の発展史であり、Ⅲ〜Ⅹ章を緯とし、それに対してこの終章を経として織り合わせてみれば、ここにホイジンガのいわゆる総体としての遊びの世界が、われわれの目の前にあざやかに浮かび上ってくるであろう。

ホイジンガ自身は『ホモ・ルーデンス』について、ほとんど解説めいたことを述べていない。『中世の秋』の着想が浮かんだときの思い出を生き生きと述べている自伝にも、次のような言葉しか見あたらない。「私の学問的・文学的活動は、私自身の意識の上ではけっして何か努力してするという性格をとったことはなかった。研究し、書いたことも、それは征服すべき問題として突きつけられたのではない。克服しなければならない対象という要素は、私の精神活動のなかでは、競争の要素と同じく私には無縁であった。この競争の文化生活に対する意味を過大評価してはならないということは、私は拙著『ホモ・ルーデンス』のなかで、同じように強調して主張しておいた。」この言葉には、自伝を執筆していたとき、すでにヨーロッパを侵蝕していた第二次大戦への批判の響きがこもっていると思われるが、これだけでは本書そのものに彼がどんな考えを抱いていたのかは判然としない。しかし『ホモ・ルーデンス』の序文によると「遊び」のイメージが浮かんだ時期は、少なくとも一九〇三年まで遡ることができる。このイメージの最初の機縁とか、着想の最初の形がどんなものだったにもせよ、そのときはまだ学問的彷徨のなかにいた彼が、そのひらめきを文化史の上に定着するには、三十年を越える長い歳月が必要であった。また、自らの研究態度をかえりみて彼は、いつも同一のテーマには六、七年の間隔をおかなければとりかからぬよう配慮していたとも、自分は絶えず一つの対象から別の対象へとよろめいていて、基準もおかなければ、あらかじめ計算したプランも立てなかったとも述べている。「遊ぶ人《ホモ・ルーデンス》」のテーマが歴史学教授としての研究に押しのけられながらも、ときどきその著書に一端をのぞかせているのは、こういう彼の学風のせいであろうか。『中世の秋』で浮彫りにされた中世人たちの思考と行動にも、もうかなり明瞭に遊びの性格が表われている。しかしこのテーマが彼の研究の表面に出てきたのは、一九三三年にはじまって数回繰り返された講演『文化における遊びと真面目の境界』からである。最も根本的なイデーであるがために、かえって問題として取り上げられるのが最後になってしまったというような事情もあったのかも知れない。

『ホモ・ルーデンス』が提起する問題は、おそらく非常に大きなものである。文化科学の基本的問題、さらに現代文化を考察するときに、本書はさまざまな示唆を与えるであろう。芸術論、文芸批評にとっても、ここには幾多の貴重な考察がふくまれている。そして少しずつではあるが、本書に影響、触発されて仕事を進めつつある学究や批評家も出ている。その一例は、本書I章（六二ページ）に名のあがっているギリシア神話学者カール・ケレーニイであろう。ケレーニイが取り上げた「祝祭」という概念は、いわばホイジンガにおける「遊び」に照応しているのだが、それは『ホモ・ルーデンス』を理論的に支えるものの一つともなった。さらにケレーニイはその後も、ホイジンガの期待にこたえるかのように研究をつづけ、当時の最初の論文「祝祭の本質について」は、現在『ギリシア人およびローマ人における宗教』（邦訳『神話と古代宗教』、新潮社刊）という著書の第二章として、増訂された形にまとめられるにいたった。ひと口で言えば、芸術、学問、宗教、呪術の基礎をなしているある心的経験を、雰囲気の面から根源的に共通なものとして把握したもの、それがケレーニイの「祝祭」である。そして彼は、この祝祭を創造的なものとして解釈するのであるが、それを遊びと関連させて、祝祭にあたって催される遊び、儀礼の遊びの祝祭性を考察している。われわれは、そこにホイジンガとの学問的共感をみることができるであろう。

最後に次のことを述べておきたい。それは、ホイジンガの「すべては遊びなり」という結語にしても、これを裏返してみれば、人間の生活と文化は遊びと真面目のディアレクティークなのだという認識になるのではないか、ということである。この遊び・真面目の相互転換という基本式が、いっさいの概念的思考を排除することを欲したホイジンガのただ一つの図式だったのであり、『ホモ・ルーデンス』にいたるまでの彼の歴史学上の多面的な業績も、最後に到達したこの基本式によって、はじめて完結したのである。ここに還元することによって、彼の文化史は完成をみたと言えるだろうし、そこにおいて彼は文化史を超えてしまったと言うこともできよう。それならば、かつて、美的生活への憧れや幻想を描いたと評価された歴史家は、少なくとも今後は、生そのものの根源へ立ち向かおうとする認識者とされねばならないであろう。彼の歴史のなかにすでにメタ・ヒストリカルなものがあったのだろうか、それとも、おどろくべき博識の蓄積が彼をそこまで駆ったのだろうか。

さきに述べたように、基準をきびしくして考えれば、いかにレジャーだ、余暇だ、遊びだといって騒ぎまわろうとも、現在のわれわれには、ホイジンガと『ホモ・ルーデンス』に対する自由なパースペクティヴがまだ十分ではないと思われる。彼が提示したものの意味を理解し、またその精神的射程をはかる仕事は、今後のことに属する。われわれはまず本書がより多くの人々に知られるようになり、人間と文化の問題に思いをはせるときの一機縁となれば幸いであると考える。

＊

この翻訳には訳者は昭和三十五年から着手し、昭和三十八年十一月に初版が刊行された。それ以後、数回増刷に際して補訂も行ない、とくに昭和四十六年九月「普及版」として世にまみえたころから、これが、現代の歴史的混迷と荒廃のなかで、文化の根源的なものにふかく分け入ってゆく現代の学問的古典の一つというふうに理解されはじめてきたのは喜びにたえない。今回、中公文庫に収録されるにあたり、あらためて細部にわたって旧訳を検討し、かなりの改訂を加えることとなった。もとより完璧な翻訳ということは原理的にありえないが、この改訂により、とくに若い読者にはより近づきやすいものになったのではないかと思う。

ホイジンガは語学の達人だった。そのポリグロット（各国語の精通者）としての資格が、彼の学問を支える一つの大きな基盤でさえある。こうして彼はその著作を事情に応じてオランダ語でもドイツ語でも執筆したが、この翻訳も旧版では、ホイジンガ自身とH. Nachod の最も緊密な共同作業による独語版（Rowohlts deutsche Enzyklopädie 21, Rowohlt Verlag, 1956）をもとにし、併せて R. F. C. Hull による英語版（The Beacon Press, 1955）と Corinna von Schendel によるイタリア語版（Giulio Einaudi editore, Torino, 1949）を用いたが、このたびの改訂にあたってはさらにオランダ語の全集版（*Homo Ludens* —— *Proeve eener bepaling van het spel-element der cultuur*, Tjeenk Willink & Zooon, Haarlem, 1958）およびCecile Seresia の訳になるフランス語版（Librairie Gallimard, 1951）にも随時目を通して、より正確を期した。その結果は、この版の各所にあらわれていると思う。旧版でも記したことであるが、この翻訳はホイジンガの独創をいちはやく注目され、訳者の仕事を激励してくださった林達夫先生のご推輓《すいばん》によるものであったことを、重ねて記しておきたい。

昭和四十八年七月

高橋　英夫

編集付記

一、本書は中公文庫『ホモ・ルーデンス』（一九七三年八月刊）の改版である。

一、改版にあたり、同文庫（三三刷　二〇一五年十一月刊）を底本とし、旧版の巻末にあった原注、訳者注は各章末に移した。

一、本文中、今日の人権意識に照らして不適切な語句や表現が見受けられる部分があるが、執筆当時の時代背景と作品の価値に鑑みて、そのままの表現とした。

中公文庫

ホモ・ルーデンス

1973年8月10日　初版発行
2019年1月25日　改版発行
2023年11月25日　改版4刷発行

著　者　ホイジンガ
訳　者　高《たか》橋《はし》英《ひで》夫《お》
発行者　安部順一
発行所　中央公論新社
〒100-8152　東京都千代田区大手町1-7-1
電話　販売 03-5299-1730　編集 03-5299-1890
URL https://www.chuko.co.jp/

DTP　嵐下英治
印　刷　三晃印刷
製　本　小泉製本

Published by CHUOKORON-SHINSHA, INC.
Printed in Japan　ISBN978-4-12-206685-4 C1110

各書目の下段の数字はISBNコードです。978－4－12が省略してあります。

中公文庫既刊より

ホ-1-5
中世の秋（上）
ホイジンガ
堀越孝一 訳
二十世紀最高の歴史家が、フランスとネーデルラントにおける実証的調査から、中世人の意識と中世文化の生活と思考の全像を精細に描いた不朽の名著。
206666-3

ホ-1-6
中世の秋（下）
ホイジンガ
堀越孝一 訳
歴史家ホイジンガが十四、五世紀をルネサンスの告知とはみず、すでに過ぎ去ったものが死滅する時季と捉え取り組んだ、ヨーロッパ中世に関する画期的研究書。
206667-0

ア-8-1
告白 Ⅰ
アウグスティヌス
山田晶 訳
幼年期の影響、青年期の放埒、習慣の強固さ……、不安におののく魂が光を見出すまで。初期キリスト教最大の教父による心揺さぶる自伝。〈解説〉松崎一平
205928-3

ア-8-2
告白 Ⅱ
アウグスティヌス
山田晶 訳
衝動、肉欲、厳然たる原罪。今にのみ生きる人間の悲惨と悲哀。「とれ、よめ」の声をきっかけとして、劇的な回心を遂げる。西洋世界はこの書の上に築かれた。
205929-0

ア-8-3
告白 Ⅲ
アウグスティヌス
山田晶 訳
アウグスティヌスは聖書をいかに読んだのか——西洋世界最大の愛読書を、最高の訳者が心血を注いだ名訳で送る。訳者解説および、人名・地名・事項索引収録。
205930-6

エ-5-1
痴愚神礼讃 ラテン語原典訳
エラスムス
沓掛良彦 訳
痴愚女神の自慢話から無惨にも浮かび上がる人間の愚行と狂気。それは現代人にも無縁ではない。エラスムスの奇跡的な明晰さを新鮮なラテン語原典訳で堪能されたい。
205876-7

ハ-2-2
パンセ
パスカル
前田陽一
由木康 訳
時代を超えて現代人の生き方に迫る、鮮烈な人間探究の記録。パスカル研究の最高権威による全訳。年譜、索引付き。〈巻末エッセイ〉小林秀雄
206621-2

ニ-2-3
ツァラトゥストラ
ニーチェ
手塚富雄訳
近代の思想と文学に強烈な衝撃を与え、今日なお予言と謎に満ちたニーチェの主著を格調高い訳文と懇切な訳注で贈る。〈巻末対談〉三島由紀夫・手塚富雄
206593-2

ケ-1-4
ファウスト 悲劇第一部
ゲーテ
手塚富雄訳
あらゆる知的探究も内心の欲求を満たさないと絶望したファウストは、悪魔メフィストフェレスと魂をかけた契約を結ぶ。〈巻末エッセイ〉河盛好蔵・福田宏年
206741-7

ケ-1-5
ファウスト 悲劇第二部
ゲーテ
手塚富雄訳
巨匠ゲーテが言葉の深長な象徴力を駆使しつつ自然と人生の深奥に迫った大作を、翻訳史上画期的な名訳で贈る。読売文学賞受賞作。〈巻末エッセイ〉中村光夫
206742-4

ケ-8-1
黒死病 ペストの中世史
ジョン・ケリー
野中邦子訳
ある日、人びとは「この世の終わり」が来たことを知った――十四世紀の欧州を覆い尽くした史上最悪の疫病に、あらゆる角度から迫った克明なる叙事詩。
206914-5

テ-4-2
自殺論
デュルケーム
宮島喬訳
自殺の諸相を考察し、アノミー、生の意味喪失、疎外など、現代社会における個人の存在の危機をいち早く指摘した、社会学の古典的名著。内田樹氏推薦。
206642-7

モ-5-5
ルネサンスの歴史（上） 黄金世紀のイタリア
I・モンタネッリ
R・ジェルヴァーゾ
藤沢道郎訳
古典の復活はルネサンスの一側面にすぎない。天才たちが活躍する社会的要因に注目し、史上最も華やかな時代を彩った人間群像を活写。〈解説〉澤井繁男
206282-5

モ-5-6
ルネサンスの歴史（下） 反宗教改革のイタリア
I・モンタネッリ
R・ジェルヴァーゾ
藤沢道郎訳
政治・経済・文化に撩乱と咲き誇ったイタリアは、宗教改革と反宗教改革を分水嶺としてヨーロッパ史の主役から舞台装置へと転落する。〈解説〉澤井繁男
206283-2

S-22-16
世界の歴史16 ルネサンスと地中海
樺山紘一
地中海から大西洋へ――二つの海をめぐって光と影が複雑に交錯する。ルネサンスと大航海、燦然と輝いた時代を彩る多様な人物と歴史を活写する。
204968-0

各書目の下段の数字はISBNコードです。978－4－12が省略してあります。

い-25-4　東洋哲学覚書　意識の形而上学　『大乗起信論』の哲学　井筒俊彦
六世紀以後の仏教思想史の流れをかえた『起信論』を東洋的哲学全体の共時論的構造化の為のテクストとして現代的視座から捉え直す。〈解説〉池田晶子
203902-5

い-83-1　考える人　口伝《オラクル》西洋哲学史　池田晶子
学術用語によらない日本語で、永遠に発生状態にある哲学の姿をそこなうことなく語ろうとする、〈哲学の巫女〉による大胆な試み。〈解説〉斎藤慶典
203164-7

さ-48-1　プチ哲学　佐藤雅彦
ちょっとだけ深く考えてみる——それがプチ哲学。書き下ろし「プチ哲学的日々」を加えた決定版。考えることは楽しいと思える、題名も形も小さな小さな一冊。
204344-2

さ-48-2　毎月新聞　佐藤雅彦
毎日新聞紙上で月に一度掲載された日本一小さな全国紙、その名も「毎月新聞」。その月々に感じたことを独特のまなざしと分析で記した、佐藤雅彦的世の中考察。
205196-6

た-77-1　シュレディンガーの哲学する猫　竹内薫　竹内さなみ
サルトル、ウィトゲンシュタイン、ハイデガー、小林秀雄——古今東西の哲人たちの核心を紹介。時空を旅する猫とでかける、「究極の知」への冒険ファンタジー。
205076-1

の-12-3　心と他者　野矢茂樹
他者がいなければ心はない。哲学の最難関「心」にどのように挑むか。文庫化にあたり大森荘蔵が遺した書き込みとメモを収録した。挑戦的で挑発的な書。
205725-8

の-12-4　ここにないもの　新哲学対話　野矢茂樹文　植田真絵
いろんなことを考えてはお喋りしあっているエプシロンとミュー。二人の会話に哲学の原風景が見える。川上弘美「『ここにないもの』に寄せて」を冠した決定版。
205943-6

み-39-1　哲学ノート　三木清
伝統とは？　知性とは？　天才とは何者か？　指導者はどうあるべきか？　戦時下、ヒューマニズムを追求した孤高の哲学者の叫びが甦る。〈解説〉長山靖生
205309-0